거시경제분석입문

거시경제분석입문

| 거시경제 모형의 통합적 이해를 중심으로 |

김장열 지음

개정판

HU:iNE

머리말

이 책의 초판이 나온 지 만 3년이 넘어간다. 그 동안 주로 경제학 전공과정의 경제원론 교재로 본서를 사용하면서, 몇 가지 개선하고 싶은 것들이 눈에 들어왔다. 우선 수업을 듣는 학생들의 질문에 답을 하면서 느낀 점은, 저자직강(?)의 수업을 듣지 않고 `혼자서 공부하기에는 여러 군데의 설명이 간결함을 넘어 다소 불친절한 부분이 있다는 것이었다. 장황하고 긴 설명을 싫어하는 저자의 삐딱한 성향이 초판에는 너무 충실히 반영됐음을 받아들여, 초판의 체계는 최대한 유지하되 학생들이 어렵게 여기던 부분들을 위주로 부연 설명을 더하였다. 더불어 초판에서는 간단히 언급만 하고 넘어갔던 내용도 몇 가지 독립된 항목으로 추가하여 다루어 보았다. 마지막으로, 연습문제를 추가하는 한편 문제의 난이도를 조금 높여 본문에서 학습한 내용을 정리하는데 도움이 되도록 노력하였다. 그 결과, 개정판의 내용은 초판에 비해 친절한 교과서에 좀 더 가까워졌다고 믿는다.

독자들이 한 학기 정도의 시간에 걸쳐 거시경제학의 기본적 분석시각과 도구를 이해하는데 이 책이 도움이 됐으면 하는 욕심은 여전하다. 그러나 세상의 모든 일에는 편익과 비용이 모두 뒤따르는 법, 행여 책의 구성이 쓸데없이 난삽해지는 개악을 하진 않았는지 마음 한 편의 우려와 함께 개정판을 내놓는다.

2014년 봄

김 장 열

초판 머리말

이 책은 저자가 그동안 경제원론 거시편과 거시경제학을 강의하면서 준비했던 자료를 정리하고 다듬은 것이다. 솔직하게 말하자면, 경제학 중에서도 거시경제학은 전공자인 저자에게마저 그리 쉽지 않은 분야이다. 거시경제학의 분석 대상은 개별 시장이 아니라 한 나라경제 전체이다. 따라서, 거시경제분석은 나라경제의 각 부문에 대한 이해는 물론, 부문들간의 상호작용의 결과까지 포괄하는 시스템적 사고를 요구한다.

제목이 보여주듯, 이 책은 거시경제학 '개론'이 아니라 거시경제 '분석에의 입문서'이다. 이 책은 쉽게 읽히는 경제학 입문서라기보다는, 독자들이 거시경제의 제 문제를 엄밀하게 분석하는 능력을 배양하는 데 도움을 주기 위해 구상한 것이다. 굳이 경제학 과목의 틀에서 말하자면, 쉬운 수준의 중급거시경제학 또는 다소 높은 수준의 거시경제원론 정도로 본서를 자리매김할 수 있을 것이다.

이 책은 저자가 경제학을 접하면서 얻은 경험을 많이 반영한다. 창피한 말이지만, 저자는 책이나 논문을 읽을 때 자주 맥락을 놓치곤 했고 지금도 여전히 그렇다. 그래서 전체 흐름을 따라가기 위한 궁여지책으로, 저자에게는 책이나 논문의 여백에 흐름도를 그리거나 주제별 일련번호를 달면서 읽는 버릇이 생기고 말았다. 그러나 이런 경험이 저자 혼자만의 것은 아니라는 사실에 적잖이 위안을 받았고, 그 경험과 위안의 산물이 교과서로서는 다소 비정통적인 이 책의 구성이다. 본문을 읽어나가면서 보게 되겠지만, 저자는 이 책에서 제시하는 대주제, 소주제, 부연설명의 흐름에 맞춰 최대한 일목요연하게 번호체계를 부여하려 하였다. 더불어, 중간에 필요할 때마다 (사실은 저자가 거시경제학을 배우거나 강의하던 중 잠시 방향을 잃고 헤매던 곳에 도달할 때마다), "지금 우리는 무엇을 하고 있으며 이후 어디로 갈 것인가"의 방향을 제시하려 하였다. 혼자만의 희망사항에 그칠지도 모르나, 저자는 독자들이 이 책으로 공부해 가면서 큰 흐름을 놓치는 경우는 많지 않으리라 믿는다.

앞에서도 말했듯, 이 책은 저자의 강의자료에서 파생된 것이다. 저자의 경험상 한 학기 동안 거시경제학의 모든 주제를 다룬다는 것은 불가능에 가까운 일이었다. 따라서 한 학기 동안 사용할 거시경제분석 입문서를 구상하면서 내린 결정은, 어차피 제대로 다루지 못할 내용은 아예 건드리지도 말자는 것이었다. 그 결정에 따라, 원론이나 개론수준을 넘어야만 제대로 이해할 수 있는 주제들, 예컨대 경제성장이나 발전론 같은 주제는 책의 내용에서 과감히 제외하였다. 이러한 부분에 관심을 가진 독자들에게는 더 높은 수준의 교재를 참고하십사 하는 말로 이해를 구한다. 그 대신 어려운 수식은 최대한 자제하면서도 한 학기동안 다룰 수 있는 주제들은 가능한 한 엄밀하게 분석해 보려 했다는 말과 함께, 복잡한 세상에 종이묶음 하나를 더 내놓는다.

2010년 봄

김 장 열

차 례

Part I

거시경제학 개관

Unit 1

거시경제학이란?

TOPIC 1 : 거시경제학의 특징
TOPIC 2 : 거시경제학의 주요 주제
TOPIC 3 : 거시경제 분석상의 기간

Unit 1의 구성과 목표

■ 이번 unit에서 우리는 한 나라경제 전체를 연구대상으로 하는 거시경제학의 특징을 개괄한다.

- 거시경제학은 한 나라경제의 총체적 움직임을 연구대상으로 하는 경제학의 분야로서,
- 경제 전반에 걸쳐 발생하는 경제현상을 분석한다는 의미에서, 개별 경제주체의 의사결정과 특정재화가 거래되는 개별 시장을 분석대상으로 하는 미시경제학과 구별된다.

■ 이어서, 본서에서 다룰 주제들을 간략히 소개한다. 그 주제들을 크게 대별하면:

- 한 경제의 생활수준을 결정하는 요인은 무엇인가?
- 인플레이션/디플레이션의 의미와 왜 물가안정이 중요한가?
- 경기변동(business cycle)의 원인과, 경기변동 진폭을 줄이려는 정책은 무엇인가?
- 타국과 재화 / 서비스 / 자산을 거래하는 개방경제의 거시경제학의 특징은 무엇인가?

■ 마지막으로, 기간의 장단에 따라 거시경제의 움직임이 매우 다르게 나타남을 감안하여, 분석대상이 되는 기간을 단기·장기·최장기로 구분해 보고, 각 기간별로 나라경제를 바라보는 시각을 정리한다.

TOPIC 1 | 거시경제학의 특징

1. 미시경제학과 구별되는 거시경제학

1.1 미시경제학과 거시경제학

[1] 미시경제학에서는, 개인과 기업 등 개별 경제주체의 의사결정 과정과 그러한 결정이 어떤 결과를 가져오는가에 초점을 맞춘다.

① 예컨대, 비용이나 가격이라는 면에서 미시경제학적 분석의 예를 든다면:

- 대학은 새 강의를 개설하는데 드는 비용, 즉 강사 임금, 강의실/강의자료 비용 등을 계산한 후,
- 강의 개설시의 혜택과 제반 비용을 비교하여 개설 여부를 결정한다.

② 또 다른 예로, 미시경제학에서 다루는 생산의 문제를 보자면:

- 개별 기업의 입장에서 자기가 생산하는 개별상품의 가격과 자기가 고용하는 생산요소의 가격을 비교하여,
- 자기가 가지고 있는 생산기술의 제약 하에서 이윤을 극대화하는 생산량을 결정한다.

[2] 반면 거시경제학은:

① 각 개인과 기업의 집단적 행동이 상호 작용하여 경제 전체에 어떤 성과를 가져오는가에 초점을 두어, 경제의 총량적 움직임을 분석한다.

- 거시경제학에서는 나라경제 내의 수많은 개별 재화/서비스/노동/자산 시장의 자료를 종합한 척도인 총량변수(aggregates)의 움직임을 대상으로 한다.

② 예컨대, 비용이나 가격이라는 면에서 거시경제학의 관심사는:

- 특정 재화의 가격이 아닌, 전반적 물가수준이 작년에 비해 얼마나 변했는가?
- 물가 수준에 비해 임금 수준은 얼마나 더 올랐는가?
- 그 결과 나라경제 전체에 어떤 영향을 미치는가?

③ 이처럼 거시경제학에서는 나라경제 전체의 움직임을 분석하므로, 불가피하게 나라경제를 주요 부문으로 나누고 각 부문의 행태를 추상화하여 접근하는 방

식을 취하게 된다.

- 예를 들어, 민간의 소비지출을 분석할 때에는 개별 소비재를 구별하지 않으면서 재화와 서비스를 망라한 소비지출의 변화를 살펴보며,
- 노동시장도 개별 노동서비스 시장을 구분하지 않고 나라 전체의 총 고용량을 분석한다.

  → 이러한 추상화(abstraction)는 한 나라경제의 주요 부문들 간의 상호작용을 이해하기 쉽도록 하기 위함이다.

1.2 미시경제학과 거시경제학이 다루는 주제의 범위를 비교해 보자.

[1] 두 분야의 주 관심사가 될 만한 문제들을 대비해 보면:

관련 문제	미시경제학	거시경제학
고용	대학원에 진학할 것인가, 취업을 할 것인가?	경제 전체에서 고용되고 있는 사람들의 수는?
임금	MBA 졸업생의 연봉을 결정하는 요인은?	경제 전체 근로자들의 전반적 임금수준을 결정하는 요인은?
비용	대학에 새 강의를 개설하는 데 드는 비용을 결정하는 것은?	경제 전체의 물가 수준을 결정하는 요인은 무엇인가?
인적자본	저소득층 학생에게 고등교육의 기회를 제공하기 위해 필요한 정부 정책은?	완전고용과 경제성장을 위해 필요한 정부 정책은?
대외거래	한 은행이 해외지점을 개설할지 여부를 결정하는 요인은?	한국과 외국간의 재화, 서비스, 금융자산의 거래량을 결정하는 요인은?

[2] 또, 미시경제학이 다루는 개별 변수와 거시경제학의 대상인 총량변수를 비교해 보면:

변수	개별 변수	총량변수
생산	개별산업이나 기업의 생산량 [철강생산량, 자동차 생산대수]	산업생산량, 국내총생산, 국민 총생산
가격	개별 재화나 서비스의 가격 [식료품가격, 의료 서비스의 가격, 석유가격]	소비자 물가지수, 생산자물가지수, 인플레이션율
소득	개별 노동시장에서의 임금, [자동차 산업의 최저임금, 임원 월급 등]	국민소득, 총 임금소득, 기업이윤
고용	개별산업과 기업의 고용량 [철강산업에서의 고용, 한 기업 내 고용자수]	경제활동 인구, 실업률, 총 고용자수

2. 거시경제학의 특징들

2.1 거시경제의 분석 대상인 총량변수들도 본질적으로는 개별 경제주체들의 의사결정의 결과이긴 하나, 총량변수로 파악한 거시경제 전체의 움직임은 개별 행위나 개별시장의 결과를 단순히 합한 것과는 크게 다르다.

[1] 어떤 행동이나 선택이 한 집단 내의 개인의 입장에서는 합리적일지라도, 집단 전체에게는 합리적 선택이 아니고 오히려 불리한 결과를 초래하는 경우가 있다.

① 개인들의 행위가 누적된 결과는 개인들 행위의 단순 합보다 훨씬 큰 변화를 가져올 수 있으며, 때로는 각 개인이 의도한 것과는 다른 결과를 가져올 수도 있다.

② [예 : 경기장의 바보들]

- 관중이 꽉 찬 경기장에서 스탠드 앞쪽에 앉은 관중들이 경기를 잘 보기 위해 일어선다면, 그 뒤쪽에 앉아 있던 관중들도 덩달아 일어서게 되고,
- 누구도 의도하지 않았으나, 모두가 앉아서 편하게 관전할 수 있던 경기를 쓸데 없이 불편하게 서서 봐야 하는 결과가 나타난다.

③ 이처럼, 개개인의 시각에서는 합리적인 선택이지만 사회 구성원 모두가 같은 선택을 하게 되면 사회 전체적으로는 바람직하지 못한(Pareto inferior) 결과가 초래되는 경우를 '구성의 오류(fallacy of composition)'라 한다.

[2] 거시경제학에서 접하게 되는 대표적인 구성의 오류의 예가 절약의 역설(paradox of thrift)이다.

① 경제가 잘 작동하는 일반적인 상황에서는 저축이 불확실한 미래에 대비하는 미덕이 될 수 있지만, 경기가 침체된 때의 과도한 저축은 민간소비 위축을 초래하여 경제 전체적으로는 바람직하지 않은 결과를 가져올 수 있다.

- 향후 경기침체가 우려될 경우, 가계나 기업이 지출을 줄이고 저축을 늘리는 것은 개별 경제주체의 입장에서는 합리적인 선택이지만,
- 만일 모든 가계나 기업이 이렇게 행동한다면, 재화와 서비스에 대한 구매수요가 감소하여 판매와 생산 부진으로 경기침체가 실제로 발생하거나 심화될 수 있다.

② 특히 불황기에 민간이 소비를 하지 않고 저축을 늘리게 되면 기업의 수익성이 악화되고 투자가 줄어들면서 결국 경기를 더욱 위축시킬 수 있으며,

③ 더 길게 본다면, 지나친 절약은 장기적으로도 '저소비 → 저투자 → 자본축적 저해 → 생산능력 감소 → 저고용 → 저소득'으로 이어지는 빈곤의 악순환(vicious cycle of poverty)을 발생시킬 수도 있다.

④ 부분적 합리성과 전체적 합리성간의 이러한 차이가, 미시경제학적 분석을 단순히 확대 / 확장한 것이 아닌 독립된 사고체계로서의 거시경제학이 필요한 이유이기도 하다.

2.2 개별주체 입장에서의 합리적 의사결정이 경제 전체에는 덜 바람직한 결과를 가져올 수 있으므로, 거시경제학에서는 정부의 역할이 중시된다.

[1] 미시경제학에서는 시장의 실패(market failure)가 발생하는 예외적 경우를 제외하고는 정부의 개입을 최소화해야 하는 것으로 본다.

① 후생경제학 제 1 정리에 따르면, 경제 내에 왜곡이 없는 경우 자유로운 시장균형은 파레토 최적(Pareto optimum)을 달성한다.

- 시장 균형이 파레토 최적이라면 인위적인 시장개입을 통해 모든 사람의 후생을 개선시키는 것은 불가능하며, 어떤 한 사람의 후생수준을 높이려면 다른 누군가의 후생수준이 낮아질 수밖에 없다.
- 이런 의미에서, 경쟁적 시장은 바람직한 자원배분을 가능케 한다.

② 그러므로, 외부효과(externalities), 독점(monopoly) 등 시장이 바람직한 자원배분에 실패하게 되는 왜곡요인이 있어야만 정부개입이 정당화된다.

[2] 반면, 절약의 역설에서 보듯 거시경제학에서는 경제 전체의 조율을 위한 정부의 역할이 미시경제학에 비해 더 중시된다.

① 예를 들어 절약의 역설이 현실화될 우려가 있다면, 정부가 구매지출을 늘림으로써 민간지출의 감소를 상쇄해야 할 것이다.

② 정책 담당자들은 경기변동이나 경제적 충격의 영향을 조절하기 위한 노력을 하며, 크게 두 가지 정책을 통해 이를 수행하려 한다.

- 재정정책(fiscal policy) : 정부의 지출과 조세수입을 조정하는 정책
- 통화정책(monetary policy) : 유통되는 화폐의 양과 이자율을 관리하는 정책

③ 그러나 '정부의 실패'도 발생할 수 있으므로, 정책의 의도된 효과에 못지않게

그 부작용에 대한 이해도 필요하다.

2.3 거시경제학에서는 한 경제의 장기적 성장에 대해 연구한다.

[1] 대개 미시경제학의 분석은 한 경제주체의 가용 자원이 주어진 상태에서 출발한다.

① 따라서 미시경제학에서는 주어진 자원을 어떻게 사용하는 것이 효율적인가를 주로 탐구한다.

- 일례로, 소비자의 선택을 분석할 때에는, 각자의 소득수준이 주어진 상태에서 개별 소비자가 어떤 상품을 얼마나 구입하는 것이 효용을 극대화하는가를 규명한다.

② 나라경제의 차원에서 보자면 :

- 각 나라별로 주어진 생산요소의 부존량과 기술수준 하에서, 각국이 어떤 재화의 생산에 전문화하는 것이 교역을 통한 이익을 최대화하는가에 관심을 둔다.

[2] 반면 거시경제학에서는 어떻게 하면 한 경제의 생산자원과 능력을 증가시켜 높은 경제성장과 생활수준을 달성할 것인가 하는 문제에도 관심을 둔다.

① 한 경제 내 생활수준의 장기적 향상은, 생산능력을 양/질적으로 제고함으로써 가능하다.

② 이러한 경제성장을 결정하는 요인이 무엇인가도 거시경제학의 주요 관심주제 중 하나이며,

③ 경제성장을 촉진하는 정부 정책도 당연히 거시경제학의 중요 문제이다.

TOPIC 2 | 거시경제학의 주요 주제

1. 거시경제학에서 다루는 주제들은 크게 아래의 네 가지로 대별할 수 있다.

- 경기변동(Business Cycle)
- 경제성장(Economic Growth)
- 인플레이션과 디플레이션(Inflation & Deflation)
- 개방 경제의 거시경제학(Open Economy Macroeconomics)

1.1 경기변동(business cycle)

[1] 경기변동은 경제활동의 전반적 수준이 하강과 상승을 단기적으로 반복하는 현상이다.

① 경기후퇴 또는 불황(recessions) : 산출량과 고용이 감소하는 경기 하강기간

② 경기침체(depression) : 매우 깊고 오랫동안의 경기 하강

③ 경기팽창(expansion) 또는 경기회복(recovery) : 산출량과 고용이 증가하는 경기 상승기간

[2] 경기변동의 양상은 :

① 양상 1 : 경기변동은 불규칙적이고 예측하기 어렵다.

- 경기변동 중 불경기와 호경기가 반복되지만, 그 지속기간에는 일정한 패턴이 없다.

② 양상 2 : 경기변동 중에는 대부분의 거시경제 변수들이 함께 움직이는, 이른바 景氣變動 共行性(business cycle comovements)이 나타난다.

- 단기적 경기변동 기간 중 한 경제의 소득/지출/생산 수준을 보여주는 변수들은 변동폭은 다르지만 거의 같은 방향으로 움직인다.
- 경제 내의 총생산량(aggregate output)과 같은 방향으로 움직이는 변수를 경기순행적(procyclical)이라 부르고,
- 반대 방향으로 움직이는 변수는 경기역행적(countercyclical)이라 부른다.

[그림 1] 우리나라 경기변동의 추이

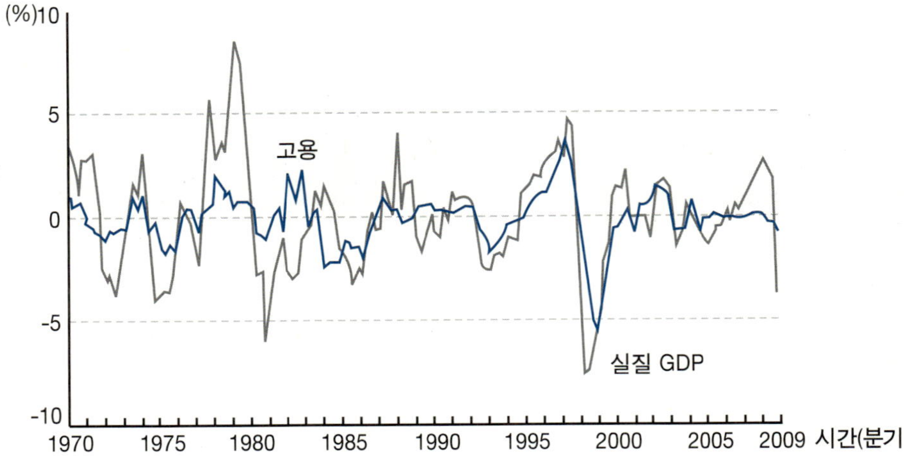

자료 : 정운찬·김영식, 「거시경제론」(2010), p.28.

■ 위 [그림 1]은 우리나라의 실질 GDP와 고용이 각각의 장기 추세로부터 벗어난 정도를 백분율로 나타낸 것이다.

- 즉, [100×(실제치 - 추세치)/추세치]의 값을 보여준다.

■ 실질 GDP로 파악한 경기변동은 매우 지속적(persistent)인 한편 진폭과 진동수가 불규칙하다는 특징을 보인다.

- 실질 GDP의 변동 추이로부터 1970년대 이후 네 번의 큰 불황기, 즉 1974~1975년, 1979~1981년, 1997~1998년, 2008~2009년의 불황기를 확인할 수 있다.

■ 경기순행적인 고용은 실질 GDP에 비해 변동성이 작고, 고용의 경기전환점은 실질 GDP의 전환점보다 나중에 나타난다.

③ 양상 3 : 경기변동 중 생산량이 감소하면 실업이 증가한다.

- 경제 내 총생산량의 대표적 척도인 실질 GDP와 실업률의 움직임은 서로 逆의 관계를 보이며, 경기 침체기에는 실업률이 큰 폭으로 상승한다.
- 실질 GDP와 실업률간의 이러한 관계를 오컨의 법칙(Okun's Law)이라고 하며, 위 그림은 우리나라에서도 유사한 관계가 존재함을 시사한다[1].

1) 오컨(Arthur Okun)이 발견한 바에 의하면, 미국 경제의 경우 경기변동에 의해 실업률이 1%p 상승하면 실질 GDP는 잠재수준(potential rate)으로부터 약 2%p 하락하는 경향이 있다.

[3] 경기변동의 원인을 이해하는 것도 중요하지만, 경기변동의 진폭을 줄이는 경기안정화(business cycle stabilization)도 거시경제학의 중요한 과제이다.

① 경기침체와 불황은 일시적인 현상이지만, 경제에 큰 고통과 비용을 초래한다.

- 따라서 거시경제학의 주요 과제 중 하나는 불황이 왜 발생하며 그 대응책이 무엇인가를 탐구하는 것이다.

② 경기변동의 진폭을 줄이고 지나친 경기침체와 팽창을 억제하기 위한 정책을 경기안정화 정책(stabilization policy)이라 한다.

- 정책당국은 통화정책 및 재정정책을 통해 경기안정화를 도모한다.

1.2 경제성장(economic growth)

[1] 최장기적(secular long-run) 또는 장기적(long-run) 成長이란, 재화와 서비스의 일인당 소득이 수십 년에 걸쳐 증가하는 현상이다.

① 미국의 경우 : 1948~2000년 동안 미국의 일인당 총생산은 연 평균 2.2% 증가하였고, 실질임금은 세 배 수준으로 상승하였다.

② 우리나라의 경우 : 1963~2005년 동안 일인당 GDP는 11배 이상 증가하였다.

③ 사람들의 생활수준을 항구적으로 상승시키는 것은 장기적 경제성장을 통해서만 가능하다.

- 따라서 경제성장의 요인을 설명하고 성장을 촉진하기 위한 정책을 탐구하는 것도 거시경제학의 중요한 과제이다.

[2] 경제성장을 설명할 때에는, 단기 경기변동의 경우와는 매우 다른 접근방식과 경제모형을 사용해야 한다.

① 경제 성장론에서는 유휴자원의 활용도를 높이고 지식과 물적 / 인적 자본 등 가용자원 자체가 긴 시간에 걸쳐 축적/확충되는 과정을 연구한다.

② (단기적) 절약의 역설 對(장기적) 저축의 미덕의 예에서 보듯, 한 나라의 경기변동과 최장기적 성장 중 어느 것을 더 중요한 문제로 보느냐에 따라 정부가 취해야 할 정책도 달라진다.

- 즉, 최장기적 성장을 위한 저축장려 정책과 일시적 경기침체기의 지출장려 정책은 완전히 다른 분석시각의 산물이다.

1.3 인플레이션과 디플레이션

[1] 물가 또는 물가수준은 한 경제에서 생산 또는 소비되는 재화와 서비스의 총체적 가격수준을 말하며, 물가수준의 변화를 측정하는 대표적인 물가지수로는:

① 소비자 물가지수(CPI, consumer price index)

② GDP 디플레이터(GDP deflator)

[2] 인플레이션(inflation)과 디플레이션(deflation)

① 전반적 물가수준이 상승/하락하는 현상이 인플레이션/디플레이션이다.

② 거시경제정책의 주요 목표 중 하나는, 물가안정 혹은 낮은 인플레이션율을 유지하는 것이다.

- 예컨대, 인플레이션율이 매우 높다면: 화폐의 가치 또는 구매력이 급속히 하락하므로 아무도 화폐를 보유하려 하지 않을 것이며, 따라서 화폐가 교환의 매개로서의 기능을 상실하여 일상 거래의 형태가 물물교환으로 퇴보할 것이다.
- 반대로 디플레이션이 발생하면: 보유한 현금의 가치가 계속 상승하게 되므로 사람들은 이를 새로 공장을 짓거나 생산적 행위를 위해 사용하지 않고 현금으로 보유하려 하며, 이에 경기침체와 디플레이션이 더 심화되는 이른바 디플레이션 악순환(deflationary spiral)이 초래될 수도 있다.

③ 이처럼 인플레이션과 디플레이션 모두 경제에 문제를 초래할 수 있으며, 경제학자들은 일반적으로 연 2-3% 정도의 완만한 인플레이션이 바람직한 것으로 본다.

④ 거시경제학에서는 인플레이션과 디플레이션의 원인을 이해하고 이를 방지하기 위해 어떤 정책을 취해야 하는가를 연구한다.

1.4 개방경제의 거시경제학

[1] 개방경제 對 폐쇄 경제

① 폐쇄경제와 달리 개방경제는 타국과 재화/서비스/자산을 거래한다.

② 재화/서비스/자산거래를 통해 상호 연관되어 있는 나라경제들의 움직임을 연구하는 것이 개방 경제의 거시경제학이다.

[2] 개방 거시경제학의 주요 연구과제는 무엇인가?

① 개방경제에서 중요한 변수 중 하나는 상이한 화폐간의 교환비율인 환율이다.

- 환율의 변동은 수입물가를 통해 물가수준에 영향을 주며,
- 또 수출과 수입의 차이인 무역수지에 영향을 주어, 총산출량과 소득 수준을 변화시키기도 한다.
- 한편 수출입의 결과인 무역수지의 변동에 의해 환율수준이 달라지기도 한다.

② 또 개방경제는 타국과 재화/서비스 외에 금융자산도 거래한다.

- 국가간 자본흐름의 원인과 영향도 거시경제학의 중요한 주제이다.

TOPIC 3 | 거시경제 분석상의 기간

1. 거시경제 분석시 기간의 중요성

1.1 경제를 바라보는 기간의 장단에 따라 거시경제의 움직임이 매우 다르게 나타나므로, 분석대상이 되는 기간을 구분하는 한편 기간별로 경제를 보는 시각을 정립할 필요가 있다.

[1] 분석기간이 왜 문제가 되는가?

① 경제분석의 가장 기초가 되는 개념을 꼽으면, "시장"과 "균형"일 것이다.

- 수요과 공급이 일치하여 시장의 청산(market clearing)이 이루어질 때 그 시장은 균형에 도달하며,
- 외부여건이 달라져 수요나 공급이 변하면, 가격이 '보이지 않는 손'의 역할을 수행하여 시장의 균형이 회복된다.

② 여기서 시장의 새 균형이 얼마나 빨리 달성되는가는, 가격이 수요와 공급 변화를 반영하여 얼마나 신축적으로 조정되는가에 달려 있다.

[2] 그런데, 외부 여건의 변화에 대응하여 시장의 균형이 회복될 때까지의 기간(즉,

가격의 조정속도)에 대해 상반된 두 시각이 있다.

① 고전학파(classical school) :

- 모든 가격은 본질적으로 신축적이고 따라서 시장 균형이 회복되는데 걸리는 시간이 매우 짧다고 보며,
- 따라서 가격의 신축성과 그에 따른 시장청산을 시각을 견지하면서 현실에서의 거시경제현상을 분석한다.

② 케인즈 학파(Keynesian school) :

- 모든 가격이 신축적인 것은 아니고 적어도 일부 시장에서는 가격이 경직적이거나 매우 느리게 조정된다고 보며,
- 따라서 시장청산이 쉽게 이루어지지 않는다는 시각 하에서 경제현상을 설명한다.

③ 우리가 얼마나 긴 시간대에 걸쳐 거시경제를 바라보는가에 따라, 실제 경제현상을 설명하는 데에 각 학파 시각의 유용성이 달라진다.

[3] 경제를 바라보는 기간을 명확히 정립해야 할 필요성을 보여주는 예로, 통화량 증가가 경제에 미치는 실제 효과를 살펴보면:

① 대개의 경우 통화량 증가 후 비교적 짧은 기간 동안에는 이자율이 하락하고 경기가 진작되면서 생산과 소득이 증가하지만,

② 시간이 지남에 따라 통화량 증가의 경기진작효과는 점차 사라지면서, 생산과 소득은 원래 수준으로 돌아가고 물가만 오른다.

③ 한편, 금리가 하락한 동안에는 차입비용이 줄어 투자가 증가하였으므로, 더 길게 보면 자본축적을 통해 성장 잠재력이 증가한다.

④ 위와 같은 일련의 변화가 비록 한 요인에 의해 발생한 것이지만, 분석 대상이 되는 기간의 장단에 따라 현실 경제의 반응이 매우 다름에 유의해야 한다.

- 따라서, 분석대상 기간을 무엇으로 설정하여 이론적 설명을 해야 할 것인지가 중요한 문제가 된다.

1.2 거시경제학에서는 분석대상이 되는 개념적 기간을 단기, 장기, 최장기로 나누어 접근한다.2)

[1] 단기(Short-Run)

① 시장의 기능이 원활히 작동하지 못하는 마찰적 요인이 있어, 시장 균형이 즉각 회복되지 못하고 있는 기간이다.

② 특히 가격의 경직성이 존재하는 기간, 즉 개별 재화의 명목가격이나 물가수준이 완전히 또는 부분적으로 경직적인 기간이다.

- 그러므로, 적어도 일부 시장에서는 가격의 신축적 조정을 통한 시장의 청산이 이루어지지 않는 불균형 상태가 존재하는 기간이다

③ 더불어 사람들이 가지고 있는 기대(expectation) 또는 예상(anticipation) 면에서, 기대치나 예상치가 실제치와 일치하도록 미처 조정되지 못하고 있는 동안이다.

- 예를 들어, 물가상승을 유발하는 변화가 발생하더라도, 아직 사람들의 예상물가가 이를 완전히 반영하지 못하고 있는 기간이 단기이다.

[2] 장기(Long-Run)

① 생산요소나 기술수준 등 나라경제 전체의 공급능력을 결정하는 양/질적 요인은 불변이나,

② 모든 시장에서 수요와 공급이 일치하게 되도록(즉, 모든 시장이 청산될 수 있도록) 가격의 신축적 조정이 완결되는 기간이며,

③ 더불어 사람들의 예상치 또는 기대치가 실제치와 같게 조정되어, 사람들이 더 이상 체계적인 오류(systematic error)를 범하지 않을 정도로 긴 기간이다.

- 예를 들어, 물가 상승을 유발하는 변화가 발생한 후 궁극적으로 사람들의 기대 물가수준이 실제물가수준을 완전히 따라잡을 수 있는 기간이다.

[3] 최장기(Secular Long-Run)

① 모든 시장에서 가격의 신축성이 보장되는 한편 사람들의 기대가 실현되는 기간이면서,

2) 우리는 앞으로 '단기/장기/최장기'라는 용어는 개념적인 기간(conceptual length of period)을 의미할 때 사용하고, 실제 데이터상 기간의 물리적인 장단(physical length of time)을 의미할 때에는 '긴/짧은 기간'이라는 표현을 쓸 것이다.

② 나아가 생산요소 증가나 기술진보 등 공급측면에서의 변화가 발생할 수 있을 정도의 긴 기간이다.

③ 즉, 최장기는 생산요소의 축적과 기술진보 등에 따라 경제의 장기균형이 점차 변화해 가는 과정을 설명할 때 적합한 기간이다.

[4] 분석대상 기간을 위와 같이 대별한다면:

① 장기균형은 어떤 충격이나 교란에 의해 유발된 조정이 모두 끝난 후 경제가 수렴해 가는 일종의 準據狀態(reference state)라 할 수 있다.

- 따라서, 장기분석의 주요 관심사는 : 경제에의 충격이나 교란에 따른 조정이 모두 끝난 후, 평균적으로 한 나라경제는 어떤 상태에 도달하며, 또 그 상태를 결정하는 요인은 무엇인가?

② 한편, 경제가 충격이나 교란에 의해 장기균형상태로부터 이탈하였다가 다시 복귀할 때까지의 양상을 단기적 경기변동으로 볼 수 있다.

③ 마지막으로, 최장기는 한 경제가 오랜 기간에 걸쳐 성장하고 발전하는 樣態와 그 이유를 설명하려는 분야인 경제성장론에서 주로 상정하는 기간이다.

2. 이러한 배경 하, 우리가 다룰 주제들을 순서에 따라 정리하면 다음과 같다.

PART Ⅰ : 거시경제학 개관

Unit 1 : 거시경제학의 특징

- 미시경제학과 구별되는 거시경제학의 시각과 주제를 개관한다.

Unit 2 : 거시경제의 측정(Ⅰ)

- 거시경제학에서 중요하게 다루는 실제 데이터의 의미와 집계 방식에 대해 이해한다.
- 나라경제 전체의 소득 또는 생활수준의 척도인 국내총생산(GDP)과,
- 생활비의 척도인 소비자 물가지수(CPI)에 대해 알아본다.

Unit 3 : 거시경제의 측정(Ⅱ)

- 거시경제학의 다른 주요 데이터를 이해한다.
- 노동시장 상황을 요약하는 실업률(unemployment rate)과,

• 경제 내 통화량을 측정하는 지표를 살펴본다.

PART Ⅱ : 거시경제의 장기균형

Unit 4 : 재화와 서비스 시장의 장기균형

• 장기적으로 한 나라에서 재화와 서비스의 총생산 수준이 어떻게 결정되는가,

• 또 생산된 재화와 서비스가 각 지출용도별로 어떻게 배분되어 사용되는가를 설명한다.

Unit 5 : 화폐부문의 장기균형

• 한 나라의 물가수준이 장기적으로 어떻게 결정되는가를 설명하고,

• 인플레이션이 경제에 미치는 장기적 영향에 대해 알아본다.

PART Ⅲ : 거시경제의 단기적 분석

Unit 6 : 지출과 경기변동(Ⅰ)

• 물가가 고정된 단기에서, 실물시장에서 발생하는 재화와 서비스 구매지출의 변동이 경제 전체의 생산과 소득의 변동을 초래하는 과정을 살펴본다.

Unit 7 : 지출과 경기변동(Ⅱ)

• Unit 6의 분석을 확장하여, 실물부문과 화폐부문의 상호작용에 의한 지출과 생산과 소득의 변동을 살펴본다.

• 특히 화폐시장과 실물시장을 함께 고려하면서, 구매지출의 변동이 생산과 소득의 변동을 초래하는 과정을 더 자세히 분석한다.

Unit 8 : 총수요-총공급 모형

• 단기적으로도 산출의 증가는 대개 물가의 상승을 동반한다.

• 물가가 단기적으로도 어느 정도 변할 수 있는 상태에서, 경제 내의 물가와 생산/소득 수준이 동시에 결정되는 과정을 이해함으로써,

• 실물시장 / 화폐시장 / 공급측면을 모두 포괄한, 단기 경기변동에 대한 종합적인 설명을 제시한다.

Unit 9 : 실업과 인플레이션

• 인플레이션율과 실업률은 한 나라경제의 성과를 보여 주는 중요한 두 지표인데,

• 이 두 변수간의 관계를 나타내는 필립스 곡선의 특징을 장/단기로 나누어 이해한다.

PART Ⅳ : 개방경제의 거시경제학

Unit 10 : 개방경제의 기본 개념

- 폐쇄 경제와는 다른 개방경제의 주요 특징을 살펴보고,
- 환율이 장기적으로 어떻게 결정되는가를 설명하는 구매력등가환율 이론을 이해한다.

Unit 11 : 개방경제의 장기균형

- 물가가 신축적인 장기에 있어서, 개방 경제의 대내외적 전반균형이 달성되는 과정을 이해하고, 정부 정책의 장기적 효과를 분석한다.

Unit 12 : 개방경제의 단기 경기변동

- 물가가 고정된 단기에서, 소규모 개방경제의 지출변동이 생산/ 소득의 변동을 초래하는 과정을 살펴보고, 정부 정책의 단기적 효과를 분석한다.

Unit 2 거시경제의 측정 (I)

TOPIC 1 : 생활수준의 측정

TOPIC 2 : 생활비의 측정

Unit 2의 구성과 목표

■ 거시경제학은 나라경제 전체의 움직임을 연구하는 분야이므로, 경제 전체의 전반적인 상황을 제대로 파악하는 것이야말로 거시경제학의 일차적인 과제라 할 수 있다.

■ 앞으로 두 unit에 걸쳐, 우리는 한 나라경제 전체에서 일어나는 주요 경제현상들을 어떻게 측정하는가의 문제를 다룬다.

- 이번 unit에서는 각각 한 경제의 전반적 생활수준(standard of living)과 생활비용(cost of living)을 측정하는 대표적인 변수라 할 국내 총생산(GDP)과 소비자 물가지수(CPI)를 이해한다.

■ GDP와 관련해서 :

- 한 나라경제 차원에서는 (재화와 서비스의) 생산, (그 생산과정에서 발생하는) 소득, 그리고 (소득을 사용한 결과로서의) 지출 사이에 순환적 흐름이 존재함을 먼저 이해하고,
- 이어서 한 경제 전체에서의 소득수준의 지표라 할 GDP의 정의를 살펴본 후, 위의 순환적 흐름에 입각하여 GDP를 측정하는 세 가지 접근방법을 알아본다.
- 이어서 지출측면에서 파악한 GDP의 구성 요소를 설명하며,
- 실질 GDP와 명목 GDP를 구별해 본다.

■ 한편 소비자 물가지수를 다루면서 :

- 생활비 측정을 위한 소비자 물가지수의 계산 방법을 이해하고,
- 소비자 물가지수가 실제 생활비의 변동을 정확히 반영하지 못하는 한계를 살펴보며,
- 소비자 물가지수를 이용하여 서로 다른 시점의 명목가치를 어떻게 비교하는가를 알아본다.

TOPIC 1 | 생활수준의 측정

1. GDP : 한 경제전체의 생활수준의 척도 (standard of living)

1.1 한 나라경제 전체의 규모나 경제활동의 성과를 평가하려면, 그 경제의 구성원들이 얼마나 많은 재화와 서비스를 생산하여 소비하고 있으며, 그 과정에서 얼마나 많은 소득을 창출하고 있는가를 살펴봐야 할 것이다.

[1] 그런데, 나라경제 전체의 성과를 측정하는 데는 세 가지 접근방법이 있다.

① 생산 접근(production approach) : 경제 내에서 생산된 재화와 서비스의 가치를 합산한다.

② 지출 접근(expenditure approach) : 경제 내에서 생산된 재화와 서비스에의 구매지출을 합산한다.

③ 요소소득 접근(factor income approach) : 재화와 서비스를 생산하는 일련의 과정에 참여한 생산요소들에게 귀속되는 소득을 합산한다.

→ 이상의 세 방법은 기본적으로 등가적(equivalent)이며, 이를 국민소득의 삼면등가 원칙이라고 부르기도 한다.

[2] 세 접근의 등가성이 왜 성립하는가를 이해하기 위해, 한 경제 내에 존재하는 순환적 흐름을 살펴보자.

① 아래 [그림 1]은 가계와 기업만 존재하는 매우 단순한 나라경제를 예시한 것이다.

- 기업은 산출물(=재화와 서비스)을 생산하는 주체이고, 가계는 이를 구매하여 소비하는 주체이다.
- 두 경제주체는 경제 내의 두 시장인 산출물 시장과 생산요소 시장에서 상호거래를 수행한다.

② 산출물 시장에서는:

- 가계는 기업이 생산한 재화와 서비스를 구입하고,
- 기업은 가계에 재화와 서비스를 판매하여 그 대금을 받는다.

③ 한편, 생산요소 시장에서는:

- 기업은 가계로부터 노동/토지/자본 등의 생산요소를 구입하고,
- 가계는 기업에게 위의 생산요소들을 판매하고, 그 댓가로 임금/지대/이자/이윤배당 등의 생산요소소득을 받는다.

[그림 1] 단순 경제의 소득과 현금 흐름

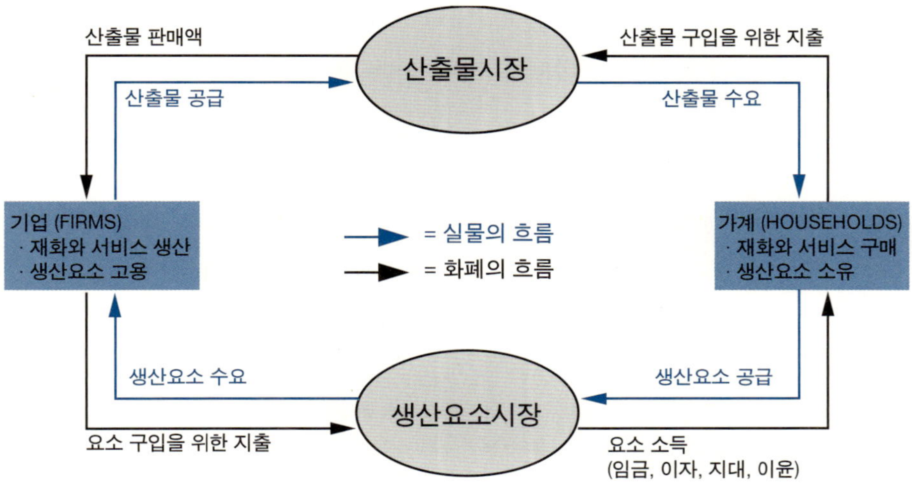

자료 : N. G. Mankiw, 「Principles of Economics」(2012), p.493.

→ 위 그림과 같이 경제 주체간 생산요소와 산출물의 흐름 및 이에 대한 대가로서의 화폐의 흐름을 순환적으로 파악하는 모형을 국민경제의 순환모형이라 부른다.

[3] 두 경제주체의 행위는 두 시장을 통해 유기적으로 연결되어 있다.

① 기업은 가계로부터 구입한 생산요소를 이용하여 재화와 서비스를 생산하고, 가계는 기업으로부터 이를 구입한다.

② 가계가 산출물 시장에서 재화와 서비스를 구매하기 위해서는 소득이 있어야 하는데 :

- 그 소득의 원천은 가계가 요소시장에서 기업에 생산요소를 제공하고 받는 보수, 즉 생산요소소득이며,
- (이윤까지 포함한) 생산요소소득은 기업이 재화와 서비스를 생산하여 판매한 대금과 같다.

③ 또, 기업이 생산요소시장에서 생산요소를 구매하기 위해서는 자금이 필요한데:

- 그 자금의 원천은 기업이 산출물 시장에서 가계에 재화와 서비스를 판매하

여 얻는 수입이다.

[4] 위의 예로부터 유추할 수 있는 것은:

① 경제 전체적으로 볼 때, 재화와 서비스의 생산이 있어야 생산물의 가치에 상응하는 소득이 창출되고,

② 그 소득이 다시 생산물에 대한 지출로 이어져야 생산이 지속될 수 있다는 것이다.

③ 즉, 경제 전체에는 재화와 서비스의 [생산 → 소득 → 지출 → 생산 …]의 순환적 흐름이 존재하고,

④ 이러한 순환관계에 있는 생산과 소득과 지출의 크기는 같을 수밖에 없다.

- 즉, 이 경제에서 기업이 생산한 재화와 서비스의 가치는 가계가 생산물 시장에서 해당 재화와 서비스를 구매하기 위해 지출한 금액과 같고,
- 또 기업이 생산요소시장에서 가계에 지불하는 요소소득의 총액과 같다.

[5] 그렇다면 위 [그림 1]의 단순 경제에서, 세 가지의 접근방법에 따라 각각 계산한 소득수준은 무엇인가?

① 생산 접근에 따르면: 기업이 생산하여 판매한 재화와 서비스의 가치이다.

② 지출 접근에 따르면: 가계가 소비 목적으로 재화와 서비스를 구매하기 위해 지출한 금액이다.

③ 요소소득 접근에 따르면: 가계가 기업에 생산요소를 제공하고 받은 요소소득이다.

→ 이 세 항목의 가치는 항상 일치한다. 실제 집계 상에서는 오차 및 누락에 의한 불일치가 있을 수 있으나, 원칙적으로 일치한다.

[6] 물론 현실경제는 위 [그림 1]의 예보다 훨씬 복잡하다.3)

① 가계와 기업 외에도, 정부와 해외부문도 존재하고,

② 가계는 요소소득을 모두 지출하지 않고 일부를 저축하는 한편 세금으로도 납부하며,

③ 해외부문, 정부, 기업도 생산된 재화와 서비스의 일부를 구매한다.

④ 또, 생산물과 생산 요소 시장 외에 금융 및 외환시장도 존재한다.

---

3) 정부/해외부문과 금융/외환시장까지 포괄하는 확장된 국민경제 내의 순환적 흐름은, 나중에 거시경제모형을 구축하면서 함께 이해하는 것이 더 쉬우므로 지금은 설명하지 않기로 한다.

→ 그러나, 이러한 경우에도 세 접근방식의 등가성은 여전히 유지된다.

1.2 한 경제의 지출/생산/소득의 수준, 즉 한 나라경제의 성과를 측정하기 위한 대표적인 지표가 국내총생산(GDP, Gross Domestic Products)다.

> **GDP is…**
>
> ① the market value (시장 가치)
> ② of all (모든)
> ③ final (최종)
> ④ goods and services (재화와 서비스)
> ⑤ produced (생산된)
> ⑥ within a country (한 나라 안에서)
> ⑦ in a given period of time (일정 기간 동안).
> → GDP는, 일정기간 동안 한 나라 안에서 생산된 모든 최종 재화와 서비스의 시장가치이다.

[1] GDP is the market value...

① GDP는 생산된 재화와 서비스의 가치를 시장가격으로 평가하여 합산한다.

② 한 나라 안에서는 다양한 재화와 서비스가 생산되고 각각은 상이한 가치를 가질 것인데, GDP는 이들 수량의 단순합이 아니고 개별 재화 및 서비스의 중요도를 시장가격으로 평가하여 합한 일종의 가중합이다.

[2] ... of all ... goods and service...

① GDP는 한 경제 내에서 합법적으로 생산, 판매되는 재화와 서비스를 모두 포함한다.

② 일례로, 기존 주택에서 매 기간 동안 새로이 창출되는 주거서비스의 시장 가치도 GDP에 포함된다.

- 임차인의 경우라면, 임대료 지출과 집주인의 소득이 수반되므로 임대료 지불액은 당연히 GDP에 포함된다.
- 한편, 자가 보유자가 누리는 주거서비스의 경우에는 이를 구입하기 위한 명시적인 지출은 수반되지 않으나,

• 자가 보유자가 암묵적으로 지불하는 기회비용으로서의 귀속 임대료(imputed rents)를 추정하여 GDP에 반영한다.

BOX 1 : 귀속가치(歸屬價値)

■ GDP 정의상의 조건 [1], [2]와 관련하여 GDP 계산상의 특이사항을 알아보자.

• 일부 재화와 서비스의 경우 GDP에 포함해야 하나, 이들의 시장가격이 형성되지 않는 경우가 있다.

• 이러한 경우에는 해당 재화나 서비스의 가치를 다른 방법으로 평가해야 하는 데 이를 歸屬價値(imputed value) 또는 轉嫁價値라 한다.

■ 예 1 : 주거서비스의 가치

• 기존 주택에서 매 기간 새로이 창출되는 주거서비스의 가치도 GDP에 포함된다.

• 임차인이 누리는 주거서비스의 시장가치는, 주거서비스를 구입하기 위한 임차인의 임대료지출(또는 새로운 주거 서비스의 대가인 주택 소유주의 소득)을 집계하면 된다.

• 그러나 자가 보유자들의 경우에는 비록 임대료를 직접 지불하지는 않지만 임차인이 구입하는 것과 본질적으로 동일한 서비스를 누리고 있다.

• 이 경우, 주택 소유주가 자신에게 임대료를 지불하는 것으로 보아, 유사한 주택이 임대되었을 경우 시장에서 형성되었을 임대료를 추산하여 이를 GDP에 포함시킨다.

→ 이 추정치를 귀속 임대료(imputed rents)라고 부른다.

■ 예 2 : 기타 정부 서비스의 가치

• 정부가 제공하는 행정/치안 서비스 등도 시장가격이 없으나, 공무원 등에 지불한 임금/급여의 실제 총액으로 가치를 평가하여 GDP에 포함시킨다.

③ 그러나, 현실적으로 집계나 귀속가치 계산상의 어려움 때문에 GDP 측정시 불가피하게 제외되는 항목들이 있으며, 이는 경제활동 수준을 측정함에 있어 GDP의 불완전성/부정확성의 한 원인이 된다.

- 지하경제, 암시장 거래
- 가계가 보유한 내구재가 제공하는 서비스, 가내에서 생산되는 재화와 서비스
  → 예를 들어, 그동안 시장을 통해 거래하던 미용사와 정원사가 결혼하게 되면, 가정에서 서로에게 제공하는 서비스는 더 이상 시장거래가 아니므로 이전보다 GDP가 감소한다.

[3] ... final ...

① 한 생산물은 다른 재화와 서비스의 생산에 다시 투입되는 중간재로 쓰이기도 하고, 그 자체가 최종 용도를 위해 최종재로 쓰이기도 한다.

② GDP는 생산된 재화와 서비스 중 최종재의 가치만을 합산하며, 최종 생산물을 만들기 위해 사용되는 중간 투입물(intermediate goods and service)의 가치는 GDP 계산시 제외한다.

- 그 이유는 중간재의 가치는 최종재 가치에 이미 일부 포함되어 있기 때문인데,
- 예를 들어, 농부가 수확한 쌀을 식당에 팔고 식당주인은 볶음밥을 만들어 손님에게 팔 경우, 만일 농부의 매출과 식당주인의 매출을 더하면 중간재인 쌀의 가치를 이중 계산(double counting)하는 문제가 발생한다.

[4] ... produced ...

① GDP에는 해당 기간 중 새로 생산된 재화와 서비스만 포함되고, 과거 생산물의 거래는 제외한다.

② 예를 들어, 3년 전 생산되어 사용하던 중고자동차가 금년에 매매돼도, 그 거래액 자체는 올해의 GDP에 포함되지 않는다.

- 단 매수자와 매도자를 이어주는 중개서비스가 있었다면, 그 서비스의 가치는 중개수수료로 평가되어 올해 GDP에 포함된다.

② 유사한 이유로, 중고품, 골동품, 기존주택을 구매하는 행위는 이번 기의 GDP에 기여하지 못한다.

BOX 2 : 재고(inventory)

- GDP의 조건 [3], [4]와 관련한 GDP 계산상의 특이사항을 알아보자.
- 만일 새로 생산된 재화와 서비스의 일부가 실제로 판매되지는 않았다면, GDP에는 어떤 변화가 있을까?

■ 예컨대, 기업이 사람 열 명을 고용해서 빵을 10개 생산했는데 팔리지 않아 버렸다면:

- 소득면에서는 : 빵 10개를 생산하는 과정에서 열 명에게 임금을 지불하므로 총소득이 늘어난 것처럼 보이나, 기업주의 이윤이 임금지불액만큼 감소하기 때문에 결과적으로 안 팔린 빵 10개는 경제 내의 총소득에 영향을 주지 않는다.
- 지출면에서는 : 그 빵 10개는 구매가 되지 않았으므로, 총지출에는 애초에 영향이 없다.
- 생산면에서는 : 버려진 10개의 빵은 사실상 생산이 이루어 지지 않은 것과 마찬가지다.

→ 이 예에서 보듯, 생산은 되었으나 판매되지 않은 (그래서 버린) 부분은 생산/지출/요소소득 어느 것에도 변화를 가져오지 않으므로, GDP를 계산 할 때 그냥 무시하면 된다.

■ 그러나, 사람 열 명을 고용해서 기계부품(중간재)이나 가전제품(최종재)을 10개 생산했는데 안 팔려서 재고(inventory)로 남는 경우엔 어떻게 처리하는가?

- 생산면에서는 : 10개의 재화가 생산된 것은 분명하다.
- 지출면에서는 : 팔리지 않고 남은 10개의 재고를 생산자가 나중에 사용할 목적으로 "자기가 구입"한 것으로 처리하며, 따라서 10개의 재고분에 해당하는 "지출"이 (GDP 집계상으로는) 발생한다.
- 한편 요소소득면에서는 : 앞의 빵의 경우와는 달리 (집계상으로는) 10개의 재화가 팔렸으므로, 열 명 근로자에의 임금을 지불했다고 해도 (집계상으로는) 생산자의 이윤이 상쇄되지 않는다. 그러므로 요소소득도 재고의 가치만큼 증가한다.

■ 이런 식으로 재고 증가분 만큼의 생산과 지출과 요소소득이 발생한 것으로 처리되므로, 생산되었으나 판매는 안 된 재고는 GDP에 포함된다.

- 곧이어 지출 GDP의 구성항목을 설명할 때 더 자세히 보겠지만, 이번 기에 발생한 재고는 지출 GDP의 항목 중 기업의 재고투자(inventory investment) 지출로 처리한다.
- 재고를 "투자"로 보는 이유는, 재고도 기계/설비와 마찬가지로 기업의 미

래 매출을 증가시키는데 기여할 수 있기 때문이다.

- 그러므로, 어떤 기간 중 발생한 중간재 재고는 그 기간 중 생산된 (투자 목적의) 최종재로서 구매된 것으로 간주한다.

■ 그러면, 나중에 재고가 판매되는 시점에서는 GDP의 변화가 있을까?

- 일단, 이 시점에서는 새로 생산된 재화가 없으므로 정의상 GDP의 변화는 없다.
- 재고가 나중에 판매될 때에 재고를 보유하던 기업 입장에서는 (-)의 재고투자지출이 발생하고,
- 재고를 구매한 소비자 또는 기업의 입장에서는 동일한 크기의 (+)의 소비지출 또는 투자지출이 발생한다.
- 이처럼 (-)와 (+)의 구매지출이 서로 상쇄되므로 총지출은 변화가 없으며,
- 애초에 새로운 생산 활동이 없으므로 요소소득도 불변이다.

[5] ... within a country ...

① GDP는 한 나라 안에서(within the geographic confines of a country) 생산된 재화와 서비스의 가치를 따진다.

② 따라서 GDP는 국적이 아닌 국가영토의 개념이다.

- 앨라바마의 현대 USA가 만든 제네시스는 미국의 GDP로 집계되며,
- 부평의 GM-Korea가 만든 Chevrolet는 한국의 GDP에 포함된다.

③ 국제화 정도가 낮던 90년대 이전까지는, 국민총생산(GNP, Gross National Products)을 주된 총생산 개념으로 사용하였다.

- GDP와 GNP의 차이는, 재화나 서비스가 "한 나라 안에서" 생산되었느냐 아니면 "한 나라 국민에 의해" 생산되었느냐이다.

④ GNP는 GDP에 국외 순수취요소소득을 더한 것이다.

- 외국에서 고용된 자국의 생산요소가 벌어들인 소득과 자국에서 고용한 외국의 생산요소에 지급한 소득의 차이가 국외 순수취요소소득(NFP, net factor payment from abroad)이다.
- 한 나라의 GDP 중에서 외국이 소유한 생산요소에 의해 생산된 부분(=외국의 생산요소에게 귀속되는 해외로의 요소소득 지불액)을 빼고,
- 거기에 자국이 소유한 생산요소에 의해 해외에서 생산된 부분(=자국의 생산

요소에게 돌아가는 해외로부터의 요소소득 수취액)을 더하면,

• 한 나라의 자국민이 보유한 생산요소에 의해 생산된 재화와 서비스의 가치인 GNP를 구할 수 있다.

[6] ... in a given period of time.

① GDP는 대개 1년이나 1분기 동안 발생한 생산과 지출의 흐름을 집계한다.

• 따라서, GDP는 저량(stock)이 아닌 유량(flow) 변수이다.

② 유량(流量)변수 對 저량(貯量)변수

• 저량변수는 일정 시점에서(at some point of time) 측정 가능한 변수인 반면,

• 유량변수는 일정 기간에 걸쳐(over some time interval) 측정 가능한 변수이다.

③ 아래의 [그림 2]는 두 변수의 차이를 예시하고 있다.

[그림 2] 流量變數와 貯量變數

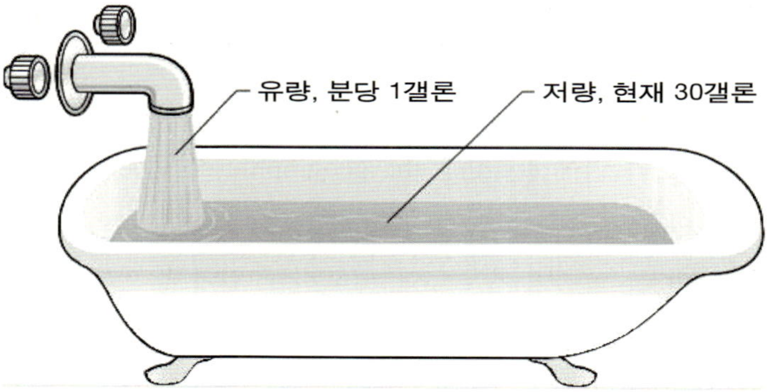

자료 : F. Mishkin, 「Macroeconomics」(2012), p.23.

• "욕조에 수돗물이 1분 동안 얼마나 많이 들어갔는가"는 일정 시간동안 수도꼭지로부터 흘러나오는 물의 양과 관련된 수치이다.

→ 이런 변수를 유량변수라고 한다.

• 반면 "욕조에 현재 물이 얼마나 차 있는가"는 지금 이 시점에서의 물의 저장량과 관련된 수치이다.

→ 이런 변수를 저량변수라고 한다

• 유량변수는 저량변수의 변화속도에 영향을 미치며,

• 특정 시점에서의 저량변수는 그 시점까지 유량변수가 누적된 결과이다

④ 대표적인 저량 및 유량변수는 아래 [표 1]과 같다:

[표 1] 저량변수와 유량변수

저 량	유 량
총 富, 은행 잔고	(이번 기간 중에 발생한) 신규 저축액, 신규 예금액
취업상태 인구수, 실업자 수	(이번 기간 중에 발생한) 신규 실직자 및 구직자 수
정부 부채 총액	(이번 기간 중에 발생한) 정부 재정 적자

1.3 GDP의 정의를 이해하였으니, 그 정의에 입각하여 GDP를 실제로 측정하는 접근방법에 대해 살펴보자.

[1] 앞에서 살펴 본 GDP의 정의는, GDP를 지출측면에서 파악할 때 가장 편리하게 사용할 수 있다.

① 즉, 모든 생산과정이 끝난 후 재화와 서비스가 시장에서 최종용도의 구매자에게 판매되는 단계에서 발생하는 지출 중,

② 앞의 정의에 부합하는 항목들에의 지출액을 GDP로 집계하면 된다.

→ 그러면, 다른 두 가지 방식인 생산 접근과 요소소득 접근에 따른 GDP는 어떻게 집계하는가?

[2] 최종 생산물의 가치 측정: 부가가치 접근

① 어떤 재화나 서비스(예컨대 쌀)가 생산됐다고 해도, 이것이 구매자에 의해 중간 투입물로 쓰일지 최종재로 쓰일지는 사전에는 알 수 없으므로 "최종재로서의 가치"만을 측정하기가 쉽지 않다.

- 재화나 서비스를 구매하는 사람의 입장(즉, 지출면)에서는 그 용도가 최종재인지 중간재인지를 알지만, 만드는 사람의 입장(즉, 생산면)에서는 그렇지 않다.

② 그런데, 생산된 재화가 최종재인지 중간재인지 여부를 구분하지 않고도 결과적으로 최종 생산물의 가치만을 측정하는 방법이 있으며, 이것이 부가가치(VA, value added) 접근이다.

- 부가가치란, 한 기업이 생산한 산출물의 매출액과 그 산출물을 생산하기 위해 구입한 중간투입물 구매액간의 차이이다.

• 즉, 어떤 재화가 생산되는 일련의 단계 중에서 특정 생산단계를 담당한 기업이 창출해낸 최종가치에의 기여분이 그 단계에서 창출된 부가가치이며,
• 각 생산 단계에서 창출된 부가가치를 합산하면, 그 재화의 최종가치를 구할 수 있다.

③ 아래 [그림 3]의 예를 보면, 생산과정의 결과물인 최종 소비재 빵, 라면, 밀의 총 가치는 33억인데,
• 생산자인 농부에 의해 창출된 부가가치는 17억+3억=20억,
• 또다른 생산자인 제분업자에 의해 창출된 부가가치는 12억+12억-17억=7억,
• 제빵업자와 라면회사에 의해 창출된 부가가치는 각각 3억씩 총 6억,
• 따라서, 최종 생산물의 가치(=33억)는, 이 경제 내의 모든 생산단계에서 창출된 부가가치의 총합(=20+7+6=33)과 같다.

[그림 3] 생산 과정과 부가가치

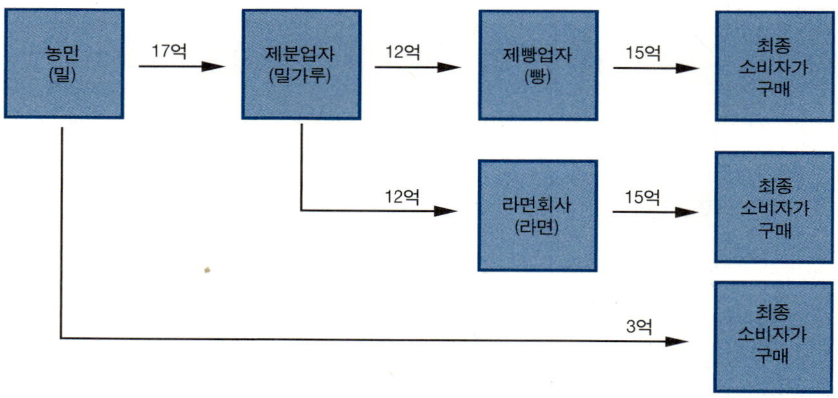

→ 이 예는, 나라경제 전체에서 볼 때 생산 접근으로 파악한 GDP는 경제 내 모든 기업에 의해 창출된 부가가치의 총계와 같음을 보여준다.

[3] 요소소득 측정 : 분배 접근

① 각 생산 단계에서 한 기업이 창출한 부가가치는, 그 기업이 생산과정에서 고용한 요소들에게 돌아가는 총요소소득과 일치할 것이다.
• 각 기업의 판매수입에서 중간투입물의 비용을 빼고 남은 부분인 부가가치는, 임금/임차료/이자/이윤 등의 요소소득의 형태로 가계에 지불되기 때문이다.

② 최종 생산물의 가치인 GDP는, 무수히 많은 기업들이 창출한 부가가치의 합계

와 같다는 것은 이미 설명하였다.

③ 그렇다면, 경제 전체의 최종 생산물의 가치와 경제 내 기업들이 지불한 총 요소소득액은 당연히 일치할 것이다.

> **앞으로의 논의를 위해 기억해 둘 것**
>
> ■ 총 요소소득을 통해 GDP를 파악하는 방법에 대한 앞에서의 설명은, 국민소득의 삼면등가 원칙 중에서 특히 생산 접근과 요소소득 접근의 등가성을 보여준다.
> - 전술한 대로, 한 경제 내의 총생산물의 가치는 총 요소소득과 자명하게 일치하기 때문이다.
>
> ■ 따라서 차후 경제모형을 이용한 분석을 할 때, 우리는 최종 생산물의 가치로서의 GDP와 그 생산과정에 참여한 생산요소에게 돌아가는 총 요소소득으로서의 GDP를 모두 대문자 Y로 나타낼 것이다.
> - 변수 Y의 의미는 분석의 맥락에 맞추어 생산이나 소득으로 적절히 해석하면 된다.
>
> ■ 앞으로 보게 되겠지만, 국민소득상의 삼면등가 원칙 중 엄밀한 설명을 요하는 것은 결국 "경제 내의 총생산 수준(= 생산측면 GDP)과 경제 내의 총지출 수준(= 지출측면 GDP)이 왜 항등적으로 일치하는가"이다.
> - 양자가 일치하는 경로는 장기와 단기에서 매우 다르며, 이에 대한 본격적인 논의는 PART II부터 시작하는 이론적 분석단계에 가서 하기로 하자.

2. 지출측면 GDP의 구성 항목

2.1 이제는 지출측면에서 본 GDP의 구성항목을 논의하면서, 한 경제 내에서 생산된 재화와 서비스가 어떤 용도로 구매되는가를 파악해 보자.

[1] 한 나라경제의 소득과 화폐의 흐름에는 (가계, 기업, 정부, 해외)의 네 부문이 연관돼 있으며, GDP에 해당되는 재화와 서비스에의 구매지출도 이에 상응하여 아래의 네 가지 항목 중 하나로 분류한다.

① 가계의 소비지출(Consumption : C)

② 기업의 투자지출(Investment : I)

③ 정부의 재화 및 서비스 구매지출(Government purchases : G)

④ 본국에서 생산된 재화와 서비스에 대한 해외에서의 구매지출을 반영하는 순수출(Net Exports : NX)

- 순수출:= 수출(EX)-수입(IM)

[2] 위의 지출 GDP 구성항목을 이용하여, 국민소득의 삼면등가 원칙을 나타내면:

$$Y \equiv C + I + G + NX$$

① 위 식은 거시경제에서 매우 중요한 국민소득 항등식으로서,

- 좌변에 있는 생산측면 (또는 요소소득 측면) GDP와
- 우변의 네 가지 지출항목의 합으로 집계되는 지출측면 GDP가 항상 일치함을 의미한다.

② 위 식은 사후적(ex post)으로 항상 성립하며, 그러기에 실제의 GDP 통계수치로는 대개 우변의 항목으로부터 산출한 지출 GDP를 사용한다.

③ 아래 [표 2]는 2006년 이후 우리나라 GDP 대비 각 지출항목의 비중을 보여주고 있다[4].

- 2006년 이후 우리나라의 GDP 중 가장 큰 비중을 차지하는 것은 소비지출(평균 53.8%)이며, 그 다음이 투자지출(평균 28.3%)이다.

[표 2] 우리나라 GDP의 지출항목

	2006	2007	2008	2009	2010	2011	2012
민간소비(C)	54.5	54.4	54.7	54.1	52.6	53.1	53.5
정부소비(G)	14.5	14.7	15.3	16.0	15.2	15.3	15.8
총 고정자본형성(I)	28.7	28.5	29.3	29.1	28.3	27.5	26.7
순수출(NX)	1.4	1.5	-1.2	3.7	2.6	2.0	3.1

4) 우리나라의 국민소득계정에서는 정부지출을 정부소비와 정부투자(도로, 항만, 공항 등의 공공투자)의 두 항목으로 분리하고 있다. 본서에서 말하는 정부구매지출(G)은 그 중 정부소비를 의미하며, [표 2]의 총 고정자본형성은 국민소득 계정상 기업의 투자지출과 정부투자를 합친 것이다.

BOX 3 : 지출 GDP 중 순수출 항목

- 지출측면 GDP를 집계할 때, 수출 전체가 아닌 순수출만을 고려하는 이유는 무엇인가?
- 지출 GDP의 타 항목인 (C, I, G)는 국내에서 발생한 소비/투자/정부구매지출인데, 이들은 국내에서 생산된 재화와 서비스에의 구매지출 외에 외국에서 생산된 수입재에의 지출도 일부 포함하고 있다.
  - 예를 들어, 국내에서의 총 소비지출(C)은 국내에서 생산된 소비재에의 지출(C_d)과 수입소비재에의 지출(C_m)의 합이다.
  - 유사하게, 국내에서의 투자지출(I)과 정부구매지출(G)도 각각 ($I_d + I_m$)과 ($G_d + G_m$)으로 나눌 수 있다.
  - 세 지출 항목 중 외국에서 생산된 재화와 서비스에의 지출 부분만을 합하면 총수입(IM)이 되며, 총수입은 집계하기가 쉽다.

- 그러면, 국내에서 발생한 총지출인 C + I + G에서 총 수입(IM)을 차감하면, 국내에서 발생한 국내 생산재에의 지출이 되고,
- 여기에 해외에서 발생한 국내 생산재에의 지출인 수출(EX)을 합하면, 지출 GDP의 총액이 된다.

  → 따라서, 지출 GDP는 $C_d + I_d + G_d + EX = (C + I + G - IM) + EX = C + I + G + NX$가 된다.

2.2 소비지출(C)

[1] 소비지출은 가계가 최종 소비를 목적으로 구매하는 재화와 서비스에의 지출이다.

① 소비지출은 여러 기간에 걸쳐 소비하는 내구재(자동차, 가전), 한 기간안에 소비가 완료되는 비 내구재(음식, 의류), 서비스(의료, 교육) 지출을 포함하며,

② 가계의 구매지출 중, 중고품이나 자산(stock, bond 등)의 취득을 위한 지출은 제외한다.

- 그러한 지출은 새로 생산된 재화나 서비스에의 지출이 아니기 때문이다.

③ 주의할 것으로, 기간 중 새로 지은 주택의 구매행위는 비록 가계에 의한 지출을 수반하지만 지출측면 GDP의 구성항목 중 주택투자지출로 처리한다.

2.3 투자지출(I)

[1] 투자지출은 기업들이 미래에 더 많은 재화와 서비스를 생산하는데 사용될 수 있는 재화(즉, 자본재)를 구매하기 위한 지출이며, 아래의 항목을 포함한다.

① 기업고정투자(business fixed investment)

- 설비투자 : 기계장치나 운수 장비 같은 유형자산을 구매하는 행위
- 건물투자 : 토지 및 비주거용 공장건물 건축

② 주택투자(residential investment)

- 가계가 신축 주택이나 아파트를 구매하는 지출이며, 엄밀히 말하면 내구재 소비로 볼 수도 있으나 매우 오랜기간에 걸쳐 사용하므로 투자지출로 분류한다.

③ 재고투자(최종재 및 중간재 모두)

- 기업이 보유하는 재고의 변동

2.4 정부구매지출(G)과 순수출(NX)

[1] 정부구매지출은, 정부기관이 구입한 모든 재화와 서비스(예 : 경찰 서비스, 국방비, 건물 및 도로건설 등)에의 지출이다.

① 그러나, 실업급여, 연금, 국채이자 등 이전지출(transfer payments)은 정부구매지출이 아니므로 지출 GDP에서 제외한다.

② 이전지출이란 정부가 재화나 서비스를 구매하지 않으면서 가계에 지불하는 금액이다.

- 따라서 새로운 재화나 서비스의 생산과는 무관하므로, 이전지출은 GDP의 지출 항목에 포함되지 않는다.

[2] 일국의 수출에서 수입을 뺀 금액이 순수출이다.

① 순수출은 : 국내에서 생산된 재화에 대한 해외에서의 지출(EX, exports) - 해외에서 생산된 재화에 대한 국내에서의 지출(IM, imports)이다.

확인문제

Q : [참 또는 거짓] 한 경제 전체의 생산과 지출이 사후적으로 일치한다는 항등식, 즉 $Y \equiv C + I + G + NX$가 현실에서 항상 성립하도록 해 주는 조정항목은, 계획하지 않았던 재고투자의 변동이다.

A : 생산되었으나 팔리지 않고 남은 양이 있다면, 지출액이 생산액을 하회할 것이다. 그러나 판매부진에 따른 재고의 증가를 재고투자지출로 처리하면, 경제내의 총지출과 총생산액이(회계적으로) 일치하게 된다. 따라서 위 진술은 참이다.

3. 실질 對 명목 GDP

3.1 실질 GDP 對 명목 GDP

[1] 경제학에서는 실질(real) 對 명목(nominal)변수를 구별한다.

① 명목변수 : 시간에 걸친 물가의 변동을 고려하지 않고 측정한 변수

② 실질변수 : 시간에 걸친 물가의 변동을 감안하여 가치를 조정한 변수

③ 물가의 변동은 곧 화폐가치의 변동을 의미하므로,

- 명목변수는 : 화폐가치의 변동에 따른 가치조정이 없이 화폐단위로 측정된 변수이고,
- 실질변수는 : 화폐가치 변동을 감안한 가치조정이 이루어진, 물량단위로 측정하는 변수이다.

④ 근로자가 받는 임금의 예를 들어 명목변수와 실질변수를 구분하자면 :

- 근로자가 노동의 대가로 받는 화폐액이 명목임금이고,
- 명목임금을 물가로 나눈 것이 실질임금이며, 이는 명목임금으로 구입할 수 있는 상품의 수량(즉, 명목임금의 구매력)을 나타낸다.
- 합리적인 근로자라면, 이처럼 물가변동의 효과를 조정해 준 실질임금에 더 관심을 가질 것이다.

[2] 실질 GDP의 중요성

① 예를 들어, 작년에 사과 100개가 생산되었고 그 시장가치는 10만원이었는데,

② 금년에도 똑 같은 사과 100개가 생산되었다.

③ 그런데 1년 동안 사과 가격이 올라 금년에는 12만원을 받게 되었다면,

④ 올해 생산된 사과의 명목가치는 전년에 비해 20% 상승했는데, 이것은 경제적 성과나 후생수준의 상승을 의미하지는 않는다.

→ 그러므로 경제 내 생활수준의 변화를 제대로 측정하기 위해서는 생산물 가격의 변화를 감안한 새로운 GDP 척도가 필요하다.

[3] 명목 GDP(nominal GDP) vs. 실질 GDP(real GDP)

① 명목 GDP는, 매 기에 생산된 재화와 서비스의 가치를 그 기에서의 經常價格(current prices)으로 평가한 것이다.

- 따라서, 명목 GDP는 생산된 재화와 서비스의 양의 변화와 시장가격의 변화라는 두 가지 요인에 의해 달라질 수 있다.

② 한편, 실질 GDP(real GDP)는, 생산된 재화와 서비스의 가치를 기준시점(base period)에서의 不變價格(constant prices)으로 평가한 것이다.

- 실질 GDP는 재화와 서비스 생산량의 변화가 있을 때에만 달라지고,
- 따라서 경제의 전반적 생산활동 수준을 나타내는 지표로서 적합하다.

[4] 명목 GDP와 실질 GDP의 차이로부터 파생되는 개념이 GDP 디플레이터(GDP deflator)이다.

① 명목 GDP의 변화 중 생산량의 증가가 아닌 물가상승에 의한 부분을 측정하는 척도가 GDP 디플레이터이다.

② GDP 디플레이터 : = 100 × (명목 GDP / 실질 GDP)

- 예를 들어, 작년과 비교하여 모든 품목의 생산량은 변화가 없으나 가격만 모두 두 배가 됐다면, 올해의 실질 GDP는 불변이나 명목 GDP는 작년의 두 배가 된다.
- 그 결과 금년의 GDP 디플레이터는 200이다.

③ 그러므로, GDP 디플레이터는 물가 수준을 측정하는 한 척도가 된다.

- 단, GDP의 정의상 GDP 디플레이터는 국내에서 생산된 최종 재화와 서비스만을 대상으로 하는 물가지수이다.

3.2 명목 및 실질 GDP와 GDP 디플레이터를 계산하는 절차

[1] 생산된 재화/서비스의 내역을 파악한다:

연도	핫도그 가격	핫도그 생산량	햄버거 가격	햄버거 생산량
2011	1	100	2	50
2012	2	150	3	100
2013	3	250	4	150

[2] 연도별 명목 GDP를 계산한다:

연도	명목 GDP : 경상가격으로 평가한 재화와 서비스 생산물의 가치		
	핫도그	햄버거	총계
2011	1 × 100	2 × 50	200
2012	2 × 150	3 × 100	600
2013	3 × 250	4 × 150	1350

[3] 연도별 실질 GDP를 계산한다:

연도	실질 GDP : 기준년(2011)가격으로 평가한 재화와 서비스 생산물의 가치		
	핫도그	햄버거	총계
2011	1 × 100	2 × 50	200
2012	1 × 150	2 × 100	350
2013	1 × 250	2 × 150	550

[4] 비교연도의 GDP 디플레이터를 계산한다:

연도	GDP 디플레이터
2011	(₩200 / ₩200) × 100 = 100
2012	(₩600 / ₩350) × 100 = 171.4
2013	(₩1350 / ₩550) × 100 = 245.5

[5] 2013년 GDP 디플레이터인 245.5(≒246)의 직관적 해석:

① 실질 GDP를 보면, 2013년의 생산/소득/지출 수준은 2011년에 비해 2.75배 증가하였다.

② 한편 같은 기간 동안 명목 GDP는 6.75배가 증가했는데, 그 중 2.46배는 물가 상승에 의해 부풀려진 것이다.

- 대략적으로 보아, 2년간 물가(P)가 2.46배 오르고, 생산량(Q)은 2.75배가 올라서 명목 GDP(P × Q)는 2.46 × 2.75 ≒ 6.75배가 된 것으로 해석할 수 있다.

BOX 4 : 연쇄가중 GDP(chain-weighted GDP)

■ 기준년의 불변가격을 이용하여 비교시점의 실질 GDP를 계산할 때의 문제점은, 비교시점이 기준시점으로부터 멀어질수록 재화와 서비스의 불변가격과 실제 시장상황간의 괴리가 커진다는 것이다.

- 예를 들어 최근 몇 년간 태블릿 PC의 가격은 크게 떨어진 반면, 전/월세 가격은 크게 올랐는데, 이들 재화와 서비스의 가치를 오래전의 가격으로 평가하는 것은 분명 문제가 있다.
- 또 비교시점이 기준시점에서 멀어질수록 새로운 재화와 서비스가 많이 나타나게 되는데, 기준시점에서 이들에 준하는 품목의 가격을 찾는 것도 쉽지 않다.
- 이러한 이유로 보통 5년마다 기준연도를 바꾼다.

■ 기준시점을 주기적으로 바꾸는 번거로움과 고정된 기준시점의 문제를 해결하기 위해 고안된 것이 연쇄가중에 의한 실질 GDP이다.

- 예를 들면, 2010년과 2011년에 걸친 각 재화와 서비스의 평균가격을 이용하여 두 해 사이의 실질 GDP 증가율을 계산하고,
- 유사한 방법으로 2011년과 2012년 사이의 실질 GDP 증가율을 계산한 후,
- 인접한 두 시점간의 증가율을 이어 붙여 실질 GDP 시계열을 구성하며,
- 각 시점의 명목 GDP와의 비율로 GDP 디플레이터도 구한다.
- 그러므로, 연쇄가중 실질 GDP에는 매년 기준연도가 달라지는 효과가 있다.

4. GDP의 한계

4.1 GDP는 한 경제 전체가 얼마를 생산하고(product) 얼마의 소득을 올리며(income) 얼마를 지출하고(expenditure) 있는지, 즉 경제활동의 규모를 보여주는 지표이나, GDP를 통해 한 나라의 경제활동 수준이나 국민의 복지수준을 측정하는 데는 한계가 있다.

[1] 한계 1 : GDP는 생산물의 품질 변화를 제대로 반영하지 못한다.

- 이전과 동일한 물량이 생산되더라도 대개 시간이 지나면서 질적인 개선이 이루어지나, GDP 집계상 생산물의 품질까지 고려하기는 힘들다.
- 또 가격 규제를 받는 제품의 경우 단위분량이나 품질이 하락할 것이나, 이러한 변화도 GDP에 정확히 반영되지 못한다.

[2] 한계 2 : 지하경제(shadow or black economy)는 GDP에서 배제된다.

① 비제도권 금융(사채시장), 탈세(무자료 거래, 비자금, 소득신고 누락), 뇌물수수, 마약 및 성 매매 등과 관련된 거래를 반영하지 못한다.

- [그림 4]를 보면, 우리나라의 지하경제규모는 2007년 기준 GDP의 30%에 내외로 추정된다.

[그림 4] 우리나라의 지하경제 규모 추정치

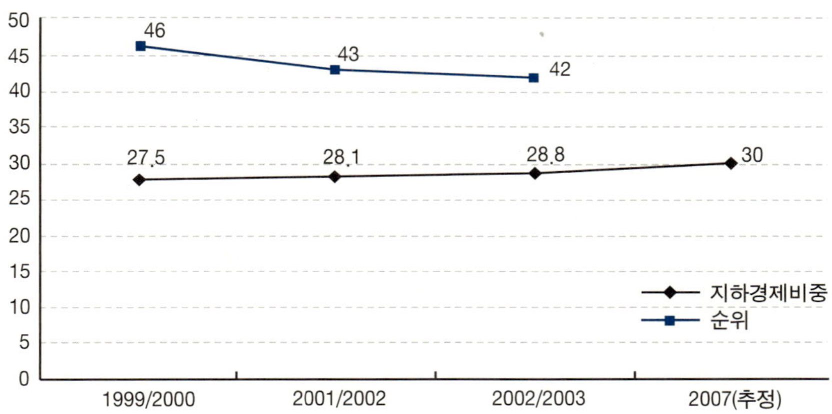

자료 : 대한 상공회의소

→ 지하경제 비중면에서 조사대상 145개국 중 우리나라의 순위는 46위, 43위, 42위로 점차 개선되고 있다.

[3] 한계 3 : GDP는 비시장 거래항목을 제대로 집계하지 못한다.

① 어떤 생산활동이 GDP증가로 이어지려면, 그 생산물이 시장에서 거래되는 한편, 누군가의 소득 증가로 이어져야 한다.

② 그러므로, 비시장 거래인 주부의 가사노동은 GDP에서 제외되는 반면,

③ 이전에는 가내에서 이루어지던 생산/ 소비활동이 시장을 통해 이루어지면, 실제로는 생산량의 변동이 없이도 GDP가 증가한 것으로 집계된다.

[4] 한계 4 : GDP는 경제활동에서 발생하는 부작용과 사회적 비용을 제대로 반영하지 못한다.

① 예를 들어, 반도체 생산량이 증가하는 과정에서 발생하는 환경오염에 의한 (-)의 효용은 고려되지 못한다.

② 또, 범죄가 늘어 경찰장비의 구입이 증가하거나, 재해복구를 위한 장비의 생산과 구매지출이 증가한다면?

- 이러한 종류의 구매지출은 사회적 '비용'의 성격이 짙음에도 불구하고, 직접적으로는 GDP를 증가시키는 요인으로 집계된다.

[5] 한계 5 : GDP는 한 나라의 '경제력'은 측정할 수 있지만 '국민 생활의 질' 이나 '행복' 등 보다 근원적인 삶의 질은 제대로 파악하지 못한다.

① 기본적으로, GDP는 재화와 서비스를 생산하는 모든 경제활동을 유효한 것으로 간주하는데:

- 그 결과 위의 [한계 4]에서처럼, 국민의 생활수준을 실제로 향상시키는 경제활동과 그렇지 않은 경제활동을 구분하지 못하며,
- 특히 소비자들이 생산 활동에 종사하지 않고 즐기는 여가의 가치는 전혀 반영되지 않는다.

② 또한 소득불평등, 여가시간, 환경오염, 자원고갈 등과 같은 문제는 국민들의 삶의 질에 큰 영향을 미치는 요소임에도 GDP에서는 산정대상이 아니다.

- 일인당 GDP와 국민의 삶의 질을 나타내는 기대수명, 문맹률, 유아 사망률 등의 지표도 일치하지 않는다.

TOPIC 2 | 생활비의 측정

1. 물가수준(Price Level)과 물가지수(Price Index)

1.1 물가 또는 물가수준이란, 시장에서 거래되는 모든 재화와 서비스의 가격을 일정한

기준에 따라 평균하여 구한 총체적 가격수준(aggregate price)이며, 물가지수는 물가의 움직임을 대표하는 수치이다.

[1] 물가지수의 용도는 무엇일까?

① 용도 1 : 화폐의 구매력 또는 전반적인 생계비를 측정하기 위해 쓰인다.

- 화폐의 구매력은 명목화폐 한 단위로 구매할 수 있는 재화나 서비스의 양을 의미하며.
- 따라서 화폐의 구매력은 물가수준의 역수이다.
- 일반 물가수준이 상승하면 ⇔ 생활비가 상승하고 ⇔ 화폐의 구매력이 하락한다.

② 용도 2 : 경기판단의 지표로 쓰인다.

- 경기가 과열의 우려가 있을 때, 물가지수의 움직임은 단기적 물가상승 압력을 보여주는 유용한 신호가 되기도 한다.

[2] 대표적 물가지수는 :

① 소비자 물가지수(Consumer Price Index)

② GDP 디플레이터(GDP deflator)

③ 생산자 물가지수(Producer Price Index)

1.2 소비자 물가지수(CPI, Consumer Price Index)

[1] 소비자 물가지수는 전형적인 소비자가 최종 소비용 재화와 서비스의 묶음(consumption basket)을 구입하는 데 드는 구매비용을 측정하는 지수이다.

① 개략적 계산 방법은:

- 먼저, 소비자가 평균적으로 구매하는 소비재 바구니(consumption basket)를 결정한 후,
- 기준시점에서 이 바구니를 구매하는 비용을 계산하고,
- 이어서 비교시점의 구매비용을 계산한 후,
- 비교시점의 구매비용을 기준시점 구매비용에 대한 백분비로 표시한 지수(index)를 산출한다.

  → 이 지수의 등락을 통해 소비재 바구니의 평균적인 가격 변화를 측정한다.

② 현재 우리나라의 경우, 2010년 기준으로 소비자 물가지수를 측정하는 소비재

바구니는 481개의 품목으로 구성되어 있으며, 통상 5년마다 바구니를 수정한다.

- 소비재 바구니를 매년 바꾸면 매년 그 전년과 다른 생활양식을 비교하는 결과가 되므로, 생활비의 등락을 제대로 측정할 수 없게 된다.
- 반대로 소비재 바구니를 전혀 수정하지 않는다면, 시간이 지남에 따라 달라지는 소비자들의 실제 생활양식을 제대로 반영하지 못하게 된다.

→ 이러한 이유로 통상 5년마다 한 번씩 소비재 바구니를 수정한다.

2. 소비자 물가지수를 산출하는 절차

1. 소비재 바구니를 정한다 :

- 소비자 물가지수를 계산하기 위한 "쇼핑 목록", 즉 소비재 바구니에 포함될 품목과 수량을 결정한다.

2. 바구니 내 품목의 가격을 조사한다:

- 기준시점과 비교시점에서, 각 품목의 가격을 조사한다.

3. 바구니 구매비용을 계산한다 :

- 각 시점에서의 가격자료를 이용, 소비재 바구니를 구매하는 비용을 시점별로 계산한다.

4. 기준시점을 선정하고, 물가지수를 계산한다:

- 비교시점의 소비자 물가지수(CPI_t) : = 100×(비교시점 구매비용/기준시점 구매비용)

5. 인플레이션율을 계산한다 :

- t기의 전기 대비 인플레이션율 $= \dfrac{CPI_t - CPI_{t-1}}{CPI_{t-1}} \times 100$

2.1 STEP I : 소비재 바구니를 정한다.

① 대표적 소비자가 구입하는 재화와 서비스의 지출내역을 조사하여, 바구니에 들어갈 재화와 서비스의 품목과 구매량을 정한다.

② 예 :

소비자 지출행태조사를 거쳐 고정된 재화 묶음			
핫도그	4개	햄버거	2개

2.2 STEP II : 바구니 내 품목의 가격을 조사한다.

① 각 시점별로 물가지수에 포함되는 품목의 (세금까지 포함한) 가격을 조사한다.

② 예 :

연도별 각 품목의 가격 수집		
연도	핫도그 가격	햄버거 가격
2005	₩1	₩2
2006	₩2	₩3
2007	₩3	₩4

2.3 STEP III : 바구니 구매비용을 계산한다.

① 조사한 가격자료를 이용하여, 각 시점에서 재화 묶음을 구입하는데 소요되는 비용을 계산한다.

② 예 :

고정된 재화 묶음의 연도별 구입비용	
연도	재화묶음 비용
2005	핫도그 4개 × ₩1 + 햄버거 2개 × ₩2 = ₩8
2006	핫도그 4개 × ₩2 + 햄버거 2개 × ₩3 = ₩14
2007	핫도그 4개 × ₩3 + 햄버거 2개 × ₩4 = ₩20

③ 위의 예에서 보듯, 동일한 1 만큼의 가격상승이라도 소비자가 많이 구매하는 품목인 핫도그의 경우에 가격상승효과의 가중치가 커진다.

- 즉, 바구니에 포함된 각 품목의 가격에 구매 단위수를 곱하여 합산한 개별 가격의 加重合을 이용하여 소비자 물가지수를 산출하므로,

• 같은 폭으로 가격이 오르더라도 바구니 내의 구매량이 많은 상품일수록 소비자 물가지수에 더 큰 변화를 가져온다.

2.4 STEP IV : 기준시점을 선정하고, 물가지수를 계산한다.

① 기준연도를 정하고, 기준연도와 나머지 연도에서의 소요비용을 비교한다.

② 비교연도의 소비자 물가지수 = {비교연도 재화묶음 구입비용/기준연도 재화묶음 구입비용}×100

• 이는 기준연도의 물가지수가 100이 되도록 하는 일종의 정규화(normalization) 절차이다.

③ 예:

2005=기준년도하, 각 비교연도의 소비자 물가지수 계산	
연도	소비자 물가지수
2005	(₩8/₩8)×100 = 100
2006	(₩14/₩8)×100 = 175
2007	(₩20/₩8)×100 = 250

2.5 STEP V : 인플레이션율을 계산한다.

① 예 :

각 비교연도의 CPI를 이용, 인플레이션율 계산	
연도	인플레이션율
2006	[(175-100)/100]×100 = 75%
2007	[(250-175)/175]×100 = 43%

3. 소비자 물가지수의 한계

3.1 소비자 물가지수를 산출하는 애초의 취지가 생활비의 변동을 측정하기 위함인데, 소비자 물가지수가 과연 생활비의 변화를 정확히 반영하고 있을까?

[1] 상당수 경제학자들은 소비자 물가지수의 움직임이 물가 또는 생활비 상승의 효과

를 실제보다 과장하는 것으로 본다.

① 예상치 못한 인플레이션에 의한 손실을 방지하기 위해 계약금액을 물가상승에 따라 조정하는 것을 물가연동제(indexation)라 한다.

② 조세, 사회보장지출, 급여액 등이 소비자 물가지수와 연동된 경우, 이러한 부정확성은 과도한 재정 부담이나 불공평한 보상 등의 문제를 가져올 수 있다.

[2] 소비자 물가지수가 생활비의 변동(또는 화폐구매력의 변동)을 실제보다 과대평가하는 이유는 아래의 세 가지이다.

① 대체효과를 무시함에 따른 왜곡(substitution bias)

② 신상품의 등장(introduction of new goods)

③ 측정되지 않는 품질변화(unmeasured quality changes)

→ 위 세 문제 모두, 소비자 물가지수를 계산할 때 소비재 바구니의 구성을 일정하게 유지하기 때문에 발생한다.

3.2 대체효과를 무시함에 따른 왜곡(substitution bias)

[1] 재화들 간의 상대가격이 변하면, 합리적 소비자들은 상대적으로 더 비싸진 물건의 소비를 상대적으로 더 싸진 재화의 소비로 대체한다.

① 예컨대, 소비재 바구니 내의 재화인 사과의 가격이 올랐다고 하자.

② 이때 소비자들은 상대적으로 더 비싸진 사과의 소비를 줄이고, 대신 다른 재화인 오렌지의 소비를 늘릴 것이다.

③ 그럼으로써 소비자들은 사과가격 상승의 충격을 어느 정도 흡수할 수 있다.

[2] 보다 구체적으로 아래의 예를 살펴보자.

품목	바구니 내 단위수	가격	
		2001	2008
녹차	25	1	1
커피	25	1	2
쿠키	50	1	1.5

① 소비재 바구니의 구매비용으로 측정하는 소비자 물가지수에 의하면, 2001년 생활비를 100으로 할 때 2008년의 생활비는 150으로 계산된다

② 그러나 소비자 입장에서 커피와 녹차가 완전대체재라고 하면,

- 커피 가격이 오른 후 소비자는 녹차 50단위와 쿠키 50단위를 구매해도 동일

한 생활 수준을 유지할 수 있으며,

• 이 경우 2008년의 실제 생활비는 125까지만 상승한다.

③ 이처럼 소비자 물가지수는 소비재 바구니의 구성이 고정된 것으로 간주하여 산출되므로, 상대가격의 변화에 의한 소비자행동의 변화를 반영하지 못한다.

→ 따라서, 소비자 물가지수는 가격 상승의 충격 또는 생계비 상승 충격을 실제 사람들이 느끼는 정도보다 과대 추정하게 된다.

3.3 신상품의 등장

[1] 신상품의 출현은 소비자 선택의 폭을 넓힘으로써, 같은 비용으로 더 높은 생활수준을 누리게 해 주거나 같은 생활수준을 이전보다 낮은 비용으로 누리게 해 준다.

① 신상품의 출현으로 인해 결과적으로 화폐의 한 단위의 구매력이 증가하게 되나, 소비재 바구니는 (신상품 출현 이전에 이미) 고정되어 있으므로, 화폐의 구매력 증가 또는 생활비 하락효과를 반영하지 못한다.

② 또 신상품의 가격은 처음 등장 후 시간이 지남에 따라 더욱 빨리 하락하는 경향이 있는 반면, 신상품은 대개 어느 정도 시간이 지나 가격이 상당 부분 하락한 후에야 소비재 바구니에 포함된다.

• 이 경우에도 소비자 물가지수는 생활비의 하락 추세를 정확히 반영하지 못한다.

[2] 예컨대, 3-D 영화가 소비재 바구니 내 항목인 상태에서 신상품인 3-D TV가 등장한다면:

① 이제는 굳이 극장에 안 가고도 매우 낮은 비용으로 이전과 유사한 생활 수준을 누릴 수 있지만,

② 소비자 물가지수로 평가한 생활비는 불변인 것으로 나타난다.

• 따라서, 소비자 물가지수는 생활비를 과대 추정하는 경향이 있다.

3.4 측정되지 않은 품질변화

[1] 제품의 품질이 상승할 경우, 명목가격은 불변일지라도 화폐의 구매력은 상승하는 효과가 있다.

① 만일 바구니 내 재화(예컨대 자동차)의 가격은 작년보다 상승했으나 연비 등 품질이 대폭 개선된다면,

② 기존의 생활 수준을 유지하는 실질비용은 약간만 상승하나,

③ 소비재 바구니의 구매비용으로 평가한 생활비는 더 크게 상승한 것으로 나타난다.

[2] 따라서, 소비자 물가지수는 품질의 변화를 제대로 반영하지 못한다.

① 품질의 변화까지 고려하여 그 재화의 가격을 조정한 "일정 품질의 바구니"를 구성해야 하나, 이는 현실적으로 쉽지 않다.

→ 이 경우에도 소비자 물가지수는 생활비의 상승을 과대추정하는 경향이 있다.

4. 소비자 물가지수를 이용한 인플레이션 효과 조정

4.1 서로 다른 시점의 경제적 변수들을 제대로 비교하기 위해서는 그 변수들의 실질가치를 비교해야 한다.

[1] 특히 화폐가치로 측정되는 명목변수들을 비교하려면, 시점에 따른 화폐의 구매력 변화를 감안하여 이들을 실질변수로 전환해야 한다.

① 예를 들어 두 기간에 걸쳐 명목(즉, 화폐단위)임금이 ₩150 → ₩300으로 상승했는데, 소비자 물가지수가 100 → 200으로 상승했다면,

② 명목임금 상승에도 불구하고 실질임금(즉, 명목임금의 구매력)은 1.5로 이전과 동일하다.

[2] 그러므로, 자주 보는 "역대 최고 연봉"이라는 주장도 해당 연도의 물가지수를 이용하여 실질금액을 비교한 후에야 정확한 표현이다.

① 예를 들어 Alex Rodriguez의 2012년 연봉 3000만 달러와, Babe Ruth의 1930년 연봉 8만 달러를 비교해 보자.

② 1982-84년을 기준년도로 할 경우, 1930년의 소비자 물가지수는 16.7이고 2012년의 소비자 물가지수는 229.6이다.

③ 따라서 1982-84년의 화폐가치로 환산하면:

- Babe Ruth의 연봉은 8만 × 100/16.7 = 47.9만 달러이고,

• Alex Rodriguez의 연봉은 3000만 × 100/229.6 = 1306.6만 달러이다.

4.2 특히 이자율의 경우 인플레이션의 효과를 조정하는 것이 중요하며, 이에 명목이자율과 실질이자율을 구분해야 한다.

[1] 이자율이란 현재의 금전거래에 대한 미래의 보상으로서 상이한 시점간의 거래를 수반하는 것인데, 문제는 화폐의 가치가 시점에 따라 변한다는 것이다.

① 명목이자율은 :

- 물가상승률을 감안하지 않은 이자율이며,
- "명목예금액이 얼마나 빨리 불어나는지"를 보여준다.

② 실질이자율은 :

- 인플레이션을 감안하여 조정한 이자율이며,
- "명목예금액의 구매력이 얼마나 빨리 불어나는가"를 보여준다.

[2] 예 : 현재 물가가 100이고, 은행에 1,000만원을 명목이자율 5%(연율)로 1년 동안 예금하는데, 그 1년 동안 물가는 102로 상승한다고 하자.

① 명목예금액은 : 1000 → 1050으로 증가(즉, 5% 증가)

→ 명목이자율 = 5%

② 명목예금액의 구매력은 : 1000/100 →1050/102 로 증가(즉, 2.9≈3% 증가)

→ 실질이자율 = 3%

③ 한편, 1년 동안의 물가상승률은 2%이다.

따라서, 실질이자율(r) = 명목이자율(i) - 물가상승률(π)

5. 기타 물가지수

5.1 소비자 물가지수 외에도 경제 전체의 물가변화를 추적하기 위해 자주 사용되는 지수가 있는데, 대표적인 것으로 생산자 물가지수와 GDP 디플레이터가 있다.

[1] 생산자 물가지수(PPI, Producer Price Index)

① 생산자가 구매하는 대표적 재화와 서비스 바구니의 구매 비용을 측정한다.

② 주로 원자재 가격들이 이에 포함되며, 이들 가격은 대개 소비재 가격에 비해 빨리 조정되므로 인플레이션이나 디플레이션 압력에 더 신속하게 반응한다.

- 따라서 생산자 물가지수는 인플레이션에 대한 조기경보신호(early warning signal)로 쓰이기도 한다.

[2] GDP 디플레이터(GDP deflator)

① 매 비교시점의 명목 GDP와 실질 GDP의 비율로 계산한 물가지수이다.

[3] 근원 소비자 물가지수(Core CPI)

[그림 5] 소비자물가 및 근원 소비자물가 인플레이션(前年 同分期 대비)

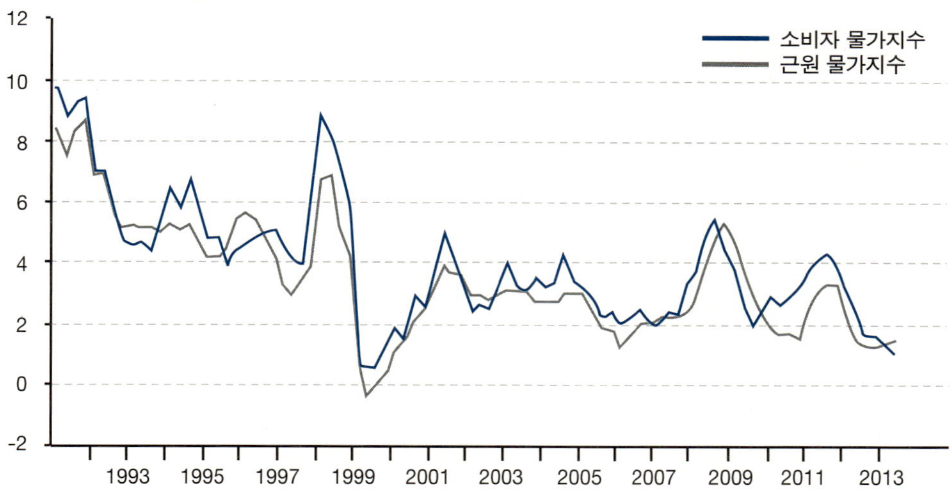

자료 : 한국은행 경제통계시스템 자료로부터 계산

① 소비자 물가지수의 구성항목 중에서 석유류(도시가스 포함) 및 농산물을 제외하고 구성한 특수 물가지수를 근원 소비자 물가지수라고 한다.

- 석유류 및 농산물의 가격은 계절적 요인에 의한 변동성이 매우 심한 한편, 소비자물가의 등락에 미치는 영향도 대개 일시적이다.

② 이처럼 통제 불가능한 일시적·단기적인 충격요인을 제외한 후 산출하는 장기적·기조적인 물가지수가 근원 소비자 물가지수이다.

- [그림 5]에서 보듯, 우리나라의 경우도 일반 소비자 물가지수보다 근원 소비

자 물가지수의 변동성이 상대적으로 작게 나타난다.

[4] 생활 물가지수

① 소비자 물가지수는 국내 소비자 전체를 바탕으로 한 지표지만 현실에서는 소비자마다 처한 상황이 다르기 때문에 체감물가와 차이가 생긴다.

- 예를 들어, 전세와 월세는 소비자 물가지수 중에서 가장 가중치가 큰 두 항목이나, 집을 소유한 가계는 이 가격의 상승을 체감하지 못한다.

② 이에 통계청은 생활 물가지수를 보조지표로 발표하고 있다.

- 소비자 물가지수 품목 중 소득 수준에 상관없이 소비자들이 자주 구입하는 생필품과 각종 납입금을 대상으로 물가 변동을 측정하기 때문에 체감 물가에 가까운 지표이다.

5.2 소비자 물가지수 對 GDP 디플레이터 : 두 지수 모두 경제 전체의 물가 수준의 추이를 측정하나, 몇 가지 중요한 차이점이 있다.

[1] 소비자 물가지수는 소비자가 구매하는 재화와 서비스의 고정된 바구니(fixed consumption basket)를 이용하여 측정한다.

① 소비자 물가지수는 "소비재 바구니(consumption basket)"의 구입비용으로 계산한다.

- 따라서 소비자가 구매하는 수입품의 가격변화도 소비자 물가지수에 반영된다.
- 예를 들어 밀가루가 소비재 바구니에 들어 있다면, 수입 밀가루 가격이 급등할 경우 소비자 물가지수가 상승한다.

② 또, 소비자 물가지수는 고정된 바구니(fixed basket)를 구입하는 비용으로 계산한다.

- 국내의 생산패턴이 바뀌어 특정 재화의 생산량이나 가격이 변화하더라도 그 품목이 애초에 소비재 바구니에 들어있지 않으면, 소비자 물가지수에 직접적 변화는 없다.
- 또 실제의 소비패턴이 갑자기 바뀐다고 해도, 소비재 바구니가 수정되기 전까지는 소비자 물가지수는 이러한 변화를 반영하지 못한다.

[2] 한편, GDP 디플레이터는 일단 명목 및 실질 GDP를 계산한 후에야 산출된다.

① 그런데, GDP는 국내에서 생산된 모든 재화와 서비스를 포함한다.

- 즉, 수입소비재는 GDP에 포함되지 않고, 국내생산재라면 소비재가 아닌 것도 포함된다.
- 따라서, 수입소비재 가격의 상승은 GDP 디플레이터에 영향을 주지 않는다.
- 반면 주로 정부가 구입하는 국내산 물품(예를 들어, 국산 탱크나 미사일)의 가격이 상승할 경우, 소비자 물가지수는 불변이나 GDP 디플레이터는 상승한다.
- 기업이 주로 구입하는 물품의 가격 상승도 GDP 디플레이터에는 반영되나 소비자 물가지수에는 직접적으로는 반영되지 않는다.

② 또, GDP 디플레이터를 계산할 때에는 재화와 서비스의 "바구니"가 암묵적으로 매기 달라진다.

- 특정 해의 GDP 디플레이터를 계산하려면, 그 해에 생산된 재화와 서비스의 가치를 불변가격과 경상가격으로 평가하여 실질 및 명목 GDP를 먼저 계산해야 하는데,
- GDP의 구성이 매년 달라지므로, 마치 GDP 디플레이터를 계산하는 재화와 서비스의 "바구니"가 매년 바뀌는 것과 같은 효과가 발생한다.
- 이에 대한 더 자세한 설명은 [Appendix]를 참조하라.

③ 그러므로, 소비자 물가지수와는 달리, GDP 디플레이터는 "변동 생산재 바구니(varying production basket)"를 이용하여 계산한다고 볼 수 있다.

[Appendix] 소비자 물가지수와 GDP 디플레이터

A.1 3개의 재화가 생산되는 경제를 가정하여, GDP 디플레이터를 계산할 때 개별 가격의 가중치가 어떻게 결정되는가를 이해해 보자.

[1] 한 경제 내에서 세 개의 재화 $\{Q_i : i = 1, 2, 3\}$가 생산된다고 하자.

① P_{it} = i 번째 재화의 시점 t에서의 가격

② Q_{it} = i 번째 재화의 시점 t에서의 생산량

③ $NGDP_t$ = 시점 t에서의 명목 GDP

④ $RGDP_t$ = 시점 t에서의 실질 GDP

[2] 이 경제에서 시점 t의 GDP 디플레이터를 계산하면,

$$\text{GDP deflator} = 100 \times \frac{NGDP_t}{RGDP_t} = 100 \times \frac{P_{1t}Q_{1t} + P_{2t}Q_{2t} + P_{3t}Q_{3t}}{RGDP_t}$$
$$= 100 \times \left[\left(\frac{Q_{1t}}{RGDP_t}\right)P_{1t} + \left(\frac{Q_{2t}}{RGDP_t}\right)P_{2t} + \left(\frac{Q_{3t}}{RGDP_t}\right)P_{3t} \right]$$

[3] 따라서, GDP 디플레이터는 개별 가격 $\{P_i : I = 1,2,3\}$의 가중평균으로 계산되는데,

① 개별 가격 P_{it}에의 가중치는 $\frac{Q_{it}}{RGDP_t}$이고, 이는 t기의 실질 GDP 중에서 해당 품목의 생산량이 차지하는 비중이다.

② 그러므로 GDP 디플레이터를 계산할 때 개별 가격에의 가중치는 매 시점마다 달라진다.

- 이처럼 시간에 따라 변동하는 가중치를 이용하여 계산하는 지수를 파셰 지수(Paasche index)라고 하며,
- 따라서 GDP 디플레이터는 대표적인 파셰 지수이다.
- 일반적으로, 파셰 방식으로 산출된 지수는 기준시점에서 멀어짐에 따라 지수가 측정하려는 대상의 실제치보다 작아지는(즉, 과소추정) 경향이 있다.

A.2 3개의 재화가 소비되는 경제를 상정하여, 소비자 물가지수를 계산할 때 개별 가격의 가중치가 어떻게 결정되는가를 이해해 보자.

[1] 한 경제의 소비재 바구니가 세 개의 재화 $\{C_i : I = 1,2,3\}$로 구성된다고 하자.

① C_i = 소비재 바구니에 포함된 i 번째 재화의 수량

② P_{it} = i 번째 재화의 시점 t에서의 가격

③ E_t = 시점 t에서 계산한 소비재 바구니의 비용

④ E_b = 기준 시점(base period)에서 계산한 소비재 바구니의 비용

[2] 이 경제에서 시점 t의 소비자 물가지수를 계산하면,

$$\mathrm{CPI} = 100 \times \frac{E_t}{E_b} = 100 \times \frac{P_{1t}C_1 + P_{2t}C_2 + P_{3t}C_3}{E_b} = 100 \times \left[\left(\frac{C_1}{E_b}\right) P_{1t} + \left(\frac{C_2}{E_b}\right) P_{2t} + \left(\frac{C_3}{E_b}\right) P_{3t} \right]$$

[3] 따라서, 소비자 물가지수도 개별 가격의 가중 평균으로 계산되는데,

① 개별 가격 P_{it}에의 가중치는 $\frac{C_i}{E_b}$이고, 이는 고정된 소비재 바구니의 기준 시점 비용 중에서 해당 품목의 수량이 차지하는 비중이다.

② 그러므로, 소비자 물가지수를 계산할 때 개별 가격에 부여하는 가중치는(기준 시점이나 바구니를 바꾸지 않는 한) 매 시점에서 동일하다.

- 이렇게 고정된 가중치를 이용하여 계산하는 지수를 라스파이레스 지수(Laspeyres index)라고 하며,
- 소비자 물가지수는 라스파이레스 지수의 대표적 예이다.
- 일반적으로, 라스파이레스 방식으로 산출된 지수는 기준시점에서 멀어짐에 따라 지수가 측정하려는 대상의 실제치보다 커지는(즉, 과대추정) 경향이 있다.

연습문제

Q1. 아래에 주어진 각 거래별로, 올해 한국 GDP(Y)의 총량과 지출항목(C, I, G, EX, IM)상의 변화를 명시하라. 특별한 언급이 없는 한 모든 거래는 올해 발생한 것이며, 거래 당사자는 내국인이다.

a) 지방공무원 칠수씨가 500만원의 급여를 받았다.

b) 제인씨가 주당 1250의 가격으로 건설회사 주식 100주를 샀다.

c) 섬상전자가 새 스마트폰 갤럭시프로를 70만원에 출시하였으나, 판매가 부진하여 10개의 재고가 발생하였다.

d) 신세대 트롯그룹 낭랑18세가 미국산 Steinway 피아노 한 대를 5000만원에 구입하였다.

e) 이문동에 있는 로펌 김 & 정의 변호사 허류가 캐나다에 있는 의뢰인과 전화상담을 하고 400만원을 받았다.

f) 맹박씨가 지난 한 달 동안 5살짜리 아들 새훈이를 유아원에 맡기고 30만원을 지불하였다.

g) 오피스플러스가 작년에 중국으로부터 90만에 수입한 TV가, 올해 두길씨에게 120만원에 팔렸다.

h) 근희씨가 타던 2000년형 마이바흐를 밀리터리스타 배추가 재입대를 자축하며 2000만원에 구입하였다.

i) 청와대가 대만산 노트북을 신임 비서관용으로 190만원에 구입하였다.

[Q2-Q5] 아시아에 위치한 면나라에서는 파스타와 쫄면을 자체 생산하여 전량 소비하고 있다. 또한 이 나라 사람들은 소면도 수입하여 소비한다. 아래 표는 면나라의 생산/소비/가격에 대한 정보를 보여준다.

연도	파스타		쫄면		소면	
	가격	수량	가격	수량	가격	수량
2008	₩10	10	₩15	8	₩15	4
2009	₩10	12	₩20	12	₩22.5	4

Q2. 2008년을 기준년으로 하여, 면나라의 2009년 실질 GDP는?

a. 250 b. 300 c. 350
d. 336 e. None of a-d

Q3. GDP 디플레이터로 계산한 (2008년 대비) 2009년의 인플레이션율은?

a. 12% b. 14% c. 16%
d. 18% e. 20%

Q4. 소비자 물가지수로 계산한 (2008년 대비) 2009년의 인플레이션율은 얼마인가? [단, 소비자 물가지수 바구니는 2008년의 소비패턴과 같다고 하자.]

a. 15% b. 20% c. 25%
d. 30% e. 30%

Q5. 위 문제 Q3와 Q4의 답이 차이가 나는 이유를 위의 표와 관련하여 설명해 보라.

Q6. 다음 중 옳은 것은?

a. GDP 디플레이터는 그 해의 생산품목과 수량을 이용해 인플레이션을 계산하나, 소비자 물가지수는 기준년의 생산품목과 수량을 이용한다.
b. GDP 디플레이터의 변화율은 실질 GDP 성장률을 보여준다.
c. 명목 GDP의 변동과 소비자 물가지수의 변동은 모두 생활비의 변화를 설명해 준다.
d. GDP 디플레이터는 그 해의 생산품목과 수량을 이용해 인플레이션을 계산하나, 소비자 물가지수는 고정된 소비품목과 수량을 이용한다.
e. GDP 디플레이터와 소비자 물가지수 모두 기준년대비의 수치이므로 실질변수이다.

Q7. 한국 내에서 소비자에게 판매되는 등산용품의 절반은 수입품이다. 등산용품 가격이 전반적으로 오른다면, 한국의 GDP 디플레이터는____.

a. 상승하나, 소비자 물가지수보다 덜 오른다.
b. 상승하나, 소비자 물가지수보다 더 오른다.
c. 오르지 않으나, 소비자 물가지수는 오른다.
d. 상승하나, 소비자 물가지수는 오르지 않는다.
e. 두 물가지수가 같은 비율로 오른다.

Q8. 2010년을 기준으로 하여 2012년의 소비자 물가지수를 계산한다고 하자. 아래의 각 경우 별로 물음에 답하라.

a) 2010년에 비해 2012년에는 스마트폰이 더 많은 사람에게 보급됐다. 이 현상이 초래하는 문제를 무엇인가? 또, 이 경우 소비자 물가지수는 생활비용을 실제보다 과대 추정하는가, 과소 추정하는가?
b) 멀티미디어 강의실이 확충됨에 따라 2010년 이래로 계절강의의 질이 개선되어온 반면, 수강료는 2010년 이후 변화가 없다. 이 현상은 소비자 물가지수에 어떤 문제를 초래하는가? 만일 소비자 물가지수를 이용하여 2008년의 명목소득의 구매력을 추정한다면 어떤 문제가 발생하는가?
c) 2012년 중 채소류 가격이 전례 없이 폭등하면서, 소비량도 전례 없이 감소하였다. 이 현상이 소비자 물가지수 계산상 초래하는 문제는 무엇인가?

Unit 3

거시경제의 측정(II)

TOPIC 1 : 실업률의 측정

TOPIC 2 : 통화량의 측정과 공급과정

Unit 3의 구성과 목표

■ 이번 unit에서도 계속해서 거시경제의 주요 단면을 보여주는 실제 데이터에 대해 이해한다.

■ 먼저 실업률이 나라경제에 대해 어떤 정보를 제공하는지 살펴본다.
- 한 경제의 성과를 측정하는 변수로 GDP 외에 실업률도 매우 중요하다.
- 이는 실업률이 경제의 가용자원인 노동력의 활용도를 보여주는 지표인 동시에,
- 개인의 후생과 더 밀접히 관련된 생활수준의 지표이기 때문이다.

■ 이어서, 한 경제의 금융측면에서 매우 중요한 변수인 화폐의 양을 측정하는 문제에 대해서도 알아본다.
- 이를 위해 경제 내 화폐의 양을 측정하는 다양한 통화지표가 어떻게 구성되는가를 살펴보고,
- 실제로 경제 내에 통용되는 화폐의 양이 어떻게 결정되는가를 이해해 본다.

TOPIC 1 | 실업률의 측정

1. 실업의 정의와 유형

1.1 실업은 단순히 직업이 없는 상태가 아닌, 일할 의사와 능력을 가지고 일자리를 찾고 있으나 실직인 상태를 말한다.

[1] 실업의 유형은 크게 아래의 네 가지로 나누어 볼 수 있으며, 각 유형별로 발생 원인과 정책적 함의가 다르다.

① 마찰적 실업(frictional unemployment)

② 계절적 실업(seasonal unemployment)

③ 구조적 실업(structural unemployment)

→ 이 세 유형의 실업은 경제 내에 항상 존재하는 실업이다.

④ 경기변동적 실업(cyclical unemployment)

→ 이는 단기적으로 경기가 등락함에 따라 변동하는 실업을 의미한다.

1.2 경제 내에 항상 존재하는 실업의 유형

[1] 마찰적 실업(frictional unemployment)

① 마찰적 실업은 이직 중이거나, 노동 시장에 처음으로 참여하거나, 또는 노동시장에 다시 진입한 구직자들이 경험하는 실업으로, 지속시간이 비교적 짧은 유형의 실업이다.

② 마찰적 실업은 근본적으로 개별 근로자가 자기의 적성과 능력에 맞는 직업을 탐색(job search)하는 과정에서 발생한다.

- 개별 근로자들의 선호/자질/능력이 서로 다르고 일자리가 요구하는 조건도 이질적인 경우,
- 또는 구직자와 일자리에 대한 정보가 불완전한 경우,
- 일자리와 구직자의 매칭에 시간이 걸리고 마찰적 실업이 발생한다.

③ 한편, 개별 구직자의 차원을 넘어 광범하게 발생하는 마찰적 실업도 있다.

- 部門間 轉移(sectoral shifts)란, 산업 혹은 지역간 수요 구성이 변화하는 현상

을 말하는데,

- 예컨대, 유가가 상승하면 정유산업이나 산유지역의 생산과 고용은 증가하는 반면, 자동차 산업이나 공단지역의 생산과 고용은 줄어들 것이다.
- 이러한 과정에서 斜陽産業(또는 地域)으로부터 방출되는 노동력과 新興産業(또는 地域)에서 필요로 하는 노동력의 특성이 다르다면, 부문간 전이에 의한 마찰적 실업이 크게 발생한다.

[2] 계절적 실업(seasonal unemployment)

① 날씨, 산업별 성수기 등의 계절적인 요인과 관련된 단기간의 실업이며,

② 종종 실업률 자료를 통한 노동시장 상황 파악을 복잡하게 한다.

[3] 구조적 실업(structural unemployment)[5)]

① 노동시장에서 수요와 공급이 일치하지 않아서 발생하는 실업을 말하며,

② 만일 노동시장의 실제 임금이 균형 임금수준보다 높게 유지된다면, 노동의 수요량과 공급량이 일치하지 않아 구조적 실업이 발생한다.

- 아래의 [그림 1]에서처럼 실제 임금이 균형수준을 상회하면, 노동의 초과공급인 실업이 발생한다.

③ 한편, 실제임금이 균형임금보다 높게 유지되는 이유는 크게 세 가지이다.

- 최저 임금제 : 시장에서 결정되는 임금수준이 지나치게 낮은 경우, 정부가 최저 임금을 그보다 높게 설정하면 노동의 초과 공급, 즉 실업이 발생한다.
- 노동조합 : 노동조합이 조합원들의 임금상승을 목표로 할 경우, 단체교섭에 의해 결정된 임금이 노동시장을 청산되는 수준보다 높아질 수 있다.
- 효율성 임금(efficiency wage) : 기업이 노동의 효율성과 이윤을 높이기 위해 자발적으로 시장청산 수준 이상의 임금을 지급하는 경우에도 구조적 실업이 발생한다.

  → 효율성 임금이 존재하는 이유에 대한 더 자세한 설명은 [Appendix]를 참고하라.

---

5) 상당수의 교과서에서 "경제구조가 변화하면서 부문간 전이가 발생하여 초래되는 실업"을 구조적 실업으로 정의하고 있으나, 본서에서는 이러한 유형의 실업을 마찰적 실업으로 정의하기로 한다.

[그림 1] 구조적 실업의 발생

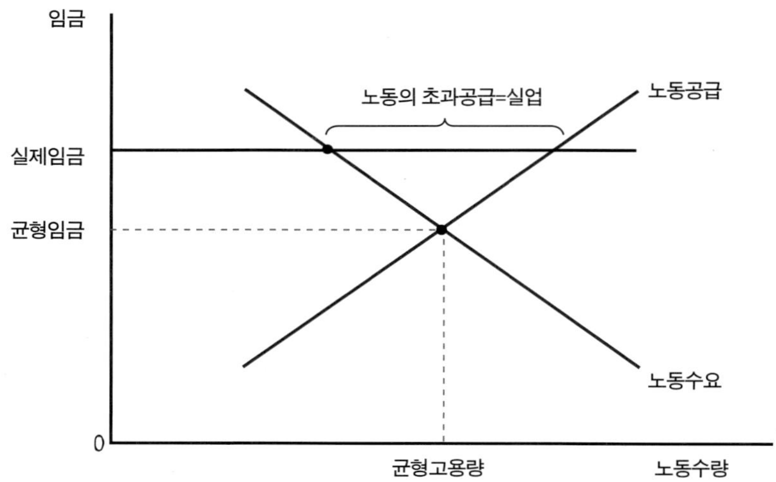

[4] 이와 같은 세 가지 유형의 실업은 주로 미시경제적 원인에 의해 발생하며, 경제가 잘 작동하고 있는 상태에서도 존재하는 실업이다.

① 경제의 운용과정에서 어느 정도의 마찰적 실업은 불가피하며, 많은 나라에서 구조적 실업도 존재한다.

- 따라서 어느 정도의 실업은 '정상적'으로 볼 수 있다.

② 이러한 유형의 실업에 의해 정해지는 실업률을 자연실업률(NRU, Natural Rate of Unemployment)이라 한다.

- 자연실업률은 한 경제가 평균적으로 경험하는 실업의 정도를 나타내며,
- 실제 실업률은 자연실업률을 중심으로 등락한다.

1.3 거시경제적인 경기변동에 의한 실업

[1] 경기 확장기에는 경제 내의 총생산이 증가하는 한편 실업률이 하락하는 경향이 있으며, 경기 후퇴기에는 반대의 양상이 자주 나타난다.

① 이처럼 비교적 짧은 기간 동안의 경기변동(business cycle)에 의해 좌우되는 실업을 경기변동적 실업(cyclical unemployment)이라 한다.

② 경기변동 과정에서 발생하는 실제 실업률과 자연실업률의 차이가 경기변동적 실업률이다.

- 실제 실업률 > 자연실업률 ⇔ 경기변동적 실업률은 (+)이고
- 실제 실업률 < 자연실업률 ⇔ 경기변동적 실업률은 (-)이다.

[2] 거시경제학에서의 완전 고용(full employment)은 경기변동적 실업이 없는 상태를 의미한다.

① 따라서 자연실업률이 (+)인 한 완전고용 상태에서의 실업률도 0보다 크며,

② 이는 경제 내에 평균적으로 존재하는 마찰적 및 구조적 실업 때문이다.

2. 실업률의 계산

2.1 실제 실업률 자료는 경제활동 인구조사를 통해 집계된다.

[1] 우리나라의 경우, 각 특별시/광역시/도별 행정구역 내 가구의 10%를 표본으로 추출하여, 3만 3천개의 표본가구를 대상으로 매달 경제활동 인구조사(current population survey)를 시행한다.

① 매월 15일이 포함된 주의 다음 주에 조사가 실시되며, 가구의 고용상태를 파악하기 위해 다음과 같은 일련의 설문조사를 한다.

[그림 2] 실업률 조사의 흐름표

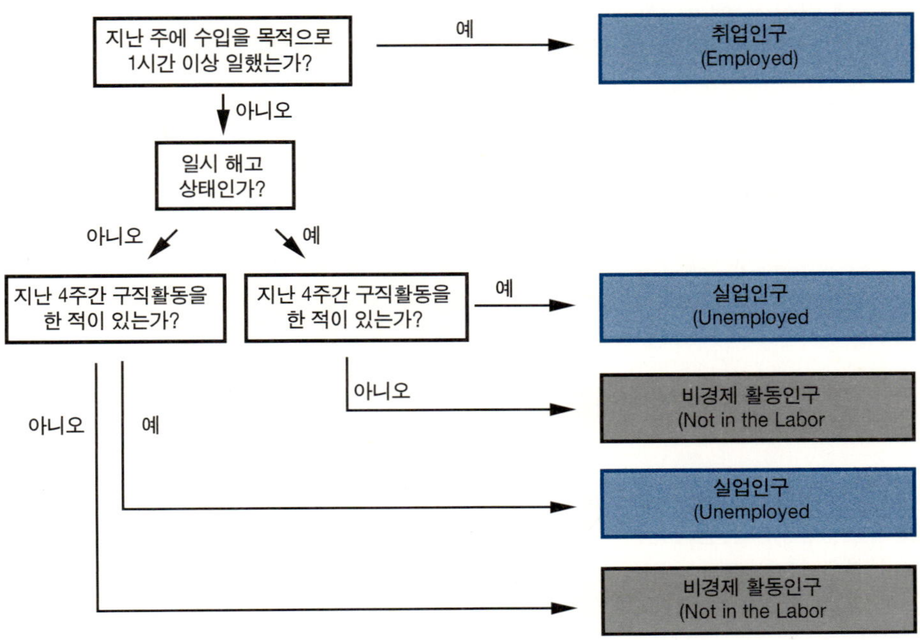

[2] 위 [그림 2]의 설문조사 결과에 따라 아래와 같이 인구를 구분한다.

① 만 15세 이상의 生産可能人口(WAP, working age population)

- 나이가 만 15세 이상이라도, 취업이 불가능한 (비직업)군인, 재소자, 전투경찰, 외국인은 생산가능인구에 포함되지 않는다.

② 취업인구(E, employed) :

- 生産可能人口 중, 설문조사 前 주에 수입을 목적으로 한 시간 이상 일한 사람이 이에 해당한다.

③ 실업인구(U, unemployed) :

- 生産可能人口 중, 설문조사 前 주에 적극적으로 일자리를 찾고 있었으나 수입이 있는 일에 종사하지 못한 경우가 이에 속하며
- 일시적 해고상태에서 구직활동을 하고 있는 사람도 여기에 포함된다.[6)]

④ 노동인구(LF, labor force) = 취업인구 + 실업인구

- 經濟活動人口라고도 한다.

⑤ 비노동인구(NLF, not in the labor force)

- 生産可能人口 중, 취업상태도 실업상태도 아닌 사람의 경우이며, 이를 非經濟活動人口라 부르기도 한다.
- 전업주부, 학생 등은 취업 의사가 없는 경우이고,
- 연로자나 심신장애자는 취업 능력이 없는 경우이다.
- 일시적 해고상태에서 (적극적 구직활동을 하지 않고) 재고용을 대기하고 있는 사람도 非經濟活動人口로 분류한다.
- 또, 일할 주관적 의향은 있으나 취업 가능성이 없다고 보아 구직활동을 포기한, 이른 바 실망실업자(discouraged workers)도 이 범주에 들어간다.

  → 실망실업자를 구직포기자 또는 구직단념자라고 부르기도 한다.

⑥ 고용실태조사 결과에 따라 인구를 아래의 표와 같이 분류한다.

---

6) 미국의 경우 일시해고자는 구직활동 여부와 관계없이 실업자로 분류하나, 우리나라는 일시해고자가 다른 일자리를 찾고 있는 경우엔 실업자로 분류하고 그렇지 않은 경우에는 비경제활동인구로 분류한다.

<table>
<tr><td colspan="4">15세 이상 인구</td></tr>
<tr><td colspan="3">생산가능인구
(working age population)</td><td>군인,
재소자 등</td></tr>
<tr><td colspan="2">경제활동인구
(Labor Force)</td><td rowspan="2">비경제활동인구
(Not in the Labor force)
주부, 학생, 구직단념자 등</td><td rowspan="2"></td></tr>
<tr><td>취업인구
(Employed)</td><td>실업인구
(Unemployed)</td></tr>
</table>

2.2 위의 결과를 기초로, 다음과 같은 노동시장 통계치를 계산한다.

[1] 실업률(UR, unemployment rate)

① 경제활동인구 중 실업인구의 비율

② UR = [U / LF] × 100

[2] 경제활동 참가율(LFPR, Labor Force Participation Rate)

① 生産可能人口 중 경제활동 인구의 비율

② LFPR = [LF / WAP] × 100

2.3 실업률 통계의 문제(1) : 성별 / 연령별 / 인종별 실업률 편차

[1] [그림 3]은 지난 50년간 우리나라의 연령별/성별 실업률의 추이를 보여준다.

① 연령별 실업률을 보면, 청소년층의 실업률이 중장년층에 비해 현저히 높은데,

- 이는 중장년층의 轉職率이 상대적으로 낮기 때문인 것으로 보인다.

② 한편, 성별 실업률을 보면 여성의 실업률이 남성에 비해 낮게 나타나는데:

- 이는 많은 여성이 아예 처음부터 일자리 찾기를 포기하거나,
- 대개 실직 후 실업상태를 거치지 않고 바로 비경제활동인구로 빠져 나가기 때문에,
- 여성의 경제활동 참가율 자체가 남성에 비해 낮은 것이 그 이유로 추정된다.

[2] 한편 [그림 4]에 나타난 미국 경제의 경우:

① 2005년 1월 현재 미국경제 전체의 평균 실업률은 5.2%이었으나,

② 흑인은 백인에 비해 실업률이 훨씬 높았으며,

③ 10대 근로자의 실업률도 장년층에 비해 크게 높았다.

[그림 3] 우리나라의 실업률 변화 추이

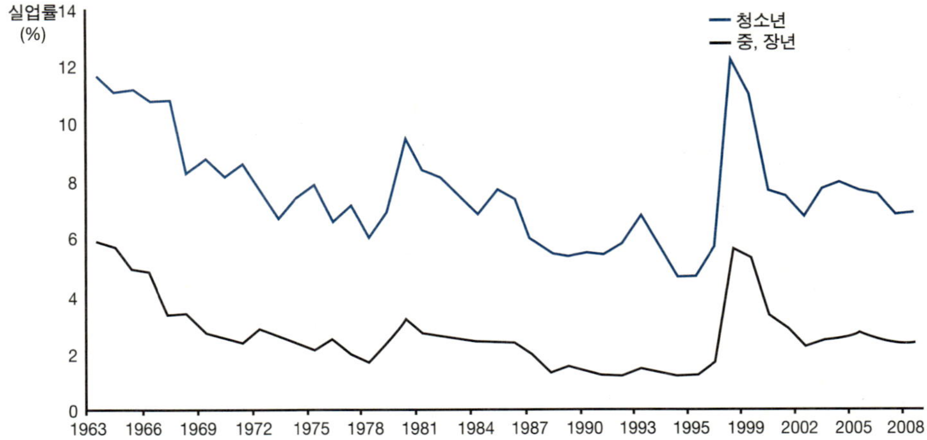

(a) 연령별 실업률 추이

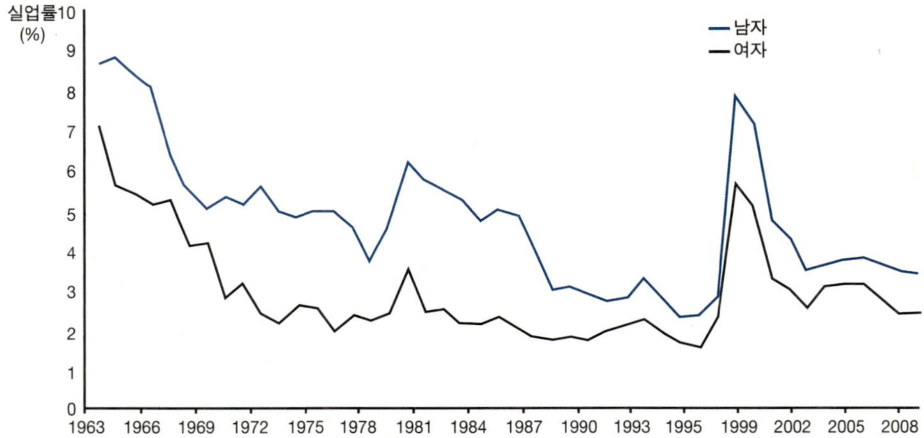

(b) 성별 실업률 추이

자료 : 이준구 · 이창용, 「경제학 원론」(2010), p.690.

[그림 4] 미국의 각 인구집단별 실업률

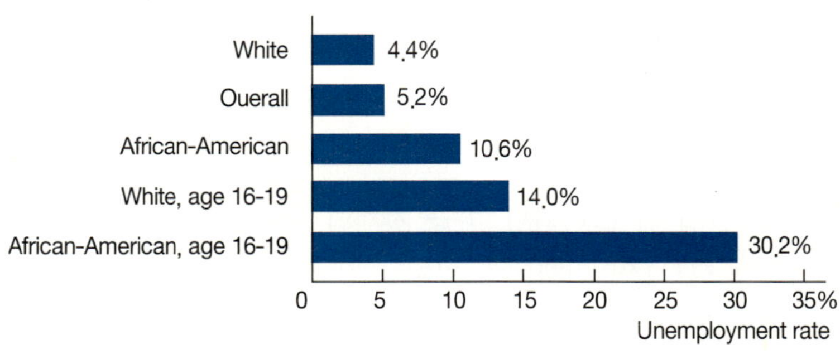

자료 : P. Krugman & R. Wells, 「Macroeconomics」(2008), p.174.

2.4 실업률 통계의 문제(2) : 체감 고용사정과의 괴리

[1] 실업률 수치의 해석에 있어 또 하나의 문제는, 공식 실업률이 노동시장의 실제 고용상황을 제대로 반영하지 못할 수 있다는 것이다.

① 실업률은 노동인구 중 실업상태에 있는 사람의 비율인데, 실업인구와 비경제활동인구의 구별이 쉽지 않은 경우가 많다.

② 공식 실업률 계산시 실업인구과 비노동인구의 구별기준은, 주관적인 '취업의향'이 아니라 실제의 '구직활동' 여부이다.

③ 일례로, 일자리를 찾고 있지 않으면서도 실업자 지원혜택을 받기 위해 명목상의 구직활동만 하면서 실업상태라고 대답하는 경우가 있는데,

- 이들은 실제로는 비노동인구로 분류되어야 할 사람들이므로, 이러한 경우가 많으면 실업률이 실제보다 크게 측정된다.

[2] 더 중요한 문제는, 일할 의사는 있으나 구직활동을 포기한 실망실업자(discouraged workers)들이 많다면 공식실업률이 체감 고용사정이 제대로 반영하지 못한다는 것이다.

① 실망실업자들도 기회와 여건만 된다면 취업할 의향이 있는 사람들이다.

- 그러나 이들은 적극적인 구직활동을 하고 있지 않고 있으므로, 공식적으로는 비경제활동인구로 분류되어 실업률 계산에서 제외된다.

② 만일 이들을 사실상 실업상태에 있는 것으로 본다면, '체감실업률'은 공식 실업률보다 높게 나타날 것이다.

③ 이러한 실망실업자 문제 때문에 공식 실업통계는 실업률을 실제보다 낮게 측정하는 경향이 있다.

BOX : 체감 실업률

서울신문 2009.7.13

정부가 매월 발표하는 실업률이 현실을 제대로 반영하지 못하고 있다는 지적이 일고 있다. 전문가들은 실업률 통계에서 취업준비자 및 구직 단념자들이 실업자가 아닌 비경제활동인구로 분류돼 실제 사람들이 느끼는 체감실업률과 정부 통계 사이에 괴리가 심하다고 주장한다. 실제 취업을 원하는 잠재적 실업자를 포함한 유사(실질)실업률은 7%를 넘는다는 분석도 나온다.

장민 금융연구원 거시경제실장은 12일 '최근 고용상황 점검과 대응' 보고서에서 "취업준비생과 구직단념자, 18시간 미만 취업자 가운데 추가로 취업을 원하는 사람을 잠재적 실업자로 간주해 계산한 유사실업률이 7%대 중반 수준까지 상승했다."고 밝

	유사(실질)실업률	실업률
의미	취업준비생, 구직단념자, 18시간미만 취업자 가운데 추가로 취업을 원하는 사람 포함	경제활동 인구 중 취업 의사는 있으나 직업을 갖지 못한 사람
특징	경제활동에 참여할 의사가 없는 비경제활동 인구로 분류돼 그동안 실업자 산정 대상에서 제외됨	과거 구직활동을 했으나 일시적인 질병이나 자영업 준비 등으로 대기 중인 사람 포함
참고	비(非)경제활동 인구 = 15세이상 인구 - 경제활동인구(취업자+실업자)	

혔다. 이는 지난해 같은 기간 대비 21만 9000명이 늘어난 5월 실업률(3.8%)의 갑절에 가까운 수준이다. 특히 5월 중 13만 9000명이 늘어난 '쉬었음'으로 분류된 인구를 잠재실업자에 포함하면 유사실업률은 더욱 높아지는 것으로 나타났다.

[3] 공식 실업률 지표가 가지는 이러한 문제 때문에, 고용상황을 보여주는 중요한 보조지표로 고용률(ER, Employment Rate)을 사용한다.

① 고용률은 生産可能人口 중 실제로 고용된 사람의 비율이다.

- ER = [E / WAP] × 100

② 실망실업자의 예에서 보듯 실업인구와 비경제활동인구의 경계가 불분명할 때가 있으며, 이 경우에는 경제활동인구의 의미도 확실하지 않게 된다.

- 이러한 경우에는 실업률의 분자와 분모가 모두 불분명해지므로, 실업률 대신 아예 생산가능연령인구 중 취업자의 비율을 직접 살펴 볼 필요가 있다.

③ 이렇게 계산된 고용률은 노동시장의 상황을 파악하기 위한 보조지표로 유용하다.

- 예를 들어, 그동안 실업상태에 있던 사람이 구직을 포기하여 비경제활동인구로 이탈할 경우 실업률이 하락하여 마치 고용사정이 개선되는 것으로 보이나,
- 고용률은 불변이므로 위의 착시현상을 보정해 준다.

TOPIC 2 | 통화량의 측정과 공급과정

1. 화폐란 무엇인가?

1.1 화폐란 상품을 매매하고 채권채무관계를 청산하는 일상거래에서 일반적으로 통용되는 지불수단으로서, 다음과 같은 기능을 수행하는 자산을 말한다:

[1] 교환의 매개수단(medium of exchange)

① 화폐는 어떤 재화나 서비스를 사는 사람이 파는 사람에게 주는 지불수단이다.

② 유동성(liquidity)이란 한 자산이 교환의 매개수단으로 쉽게 변환되는 정도를 말하는데,

- 화폐는 당연히 유동성이 가장 높은 자산이므로, 때로는 유동성이라는 말을 화폐와 동일한 의미로 사용하기도 한다.

[2] 회계의 단위(unit of accounting)

① 화폐는 물건의 가치를 매기고 채권과 채무를 기록할 때의 측정기준으로 사용된다.

② 모든 거래당사자간에 공통적으로 수용되는 척도로서, 화폐는 거래의 조건을 결정하기 쉽게 해 준다.

[3] 가치의 저장수단(store of value)

① 화폐는 현재 보유한 구매력을 다른 시점(즉, 미래)으로 이전시키는 수단이기도 하다.

- 화폐의 구매력은 화폐 한 단위로 구입할 수 있는 재화와 서비스의 양을 말한다.

② 그러나 가치저장이라는 면에서 화폐는 불완전한 자산이다.

- 그 이유는 인플레이션이 발생하면 보유하고 있는 화폐의 구매력이 감소하기 때문이다.

1.2 화폐의 종류

[1] 물품화폐(commodity money)

① 물품화폐란 그 자체로서의 용도와 가치를 가지고 있으면서 동시에 화폐의 기능을 수행하는 재화를 말하며,

② 금, 은 등이 그 예이다.

- 제2차 세계대전 중 포로수용소에서 통용되던 담배도 물품화폐의 한 예가 된다.

[2] 태환화폐(commodity-backed money or convertible money)

① 태환화폐는 내재된 가치는 없으나, 금 등의 기축자산을 근거로 발행되며,

② 언제든 기축자산으로 태환해 준다는 약속에 의해 가치가 보장되는 화폐이다.

- 금 본위제(gold standard) 하에서의 달러 등을 예로 들 수 있다.

[3] 법화(fiat money)

① 자체로서 가치도 없고, 기축자산으로 태환해 주지도 않으나,

② 정부 명령에 의해 공식적 지불수단으로서의 지위를 가지는 화폐이다.

③ 한국 은행권, 미 달러 등 오늘날의 화폐가 이에 속한다.

④ 법화가 화폐로서 받아들여지는 정도는 미래에 대한 예상과 사회관습 등에 따라 달라진다.

- 일례로, 1980년대 말 구 소련에서는 공식화폐인 루블보다 미 달러나 담배가 판매 대금으로 더 선호되었는데,
- 이는 달러나 담배가 장래에도 화폐로서 통용될 가능성이 더 높다고 여겨졌기 때문이다.

2. 통화량의 측정

유통 중인 현금을 포함하여, 일반적 지불수단으로 사용되는(즉 화폐의 기능을 수행하는) 다양한 금융자산이 있으므로 경제전체 내에서 통용되는 화폐의 총량을 측정하는 지표도 마찬가지로 다양하다.

2.1 통화량은 시중에 유통되고 있는 화폐의 양을 말하며, 통화량을 측정하기 위한 지표를 통화지표라 한다.

[1] 협의통화(M1) : 화폐의 지급결제기능을 중시하는 지표이다.

① 가장 좁은 의미의 통화량 지표이고,

② 민간보유 유통현금(currency-in-circulation)과 결제성 예금(요구불 예금 및 수시 입출식 저축성 예금)의 합으로 구성된다.

- 결제성 예금도 언제나 인출이 가능하여 현금처럼 거래의 매개체로 사용될 수 있으므로, 통화량에 포함시킨다.

③ M1은 주로 단기금융시장 유동성 지표로 쓰인다.

[2] 광의통화(M2) : 화폐의 가치저장 수단으로서의 기능도 함께 중시하는 지표이다.

① M1보다 넓은 의미의 통화량 지표로서, M1 + 준 통화(quasi money) 로 구성된다.

- M2는 통상적인 "시중유동성"의 지표로 주로 쓰인다.
- 유동성이 낮은 만기 2년 이상의 장기 금융상품은 M2에서 제외한다.

② 준 통화는, 지불수단으로 직접 쓰일 수는 없으나 현금이나 결제성 예금으로 쉽게 전환되는 금융자산을 말하며, 준 통화에 포함되는 항목으로는:

- 정기예금 + 기간물(적금, 부금)
- 시장형 금융상품(CD, RP, 표지어음)
- 실적형 금융상품(금전신탁, 수익증권, MMF)
- 거주자 외화예금, 발행어음, 신탁형 증권저축 등이 있다.

[3] 금융기관 유동성(Lf)

① M2 + 예금은행 및 비은행 금융기관 기타 예수금으로 구성되며,

② 기타 예수금에는 만기 2년 이상의 정기예금, 적금 및 금융채 등과 기타금융기관의 보험계약 준비금, 환매조건부채권 매도 등이 포함된다.

[표 1] 우리나라 통화 및 유동성 지표별 구성내역(2009년 말 기준, 조원)

		Lf(금융기관 유동성) (2,018.8)
		생명보험계약준비금 및 증권금융 예수금 (298.4)
	M2(광의통화) (1,566.9)	2년이상 장기금융상품 등 (153.5)
	기타 예금·금융채 (69.1)	좌동
	실적배당형금융상품 (320.2)	
	시장형금융상품 (110.1)	
M1(협의통화) (389.4)	정기예금적금 (678.0)	
수시입출식예금 (261.2)	좌동	좌동
요구불예금 (99.0)		
현금통화 (29.2)		

→ 위에서 M1의 구성을 보면, 민간보유현금의 12배가 넘는 예금통화가 시중에 공급되어 있음을 알 수 있다.

3. 시중 은행에 의한 화폐공급

3.1 시중은행은 예금을 받고 이를 기반으로 대출을 하는 행위를 통해 예금통화를 창출하므로, 경제 내의 화폐공급 과정에서 중요한 역할을 담당한다.

[1] 부분 지불준비금 제도(fractional reserve banking system)

① 은행에 예금된 금액을 예금주들이 한꺼번에 전액을 인출하는 경우는 없으므로, 시중은행들이 수취한 예금을 모두 유동성이 높은 자산의 형태로 보유하고 있을 필요는 없다.

- 예금인출사태(bank run)와 같은 예외적인 일이 예상되는 경우 외에는, 은행은 예금액의 일부만 인출요구에 대비하여 남겨두고 나머지는 대출함으로써

예대 금리차에 해당하는 수익을 올린다.

② 부분 지불준비금 제도는, 은행들이 예금액의 일부만 지불준비금(reserve)으로 남기고 나머지를 대출하는 제도를 말한다.

- 예금인출요구에 대비하여 시중은행이 수취한 예금액 중 대출하지 않고 유보해 두는 금액을 지불준비금이라 한다.
- 지불준비금은 대개 시중은행의 時在金(vault cash)이나 중앙은행 예치금의 형태로 보관한다.

③ 지불준비율(reserve ratio) : 시중은행이 수취한 고객의 예금액 중에서 지불준비금으로 보유하는 금액의 비율로 정의되는데, 두 가지 종류의 지불준비율이 있다.

- 필수 지불준비율(required reserve ratio) : 중앙은행이 규정한 지불준비금 비율의 최저치
- 초과 지불준비율(excess reserve ratio) : 만약의 현금부족사태에 대비해 은행들이 필수 지불준비율이 요구하는 수준 이상으로 자발적으로 보유하는 지불준비금의 비율

  → 따라서, 실제의 지불준비율은 위의 두 지불준비율의 합이다.

[2] 부분지불준비제도 하에서 시중은행이 예금통화를 창조할 수 있는 이유는 무엇일까?

① 만일 시중은행과 예금이 없다면, 경제 내의 통화량은 유통 중인 현금의 양과 동일할 것이다.

② 그러나 시중은행은 예금이라는 금융상품을 제공함으로써 예금통화를 창조한다.

- 요구불 예금도 통화지표인 M1에 포함됨을 상기하라.

③ 부분 지불준비금제도하에서는, 누군가가 최초로 은행에 예금을 하면 그 중 일부만이 지불준비금으로 은행에 남고 나머지는 다시 민간에 대출된다.

- 민간에 제공된 대출금은, 일상 거래를 위해 사용된 후 상당 부분이 다시 은행권에 예금으로 돌아와 또 다른 대출금의 원천이 된다.
- 이러한 "예금 → 대출 → 예금 → 대출 → …"의 과정이 계속되면서 예금액이 계속 증가하게 되고,
- 최초의 예금액보다 더 큰 예금통화가 시중은행들에 의해 창출된다.
- 그 결과, 앞의 [표 1]에서 보았던 것처럼, 유통 중인 현금보다 훨씬 많은 예금통화가 창조된다.

④ 또, 한 은행이 필수 지불준비율을 초과하여 보유하고 있던 지불준비금을 민간에 대출하기 시작하는 경우에도 유사한 경로로 예금통화가 창출된다.

- 그 대출금도 언젠가는 상당 부분이 다시 은행권에 예금으로 돌아와 또 다른 대출금의 원천이 되기 때문이다.

[3] 예금수취와 대출이라는 시중은행 고유 업무를 이해하기 위해, 시중은행의 자산/부채 구성을 먼저 살펴보자.

① 시중은행의 재무구성은 T-계정(T-account)으로 요약된다.

② 은행의 자산(assets)은 T-계정의 좌변에 기록하며, 예금통화 창출과 관련된 주요 자산 항목은:

- 개인과 기업에의 대출(loans)과 지불준비금(reserves)이다.

③ 은행의 부채(liabilities)는 우변에 기록하며,

- 대표적 부채 항목은 개인과 기업이 은행에 예치한 예금(deposits)이다.

④ 아래는 10%의 지불준비율 하에서 100만원의 예금을 유치하고 있는 한 은행의 예를 보여준다.

- 우변에는 부채인 예금액 100만원이 표시되어 있고,
- 좌변에는 자산 항목인 90만원의 대출과 10만원 지불준비금이 기입되어 있다.

자 산	부 채
대출금(Loans) 900,000 지불준비금(Reserves) 100,000	예금(Deposits) 1,000,000

3.2 시중은행에 의한 예금통화 창조과정(I)

[1] 부분지불준비제도 하에서 시중은행이 예금통화를 창조하는 과정과, 그 결과 얼마만큼의 예금통화액이 만들어지는 지를 알아보기 위해 다음의 가정을 하자.

① 시중은행의 자금 운용은 대출의 형태로만 이루어진다.

② 시중은행은 필수 지불준비금만 보유한다.

③ 경제 내에는 요구불 예금만 존재하고 저축성 예금은 없다.

④ 비은행 민간은 수취한 금액을 전액 은행에 예금한다.

- 즉, 민간은 현금을 보유하지 않으며, 대출에 의해 시중에 흘러나온 돈은 전액 다시 은행으로 돌아간다.

[2] 이제, 100만큼의 새로운 "종잣돈(seed money)"이 중앙은행으로부터 화폐투하(helicopter drop)의 형태로 비은행 민간 김씨에게 공급된다고 하자. 이 때 10%의 필수 지불준비율 하에서, 시중의 예금통화량은 얼마나 증가하는지 살펴 보자.

① 일단 100의 현금을 최초로 수취한 김씨는 이를 모두 자신이 거래하는 제 1은행에 예치한다.

- 전체 은행권에는 제 1은행을 통해 100만큼의 예금이 최초로 예치된다.
- 이처럼 은행권에 처음으로 유입된 예금을 본원예금(primary deposit)이라고 부른다.
- 이에 따른 제 1은행의 T-계정상의 변화는:

자 산	부 채
△ Loans = 0 △ Reserves = 100	△ Deposits = 100

→ 즉, 일단 100의 본원예금만큼 제 1은행의 지불준비금이 증가한다.

- 이제, 제 1은행은 추가로 보유한 100의 지불준비금을 기초로 신규대출을 하게 되고, 그 결과 이 은행의 T-계정은:

자 산	부 채
△ Loans = 90 △ Reserves = 10	△ Deposits = 100

→ 즉, 제 1은행은 100의 본원예금 중에서 10을 지불준비금으로 보유하고 90을 대출한다.

② 새로 제공된 90의 대출금은 일상 거래에 사용된 후 또 다른 비은행 민간인 이씨의 손에 들어가고, 이씨는 이를 거래은행인 제 2은행에 예금된다.

- 제 2은행은 그중 10%인 9를 지불준비금으로 남기고, 나머지 81을 다시 대출한다.
- 이에 따른 제 2은행의 T-계정상의 변화는 :

자 산	부 채
△Loans = 81 △Reserves = 9	△Deposits = 90

③ 이렇게 다시 대출된 81의 금액은 비은행 민간인 박씨의 손에 들어가고, 박씨는 이를 제 3은행에 예금한다.

• 제 3은행은 그중 72.9를 다시 대출하고, 제 3은행의 T-계정상 변화는:

자 산	부 채
△Loans = 72.9 △Reserves = 8.1	△Deposits = 81

④ 이러한 과정이 반복된다면, 100의 본원예금 증가에 의한 시중예금액의 총 증가는 얼마일까?

• 100(김씨가 보유한 예금) + 90(이씨가 보유한 예금) + 81(박씨의 예금) + 72.9 + ⋯ = 100/(1-0.9) = 100 × [1/0.1]

[3] 이상의 논의를 일반화하여, 예금통화승수(deposit multiplier)를 정의할 수 있다.

① 본원예금(PD, Primary Deposit), 지불 준비율(rr, Reserve Ratio)과 총 예금통화량(DM, Deposit Money)간의 관계는:

$$DM = (1/rr) \times PD$$

• 위 식에서 1/rr 을 예금통화승수(deposit multiplier)라 한다.

② 예금통화승수의 크기는 지불준비율의 역수이다.

• 지불준비율이 올라가면 동일한 예금수취액 하에서 은행의 대출여력이 줄어들어, 예금-대출의 반복을 통한 예금통화 창조과정이 축소되기 때문이다.

• 만일 지불준비율이 1이면 예금통화승수는 1이 되고, 이 경우 통화량은 최초에 중앙은행이 민간에 주입한 화폐액만큼만 증가한다.

확인문제

Q : 시중은행과 민간의 행위에 대한 위와 동일한 가정 하에서, 만일, 100의 “종잣돈”이 중앙은행으로부터 한 시중은행에 새로 공급되었다면, 예금통화는 얼마나 증가할까?

A : 은행에 새로 공급된 100의 종잣돈은 예금의 형태로 유입된 것이 아니므로, 은행 입장에서는 100만큼의(불필요한) 지불 준비금을 초과보유한 상태가 된다. 따라서 이 은행은 신규대출을 100만큼 즉각 늘릴 것이다. 100의 최초대출금이 다시 전액 예금되면서 같은 크기의 최초 예금통화량 증가를 가져오고, 지불준비율이 10%라면 최종적으로 100 × [1/0.1] = 1000만큼의 예금통화가 창출된다. 이처럼, 은행들이 필수 지불준비율을 지키고 있는 상태라면 중앙은행의 종잣돈이 시중은행과 비은행 민간 중 누구에게 최초로 공급되든 예금통화 창조액은 같다.

3.3 시중은행에 의한 예금통화 창조과정(II) : 현실적으로 비은행 민간은 수취한 금액의 일부분을 현금으로 보유하고 나머지를 예금한다. 이 경우 시중 통화량의 크기를 결정하는 요인을 알아보자.

[1] 민간이 예금 외에 현금도 보유하는 경우 시중의 통화량이 어떻게 결정되는가를 설명하기 위해 다음의 가정을 하자.

① 시중은행의 자금 운용은 대출(L)의 형태로만 이루어진다.

② 시중은행은 법정 지불준비금(R)만 보유하며, 지불준비율(rr)은 10%이다.

③ 경제 내에는 요구불예금(D)만 존재하고 저축성예금은 없다.

④ 비은행 민간은 수취한 금액 중 일정부분(z)인 1/3만을 현금(C)으로 보유하고, 나머지 부분(1-z)인 2/3는 은행에 예금(D)한다.

- 따라서, 시중의 통화량 구성이 M(통화량)=C(민간보유 현금액)+D(예금통화액)이라고 할 때,
- 현금보유비율은 z = C/M = C/(C+D)이고, 예금보유비율은 1-z = D/M = D/(C+D)이다.

[2] 이제, 150의 새로운 "종잣돈"이 중앙은행에 의해 비은행 민간인 김씨에게 공급된다고 하자. 10%의 지불준비율(rr)과 1/3의 현금보유비율(z)하에서, 시중 통화량(M)은 얼마나 증가하는지 살펴보자.

① 김씨가 150의 종잣돈을 받은 후:

- 일단 150×(1/3)= 50만큼은 김씨가 현금으로 보유하고, 나머지 150×(2/3) =100만큼은 김씨의 거래은행인 제 1 은행에 예치되는데,
- 이 신규예금의 10%인 지불준비금 [150×(2/3)×0.1]을 제외한 나머지 금액인

[150×(2/3)×0.9]만큼의 대출이 이루어지고,

- 그 결과 제 1 은행의 T-계정은 아래와 같이 변화한다.

자 산	부 채
ΔLoans = [150×(2/3)×0.9] ΔReserves = [150×(2/3)×0.1]	ΔDeposits = 150×(2/3)

② 제 1 은행이 새로 제공한 [150×(2/3)×0.9]의 대출금은 비은행 민간인 이씨의 손에 들어가고,

- 그 중 [150×(2/3)×0.9]×(1/3)만큼은 이씨가 현금으로 보유하고,
- 나머지 [150×(2/3)×0.9]×(2/3) = $\{150\times(2/3)^2\times0.9\}$ 만큼은 이씨의 거래은행인 제 2 은행에 예금되는데,
- 이 예금을 기초로 하여 대출을 한 후 제 2 은행의 T-계정은:

자 산	부 채
ΔLoans = $\{150\times(2/3)^2\times0.9\}\times0.9$ = $<150\times(2/3)^2\times0.9^2>$ ΔReserves = $\{150\times(2/3)^2\times0.9\}\times0.1$	ΔDeposits = $\{150\times(2/3)^2\times0.9\}$

③ 제 2 은행이 제공한 $<150\times(2/3)^2\times0.9^2>$의 대출금은 비은행 민간인 박씨의 손에 들어가고,

- 그 중 $<150\times(2/3)^2\times0.92>\times(1/3)$은 박씨가 현금으로 보유하고,
- 나머지인 $<150\times(2/3)^2\times0.9^2>\times(2/3)$ = 【$150\times(2/3)^3\times0.9^2$】은 박씨의 거래은행인 제 3 은행에 예금되는데,
- 이 예금을 기초로 대출을 한 후 제 3은행의 T-계정은:

자 산	부 채
ΔLoans = 【$150\times(2/3)^3\times0.9^2$】×0.9 = 《$150\times(2/3)^3\times0.9^3$》 ΔReserves = 【$150\times(2/3)^3\times0.9^2$】×0.1	ΔDeposits = 【$150\times(2/3)^3\times0.9^2$】

④ 박씨네 은행이 제공한 《$150\times(2/3)^3\times0.9^3$》의 대출금은 비은행 민간인 최씨의 손에 들어가고,

- 그 중 《$150\times(2/3)^3\times0.9^3$》×(1/3)은 최씨가 현금으로 보유하고,

- 나머지인 《$150\times(2/3)^3\times0.9^3$》$\times(2/3)$ = $150\times(2/3)^4\times0.9^3$은 최씨의 거래은행에 예금된다.

[3] 예금통화 창출과정의 요약:

① 위와 같은 일련의 과정을 거쳐 현금 및 예금통화는 아래의 표와 같이 계속 창조된다.

	민간보유현금(C)	은행예금(D)
김씨	$C_1=150\times(1/3)$=초항	$D_1=150\times(2/3)$=초항
이씨	$C_2=[150\times(2/3)\times0.9]\times(1/3)$	$D_2=150\times(2/3)^2\times0.9$
박씨	$C_3=[150\times(2/3)^2\times0.9^2]\times(1/3)$	$D_3=150\times(2/3)^3\times0.9^2$
최씨	$C_4=[150\times(2/3)^3\times0.9^3]\times(1/3)$	$D_4=150\times(2/3)^4\times0.9^3$
	…	…
초항	$150\times(1/3)=150\times z$	$150\times(2/3)=150\times(1-z)$
공비	$(2/3)\times0.9=(1-z)\times(1-rr)$	

② 그러므로, 중앙은행이 최초로 민간부문에 주입한 150의 종잣돈에 의해:

- 총 현금통화는 $\frac{1}{1-(1-z)(1-rr)}\times150z=125$만큼 증가하고,
- 총 예금통화는 $\frac{1}{1-(1-z)(1-rr)}\times150(1-z)=250$만큼 증가하여,
- 시중 통화량(즉, M1)의 증가분은 현금통화 증가분과 예금통화 증가분의 합인 $\frac{1}{1-(1-z)(1-rr)}\times150 = \frac{1}{z+rr(1-z)}\times150=375$이다.

[4] 이상의 논의를 일반화하여, 통화승수(money multiplier)를 도출할 수 있다.

① 중앙은행이 (은행 및 비은행) 민간부문에 주입하는 "종잣돈"을 본원통화(MB, monetary base)라 부른다.

- 우리가 다루고 있는 두 예에서는, 하늘에서 떨어진 화폐폭탄이 곧 본원통화이다.

② 위의 예에 따르면, 본원통화(MB)와 통화량(M)간의 관계는:

$$M=\frac{1}{z+rr(1-z)}\times MB,\quad z = \text{현금보유비율}(C/M),\quad rr= \text{지불 준비율}$$

• 위 식에서 $\frac{1}{z+rr(1-z)}$ 을 통화승수(money multiplier)라 부른다.

• 현금보유비율(z)과 지불준비율(rr)이 안정적으로 유지된다면 통화승수도 안정적이므로, 중앙은행은 본원통화의 양을 조절하여 시중의 통화량을 변화시킬 수 있다.

• 수식을 통해 더 간단히 통화승수를 도출할 수도 있으며, 이는 [Appendix]를 참조하라.

③ 한편, 중앙은행이 민간부문에 주입한 "종잣돈"인 본원통화(MB)는, 결국은 비은행 민간이 유통현금(C)로 보유하거나 시중은행들이 지불준비금(R)으로 보유하게 된다

• 위 예에서 보면 중앙은행이 본원통화를 주입한 후 처음 증가하는 지불준비금은 150(1-z)rr=10이므로, 지불준비금은 총 $\frac{1}{1-(1-z)(1-rr)}\times 150(1-z)rr=25$ 만큼 증가함을 쉽게 추론할 수 있다.

• 따라서 본원통화의 증가분 150은, 현금통화 증가분인 125와 지불준비금 증가분인 25로 나누어짐도 확인할 수 있다.

[5] 통화승수의 해석

① 통화승수의 크기는 지불준비율과 반비례한다.

• 지불준비율이 올라가면 동일한 예금액 수준에서 은행의 대출여력이 줄어듦으로, 주어진 본원통화량 수준에서 창출되는 예금통화의 양이 감소한다.

• 지불 준비금은 시중은행과 비은행 민간 사이의 "예금 → 대출 → 예금 → 대출 → …"과정으로부터의 일종의 누출(leakage)이다.

② 통화승수의 크기는 현금보유비율과도 반비례한다.

• 현금보유 역시 시중은행과 비은행 민간 사이의 "예금 → 대출 → 예금 → 대출 → …"과정으로부터의 일종의 누출(leakage)이며,

• 따라서 민간의 현금보유비율이 올라가면 예금액이 감소하여 은행의 대출여력이 줄어든다.

③ 현금보유비율이 0인 경우에는, 통화승수와 예금통화승수가 일치한다.

• 현금보유비율이 0이라면, 이는 비은행 민간이 수취한 금액을 전액 예금하는 경우와 동일하기 때문이다.

확인문제

Q : 만일 150의 본원통화를 중앙은행이 민간이 아닌 시중은행에게 새로 공급한다면, 시중 통화량에는 어떤 변화가 있을까?

A : 은행들이 필수 지불준비율을 준수하고 있던 상태에서, 150의 본원통화를 받은 은행은 즉각 신규대출을(예컨대 김씨에게) 150만큼 해 줄 것이다. 이후의 과정은 앞의 예와 전적으로 동일하다. 즉, 150z만큼의 현금이 비은행 민간에 의해 보유되는 한편 나머지인 150(1-z)만큼이 예금되면서, 최초의 현금통화와 예금통화가 창출된다. 결국, 중앙은행이 주입한 화폐가 민간에 공급되든 은행에 공급되든, 통화량의 증가라는 면에서는 동일하다.

4. 중앙은행과 화폐의 공급

4.1 그러면, 경제 내 통화량을 결정함에 있어 중앙은행의 역할은 무엇일까?

- 통화량 결정과정을 설명한 앞의 두 예로 돌아가, 아래의 질문에 답해 보자.
  ① 애초에 경제 내에 화폐를 주입한 주체는 누구였나?
  ② 또, 지불 준비율을 정하는 주체는 누구인가?
  → 그 주체는 바로 중앙은행이며, 따라서 중앙은행이 경제 내의 통화량을 조절하는데 중요한 역할을 담당함을 알 수 있다.

- 중앙은행은 민간부문에 주입하는 화폐의 양을 조절하는 한편 은행의 지불준비금을 직접 또는 간접적으로 조정함으로써 시중의 통화량을 조절하려 하며, 이를 위해 사용하는 세 가지 정책수단이 있다:
  ① 공개시장 조작(open market operation)
  ② 지불준비율 변경(reserve ratio control)
  ③ 재할인율 변경(discount rate control)

[1] 공개시장 조작(open maket operation)

① 중앙은행이 민간 부분에 주입하는 화폐를 본원통화(MB, monetary base)라 한다.

- 시중에 공급된 본원통화(MB)는 민간이 유통현금(C)으로 보유하거나 시중은행이 지불준비금(R)으로 보유한다.

② 중앙은행이 금융시장에서 민간부문을 상대로 국채를 매입/매각하면, 그 대금만큼의 본원통화가 시중에 공급되거나 환수된다.

③ 이에 따라 은행이 보유하는 지불준비금이나 비은행 민간이 보유하는 현금량이 달라지고, 이는 시중의 통화량의 변화로 이어진다.

- 예를 들어, 본원통화를 받은 은행들의 입장에서는 지불준비금을 과다로 보유하게 된 것이므로, 이를 대출할 것이고,
- 만일 본원통화가 비은행 민간에게 간다면, 이들은 현금을 과다로 보유하게 된 것이므로 이를 예금할 것이다.

④ 시중의 통화량을 증가시키려면 : 중앙은행에 의한 공개시장 매입(Open Market Purchase)

- 중앙은행이 시중은행으로부터 국채를 매입하면, 그 매입 대금은 결국 시중은행의 지불준비금 증가를 초래하고,
- 이에 통화승수를 통해 통화량이 증가한다.
- 공개시장 매입의 상대방이 비은행 민간인 경우라도 동일한 양의 통화량 증가가 발생할 것임은 앞의 두 예의 확인문제를 통해 이미 설명하였다.

⑤ 반대로 통화량을 감소시키려면, 중앙은행이 공개시장 매각(Open Market Sales)을 수행해야 한다.

[2] 지불준비율 변경(reserve ratio control)

① 중앙은행은 시중은행이 의무적으로 보유해야 하는 지불준비금의 비율을 조절함으로써, 시중에 유통되는 통화량을 조절하기도 한다.

② 시중의 통화량을 증가시키려면 : 필수 지불준비율 인하

- 중앙은행이 지불준비율을 인하하면, 은행들은 기존에 유치하고 있던 예금액 대비 더 적은 지불준비금만 보유하면 되므로 예금액 중에서 대출할 수 있는 금액이 증가한다.
- 따라서 통화승수가 커지고, 주어진 본원통화 수준에서 통화량이 증가한다.

③ 반대로 지불준비율을 올리면 통화량이 감소한다.

[3] 재할인율 변경(discount rate control)

① 지불준비금 보유액이 일시적으로 낮아질 경우, 민간은행은 중앙은행으로부터 단기 차입을 통해 이를 보충하기도 한다.

- 또한, 민간은행이 중앙은행으로부터 자금을 차입하여 이를 바탕으로 대출을 늘리기도 한다.

② 중앙은행이 시중은행에 자금을 대여해 줄 때에 적용하는 금리가 재할인율이다.

③ 통화량을 증가시키려면 : 재할인율 인하

- 중앙은행이 재할인율을 인하하면 시중은행의 지불준비금 차입이 증가하고,
- 이에 따라 은행의 대출과 시중의 통화량이 증가한다.

④ 반대로 재할인율을 인상하면 시중에 공급되는 본원통화와 통화량이 감소한다.

4.2 그런데, 현실적으로 중앙은행이 시중의 통화량을 정확히 통제할 수 있을까?

[1] 예금통화승수 및 통화승수를 도출할 때 분석의 편의를 위해 몇 가지 가정을 했었는데, 그 중에서 아래의 두 가정이 현실과는 차이가 있다 :

① 비은행 민간은 정해진 비율(z)의 현금만을 보유한다.

② 시중은행은 법정 지불준비율(rr)만큼의 지불준비금만 보유한다.

→ 이 두 가정은 민간의 의사결정을 지나치게 단순화하고 있다.

[2] 부분지불준비제도 하에서 시중 통화량은 은행과 예금자 등 민간의 행동에 의해서도 영향을 받으므로, 중앙은행이 통화량을 정확히 조절하지 못할 수 있다.

① 현금보유비율의 안정성 : 거래대금을 받은 비은행민간이, 과연 일정 부분만을 현금으로 보유하고 나머지는 모두 은행에 다시 예치할까?

- 예컨대, 지하경제의 비중이 갑자기 작아지거나 요구불 예금에도 높은 이자가 지급되기 시작한다면, 민간의 현금보유 비율은 떨어질 것이다.
- 반대로, 은행 부도 위험이 증가하여 은행권의 건전성에 대한 우려가 높아지면, 민간의 현금 선호가 증가할 것이다.

  → 이러한 현금선호의 증가는, 예금 통화가 창출되는 과정으로부터의 일종의 누출(leakage)로 작용하여 시중 통화량을 감소시키게 된다.

- 즉, 본원통화(MB)의 양은 불변이라고 해도, 통화승수가 하락하여 시중통화

량이 감소하게 된다.

② 지불준비율의 안정성 : 과연 시중은행이 필수 지불준비율만 지키고 초과지불준비금은 전혀 보유하지 않을까?

- 은행이 대출하려는 금액도 중앙은행이 직접 통제하기 힘들다.
- 예컨대, 은행경영이 보수적으로 변하면서 은행들이 대출을 줄이고 필수수준 이상으로 지불준비금을 더 보유하려 들면?
  → 시중은행들이 자발적으로 더 많은 지불준비금을 은행 내에 유보해 두면서, 예금통화가 창출되는 과정으로부터 일종의 누출(leakage)이 발생하여 시중 통화량을 줄이게 된다.
- 또 다른 예로, 시중 금리가 올라가면 은행 입장에서는 필수수준을 초과하여 보유하는 지불준비금의 기회비용이 올라가므로 초과 보유하던 지불준비금중 일부를 대출로 전환할 것이고, 이에 따라 통화승수가 커지는 효과가 발생한다.

[3] 이처럼 통화승수 자체가 경제 내부요인과 민간의 의사결정에 의해서 내생적으로 변화할 경우에는, 중앙은행이 시중의 통화량을 정확히 조절할 수 없다.

① 중앙은행이 공개시장조작을 통해 경제에 주입하는 외생적 화폐(exogenous money)인 본원통화의 양은 상당부분 미세조정이 가능하나,

② 민간부문에 의해 창출되는 현금통화와 예금통화의 합, 즉 내생적 화폐(endogenous money)의 크기를 중앙은행이 조절하는 것은 쉽지 않다.

실제 사례 : 대공황 당시의 통화량 변화

1930년대 미국의 대공황 기간 동안 대규모의 은행파산이 발생하였다. 1930년부터 1933년에 걸쳐 9000개 이상의 은행들이 파산하여 영업을 중단하였고, 이에 일반 예금자에 대한 채무(즉, 예금액 지불의무)를 이행하지 못하였다. 이는 은행과 예금자 모두의 행태를 변화시켜 화폐공급을 크게 줄이는 결과를 초래하였다.

우선 많은 은행이 파산함에 따라 은행제도에 대한 신뢰가 떨어지면서 민간의 현금보유비율이 급등하였다. 즉, 은행 파산을 두려워한 예금자들이 안전한 자산으로서 요구불예금보다 현금을 더 선호하게 되면서 예금을 대량으로 인출하기 시작했다. 이에 따라 은행의 지불준비금이 고갈되면서 은행들은 대출을 줄이게 되었고 이는 화폐공급의 감소로 이어졌다.

또한 급증한 예금인출 요구를 이행하지 못하여 은행들이 파산하자, 다른 은행들도 만약의 사태를 대비해 초과지불준비금을 더 많이 보유하였다. 민간과 은행의 이러한 행태변화가 합쳐짐으로써 대공황 당시 통화공급이 큰 폭으로 감소하게 된 것이다.

실제로 1929년과 1933년 사이 미국의 통화지표의 변화를 보면, 본원통화의 양은 크게 변하지 않고 오히려 약간 증가하였음에도 불구하고 M1은 25%가 감소하였다. 그 이유는 아래 그림에서 보듯 민간의 현금-예금비율(C/D) 비율과 은행의 초과지불준비율이 급등하였기 때문이었다.7)

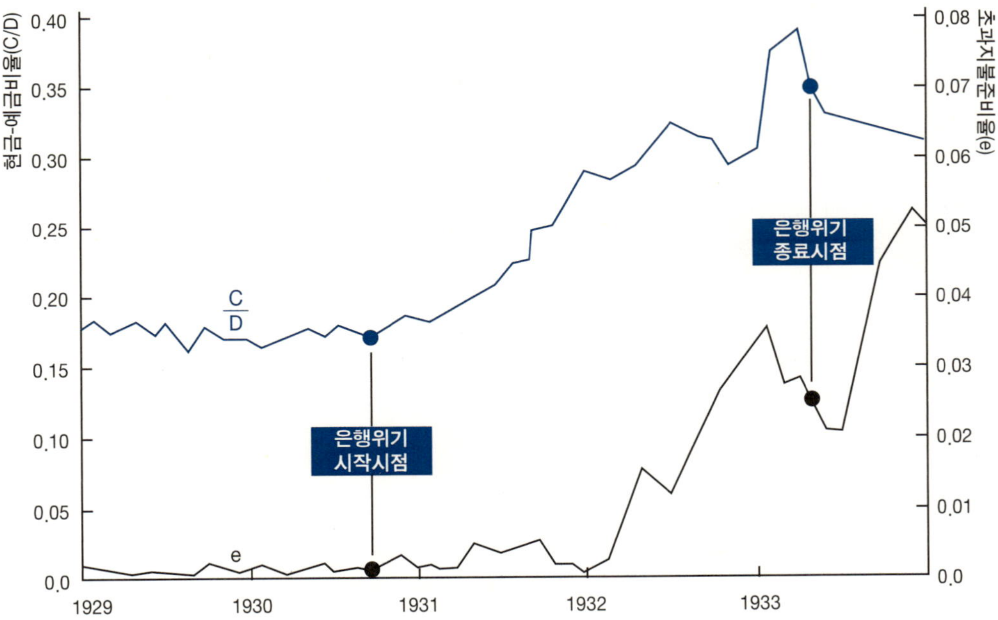

자료 : F. Mishkin(2012) 「Macroeconomics」, p.135

7) Appendix B의 말미에서 보듯, 현금-예금비율(C/D)은 현금보유비율(C/M)과 정(+)의 일대일 관계에 있다.

[Appendix A] 효율성 임금 이론

A.1 효율성 임금(efficiency wages)은, 기업이 근로자의 생산성을 높이기 위해 노동시장을 청산하는 균형임금보다 높은 수준에서 지급하는 임금을 말한다.

[1] 기업이 자발적으로 균형수준보다 높은 임금을 지불하는 이유는, 그럼에도 불구하고 수익성이 높아지기 때문이다.

[2] 효율성 임금도 결국은 노동시장을 청산시키는 균형임금보다 높은 임금이기 때문에, 최저임금제와 마찬가지로 노동의 초과공급, 즉 실업을 유발한다.

A.2 효율성 임금의 기대 효과 : 그러면 왜 기업이 자발적으로 균형임금 이상의 효율성 임금을 지불하는가?

[1] 근로자의 건강과 생산성 향상 :

① 높은 임금수준에 의해 근로자의 영양상태와 건강이 향상되어 생산성이 높아질 수 있으며,

② 이는 주로 개도국에 적용 가능한 설명이다.

[2] 근로자의 이직률 감소 :

① 임금이 높을수록 고용된 근로자의 이직(turnover)의 빈도가 낮아지고,

② 이에 기업은 신규채용/훈련/숙련화에 소요되는 비용을 절감할 수 있다.

[3] 근로자의 근로열의 상승

① 근로자들은 자신의 근로열의 수준을 어느정도 선택할 수 있으나, 고용주는 근로자의 작업태도를 완전히 파악하기 힘들다.

② 고용주 입장에서는, 근로자의 근무태도를 감시하는 비용을 지불하는 대신 시장균형임금보다 더 높은 임금을 지불하는 방식으로 근무열의를 향상시킬 수 있다.

③ 현 직장에서의 임금이 시장균형 수준보다 높아지면, 근로자 입장에서는 실직의 기회비용과 현 직장에 계속 근무할 유인이 상승한다.

- 이처럼 효율성임금에 의한 근무태도의 개선으로 기업의 이윤이 증가할 수 있다.

[4] 근로자의 자질 선별

① 기업 입장에서는, 구직 지원자의 능력과 자질을 정확히 가리기 어렵다.

- 채용자 입장에서는 지원자가 가지고 있는 숨은 정보(hidden information)을 알지 못하기 때문이다.

② 예를 들어, 다음과 같은 상황을 가정하자.

- 지원자 중 절반이 우수하고 나머지가 열등한데, 기업은 지원자들의 자질을 완벽히 알지 못한다.
- 우수인력이 원하는 유보임금(또는 희망임금, reservation wage)은 100이고,
- 열등인력의 유보임금은 50이라 하자.

③ 만일 기업이 평균 유보임금인 75를 임금으로 제시하면 어떤 결과가 생길까?

- 우수인력은 그 기업에 지원하지 않고, 열등인력만 지원하게 된다.

④ 반면, 75를 상회하는 100의 임금을 지불한다면?

- 최소한 지원자 중 절반은 우수한 인력임을 기대할 수 있다.

⑤ 기업이 지불하는 임금수준과 지원자의 자질간의 관계가 충분히 강하다면, 균형임금을 상회하는 효율성 임금을 지불해도 기업의 이윤이 증가할 수도 있다.

[Appendix B] 통화승수의 수리적 도출

B.1 경제 내 통화량과 이를 결정하는 변수들간의 관계를 수식을 통해 유도해 보자.

[1] 먼저, 통화량(M)과 본원통화(MB)의 의미를 다시 한 번 정리한다.

① 우리가 논의하는 통화량 M은, 민간이 보유한 현금통화 C와 은행에 예치되어 있는 예금통화 D의 합이다.

- 즉, $M = C + D$이다. ······························ (1)

② 중앙은행이 시중에 주입하는 본원통화(MB)는, 민간이 현금통화(C)로 보유하거나 은행이 지불준비금(R)으로 보유한다.

- 이는 $MB = C + R$임을 의미한다. ······························ (2)

③ 아래 그림은, 현금통화, 예금통화, 본원통화, 지불준비금간의 관계를 요약하고 있다.

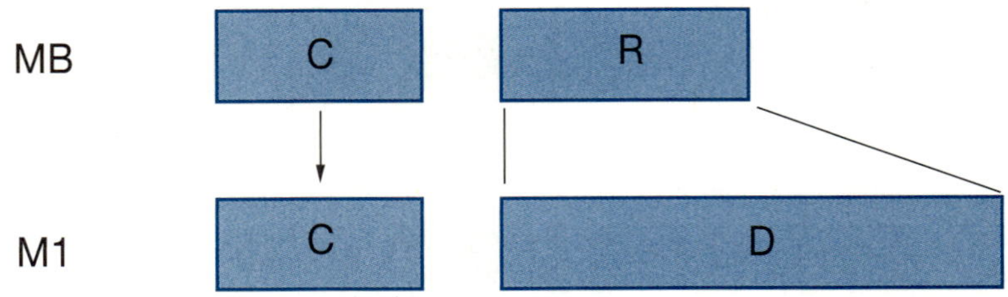

[2] 이어서, 통화량을 결정하는데 중요한 역할을 담당하는 시중은행과 비은행 민간의 행태를 아래와 같이 가정하자:

① 시중은행은 은행에 예치되어 있는 예금통화(D)의 일정비율인 지불준비율(rr) 만큼을 지불준비금(R)으로 보유한다.

- 따라서, 지불준비금과 예금간의 관계는 R = rrD 이다. ··························· (3)

② 비은행 민간은 전체 통화량 M = C + D 중에서 일정 비율인 z만큼을 현금으로 보유한다.

- 즉, 현금보유비율은 z = C/(C+D) = C/M 이고,
- 현금과 통화량간의 관계는 C = zM 이고, ··· (4)
- 예금과 통화량간의 관계는 D = (1-z)M 이다. ··· (5)

B.2 현금보유비율과 지불 준비율이 일정한 상태에서, 본원통화가 MB 만큼 공급되었다고 하자.

[1] 위 식(1)-(5)에 의하면:

① MB = C + R이다

② 현금보유비율(z)이 일정하므로, C = zM

③ 지불준비율(rr)이 일정하므로, R = rrD = rr(1-z)M

[2] 이제 본원통화 MB의 변동과 통화량 M의 변동간의 관계를 도출할 수 있다.

① 위의 세 식을 이용하면, MB = C + R = zM + rr(1-z)M이 되고,

② 이 식을 다시 정리하면:

$$\mathrm{M} = \frac{1}{z + rr(1-z)}\,\mathrm{MB}$$

- 통화량과 본원통화의 비율인 $\frac{1}{z + rr(1-z)}$를 통화승수라 부르며, 이는 본문에서 도출한 결과와 동일하다.

③ 전체 통화량 중 현금과 예금의 구성비율을, 현금보유비율(z=C/M)이 아닌 현금-예금비율(k=C/D)을 이용하여 다르게 나타내기도 한다.

- 현금보유비율 z와 현금예금비율 k 사이에는 z = k/(k+1)의 일대일 관계가 있다.
- 따라서 현금-예금비율(k)을 이용하여 통화승수를 다시 정리하면, 아래의 관계를 얻는다.

$$\mathrm{M} = \frac{k+1}{k+rr}\,\mathrm{MB}$$

연습문제

Q1. [한경 테셋 수정 인용] 다음 그림은 15세 이상 생산가능인구에 대한 조사 결과를 보여주는 가상 통계다. 이에 대한 설명으로 적합하지 않은 것은?

경제활동인구		비경제 활동인구
취업자	실업자	
700명	100명	200명

a. 실업률은 12.5%다.
b. 고용률은 70.0%다.
c. 경제활동 참가율은 80.0%이다.
d. 직업 군인과 경찰 공무원은 700명에 포함된다.
e. 공익근무요원은 200명에 포함된다.

Q2. 다음 중 옳은 것은?

a. 경제활동 참가율은 성인인구 중 고용된 사람의 비율을 의미한다.
b. 마찰적 실업은 노동시장 내 일자리의 수가 구직자수보다 작을 경우 발생한다.
c. 구조적 실업은 구직자의 능력과 특성에 맞는 일자리를 찾는데 시간이 걸리기 때문에 발생한다.
d. 한국에서 여성의 경제활동 참가율이 남성에 비해 낮다.
e. 효율성 임금은 경기변동적 실업을 주로 초래한다.

Q3. 다음 중 노동인구(labor force)를 변동시키는 경우가 아닌 것은?

a. 경제활동 참가율의 하락
b. 실업자로 분류되어 있던 김선생이 드디어 구직을 포기
c. 조기 명퇴 후 일자리를 찾던 이선생이 패스트푸드점에 임시직으로 취직
d. TV와 광고계에서 잘 나가던 존사마, 돌연 은퇴 후 영영 잠적
e. 신입사원 김대리가 군에 입대

Q4. 효율성 임금이론에 따르면, 김여사가 운영하는 회사가 경쟁시장에서의 임금수준보다 더 높은 임금을 지급할 경우 _______.

a. 이윤이 증가할 수 있다.
b. 임금 증가로 인해 직원의 근무기강이 해이해진다.
c. 직원의 이직률이 높아진다.
d. 노동공급량이 부족해진다.
e. 생산성과는 무관하다.

Q5. 다음 중 옳은 것은?

a. 구조적 실업은 근로자가 더 나은 직장을 찾아 퇴직하는 경우에 발생한다.
b. 효율성 임금은 실업을 초래하지 않는다.
c. 자연실업률은 경기변동 실업률도 포함한 수치이다.
d. 실망실업자는 일할 의향과 능력은 있으나 노동인구에는 포함되지 않는다.
e. 공공직업알선, 장기실업자 재훈련 등은 주로 경기변동적 실업률을 낮추려는 정책이다.

Q6. 지난달의 실업률 조사 결과를 보니, 취업인구가 90명, 실업인구 10명이었다. 그 상태에서, 아래의 각 경우별로 답하라:

a) 이번 달 들어 다른 변화는 없이 10명이 새로 해고되었는데 실업률은 11.1%로 집계된다면, 고용시장에서 어떤 일이 발생한 것일까?

b) 이번 달부터 취업시즌이어서 갓 대학교를 졸업한 사람들이 대거 취업면접을 하고 있다. 이 경우 이번 달의 ______은 오르지만, ______은 변하지 않는다.

Q7. 통화승수와 관련된 아래의 설명 중 틀린 것은?

a. 지불준비율과 역의 관계에 있다.
b. 전액지불준비제도하에서는 0이 된다.
c. 각 개인이 보유한다고 느끼는 현금보다 경제 내에 실제 통용되는 M1의 양이 더 큰 이유를 설명해 준다.
d. 시중의 통화량을 1단위 늘리기 위해 중앙은행은 1단위 보다 적은 양의 본원 통화를 주입하면 된다.

e. 은행으로부터 대출된 자금이 다시 예금되면서, 은행부문에 의해 통화가 창출되는 과정과 관련되어 있다.

Q8. 한 나라의 화폐부문의 모습이 아래와 같다고 하자.

i) 현재 민간은행부문이 보유하고 있는 지불준비금은 1억원이다.
ii) 민간은행은 필수 지불준비금만 보유한다.
iii) 필수 지불준비율은 현재 10%다.
iv) 비은행 민간부문은 모든 수취액을 은행에 예금한다(즉, 시중의 화폐는 모두 예금화폐이다).

만일 필수 지불준비율이 5%로 낮아진다면, 민간은행들은 즉각 ____ 만큼의 신규 대출을 할 것이고, 이후 낮아진 지불 준비율 하에서 이 신규 대출금에 의해 예금-대출 과정이 시작되어, 최종적으로 통화량은 이전보다 ___ 만큼 늘어나게 된다.

[Q9-11] 현금과 요구불예금만 존재하는 Emunistan의 데이터가 아래 표와 같다. 이 나라의 시중은행은 필수 지불준비율(rr)만 준수하고 이를 초과하는 예금액은 전액 대출하며, 비은행 민간은 취득한 금액의 일정부분(z)만을 현금으로 보유하고 나머지는 전액 예금한다.

민간보유 현금(C_0)	₩720
지불 준비금(R_0)	₩180
예금(D_0)	₩2,160

Q9. 현재 시중통화량(M_0), 지불 준비율(rr_0), 현금보유비율(z_0), 통화승수(mm_0)는 얼마인가?

Q10. 위 표의 상태에서 중앙은행이 공개시장에서 ₩900어치의 국채를 매입하면, 시중 통화량은 ____가 된다.

Q11. 위 표의 상태에서 중앙은행이 지불준비율을 절반수준으로 낮춘다고 하자.

a) 민간은행들은 *즉각* ____ 만큼의 신규 대출을 할 것이고, 이후 예금과 대출과정이 반복되면서 최종적으로 통화 공급량은 *이전보다* ___ 만큼 늘어나게 된다.

b) 위 문제의 풀이에 의거하여, 아래의 표를 완성하라.

	지불준비율을 낮추기 전	지불준비율을 낮춘 후
MB		
M		
C	720	
D	2,160	
R	180	

Part II

거시경제의 장기균형

Unit 4 : 재화와 서비스 시장의 장기균형

Unit 5 : 화폐부문의 장기균형

Unit 4
재화와 서비스 시장의 장기균형

TOPIC 1 : 장기에서의 고용과 생산
TOPIC 2 : 국민경제의 저축과 투자

Unit 4의 구성과 목표

■ 앞의 PART I에서 우리는 거시경제의 주요 단면을 보여주는 거시데이터를 살펴보았다.

■ 이제는 그러한 거시경제의 변수들이 어떤 과정을 거쳐 결정되는가에 대한 이론적 설명을 시작한다.

■ 이번과 다음 두 unit에 걸쳐 우리는 각각 한 경제의 GDP와 물가수준이 장기적으로 어떻게 결정되는가를 이해한다. 여기서, 장기라 함은:
- 개별 재화와 서비스의 가격이 신축적으로 조정되어 시장이 청산되고,
- 그에 따라 일반 물가수준도 신축적으로 조정되며,
- 더불어 사람들의 (물가나 인플레이션 등에 대한) 예상치가 실제치를 따라잡을 수 있을 정도의 시간이 지난 후를 의미한다.

■ 이번 unit에서는 장기적 관점에서,
- 한 경제의 소득 수준을 나타내는 GDP가 어떻게 결정되는가,
- 또 총생산물로서의 GDP가 총지출로 파악한 GDP의 각 항목으로 어떻게 배분되는가를 설명한다.

TOPIC 1 | 장기에서의 고용과 생산

1. 실업률의 장기적 결정

1.1 가격의 신축성을 전제한 노동시장의 수요-공급 모형은 장기에서 존재하는 실업을 설명하는 데에는 적합하지 않다.

[1] [Recall : unit 2] 경기변동상의 불황기에 일시적으로 증가하는 실업이 아닌, 경제 내에 항상 존재하는 실업의 유형 중 중요한 것은:

① 마찰적 실업 : 일자리와 구직자간의 매칭이 이루어지는 과정에 정보의 불완전성 등의 마찰이 존재하여 발생하는 실업

② 구조적 실업 : 노동시장의 실제임금이 균형수준보다 높게 형성되어 발생하는 실업

→ 이러한 유형의 실업이 항상 존재하므로, 경제 내의 평균적 실업률은 (+)이고 이를 자연실업률이라 부른다.

[2] 가격이 완전히 신축적이어서 모든 시장이 청산됨을 전제로 할 경우, (+)의 자연실업률을 설명하는 데에 어려움이 있다.

① 노동시장에서 임금이 신축적으로 조정된다면, 노동의 수요과 공급이 일치하는 균형수준에서 임금이 결정될 것이고,

② 그 임금 수준에서는 공급되는 노동이 모두 수요되므로, 취업의사가 있음에도 일을 하지 못하는 상태로 정의되는 실업은 존재하지 않기 때문이다.

③ 더구나, 임금의 하방경직성을 전제로 하는 구조적 실업은 노동시장 청산모형으로는 아예 설명이 불가능하다.

→ 그렇다면, 경제 내에 항상 존재하는 정도의 실업을 설명하기 위해서는 '수요와 공급의 균형'이라는 접근시각을 벗어나야 한다.

1.2 노동시장 내의 동태적 움직임(dynamics)에 입각하여 노동시장의 '균형'을 다르게 정의함으로써, 그 '균형'에서도 어느 정도의 실업이 항상 존재함을 설명해 보자.

[1] 먼저, 몇 개의 변수를 정의한다.

① E : = 취업인구(employed), 또는 고용된 노동자 수

② U : = 실업인구(unemployed), 또는 실업상태의 노동자 수

③ L : = E + U =노동인구(labor force), 또는 경제활동인구 수

- 노동인구(L)의 크기는 일정하다고 가정하자.
- 생산요소의 부존량이 일정하다는 의미에서, 이는 우리가 앞에서 설정한 '장기'에 부합되는 가정이다.

④ *ur* : = U/L = 실업률(unemployment rate)

[2] 이제, 노동시장 내의 동태적 움직임을 가정하자.

① 기본적인 아이디어는:

- 근로자의 자질/능력이 각기 다르고 각 일자리가 요구하는 요건도 상이하여, 구인과 구직면에서 모두 탐색과정이 필요하고,
- 일자리에 대한 정보의 불완전성에 따라 탐색기간이 길어질 수 있다.

② 일정 기간 동안(예컨대, 1년 중) 취업인구(E)의 일정 부분이 직업을 잃는다.

- *s* = 취업상태 노동자 중 일자리를 잃게 되는 비율인 失職率(job-separation ratio)이라고 하면,
- 일정기간 동안 직업을 잃게 되는 失職者의 수는 s×E이다.

③ 또, 주어진 기간 동안 실업인구의 일정 부분이 직업을 구한다.

- *f* = 실업상태 노동자 중 새로 직업을 얻는 비율인 入職率(job-finding ratio)이라고 하면,
- 일정기간 동안 직업을 구하는 入職者의 수는 f×U이다.

④ 따라서 노동시장의 동태적 움직임은 아래 [그림 1]과 같다[8].

[그림 1] 취업과 실업상태간의 전환

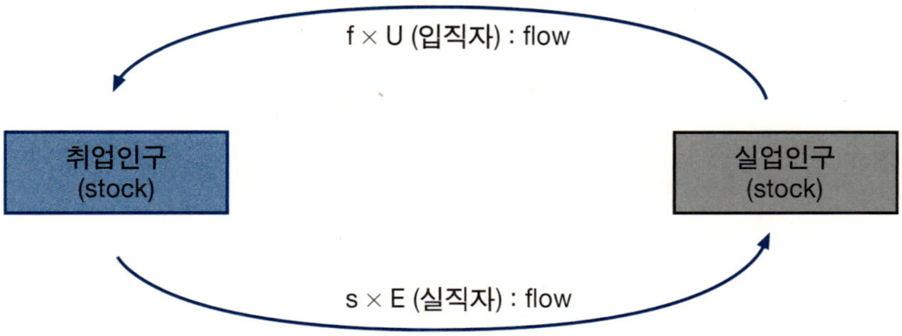

[3] 노동시장 내에 이와 같은 동태적 움직임이 있음에도 불구하고 실업률이 일정하게 유지되는 상태가 있을까?

① 위에서 설명한 노동시장의 안정적인 장기균형 혹은 均齊狀態(steady state)를 찾아보자.

- 균제상태란 모형 내에서 그 값이 결정되는 내생변수의 변화율이 0인 장기적 안정상태를 의미하는데,
- 우리가 찾으려는 것은, 근로자-일자리의 짝이 해체되고 새로 연결되는 동태적 과정이 지속되면서도 전체 실업률은 일정하게 유지되는 상태이다.

② 또한 그러한 균제상태에서 존재하는 실업률의 크기를 결정하는 요인이 무엇인가를 설명함으로써, 경제 내에 어느 정도의 실업이 항상 존재하는 이유를 알아보려 한다.

- 즉, 한 경제가 평균적으로 겪는 자연 실업률을 결정하는 요인이 무엇인지 설명해 보고자 한다.

[4] 균제상태 실업률

① 노동인구(L)의 크기가 일정한 상태에서 실업률이 일정하게 유지되고 있다면, 실업인구(U) 및 취업인구(E)의 수가 일정하다는 것이고,

② 그러기 위해서는 매 기간 동안 발생하는 입직자와 실직자의 수가 같아야 한다.

- 즉, 취업인구에서 실업인구로의 유입(inflow)과 실업인구로부터 취업인구로의 유출(outflow)의 크기가 같아야 한다.

③ 따라서, 균제상태 조건은:

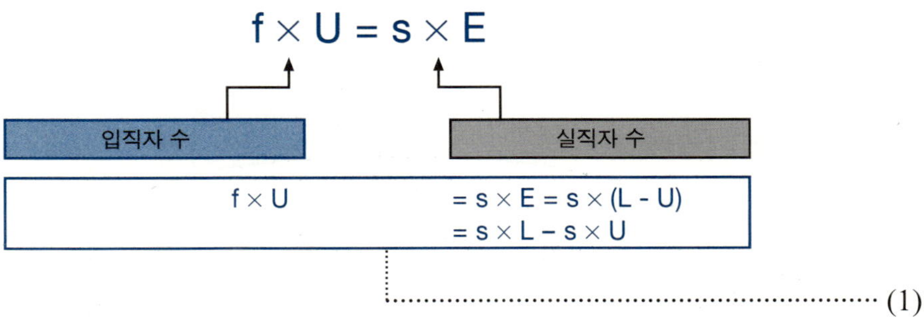

8) 취업인구와 실업인구는 저량(stock)변수이고, 입직자 수와 실직자 수는 취업인구와 실업인구간의 흐름인 유량(flow)변수이다.

④ 균제상태 조건식 (1)의 양변을 일정하게 주어진 노동인구(L)로 나누면:

$$f \times ur = s \times (1 - ur) \quad \cdots\cdots (2)$$

- 식 (2)의 좌변은 해당 기간 동안 노동인구 중에서 새로 입직한 사람의 비율을 의미하고,
- 우변의 의미는, 해당 기간 동안 노동인구 중에서 새로 실직한 사람의 비율이다.

⑤ 아래 [그림 2]는 식 (2)의 양변이 일치하는 균제상태에서의 실업률을 보여주고 있다.

[그림 2] 균제상태 실업률

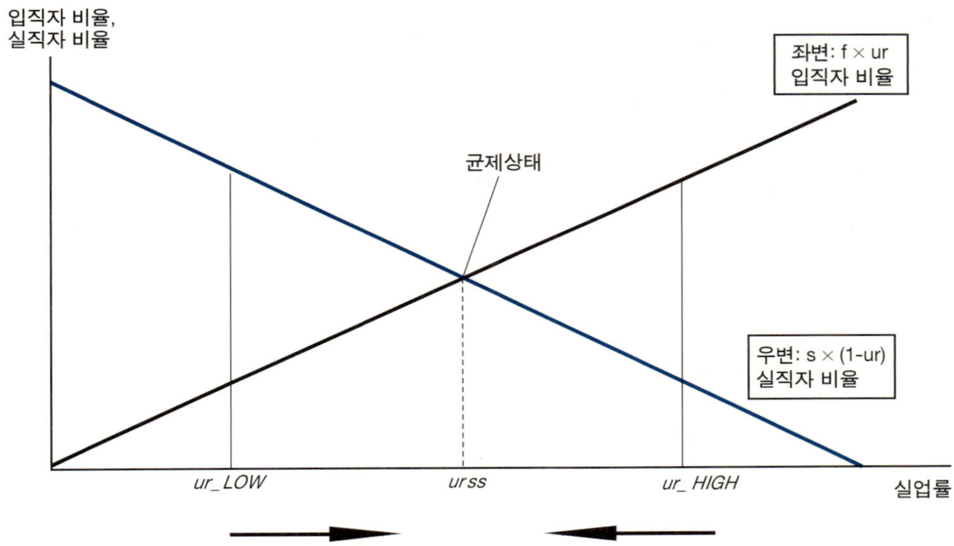

- 식 (2)의 좌변인 입직자 비율은 실업률(ur)과 함께 증가하는 우상향 직선으로 그릴 수 있고, 우변의 실직자 비율은 실업률(ur)이 증가하면 감소하는 우하향 직선으로 나타낼 수 있다.
- 따라서, 균제상태 실업률은 두 직선이 교차하는 점에서의 실업률인 $ur_{SS} = \frac{\mathbf{s}}{\mathbf{s+f}} = \frac{\mathbf{1}}{\mathbf{1+f/s}}$ 로 결정된다.

[5] 위 균제상태의 특징은:

① 이직률(s)이 0이 아닌 한, 균제상태 실업률은 항상 0보다 크다.

② 실제 실업률은 시간이 지남에 따라 균제상태 실업률로 수렴한다.

- 예를 들어, 만일 현재 실업률이 균제상태 실업률보다 낮은 ur_{LOW} 수준에 있

다고 하자.

- 식 (2)를 통해서 보면, 이 경우 노동인구 중에서 신규 입직자의 비율(=좌변)이 신규 이직자의 비율(=우변)보다 작고, 따라서 실업률은 점차 상승한다.
- 반대로 현재 실업률이 균제상태 실업률보다 높은 $ur_{\_HIGH}$ 수준인 경우에는 실업률이 점차 하락한다.

③ 이를 종합하면, 경제 전체의 실업률은 시간이 지남에 따라 (+)의 균제상태 실업률로 수렴하며, 그러한 의미에서 위의 균제상태 실업률을 자연실업률로 해석할 수 있다.

[6] 이제 경제 내에 항상 존재하는 자연 실업률의 결정요인을 설명할 수 있다.

① 입직률(f)이 높거나 이직률(s)이 낮으면, 자연 실업률은 낮아진다.

- 만일 구직이 즉각 이루어진다면(즉, $f \approx 1$), 개별 실업의 지속 기간도 짧고 장기적 실업률도 낮을 것이다.

② 그러나 현실에서는 입직율이 낮은데(즉, $f < 1$), 그 이유는:

- [이유 1] 직업탐색 및 매칭과정(job search and matching) : 구직자와 일자리가 연결되는 데에 시간이 걸린다.
- [이유 2] 임금경직성(wage rigidity) : 임금이 신축적으로 조정되지 않고 시장청산수준 이상에 머무르므로, 노동의 초과 공급 즉 실업이 발생하여 입직률이 낮아진다.

→ 이러한 이유로 인해 경제 내에는 항상 어느 정도의(+) 실업률이 존재하게 된다

③ 자연실업률을 낮추기 위한 정부 정책은, 입직률을 올리거나 실직률을 낮춤으로서 효과를 발휘한다.

- 일자리 정보 전파, 실직자 재훈련을 통해 입직률을 올릴 수 있으며,
- 사양산업에 고용보조금을 지급하여 실직률의 급격한 상승을 막을 수 있다.

2. 장기에서의 생산

2.1 한 나라의 재화와 서비스 생산능력은 근본적으로 생산요소의 부존량과 기술 수준에 의해 결정된다.

[1] 생산요소란, 재화와 서비스를 생산하기 위해 투입하는 자원을 말하며, 주요 생산요소로는 크게 두 가지를 상정한다.

① 노동(Labor)

② 자본(Capital)

- 자본은 과거 생산활동의 산출물이 축적되어 만들어진(man-made) 생산요소이다.
- 물적 자본(Physical Capital) : 건물, 기계 등 인간이 만든 생산요소
- 인적 자본(Human Capital) : 교육에 의한 노동의 질적 개선과 노동력에 체화된 지식

[2] 생산요소의 투입량과 산출량 사이의 관계를 보여주는 것이 생산함수이다.

① $Y = F(N, K)$

- Y = 산출량
- N = 노동의 투입량
- K = 자본의 투입량

② 생산함수 F(•) 자체는 기술 수준을 나타낸다.

- 생산함수는 생산요소를 결합하여 재화/서비스를 생산하는 방법을 의미하며,
- 생산성이나 기술이 개선되면 동일한 요소투입량으로 더 많은 산출물을 생산할 수 있다.

2.2 가격이 신축적인 장기에서는, 생산요소의 부존량과 기술수준이 한 경제의 생산 및 소득수준을 결정한다.

[1] 우선, 장기에서는 부존된 가용 생산요소가 완전히 고용/활용됨을 추론할 수 있다.

① [Recall : unit 1] 장기는 가격이 신축적으로 조정되어 모든 시장이 청산되나,

기술 수준이나 요소의 부존량은 일정한 기간이다.

② 특히 노동의 경우:

- 앞에서 도출한 균제상태 실업률(ur_{ss})을 자연실업률로 본다면 장기에서 실제 가용한 노동부존량은 노동인구×(1-ur_{ss})로 일정하게 주어질 것이다.
- 또, 기업의 기술수준이 주어져 있다면, 그에 상응하여 기업이 필요로 하는 노동의 수요곡선이 있을 것이다.

③ 장기에서는 요소가격이 신축적으로 조정되므로 각 요소시장에서는 요소의 수요와 공급이 일치한다[9].

- 그 결과, 아래 [그림 3]에서 보듯 장기에서는 부존된 가용 생산요소가 모두 고용된다.

④ 각 요소의 시장 가격과 그 요소의 고용량에 따라 총 요소소득이 결정되고,

- 요소들을 고용하여 생산된 산출물의 가치와 총 요소소득의 가치(이윤까지 포함)는 동일할 것이다.

[그림 3] 장기에서의 생산요소시장 균형

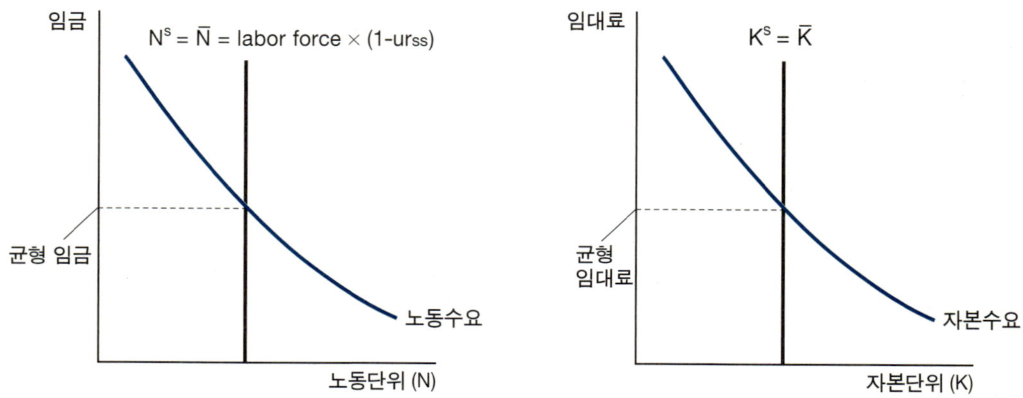

[2] 요컨대, 장기에서는 일정하게 주어진(것으로 가정한) 요소 부존량과 기술 수준에 의해 생산과 소득수준이 결정된다.

① 이러한 공급측면의 요인이 변하지 않는 한, 한 경제의 장기적 생산과 소득 수준도 완전고용하의 수준에서 결정되어 유지된다.

- 여기서 말하는 완전고용이란, 자연실업률 수준에 해당하는 만큼의 실업은

9) 실제임금이 시장청산 수준보다 높아서 발생하는 구조적 실업은 [그림 3]에서 가정하는 임금의 신축적 조정과는 상충되는 것으로 보인다. 그러나 균형임금이 구조적 실업을 포함하는 자연실업률 만큼의 실업만 발생하는 수준으로 하향 조정될 정도의 신축성은 있다고 해석하자.

존재하는 상태를 말한다.

② 이처럼 생산요소 부존량과 기술 수준과 같은 공급측 요인에 의해 결정되는 장기적 산출량을 완전고용 산출량(full-employment rate of output), 잠재 산출량(potential rate of output), 또는 자연산출량(natural rate of output)이라 부른다.

[3] 최장기적(secular long-run)으로 한 경제의 생활수준이 상승하는 현상이 경제성장이며, 이는 아래와 같은 공급측면 요인의 증가 및 개선에 의해 가능하다.

① 인구 증가 : 노동부존량 증가

② 자본 축적 : 자본부존량 증가

- 저축이 투자로 원활히 이어져야 자본 축적이 가능하다.

④ 기술 진보 : 생산함수 자체의 개선

TOPIC 2 | 국민경제의 저축과 투자

1. 국민소득 항등식에서의 저축과 투자

1.1 저축과 투자는 자본축적으로 이어져 한 경제의 장기적 생활수준과 최장기적 성장을 결정하므로, 이들이 어떻게 결정되는지를 이해하는 것은 매우 중요하다.

[1] 논의를 쉽게 하기 위해 일단 폐쇄경제를 가정한 후, 국민소득 항등식으로부터 한 경제 내의 저축액과 투자액간의 관계를 도출해 보자.

① Unit 2에서 본 국민소득 항등식(NII, National Income Identity)을, 수출과 수입이 없는 폐쇄경제의 맥락에서 다시 제시하면

$$Y \equiv C + I + G \quad \cdots\cdots\cdots \text{항등식 (1)}$$

• 위 항등식은 "한 나라에서 생산된 재화와 서비스의 총량(= Y)과 재화와 서비스에의 총지출(= C+I+G)의 크기는 항상 일치한다"는 의미인데,

• 이는 Y와 (C+I+G)라는 두 변수가 동일한 변수라는 것이 아니고, 그 둘의 크기가 사후적으로 항상 일치한다는 의미이다.

• 식 (1)은 재화와 서비스라는 실물이 거래되는 시장에서 성립하는 항등식이다.

② 위 국민소득 항등식의 양변에서 민간소비(C)와 정부구매지출(G)을 빼서 정리하면 아래와 같은 변형된 항등식을 얻는다.

$$Y - C - G \equiv I \quad \cdots\cdots \text{항등식 (2)}$$

• 위 식의 우변은 국내 투자지출이고,

• 좌변은 국내 총생산(= 총소득)에서 가계의 소비지출과 정부구매지출을 뺀 것이다.

→ 그러면, 좌변의 변수에 경제학적 의미를 부여해 보자.

[2] 먼저, 한 경제내의 저축을 정의하자.

① 민간저축(S_p, private saving)

• 민간저축을 $S_p := Y - T - C$로 정의하자[10].

• 즉, 가계가 받은 총 요소소득(Y)에서 순 조세(T)를 제한 부분인 Y-T를 가처분소득(DI, disposable income)이라 할 때,

• 가처분소득(Y - T) 중에서 가계가 소비(C)하고 남은 부분이 민간저축이다.

• 순 조세(T)는, 정부가 가계에 부과한 총 조세액(gross taxes)에서 가계에게 주는 이전지출액(transfer payments)을 뺀 금액이다.

② 정부저축(S_g, government saving)

• 정부저축을 $S_g := T - G$로 정의하자.

• 즉, 정부의 순 조세수입(T)에서 정부구매지출(G)을 빼고 남은 부분이 정부저축이다.

• (+)의 정부저축은 정부 재정흑자(budget surplus)를 의미하고,

• 반대로 정부구매지출이 순 조세수입을 초과하면 재정적자(budget deficit)가 발생한다.

---

10) Unit 2에서 언급한 대로, 국내 총생산과 국내 총요소소득을 모두 Y로 나타내고 있다.

③ 민간저축과 정부저축의 합은 나라경제 전체의 저축이며, 이를 총 저축 또는 국민저축(S_{nat}, national saving)이라고 부른다.

- 따라서, 국민저축은 $S_{nat} := [Y - T - C] + [T - G] = Y - C - G$로 정의되며,
- 이제 항등식(2)의 좌변의 의미는, 나라경제 전체의 총소득(= 총생산)인 Y 중에서 "민간의 소비"인 C와 "정부의 소비"인 G 만큼을 제하고 남은 금액, 즉 국민저축이다.

[3] 이상과 같이 국민저축을 정의하면, 이제 항등식 (2)는 다음과 같은 의미를 가진다:

① 폐쇄경제에 있어서 국민저축(S_{nat})의 크기는 투자(I)의 크기와 사후적으로 항상 일치한다.

$$Y - C - G \equiv I \Leftrightarrow S_{nat} \equiv I \quad \cdots\cdots \text{항등식 (2')}$$

- 여기서도 투자와 국민저축이라는 두 변수가 동일한 변수라는 것이 아니고, 그들의 크기가 사후적으로 항상 일치한다는 의미이다.

② 항등식 (1)은 거시경제 내 재화 및 서비스 거래의 결과를 보여주는 항등식이고,

③ 반면 항등식 (2')는 그러한 생산물거래의 이면에 존재하는 동일한 크기의 금융거래의 결과를 보여주는 것이다.

- 이는 투자와 저축을 각각 자금의 차입과 대부로 해석할 수 있기 때문이다.

확인문제

Q : 어느 폐쇄경제의 GDP가 8조 원, 순 조세액이 1.5조 원, 민간저축이 0.5조 원, 정부저축이 0.2조 원이라고 하자. 이 경제의 소비, 정부구매, 국민저축, 투자의 크기는 각각 얼마인가?

A : $Y = 8$, $T = 1.5$, $S_p = Y - T - C = 0.5$, $S_g = T - G = 0.2$ 이다. 따라서,

$G = T - 0.2 = 1.3$,

$I = S_p + S_g = S_{nat} = 0.7$,

$Y = C + I + G$ 이므로, $C = Y - I - G = 8 - 0.7 - 1.3 = 6$.

1.2 두 국민소득 항등식이 제기하는 과제

[1] 항등식 (1)은, 공급측면 요인에 의해 결정된 총산출량(즉, 생산 GDP)과 경제 내의 총지출량(즉, 지출 GDP)이 사후적으로 항상 일치한다는 것을 의미한다.

① 앞에서 보았듯, 한 경제의 생산량(즉, 생산측면에서 본 GDP)의 장기적 수준을 결정하는 것은 장기에서는 일정한(것으로 가정한) 생산요소의 부존량과 기술수준이다.

② 그렇다면, 항등식 (1)은 국민경제 내의 순환적 흐름이라는 면에서 아래의 두 과제를 제기한다.

- [과제 1] 공급 측면의 요인들에 의해 결정되는 생산 GDP(= Y)과 각 경제주체의 의사결정 결과인 지출 GDP(= C + I + G)가 사후적으로 항상 일치하게 되는 이유를 설명해야 한다.
- [과제 2] 지출 GDP(=C + I + G)의 구성이 어떠한가, 즉 생산 GDP(= Y)가 가계 / 기업 / 정부에 의해 각각 얼마나 구매되는지를 설명해야 한다.
- 생산 GDP와 총 요소소득의 크기가 같으므로, 위 [과제 2]는 "총 요소소득이 소비 / 투자 / 정부구매 목적으로 각각 얼마나 지출되는가"를 설명해야 하는 것이기도 하다.

[2] 한편 항등식 (2')는, 폐쇄경제내의 국민저축과 투자지출액이 항상 일치한다는 것을 보여 준다.

② 항등식 (2')는 아래와 같은 과제를 제기한다.

- [과제 3] 어떤 메커니즘에 의해 국민저축과 투자지출액이 항등적으로 일치하는가도 설명할 수 있어야 한다.
- 항등식 (1)과 항등식 (2')는 사실상 같은 식이므로, [과제 3]은 [과제 1]과 동일하다고 할 수 있다.

[3] 우리는 장기적 시각에서 금융시장을 모형화하여 위의 과제들을 해결할 것이다.

① 저축자와 투자자의 의사 결정을 연결해 주는 곳이 금융시장이다.

② 우리는 거시경제에서의 금융시장 모형을 통해:

- 국민저축액(S_{nat})과 투자액(I)이 일치하는 이유를 설명하고,
- 그 이면에서 생산 GDP(Y)가 지출 GDP의 각 항목인 (C, I, G)으로 배분되는 과정도 알아볼 것이다.

③ 이어서 이 모형을 이용하여 정부정책의 변화나 경제에의 충격이 있을 경우 :

- 국민저축과 투자 의사에 어떤 변화가 초래되는지,
- 그 결과 금융시장의 균형이 어떻게 달라지는지,
- 그러한 변화가 국민경제에 어떤 결과를 가져오는지를 분석할 것이다.

2. 대부자금시장(Loanable Funds Market)

2.1 대부자금시장은 여유자금을 저축하려는 사람들과 투자 재원을 마련하려는 사람들간의 대부/차입 거래가 이루어지는 시장이다.

[1] 대부자금 시장은 차입자와 대부자가 상호거래하는 가상의 금융시장이다.

① 이 시장에서 거래되는 상품은 당연히 대부자금이고,

② 그 상품의 가격은 실질이자율이다.

- 자금의 대부자가 얻는 수익 또는 자금의 차입자가 지불하는 비용의 정확한 척도는 명목이자율에서 인플레이션을 뺀 실질이자율이기 때문이다.

③ 논의의 편의를 위해, 여기서는 물가상승률이 (예컨대 0으로) 일정하므로 명목이자율과 실질이자율이 사실상 동일하다고 가정하자.

- 장기에서 물가상승률이 일정한 경우는 경제 내의 화폐공급량이 일정하게 유지될 때인데, 이에 대한 논의는 unit 5에서 하기로 한다.

[2] 대부자금에 대한 수요와 공급의 원천은 각각 투자지출과 국민저축이다.

① 가계가 주택을 구입하거나 기업이 설비 및 건물을 구입하기 위해 자금을 차입하며,

② 여유자금을 저축하거나 타인에게 빌려주려는 가계나 정부에 의해, 채권 또는 주식 구입, 은행예금을 통한 간접대부 등의 형태로 자금의 공급이 이루어진다.

2.2 대부자금의 공급 : 이자율과 국민저축간의 관계를 통해, 대부자금시장내의 공급곡선을 모형화하자.

[1] 정부저축의 모형화

① [Recall] 정부저축(S_g): = T - G

② 정부구매지출(G)과 순 조세(T)는 정부가 (이자율과 관계없이) 외생적으로 결정하는 것으로 가정한다.

- 즉, $G = \overline{G}$, $T = \overline{T}$

③ 따라서 정부저축곡선은 정부에 의해 결정되는 재정수지의 크기인 $\overline{T} - \overline{G}$ 에서 크기에서 수직이다.

- 정부구매지출의 증가(G↑)나 감세(T↓)는 정부저축을 감소시켜 정부저축곡선을 왼쪽으로 이동시킨다.

[2] 민간저축의 모형화

① [Recall] 민간저축(S_p): = Y - T - C

- 장기에서 총소득($\overline{Y}$)의 크기는 이자율과 관계없이 요소부존량과 기술수준과 같은 공급측면 요인에 의해 결정되어 주어진다.
- 조세($\overline{T}$)도 정부가 이자율과 관계없이 외생적으로 결정한다고 가정하였다.
- 그렇다면, 민간저축의 크기는 가계의 소비지출(C)의 크기를 결정하는 요인에 의해 결정될 것이다.

② 가계의 소비지출(C)은 가처분소득(Y - T)과 이자율(r)에 의해 결정되며, 특히 아래와 같은 성질을 가진다고 가정하자:

- 이자율이 일정한 상태에서 가처분소득이 증가하면, 증가한 가처분소득 중 일부만이 가계의 소비지출로 쓰인다.
- 한편 가처분소득이 주어진 상태에서 이자율이 상승하면, 가계는 소비지출을 줄인다.

③ 그렇다면, 민간저축의 행태는 아래의 식과 같다:

$$S_p = \overline{Y} - \overline{T} - C(\overline{Y} - \overline{T}, r),\ with\ r\uparrow \Rightarrow S_p\uparrow,\ and\ (\overline{Y} - \overline{T})\uparrow \Rightarrow S_p\uparrow$$

- 가처분소득과 민간저축액의 관계 : 주어진 이자율 수준에서 가처분소득이 증가하면, 그 중 일부는 소비지출로 이어지고 나머지는 민간저축액 증가로 이어진다.
- 이자율과 민간저축액의 관계 : 주어진 가처분소득 수준에서, 이자율 상승은 저축유인을 늘려 현재 민간소비의 감소와 민간저축액 증가로 이어진다.

④ 이제 가계에 의한 대부자금공급(=민간저축)은 아래 [그림 4]처럼 나타낼 수 있다.

- 주어진 가처분소득 수준에서 민간저축곡선은 우상향하고,
- 주어진 이자율 수준에서 가처분소득이 증가하면 민간저축곡선이 우측으로 이동한다.
- 그러나, 증가한 가처분소득의 일부는 소비지출로 이어지므로 민간저축곡선의 이동폭은 가처분소득의 증가폭보다는 작다.

[그림 4] 가계의 대부자금 공급

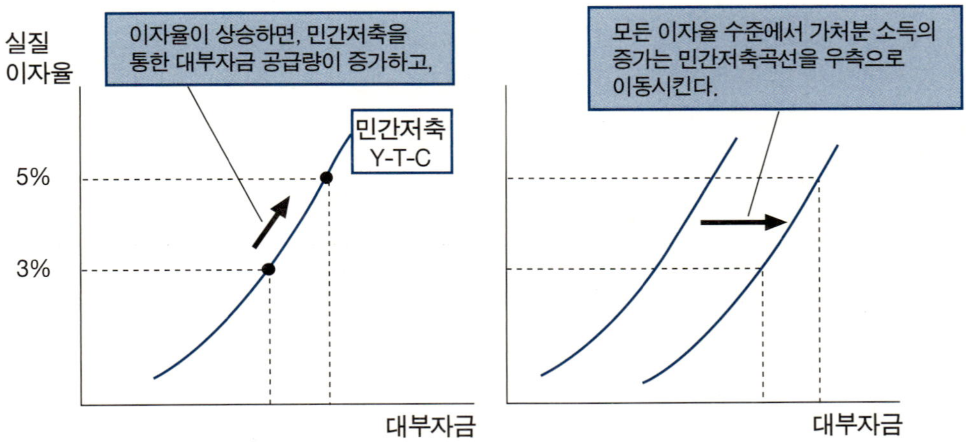

[3] 결국 대부자금의 공급량(Q_F^S, quantity supplied of funds)은 민간저축액과 정부저축액의 합이고, 따라서 민간저축곡선과 정부저축곡선을 수평으로 합한 국민저축곡선이 곧 대부자금의 공급곡선이 된다.

① 대부자금 공급곡선의 성질은 아래의 식과 [그림 5]와 같이 요약할 수 있다.

$$Q_F^S := S_{nat} = \overline{Y} - C(\overline{Y} - \overline{T}, r) - \overline{G},\ with\ r\uparrow \Rightarrow Q_F^S \uparrow$$

② 대부자금의 공급곡선은 우상향한다.

- 주어진 총소득(Y), 순 조세(T) 및 정부구매지출(G)하에서,
- 이자율이 상승하면 민간의 소비액이 감소하고 저축액의 증가하여 대부자금의 공급액(=국민저축액)이 증가하기 때문이다.

③ 대부자금 공급곡선의 이동요인(1) : 정부구매지출(G)의 변화

• 정부구매지출(G)이 증가하면, 모든 이자율 수준에서 정부구매지출의 증가분만큼 정부저축이 감소하여 대부자금 공급곡선이 그만큼 왼쪽으로 이동한다.

④ 대부자금 공급곡선의 이동요인(2) : 가계의 저축성향(또는 소비성향) 변화

• 미래에 대한 기대가 악화되어 (이자율과 관계없이) 가계의 소비지출이 위축된다면, 모든 이자율 수준에서 민간저축이 증가하므로 대부자금 공급곡선이 우측으로 이동한다

⑤ 대부자금 공급곡선의 이동요인(3) : 순 조세(T)의 변화[11)]

• 국민저축액은 $\overline{Y} - C(\overline{Y} - \overline{T}, r) - \overline{G}$ 임을 상기하면,

• 순 조세(T)가 증가할 경우 모든 이자율 수준에서 가계의 가처분소득(Y-T)이 줄어들어 민간소비(C)가 줄고,

• 따라서 모든 이자율 수준에서 민간소비의 감소분만큼 국민저축액이 늘어나게 되므로, 대부자금 공급곡선이 우측으로 이동한다.

[그림 5] 대부자금의 공급곡선

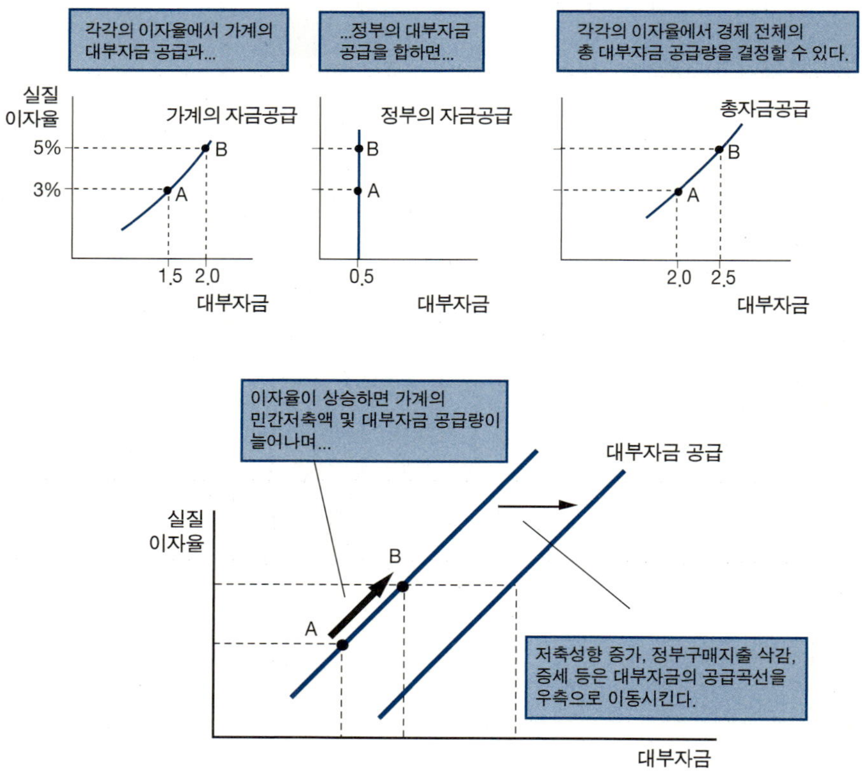

11) 순 조세의 변화가 민간저축곡선과 정부저축곡선에 각각 미치는 영향을 통해 대부자금 공급곡선이 이동하는 이유를 설명할 수도 있으며, 이는 연습문제 8-9번을 참조하라.

2.3 대부자금의 수요 : 이제 투자와 이자율간의 관계를 통해 대부자금의 수요곡선을 모형화할 차례이다.

[1] 이자율이 상승하면 기업의 투자지출이 감소한다.

① 투자지출은 투자사업의 수익률이 투자자금조달 비용인 이자율을 초과하는 경우에만 실행된다.

② 만일 이자율이 올라가면, 기업 입장에서는 외부자금의 차입비용이나 내부조달자금의 기회비용이 상승하여 결국 투자지출의 비용이 상승하게 된다.

- 이자율이 상승하면 수익성 있는 투자사업의 수가 감소하여 투자지출액도 줄어든다.

[2] 기업이 투자금액을 차입을 통해 조달한다고 가정하면, 결국 대부자금의 수요량(Q_F^D, quantity demanded of funds)은 투자지출액이고 따라서 대부자금의 수요곡선은 아래의 식과 [그림 6]과 같이 요약할 수 있다.

$$Q_F^D := I = I(r),\ with\ r \uparrow \Rightarrow Q_F^D \downarrow$$

① 대부자금의 수요곡선은 우하향한다.

- 이자율이 하락하면, 투자지출이 늘고 필요자금 조달을 위해 대부자금의 차입액이 증가하기 때문이다.

② 한편, 기업의 투자의향이 (모든 주어진 이자율 수준에서) 증가/감소하는 경우에는, 대부자금의 수요곡선 자체가 우측/좌측으로 이동한다.

[그림 6] 대부자금의 수요곡선

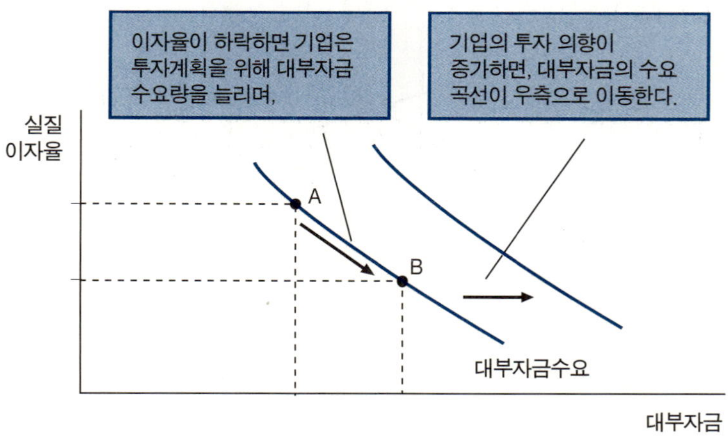

- 예컨대 투자지출액에 비례하여 세액을 감면해 주는 조치가 시행되면, 모든 이자율 수준에서 기업의 투자가 증가하고, 이는 다시 대부자금 수요곡선의 우측 이동을 가져온다.
- 반면 장래 경기에 대한 기대가 악화되면, 모든 이자율 수준에서 기업의 투자 지출이 감소하여 대부자금 수요곡선이 좌측으로 이동한다.

확인문제

Q : 아래 진술의 참/거짓여부를 판명하라.

a) 정부구매지출이 100만큼 증가하면, 대부자금 공급이 100만큼 감소한다.

b) 순 조세가 100만큼 증가하면, 대부자금 공급이 100만큼 증가한다.

c) 기업이 투자지출을 외생적으로 100만큼 늘리면, 대부자금 수요곡선이 그만큼 오른쪽으로 이동한다.

A : a) 참, b) 거짓(대부자금의 공급곡선은 100보다 작게 우측으로 이동), c) 참

2.4 대부자금시장의 균형

[1] 대부자금시장의 균형은 이자율이 신축적으로 조정되어 아래의 [그림 7]에서처럼 대부자금의 수요량과 공급량이 일치할 때 달성된다.

[그림 7] 대부 자금시장의 균형

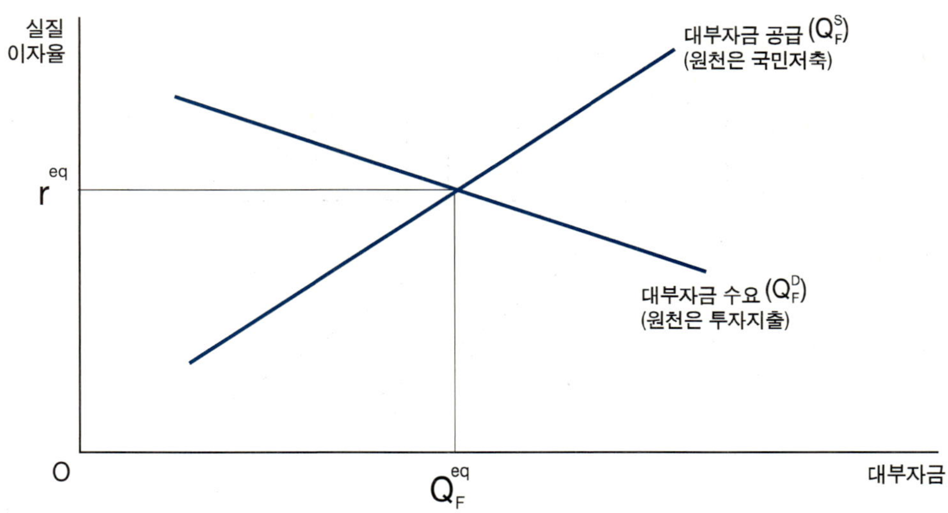

[2] 대부자금시장의 균형과 국민소득 항등식

① 장기에서는 대부자금의 가격인 이자율이 신축적으로 조정되므로, 대부자금시장의 균형에서 자금의 수요량(=투자지출액)과 공급량(=국민저축액)이 일치하게 된다.

- 사전적으로는 완전히 다른 의사결정의 결과인 저축(= 대부자금 공급)과 투자(=대부자금 수요)의 크기가 대부자금시장에서 균형이자율을 통해 사후적으로 일치되기 때문이다.

② 그 결과 실물부문의 국민소득 항등식인 $Y \equiv C + I + G$가 사후적으로 항상 성립하게 된다.

- [Recall] $S_{nat} \equiv I \Leftrightarrow Y \equiv C + I + G$
- 이처럼, 대부자금 시장 모형을 통해 국민소득 항등식이 성립하게 되는 과정을 장기적 시각에서 설명할 수 있다.

[3] 또, 생산 GDP가 지출 GDP의 각 항목별로 어떻게 배분되는지도 대부자금시장을 통해 설명할 수 있다.

① 장기적으로 총산출량(Y)은 생산기술과 생산요소의 부존량 등 공급측면 요인에 의해 결정되는데,

② 그 중 일부는 정부가 외생적으로 결정하는 정부구매지출(G)로 사용되고,

③ 가계의 소비지출액 C(Y-T,r)은, 공급측면 요인과 정부정책에 따른 가계의 가처분소득(Y-T)하에서 대부자금 시장의 균형이자율(r^{eq})에 의해 결정되고,

④ 투자지출액 I(r)은 대부자금 시장의 균형이자율(r^{eq})에 의해 결정된다.

확인문제

Q : 총생산 Y=100, 순 조세 T=20으로 주어져 있다고 하자. 아래의 대부자금시장의 균형에서, 정부구매지출, 투자지출, 민간저축, 소비지출의 크기를 찾으라.

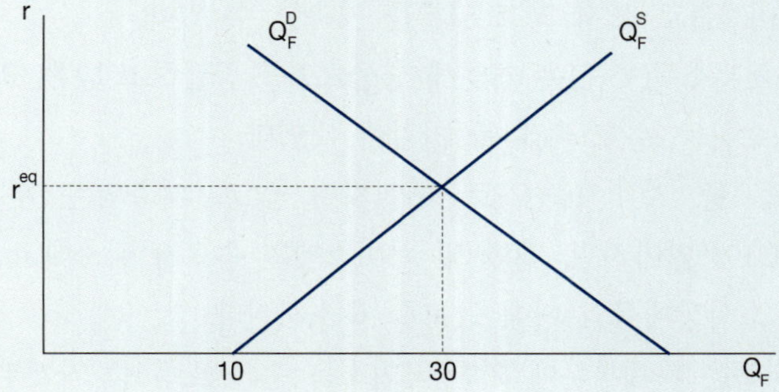

A : 정부저축이 10이므로, 정부구매지출은 10이다. 투자지출의 크기는 균형에서의 자금수요량인 30이다. 균형에서의 자금공급량(=30)은 국민저축은 정부저축과 민간저축의 합이므로, 민간저축은 20이다. 가처분소득이 80이므로, 소비지출은 60이다.

BOX : 금융시장과 정부까지 포함한 국민경제 내의 순환

- Unit 1에서 우리는 국민경제 내에 실물과 화폐의 순환적 흐름이 존재함을 매우 간단한 모형을 통해 살펴보았다.
- 이번 unit에서는 가계, 기업, 정부의 3부문이 존재하는 경제의 금융부문이라 할 대부자금시장까지 모형화하였으므로, 이 경제 내에 존재하는 순환적 흐름도 이제 쉽게 이해할 수 있다.

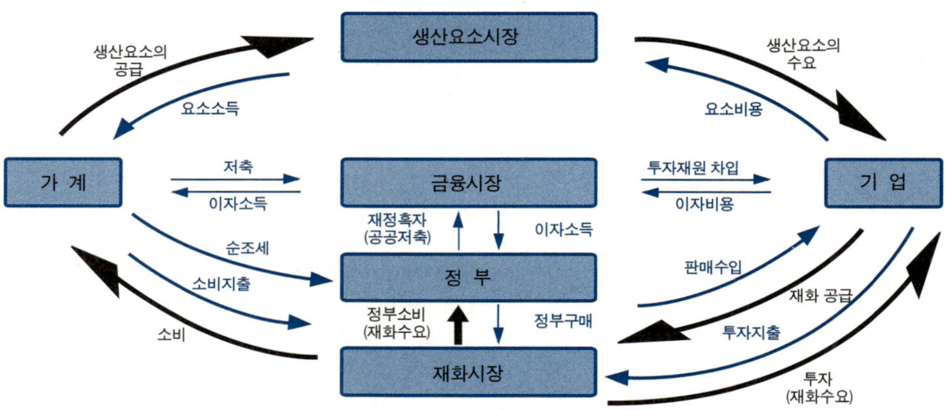

자료 : 조장옥 「거시경제학」(2010), p.10

- 대부자금 시장을 통해 여유자금의 차입과 대부가 가능하므로, 가계는 가처분소득을 모두 소비지출로 쓰지 않고 일부를 저축할 수 있다.
  - 가계의 가처분소득(Y-T)은 기업에 생산요소를 공급하고 받은 요소소득(Y)에서 정부가 징수하는 순 조세(T)를 차감한 것이다.
  - 가처분소득 중 소비지출(C)로 이어지지 않고 저축되는 부분인 민간저축(S_P=Y-T-C)이 많아지면, 재화 및 서비스에의 수요가 감소하고 이는 재화시장과 생산요소시장에서의 거래 규모를 축소시킨다.
  - 즉, 민간저축은 가계부분에 의한 국민소득 순환 흐름 중 가계부문에서 발생하

는 누출(leakage)로 작용한다.

- 한편, 가계는 민간저축의 형태로 대부자금시장에 자금을 공급하고, 그 댓가로 이자수입을 받는다.

■ 기업은 대부자금시장에서 자금을 차입하여, 생산설비 등을 구입하는 투자지출(I)을 한다.

- 이는 기업이 투자지출 만큼의 재화를 수요함을 의미하고 이는 곧 재화시장과 생산요소시장의 규모를 증대시킨다.
- 즉, 투자는 국민소득 순환흐름 중 기업 부문에서 발생하는 주입(injection)이다.

■ 정부는 가계나 기업과는 독립된 외생적인 경제주체로서, 정부는 가계로부터 순 조세(T)를 징수하여 재화시장에서 재화와 서비스를 구매(G)한다.

- 정부구매지출(G)은 재화수요를 증가시켜 재화시장과 생산요소시장에서의 거래규모를 증가시키므로, 국민소득 순환상의 유입(injection)의 한 형태이다
- 반면 순 조세(T)는 가계의 가처분소득을 감소시켜 재화와 서비스의 수요를 줄여 재화시장과 생산요소시장에서의 거래규모를 축소시키는, 국민소득 순환상의 누출(leakage) 요인이다.
- 따라서, 정부저축(T-G)은 정부재정에 의한 국민소득순환상의 누출이다.

■ 국민소득 순환상의 누출(=민간저축 + 정부저축=자금공급)과 주입(=투자지출=자금수요)의 크기가 사후적으로 동일하므로, 국민소득의 순환(Y= C+I+G)이 유지된다.

2.5 대부자금시장 균형의 변화

[1] 대부자금 모형을 이용하여, 대부자금의 수요가 증가할 경우 균형이 어떻게 변화하여 경제에 그 영향이 파급되는가를 분석해 보자.

① 예를 들어, 신기술 개발에 의해 신규투자의 수익성이 상승한다면(또는 상승할 것으로 기대된다면), 기업들은 신규투자를 늘릴 것이고 투자재원의 조달을 위해 대부자금의 차입이 증가할 것이다.

- 이는 모든 이자율 수준에서 대부자금의 수요량 증가를 의미하므로, 수요곡선이 $Q^D_{F,1}$ 에서 $Q^D_{F,2}$ 로 우측 이동한다.

3② 반면 대부자금 공급자 입장에서 보면, 각 이자율 수준별 저축의향은 신기술 개발여부와는 무관하다.

- 따라서 대부자금의 공급곡선 Q_F^S 자체는 이동하지 않는다.

[그림 8] 대부자금 수요 증가의 효과

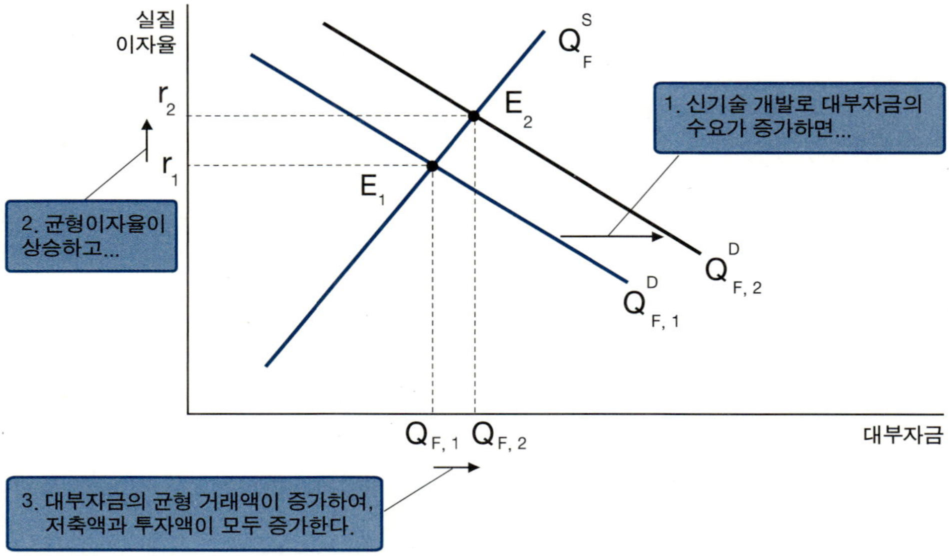

③ [그림 8]에서처럼 대부자금의 수요곡선만 우측으로 이동하므로:

- 이자율은 상승하고,
- 투자액(= 균형에서의 대부자금 수요량)은 증가하며,
- 국민저축액도 동일한 수준으로 증가한다.

여기서 더 생각해 볼 문제:

■ 새 균형 E_2에서의 소비지출은 이전 균형 E_1에서와 비교하여 증가할까, 감소할까?

■ 현재 우리는 장기분석 중임을 상기하면,

- 산출량(Y)는 생산 요소와 생산기술에 의존하므로 새 균형에서도 불변이다.
- 또, 외생적으로 결정되는 정부의 재정변수 (G, T)도 변하지 않은 상태이다.

■ 그렇다면 새 균형에서 국민저축액인 (Y-C-G)가 이전보다 증가했다는 것은, 민간소비가 이전보다 감소했다는 것을 의미한다.

- 그런데, 공급측 요인이나 정부재정변수의 변화가 없으므로, 새 균형에서도 가처분소득인 (Y-T)는 불변이다.
- 결국 소비지출은 이자율 상승에 의해 내생적으로 감소함을 추론할 수 있다.

[2] 이번에는 대부자금의 공급이 감소할 경우 나라경제에는 어떤 변화가 있을지 생각해 보자.

① 만일 어떤 이유로든 민간의 소비성향이 증가(또는 저축성향이 하락)한다면:

- 모든 이자율 수준에서 민간저축이 감소하므로,
- 대부자금의 공급곡선이 $Q_{F,1}^{S}$ 에서 $Q_{F,2}^{S}$ 로 좌측 이동하게 된다.

② 반면, 대부자금 수요자인 기업의 입장에서는 각 이자율 수준별 투자지출 의향은 민간의 소비/저축성향의 변화와는 무관하다.

- 따라서, 대부자금 수요곡선은 Q_{F}^{D}로 불변이다.

③ 요컨대, 아래 [그림 9]에서처럼 대부자금의 공급이 감소하므로:

- 균형이자율은 상승하고,
- 새 균형에서 투자 및 저축액은 모두 이전보다 감소한다.

[그림 9] 대부자금 공급 감소의 효과

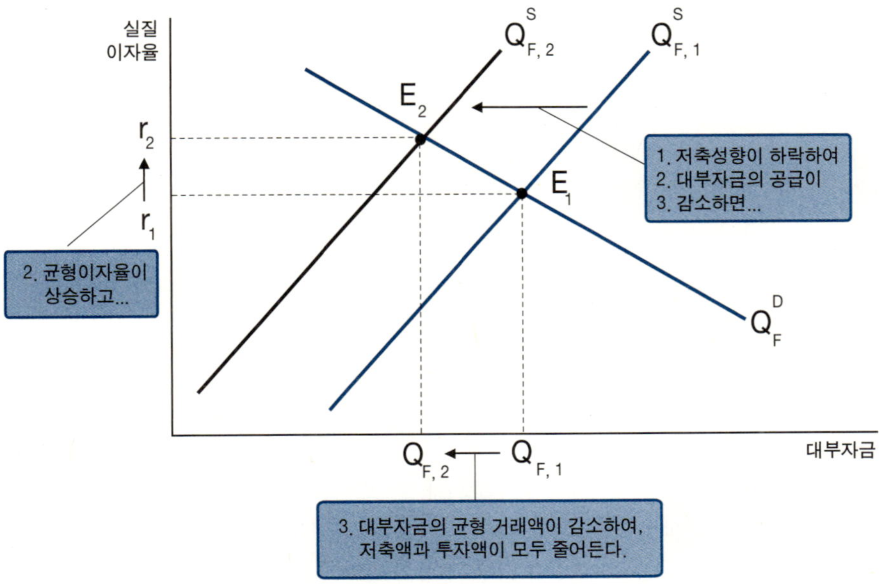

여기서 더 생각해 볼 문제

- 새 균형 E_2에서의 소비지출액은 이전 균형에서와 비교하여 증가할까, 감소할까?
- 현재 우리는 장기균형을 분석 중이므로:
  - 산출량 Y는 생산 요소와 생산기술에만 의존하므로 불변이다.

- 또, 정부 재정변수 (G, T)도 일정하게 유지되고 있는 상태이다.

■ 그렇다면, 새 균형에서 국민저축액인 (Y-C-G)가 이전보다 감소했다는 것은 새 균형에서 민간의 소비지출액이 증가했다는 것을 의미한다.

- 애초에 소비성향 증가로 인해 소비지출이 (이자율과 관계없이) 외생적으로 증가하고,
- 이후 새 균형으로의 이동 중에 이자율 상승에 따라 소비지출액이 내생적으로 감소하지만,
- 외생적인 소비증가의 효과가 더 커서 소비지출액은 순 증가함을 추론할 수 있다.

3. 정부정책과 저축 및 투자의 변화

3.1 이자소득세 감면 정책

[1] 정부가 이자소득세율을 낮춘다고 하자. 이 정책의 장기 및 최장기적 효과는 무엇일까?(단, 분석의 편의를 위해 정부가 다른 세목을 조정하여 순 조세액은 이전과 동일하게 유지한다고 가정하자.)

① 이자소득세율을 낮추어도 대부자금의 수요곡선에는 직접적 영향이 없다.

- 자금의 수요자인 기업이 각 이자율 수준에서 차입하고자 하는 금액은 위의 정부정책과는 무관하므로, 수요곡선은 이동하지 않는다.

② 그러나 대부자금의 공급자에게는 저축 유인이 증가하는 효과가 있다.

- 즉, 저축의 세후 수익률이 상승하는 것이므로, 각 이자율 수준에서 이전보다 저축액이 증가하고
- 따라서 대부자금 공급곡선이 우측으로 이동한다.

[2] 아래 [그림 10]에서 보듯, 새 균형에서는:

① 균형이자율은 하락하고,

② 대부자금의 균형거래량(= 균형 국민저축액= 균형 투자액)은 증가한다.

③ 이와 같은 정책은 투자액 증가를 통해 최장기적으로 경제성장을 촉진할 것이다.

[그림 10] 이자소득세 감면의 효과

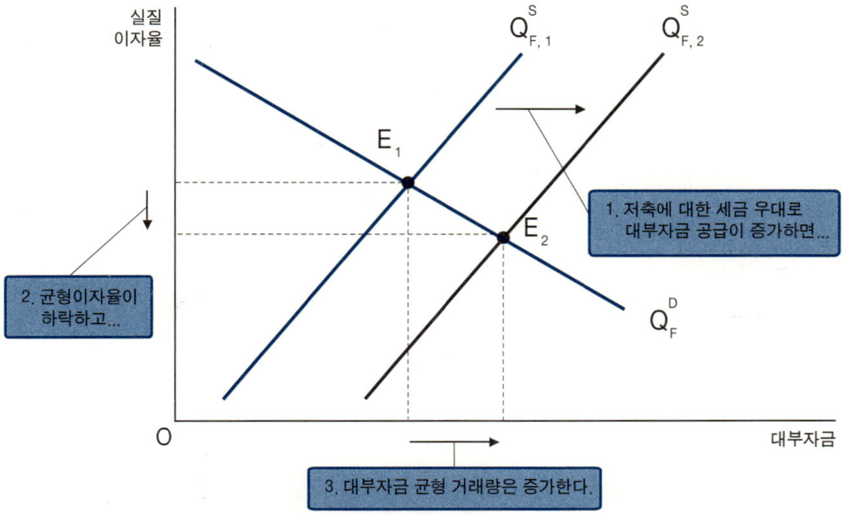

[3] 한편, 새 균형에서의 소비지출액(C)은 이전과 비교하여 어떠한가?

① 새 균형에서의 소득(Y), 정부구매지출(G), 순 조세(T)는 모두 이전 균형에서와 동일하므로,

② 국민저축(Y-C-G)의 증가는 소비지출(C)의 감소를 통해서만 가능하다.

③ 애초의 저축유인 증가로 인해 소비지출이 외생적으로 감소한 후,

④ 이자율 하락으로 인해 약간의 내생적 소비증가(또는 민간저축 감소)가 있지만, 새 균형 E_2에서의 소비지출액은 이전 수준으로 회복되지 않음을 알 수 있다.

3.2 투자세액공제

[1] 정부가 기업의 투자유인을 늘리기 위해 투자세액공제(investment tax credit)를 실시한다고 하자.

① 투자세액공제란, 새로운 공장을 짓거나 설비를 구입하는 등 투자지출을 늘리는 기업에 세제상의 혜택을 제공하는 것을 말한다.

② 여기서도 정부가 다른 세목을 조정하여 순 조세수입액은 이전과 동일하게 유지한다고 가정하자.

[2] 투자세액 공제가 실시되면 대부자금을 차입하려는 수요가 증가한다.

① 이에 [그림 11]에서 보듯 자금의 수요곡선이 우측으로 이동하여,

② 균형이자율이 상승하고 균형 자금거래량(= 균형저축액 및 투자액)이 증가한다.

[그림 11] 투자 세액공제의 효과

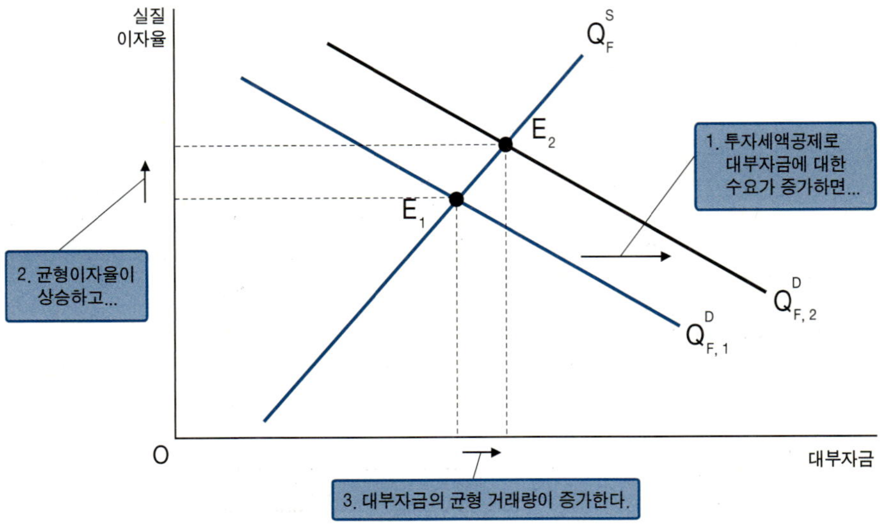

[3] 한편, 새 균형 E_2에서의 소비지출액(C)은 이전과 비교하여 어떠한가?

① 새 균형에서의 소득(Y), 정부구매지출(G), 순 조세(T)는 모두 이전 균형에서와 동일하므로,

② 국민저축액(Y-C-G)의 증가는 소비지출액(C)의 감소를 통해서만 가능하다.

- 가처분소득은 새 균형에서도 불변이므로, 소비지출액은 균형이자율이 올라감에 따라 내생적으로 감소하였음을 알 수 있다.
- 또한, 총산출량 Y는 일정하게 주어진 상태이므로, 투자지출이 증가한 만큼 소비지출이 감소함을 알 수 있다.

자주 접하는 실수

- 위의 [그림 11]에서 보면, 이자율이 상승했는데도 불구하고 새 균형에서의 투자액은 이전보다 증가한다니? 이자율과 투자는 반대로 움직이는 것 아니었나?
- 이는 추론의 순서를 혼동하여 범하는 실수이다.
  - [그림 11]에서는 이자율이 변동하여 투자액이 증가하는 것이 아니고
  - 투자가 외생적으로 먼저 증가하였기 때문에, 자금수요가 증가하여 이자율이 올라간 것이다.
  - 투자와 이자율간 역의 관계는, "다른 요인들이 일정할 때"를 전제로 하며, 위의 [그림 11]에서는 다른 요인이 먼저 변하였음에 유의해야 한다.

• 이자율 상승에 의해 투자가 내생적으로 감소하긴 하나, 애초의 외생적인 투자증가가 워낙 커서 최종적으로 투자액은 순 증가한 것으로 해석할 수 있다.

3.3 정부구매지출 증가

[1] 정부구매지출의 변화는 정부저축을 변화시키고, 이에 국민저축도 변화하여 대부자금 시장에 영향을 준다.

① 재정적자는 정부가 조세수입보다 지출이 많을 때 발생하는 부족액을 말하는데,

② 재정적자가 발생하면 이를 메우기 위해 정부가 채권시장에서 국채를 발행하여 자금을 차입하게 될 것이며.

③ 그동안의 정부차입이 누적된 것이 정부부채(government debt)이다.

[2] 현재 정부가 균형재정을 유지하고 있다는 가정 하에서, 정부구매지출이 증가한다면 어떤 변화가 초래될지를 아래 [그림 12]을 통해 분석해 보자.

① 정부구매지출 증가에 의해 재정적자가 발생하는 한편, 모든 이자율 수준에서 정부저축(T-G)이 감소한다.

② 한편 각 이자율 수준에서 민간의 저축의향은 불변이므로, 민간저축곡선은 이동하지 않는다.

③ 따라서, 국민저축곡선 또는 대부자금의 공급곡선은 정부구매지출의 증가분만큼 좌측으로 이동하고,

④ 균형이자율이 상승하는 한편, 균형 자금거래량은 감소한다.

[3] 새 균형에서의 민간부문의 지출은 이전 균형에서와 비교하여 어떨까?

① 새 균형에서는 이전보다 높은 이자율 때문에 기업의 투자지출액이 감소한다.

- 이처럼 정부구매 증가에 의해 이자율이 상승하여 민간투자가 감소하는 현상을 구축효과(crowding-out effect)라 한다.
- 구축효과가 발생하면, 최장기적으로 자본축적과 성장을 저해할 수 있다.

② 또, 새 균형에서의 가처분소득(Y-T)의 크기는 이전 균형에서와 동일한 반면, 이자율은 이전보다 높다.

- 따라서, 이자율 상승에 의해 새 균형에서의 민간소비액도 이전보다 감소한다.

③ 이처럼 정부구매지출의 증가는 장기적으로 산출량(Y)을 늘리지는 못하므로,

민간의 지출(즉, 민간소비와 투자지출의 합)이 정부구매지출의 증가분만큼 줄어드는 결과가 발생한다.

[그림 12] 정부구매지출 증가의 효과

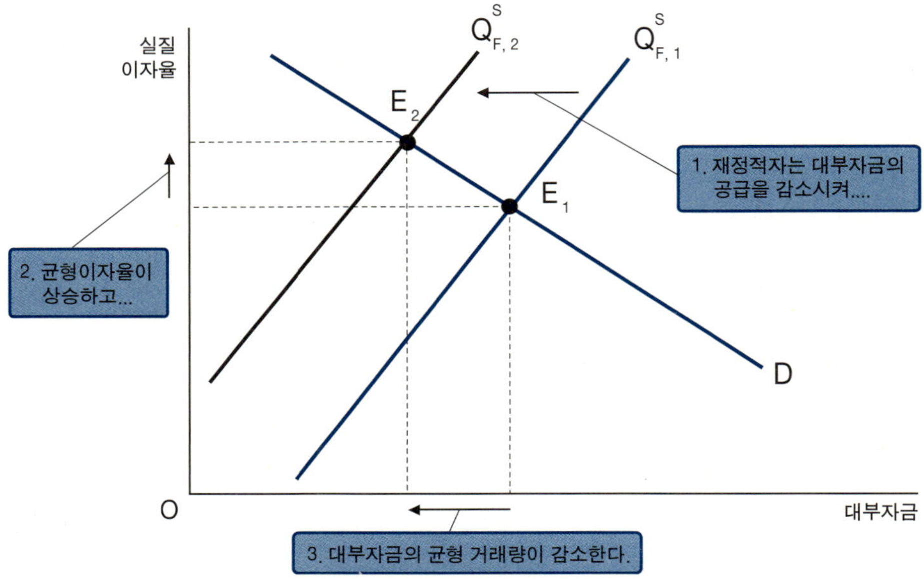

3.4 감세

[1] 정부구매지출을 늘리는 대신 감세를 통해 확장적 재정정책을 집행할 수 있으며, 이에 따른 대부자금시장 균형의 변화는 위의 [그림 12]에서와 유사하다.

① 정부가 조세를 삭감하면 모든 이자율 수준에서 국민저축이 감소한다[12].

- 국민저축이 Y-C-G임을 상기하면, 조세의 감소는 모든 이자율 수준에서 소비지출을 늘려 국민저축의 감소를 가져온다.

② 결국 감세에 의해 대부자금의 공급곡선이 좌측으로 이동하므로, 균형이자율이 상승하는 한편 균형 자금거래량은 감소한다.

- 그러나 조세 삭감에 의한 대부자금 공급의 감소폭과 균형의 변화폭은, 같은 크기의 정부구매지출 증가에 비해 작을 것이다.
- 그 이유는: 정부구매지출의 증가는 그만큼 국민저축을 감소시키지만, 감세의 경우는 가처분소득의 증가로 인해 소비지출이 증가한 만큼 국민저축을 감소시키기 때문이다.

---

12) 연습문제 8-9번을 참조하라.

[2] 새 균형에서의 투자지출과 소비지출의 크기는 이전 균형에서와 비교하여 어떨까?

① 새 균형에서는 이전보다 높은 이자율 때문에 기업의 투자지출액이 감소한다.

- 즉, 감세도 정부구매지출과 유사하게 민간투자를 구축하게 된다.

② 한편, 소비지출의 변화방향은 일견 불분명해 보인다.

- 이전 균형에서와 비교하여 가처분소득이 조세삭감분 만큼 늘어나는데, 이는 소비지출액을 늘리는 효과가 있는 반면,
- 이전 균형에서보다 이자율이 높아지므로, 이는 소비지출액을 줄일 것이다.

③ 그러나 새 균형에서도 국민소득 항등식($Y \equiv C + I + G$)이 성립한다는 것으로부터 소비지출의 변화를 추론할 수 있다.

- 우선 우변의 정부구매지출은 변화하지 않았고, 좌변의 소득(Y)은 잠재 산출량 수준에서 불변이다.
- 그 상태에서 이자율 상승에 의해 투자지출이 감소하므로 소비지출액은 증가하여야만 하고,
- 이는 감세에 의해 가처분소득이 증가하여 소비지출이 증가하는 효과가, 이자율 상승에 의해 소비지출이 감소하는 효과보다 큼을 의미한다.

확인 문제

Q1 : 소득세 對 소비세 : 조세제도를 개혁하여, 소득액 전체에 세금을 부과하던 기존 제도를 폐지하고 소득 중 소비로 지출된 부분에만 세금을 부과하기로 하였다. 대부자금시장에서 수요와 공급곡선 중 어떤 것이 이동할 것인가? 또 이동 방향은?

Q2 : 다음 중 새 균형에서의 투자지출액을 늘리는 정책으로 가장 옳은 것은?

① 투자세액공제제도 시행

② 자본이득세 인하.

③ 정부의 재정적자 축소

④ 위의 보기 모두 투자지출액을 늘리는 효과가 있다.

A1 : 소득세 대신 소비세를 부과하게 되면, 소득 중 소비하지 않고 남은 부분인 저축은 과세되지 않는다. 따라서, 실질적으로 저축에의 보상이 증가하게 되며 이는 이전과 동일한 이자율 수준에서도 저축을 늘릴 유인으로 작용한다. 따라서 대부자금의 공급곡선이 우측으로 이동한다.

A2 : ④

연습문제

Q1. 한 나라의 생산가능인구가 2000으로 일정하다. 매기 취업인구의 10%가 일자리를 잃으며 실업인구의 20%가 일자리를 구한다고 하자. 균제상태에서의 고용률이 50%이라면, 균제상태에서의 실업률과 경제활동 참가율은?

[Q2-Q4] 한 폐쇄경제의 상태가 아래와 같다고 하자. 단, r은 실질이자율이다.

Y=250	실질 GDP
T=50	순 조세수입
G=40	정부구매지출
C = -15r+0.85×(Y-T)	소비함수
I = 42-25r	투자함수

Q2. 위의 경제에서 정부재정은?

a. 200 흑자　b. 10 흑자　c. 균형재정
d. 10 적자　e. 200 적자

Q3. 균형 실질이자율과 이에 상응하는 투자지출 수준은?

a. 5%, 40.75　b. 5%, 50.75　c. 0.5%, 38.75
d. 0.5%, 40.75　e. 0.5%, 50.75

Q4. 세금을 50에서 45로 낮출 경우, 새 균형이자율은?

a. 5.550%　b. 6.525%　c. 10.275%
d. 16.525%　e. 15.625%

Q5. 대부자금시장 모형에서, (정액세인) 소득세가 증가할 경우 ____ .

a. 이자율은 하락하고 국민저축액은 감소한다.
b. 이자율은 상승하고 국민저축액은 감소한다.
c. 이자율은 일정하다.
d. 이자율 변화는 불분명하다.
e. 이자율은 하락하고 투자액은 증가한다.

Q6. 대부자금시장 모형에서, 정부재정적자의 증가가 초래하는 현상으로 가장 옳은 것은?

a. 대부자금 공급의 감소
b. 균형 실질이자율의 상승
c. 균형에서의 투자량 감소
d. 위의 a-c 모두
e. b와 c만

Q7. 출산율저하 대책으로 정부에서 유아보육비만큼의 소득공제 법안을 고려하고 있다. 이 법안이 통과될 경우, 상당액의 세금이 환급된다고 한다. 대부자금시장 모형에 따르면, 이자율과 투자는 각각:

a. 불변, 불변
b. 상승, 감소
c. 하락, 증가
d. 하락, 감소
e. 상승, 증가

[Q8-Q9] 아래의 두 가정 하에서, 조세의 변화가 한 나라경제 내의 저축과 투자의 크기에 미치는 효과를 분석해 보자.

[가정 1] 조세(T)는 직접적으로 정부저축에 영향을 주는 한편, 가계의 가처분소득과 소비지출에 영향을 줌으로써 민간저축을 변화시키기도 한다.

[가정 2] 가처분소득이 100만큼 증가/감소하면 소비지출도 증가/감소하나, 증가한 가처분소득의 절반인 50만 소비지출에 쓰이고 나머지는 저축된다.

보기 중에서 옳은 것을 골라 Step 1- Step 4의 추론과정을 완성하라.

보기 : 증가 / 감소, 작고 / 크고, 작다 / 크다, 수요 / 공급, 좌측 / 우측

Step 1 : 정부가 100 만큼의 감세정책을 집행한다고 하자. 이 경우 정부저축(S_g=T-G)은 감세와 같은 크기인 100 만큼 감소한다.

Step 2 : 민간저축(S_p=Y- T - C)에 감세가 미치는 효과는 두 가지이다.

- 우선, 감세에 의해 민간저축은 100 만큼 직접적으로 *a*) ___한다.
- 한편, 감세에 의해 가처분소득이 증가함에 따라 소비지출이 증가하는데, 이는 민간저축을 간접적으로 50만큼 *b*)[ ]시키는 효과를 가진다.
- 그러나 위의 간접적 효과에 의한 민간저축의 *c*) [ ]폭은 직접적 효과에 의한 민간저축 변화폭(또는 조세 감소폭)보다 *d*)[ ],
- 따라서, 감세에 의해 민간저축은 최종적으로 50만큼 *e*)[ ]한다.

Step 3 : 따라서, 모든 이자율 수준에서, 정부저축과 민간저축의 합인 국민저축은 50만큼 *f*)[ ]하고, 이는 곧 대부자금시장의 *g*)[ ] 곡선이 *h*)[ ]으로 이동함을 의미한다.

Step 4 : 따라서, 감세에 의해 균형이자율은 *i*)[ ] 하고 균형 저축(및 투자)액은 *j*)[ ] 한다.

Q8. 위의 빈칸 a)-e)에 들어갈 말은?

a. 증가, 증가, 감소, 작고, 증가,
b. 증가, 감소, 증가, 크고, 감소
c. 감소, 증가, 증가, 작고, 감소
d. 증가, 증가, 감소, 작고, 감소
e. 증가, 감소, 감소, 작고, 증가

Q9. 위의 빈칸 f)-j)에 들어갈 말은?

a. 증가, 수요, 좌측, 증가, 감소
b. 감소, 공급, 좌측, 상승, 감소
c. 증가, 공급, 우측, 하락, 증가
d. 증가, 수요, 좌측, 감소, 감소
e. 감소, 수요, 우측, 증가, 감소

Unit 5

화폐부문의 장기균형

TOPIC 1 : 통화량과 인플레이션

TOPIC 2 : 인플레이션의 영향

Unit 5의 구성과 목표

- 앞의 unit 4에서, 우리는 국민소득 항등식에 입각하여 재화와 서비스 시장의 장기적 균형을 설명하였다.
  - 그 내용을 요약하면 : 장기적인 생산 및 소득 GDP의 수준은 요소부존과 기술 수준에 의해 결정되고, 지출 GDP의 각 항목은 대부자금시장에서 결정된다는 분석이었다.
  - 그런데, 위와 같은 결론을 도출하는 과정에서 우리는 물가나 통화량 수준에 대해서는 전혀 언급하지 않았다.
- 이번 unit에서는 거시경제의 화폐적 측면을 장기적 시각에서 분석하려 한다.
  - 경제 내에 화폐를 명시적으로 도입한 후 장기에서 화폐의 수요와 공급이 일치되는 과정을 살펴봄으로써,
  - 화폐시장 균형에서의 화폐의 가치(=구매력)를 반영하는 물가수준이 어떻게 결정되는가를 설명한다.
  - 그 과정에서 한 경제의 통화량과 물가는 장기적으로 일대일 관계에 있다는 결과를 도출할 것이다.
- 또, 장기적으로 지속되는 인플레이션이 경제에 미치는 영향을 알아본다.
  - 인플레이션이 이자율 등 경제 내 변수에 미치는 영향과,
  - 인플레이션이 초래하는 사회적 비용에 대해 생각해본다.

TOPIC 1 | 통화량과 인플레이션

1. 고전학파의 화폐수량이론 (Classical Quantity Theory of Money)

1.1 통화량과 물가수준과의 장기적 관계를 설명하는 대표적 이론이 고전학파의 화폐수량이론(quantity theory of money)이다.

> 결론부터 말해, 화폐수량이론에 따르면 :
> - 장기적으로 경제 내에 유통되는 화폐의 양이 물가수준을 결정한다.
>   → 즉, 다른 여건이 일정할 경우, 화폐의 양이 많아지면 물가가 높아진다.
> - 통화량의 증가율이 인플레이션율을 결정한다.
>   → 즉, 다른 여건이 일정할 경우, 화폐의 양이 빨리 증가하면 물가상승률이 높아진다

[1] 고전학파의 화폐수량이론은 화폐의 유통속도(velocity of money)라는 개념으로부터 출발한다.

① 화폐의 유통속도(V)는, 경제 내의 화폐 한 단위가 일정기간 동안 평균적으로 몇 번이나 지출되는가(즉, 몇 번이나 손을 바꾸어 사용되는가)를 나타낸다.
- 즉, 화폐의 유통속도는 화폐 한 단위가 일정 기간 동안 거래 용도로 얼마나 빨리 회전하는가의 척도이다.

② 예를 들어, 2010년 중 총 ₩500 어치의 거래가 이루어졌고, 화폐공급량은 ₩100이었다면, 화폐 한 단위(즉, 1원)는 2010년 중 평균적으로 다섯 번의 거래에 사용되었다. 따라서, 화폐의 유통속도는 5이다.

③ 위 논의를 일반화하여:
- 현재 공급된 화폐의 양을 M, 총 거래의 수를 T, 개별 단위거래의 평균적 가격을 P라고 하면,
- 화폐의 거래유통속도(transaction velocity of money)는 $V_T := (P \times T) \div M$으로 정의된다.

④ 한 경제 내의 총 거래수(T)는 실제로 측정하기는 어렵다는 단점이 있는 반면, 총생산(또는 총소득)은 측정도 쉬우면서 총 거래수와 상당부분 비례할 것이므로, 화폐의 소득유통속도를 정의하는 것이 편리하다.

- 경제 전체의 통화량을 M, 재화와 서비스의 산출량(또는 실질 GDP)를 Y, 물가수준을 P라고 하면, 화폐의 소득유통속도는 $V := (P \times Y) \div M$ 로 정의할 수 있다.
- PY 만큼의 액수에 해당하는 명목 거래를 M 단위의 화폐를 이용하여 수행한 결과가 유통속도인 V로 나타난다.
- 보통 화폐의 유통속도라 하면 소득 유통속도를 의미한다.

[2] 화폐 유통속도의 정의식을 다시 쓰면 화폐수량식(quantity equation)이 된다.

① 화폐 수량식 : $M \times V \equiv P \times Y$

- 위 식의 좌변은 명목 거래액을 나타내고, 우변은 거래된 총산출물의 명목가치를 나타낸다.

② 위의 화폐 수량식은, 통화량과 산출량의 명목가치 사이의 관계를 보여주는 항등식이다.

- 화폐 유통속도 V의 정의상, 위의 화폐 수량식은 당연히 항등식이다.

1.2 그런데, 항등식으로서의 화폐 수량식으로부터 물가와 통화량간의 관계를 설명하는 화폐수량이론을 도출할 수 있다.

[1] 화폐 수량식에 따르면, 좌변의 통화량이 증가할 경우 우변에서는 반드시:

① 물가(P)가 오르거나,

② 실질 산출량(Y)이 늘거나

③ 화폐의 유통속도(V)가 떨어져야 한다.

[2] 이제 장기에 있어서 균형물가수준 및 인플레이션이 어떻게 결정되는가를 화폐수량식을 이용하여 단계적으로 설명해 보자:

① 화폐의 유통속도(V)는 매우 안정적이다.

- 화폐의 유통속도는 경제주체들의 거래 행위에 영향을 미치는 거래/결제상의 제도와 기술적 측면에 의해 결정되는데,
- 그러한 요인들은 자주 바뀌는 것이 아니므로 화폐의 유통속도(V)는 안정적이다.

② 따라서 산출량의 명목가치(PY)는 통화량(M)에 안정적으로 비례한다.

③ 그런데, 통화량(M)은 실질산출량(Y)에 영향을 미치지 못한다.

- 앞의 unit 4에서 보았듯, 장기적으로 산출량(Y)은 요소부존량과 생산기술에 의해 결정되며, 통화량(M)과는 무관하다.

④ 따라서 중앙은행이 화폐의 공급량(M)을 늘리면 물가수준(P)이 비례적으로 상승하고,

⑤ 통화량의 증가속도(= $\Delta M/M$)가 높아지면, 물가의 상승속도(= $\Delta P/P$ = 인플레이션율)도 같은 정도로 올라간다.

BOX : 알아두면 유용한 변화율 근사 공식

■ 한 변수 X의 변화율을 $\Delta X/X$로 나타내자. X의 변화분인 ΔX의 크기가 작은 경우, 아래의(근사)식이 성립한다.

- $Z = X^k$ 이고 k는 상수(constant)라면, $\Delta Z/Z = k\times(\Delta X/X)$이다.
  → 즉, 乘의 변화율 = 乘 곱하기 변화율
- $Z = kX$ 이고 k는 상수(constant)라면, $\Delta Z/Z = \Delta X/X$이다.

■ 한 변수가 다른 여러 변수의 함수인 경우, 각 변수의 변화분 크기가 작다면 아래의(근사)식이 성립한다.

- $Z = X \cdot Y$라고 하면, $\Delta Z/Z = \Delta X/X + \Delta Y/Y$
  → 즉, 곱한 것의 변화율 = 변화율의 합
- $Z = X/Y$라고 하면, $\Delta Z/Z = \Delta X/X - \Delta Y/Y$
  → 즉, 나눈 것의 변화율 = 변화율의 차

■ 예 : $W=XY/\sqrt{Z}$ 의 변화율은?

- X의 변화율 + Y의 변화율 -0.5 × Z의 변화율

[3] 위 [BOX]의 변화율 공식을 이용하여 화폐와 인플레이션간의 관계를 수식으로 나타내 보자.

① 앞의 화폐수량식의 증가율 형태는 :

$$\frac{\Delta M}{M}+\frac{\Delta V}{V}=\frac{\Delta P}{P}+\frac{\Delta Y}{Y}$$

② 만일 유통속도 V가 일정하다면, 그 증가율 $\Delta V/V=0$이다. 따라서,

$$\frac{\Delta M}{M}=\frac{\Delta P}{P}+\frac{\Delta Y}{Y}$$

③ 윗 식을 인플레이션율 $\pi(=\Delta P/P)$에 대해 다시 쓰면

$$\pi=\frac{\Delta M}{M}-\frac{\Delta Y}{Y}$$

- 우리는 unit 4 에서 GDP 성장률인 $\Delta Y/Y$ 는 화폐와 관계없이 생산요소 증가율과 기술진보율 등 공급측면 요인에 의해 결정되는 것으로 이해하였다.
- 그러한 실질 GDP 성장률이 주어진 상태에서, 화폐량 증가율과 인플레이션율은 일대일의 관계를 가진다.

확인문제

Q : 백제와 신라가 생산기술, 요소부존, 금융제도, 소비 및 투자 성향, 정부재정 변수 등의 다른 모든 면에서는 동일하다고 하자. 또한 두 나라의 유통속도도 동일한 수준에서 일정하다고 하자. 장기에서 양국의 물가(P)와 인플레이션율(π)을 비교하라.

A. 의자왕이 공급하는 통화량이 문무왕이 공급하는 통화량이 두 배라면, 양국의 차이는?

B. 의자왕은 통화량을 연 10%씩 늘리는 반면 문무왕은 5%씩 늘리고 있다면?

A. $P_{백제}=2P_{신라}$

- MV=PY조건이 두 나라에서 모두 성립하는데, 유통속도(V)와 실질 GDP(Y)는 양국이 동일하다. 그러므로, 통화량이 두 배인 백제의 물가가 신라 물가의 두 배이다.

B. $\pi_{백제}=10\%$, $\pi_{신라}=5\%$.

- 통화량 변화율 + 유통속도 변화율 = 물가변화율+ 실질GDP 변화율
- 양국의 유통속도가 일정하고(즉, 변화율이 0), 실질 GDP가 잠재 수준에서 일정한 상태(역시 변화율이 0)라면, 통화량 변화율 = 물가변화율(즉, 인플레이션율)이다.

2. 화폐의 수요와 공급

> ‘화폐의 유통속도’라는 다소 모호한 총체적 개념 대신, ‘사람들이 얼마만큼의 화폐를 보유하려 하는가’하는 구체적인 질문으로부터 출발하여 고전학파의 설명보다 더 정교한 화폐수량이론을 전개할 수도 있다. 아래에서는 이러한 정교화된 화폐수량이론을 이해한다. 여기서 상정하는 화폐수요의 일반적 성질은 나중에 경기변동을 다룰 때에 다시 접하게 될 것이다.

2.1 물가의 변화는 화폐가치의 변동과 밀접히 관련되어 있다.

[1] 인플레이션은 한 경제의 전반적 물가수준이 상승하는 현상인데, 전반적 물가수준은 두 가지 방식으로 파악할 수 있다.

① 재화나 서비스 묶음의 가격(또는 그 묶음을 구매하는데 필요한 비용)의 변화를 통해 파악할 수 있다.

- 이 시각에 따르면, 물가상승은 재화나 서비스를 구매하는데 필요한 지출액의 증가를 의미한다.

② 또는, 화폐가치의 변화를 통해 물가수준을 파악할 수도 있다.

- 만일 물가수준이 P라면, 화폐 한 단위의 가치 혹은 화폐의 구매력은 1/P 이다.
- 그러므로 물가가 오르면 화폐의 가치 혹은 구매력이 하락하게 된다.

③ 어느 방식으로 파악하든, 인플레이션이 발생하면 화폐의 가치 또는 구매력이 하락한다.

[2] 화폐의 균형가치는 화폐시장에서 화폐의 수요와 공급에 의해 결정된다.

① [Recall : unit 3] 화폐공급

- 시중의 화폐 공급량은 중앙은행, 시중은행, 비은행 민간의 행위에 의해 결정된다.
- 공개시장매입을 통해 중앙은행이 경제 내에 본원 통화를 주입하면 민간보유현금이나 은행의 지불준비금이 즉각 증가하고,

• 비은행민간과 시중은행의 예금/대출행위를 통해 통화승수가 작동하면서 시중의 현금 및 예금 통화량은 더 크게 증가한다.

• 공개시장 매각일 경우에는 반대의 현상이 나타난다.

• 중앙은행이 재할인율과 지불준비율을 조정하면 통화승수의 크기가 달라진다.

② 한편, 화폐의 수요는 사람들이 보유하고 있는 富 또는 자산 중 얼마만큼을 유동성의 형태로 보유하려는가를 반영하는데, 이에 대해서는 좀 더 자세한 논의가 필요하다.

2.2 사람들이 보유하고자 하는 화폐의 양, 즉 화폐수요량에 영향을 미치는 요인은 크게 아래와 같이 설명할 수 있다.

[1] 화폐를 보유하는 근본 동기는 화폐가 제공하는 일상거래상의 편의성 때문이다.

① 그렇다면, 재화와 서비스의 거래금액이 변함에 따라 사람들이 필요로 하는 화폐의 양도 달라질 것이다.

② 경제 전체로 보아서는 명목 총지출(≡ 명목 총소득 ≡ 명목 총생산)[13]이 변동하면 거래를 위한 화폐의 수요량이 변동할 것이다.

③ 명목 총지출이 증가하는 이유는 두 가지일 것이다.

• 물가는 일정하나 실질 지출(=실질 소득=실질 생산) 이 증가하는 경우와,

• 실질 지출(=실질 소득=실질 생산)은 일정하나 물가가 상승하는 경우이다.

④ 만일 실질 지출은 일정한데 물가가 두 배가 된다면, 화폐의 필요량도 두 배가 될 것이다.

⑤ 반대로 물가는 일정한데 실질 지출이 두 배가 되는 경우에도 역시 화폐의 필요량은 두 배가 된다.

[2] 그런데, 화폐는 자산 또는 富를 보유하는 한 형태이기도 하다.

① 채권과 같은 비화폐성 자산 대신 현금이나 (이자율이 매우 낮은) 요구불 예금과 같은 화폐성 자산의 형태로 富를 보유할 경우, 거래의 편의성을 누리는 댓가로 이자소득을 포기해야 한다.

• 즉 이자율은 화폐보유의 기회비용이고, 이자율이 상승하면 화폐수요량은 감소한다.

---

13) 이제는 독자들이 국민소득 삼면등가 원칙에 익숙해졌을 것으로 기대한다.

② 그러면, 여기서 말하는 이자율은 명목이자율(i)일까, 실질이자율(r)일까?

- 채권을 보유하고 있다면, 인플레이션(π) 이 발생해도 실질이자율($r=i-\pi$)에 해당하는 실질수익률을 기대할 수 있으나,
- 화폐를 보유할 경우에는 명목이자소득은 기대할 수 없고, 만일 인플레이션이 발생하면 화폐의 실질가치가 인플레이션율(π)만큼 감소하므로, 화폐보유시 얻는 실질수익률은 $-\pi$이다.
- 따라서, 채권대신 화폐를 보유할 때의 기회비용은 두 실질수익률의 차이인 $r-(-\pi) = r + \pi$, 즉 명목이자율(i)이다.

[3] 더불어, 금융기술/제도상의 변화도 사람들이 보유하고자 하는 화폐의 양에 영향을 준다.

① 정보기술의 발전은 화폐수요의 변화를 초래한다.

- 예를 들어, 시내 도처에 ATM이 보급되거나 전자결제가 활성화되면, 많은 화폐를 보유하지 않고도 일상 거래가 가능하므로 (현금으로 파악한) 화폐수요가 감소한다.

② 새로운 금융상품이 등장해도 화폐수요가 변화한다.

- 예를 들어 종합자산관리계좌(CMA)는 요구불예금과 유사한 거래상의 편의성과 함께 높은 이자도 지급하는 상품이므로, 이러한 금융상품의 등장은 (M1으로 파악한) 화폐수요를 감소시킨다.

③ 금융제도상의 변화도 화폐수요를 변동시킨다.

- 예를 들어, 요구불예금에도 이자를 지급하는 것이 허용되기 시작하면, (M1으로 파악한) 화폐보유의 기회비용이 하락하므로 (M1으로 파악한) 화폐수요가 변화한다.[14)]

2.3 화폐수요에 대한 이상의 논의를 요약해 보자 :

[1] 우리가 상정하는 명목화폐 수요함수는 $M^D=k(i)PY$의 형태이다.

14) 1933이후 미연방은행은 은행이 요구불예금에 대해 이자를 지불하는 것을 금지하였으나, 1980년 이후 DIDMCA법(Depository Institutions Deregulation and Monetary Control Act)에 의해 요구불예금에 대해 이자지불이 허용되면서 사람들이 요구불예금을 더 많이 보유하려는 화폐수요상의 변화가 나타난 바 있다.

① M^D : 명목화폐의 수요량

② (P, Y) :

- 명목 지출액(=PY)의 변동이 명목화폐 수요량에 미치는 영향을 반영한다.
- 물가(P)가 상승하거나 실질 총소득(Y, 또는 실질 총지출)이 증가하면 명목 거래금액이 증가할 것이고,
- 이에 따라 거래에 필요한 명목화폐의 양도 증가한다.

③ k(•) :

- 사람들이 총 명목지출액 대비 평균적으로 보유하고 있으려는 명목화폐의 양을 나타내며,
- k(•) 함수는 앞에서 설명한 명목이자율(i) 및 금융기술/제도적 요인들이 화폐수요에 미치는 영향을 반영한다.
- 예 1 : 명목이자율(i) 상승 ⇒ 화폐보유 기회비용 상승 ⇒ k가 내생적으로 하락 ⇒ 화폐수요량이 내생적으로 감소
- 예 2 : 금융제도발전 ⇒ 각 이자율 수준에서 k가 외생적으로 하락 ⇒ 화폐수요가 외생적으로 감소
- 예 3 : 미래경기에 대한 불확실성이 증가하여 장기저축대신 현금과 요구불예금 등 현금성 자산의 선호가 증가 ⇒ 각 이자율 수준에서 k가 외생적으로 상승 ⇒ 화폐수요가 외생적으로 증가

[2] 위와 같은 화폐수요함수를 (M,P) 평면에 나타낸 것이 아래의 [그림 1]이다.

① 화폐수요함수의 그래프는 원점을 지나는 직선이다.

- 주어진 실질소득(Y)과 명목이자율(i) 하에서, 명목화폐의 수요량(M^D)은 물가(P)에 비례하기 때문이며, 그래프의 기울기는 $\frac{1}{k(i)Y}$ 이다.

② 모든 물가수준에서 화폐수요량이 증가하는 경우(A)는 :

- 실질소득(Y)이 증가하거나,
- 명목이자율(i) 하락하거나,
- 채권보다 현금 및 예금 같은 화폐성 자산에 대한 선호도가 증가(k(•)↑)할 때이다.

③ 반대로 모든 물가수준에서 화폐수요량이 감소하는 경우(B)는 :

- 실질소득(Y)이 감소하거나 명목이자율(i)이 상승하거나,

• 금융혁신으로 인해 일상거래에서의 화폐의존도가 감소(k(•) ↓)할 때이다.

[그림 1] 화폐수요함수

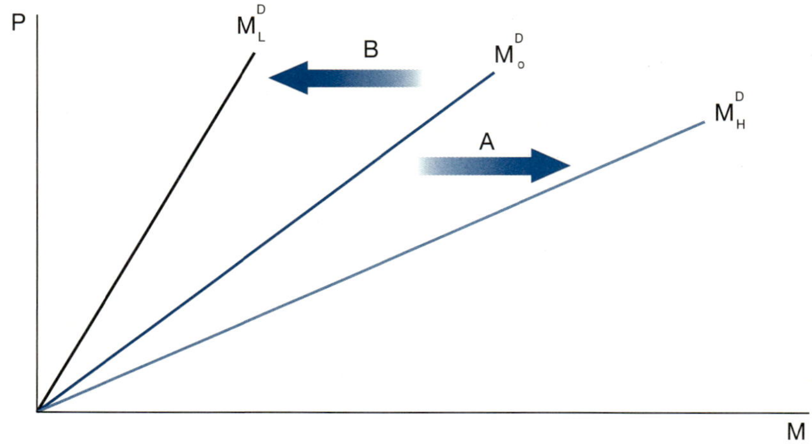

[3] 우리가 상정하는 화폐수요함수는 케임브리지 학파(Cambridge School)의 현금잔고 수요함수와 유사하다.

① 마샬(Alfred Marshall)의 현금잔고 수요식 :

• $M^D = kPY, \ k > 0$

• 마샬은 사람들이 명목소득의 일정비율만큼의 화폐를 거래의 편의를 위해 보유한다고 보았다.

• 그 비율을 나타내는 k를 마샬의 k(Marshallian k)라 부르며,

• 지출관습과 급여관행 등의 제도적 요인이 k의 크기를 결정한다고 보았다.

② 우리가 가정하는 화폐수요함수는, 화폐수요에 미치는 이자율의 영향을 명시적으로 고려하여 마샬의 현금잔고수량이론을 확장한 것이다.

3. 화폐시장 균형과 물가수준의 결정

3.1 이제 화폐시장의 장기균형을 설명해 보자.

[1] 먼저, 화폐시장의 수요와 공급이 일치하도록 조정되는 (즉, 균형을 달성해 주는)

가격변수가 장·단기별로 매우 다름에 주목할 필요가 있다.

① 가격이 경직적인 단기에서는 명목이자율의 변동이 화폐시장 균형 달성에 중요한 역할을 한다.

- 단기에서 이자율 변동에 의해 화폐시장의 균형이 달성되는 과정은, 경기변동을 설명하는 PART III에 가서 나중에 본격적으로 다루기로 한다

② 반면, 모든 가격이 신축적으로 조정되는 장기에서는 물가수준의 조정을 통해 화폐시장의 균형이 이루어진다.

- 화폐부문의 장기균형이 달성되는 과정에서 명목이자율의 역할이 수동적인 이유는, 곧이어 화폐시장 균형을 설명하는 과정에서 확인하게 될 것이다.

[2] 화폐 시장의 장기균형을 분석하기 위해 우리는 다음과 같은 가정을 한다.

① [가정 1] 경제 내 재화와 서비스 시장의 균형이 일단 달성되어 있다.

- 즉, 경제 내의 총산출(또는 총요소소득)은, 생산요소의 부존량과 생산기술에 의해 결정되어 있고,
- 경제의 실질이자율은 대부자금시장에서 균형수준으로 결정되어 있으며,
- 실질이자율의 조정에 의해 재화와 서비스 시장도 균형(즉, 생산 GDP=지출 GDP)인 상태이다.

② [가정 2] 또, 경제 내의 화폐공급량은 중앙은행이 외생적으로 결정한다.

- 이는 통화승수가 안정적이라는 전제를 필요로 한다

[3] 위의 가정 하, 우리는 화폐시장의 균형과 균형물가에 대해 아래와 같은 시각으로 접근할 것이다.

① 우선, 경제 내의 인플레이션율이 일정한 장기균형을 분석대상으로 한다.

- 물론 실제로는 매 기의 인플레이션율이 균일하지는 않을 것이나, 그러한 경우에도 평균적 또는 추세 인플레이션율을 따라 경제가 변화하고 있다고 가정하고 분석해도 큰 무리가 없다.

② 또, 통화량과 물가간의 장기적 관계를 아래와 같은 단계를 거쳐 분석한다.

- STAGE 1 : 먼저, 경제 내 화폐의 양이 일정하게 주어진 상태에서, 화폐시장 균형이 달성되면서 균형물가가 결정되는 과정을 설명하고,
- STAGE 2 : 이어서, 통화량이 일회적으로 증가한다면 새 균형물가수준은 어

떻게 변하는지 설명한다.

- STAGE 3 : 마지막으로 통화량이 일정 비율로(예컨대, 연 5%) 계속 증가하는 경우 균형물가는 어떻게 변화할 것인가를 설명한다.

3.2 STAGE 1 : 일정한 화폐공급량 하에서의 화폐시장 장기균형

> 화폐공급량이 주어진 경우, 장기에서는 물가수준이 신축적으로 조정되어 화폐시장의 균형이 달성되며 그 균형물가수준에서 화폐의 균형가치도 결정된다.

[1] 화폐공급곡선 :

① 위의 [가정 2]에 따르면, 경제 내 명목화폐의 공급량은 중앙은행이 외생적으로 결정한다.

② 따라서, 화폐의 공급곡선을 (M,P) 평면에 나타내면, 중앙은행이 공급하는 일정량의 통화량 수준(M^S)에서 수직선으로 그려진다.

[2] 화폐수요곡선 :

① 명목화폐의 수요인 M^D=k(i)PY는 우상향하는 수요곡선으로 나타낼 수 있는데:

- 앞의 [가정 1]에 의해, 실질산출량(또는 요소소득)은 장기적인 잠재산출량 수준($\overline{Y}$)으로 결정되어 있고,
- 역시 [가정 1]에 의해, 실질이자율도 대부자금시장에서 균형 실질이자율(r^{eq}) 수준으로 결정되어 있다.

② 이제, 인플레이션율(π)이 일정하게 유지되는 장기상태라면 화폐수요의 모습은 어떠한지 추론해 보자.

- 인플레이션율이 일정하다면, 장기에서의 명목이자율(i^{LR})은 대부자금시장에서 결정된 실질이자율(r^{eq})에 (미지의) 일정한 인플레이션율(π)을 더한 수준으로 결정될 것이다[15].
- 화폐수요함수를 결정하는 k(•)의 값도 그 명목이자율(i^{LR})에 상응하는 수준인 k(i^{LR})으로 일정하게 주어질 것이다.
- 따라서, 화폐수요함수의 그래프는 위 [그림 1]에서처럼 (M, P) 평면에서 원

15) 이 추론에 대한 더 엄밀한 논의는 곧이어 TOPIC 2의 피셔 효과를 설명할 때로 미루고, 현 단계에서는 '실질이자율 = 명목이자율 - 인플레이션율'의 관계식을 단순 변형하여 설명하자.

점을 지나 우상향하는 직선으로 나타나며, 그 기울기는 $1/\left[k(i^{LR})\overline{Y}\right]$ 이다.

[3] 화폐시장 균형

① 이제, 화폐시장의 균형은 수요량과 공급량이 일치하는 점 E에서 결정되고, 장기적 균형물가수준은 P_E로 결정된다.

- 물가수준이 P_E일 때에만, 실제로 공급된 명목화폐가 모두 자발적으로 보유되는 화폐시장 균형이 달성된다.
- 중앙은행이 통화량을 일정하게 유지하면 경제는 점 E에 계속 머무르고 물가도 변동하지 않는다.
- 즉, 장기적으로 물가가 불변이므로 (미지의) 인플레이션율은 0이고, 명목이자율은 대부자금시장에서 결정되어 주어진 실질이자율과 동일하다.

[그림 2] 화폐시장의 장기균형

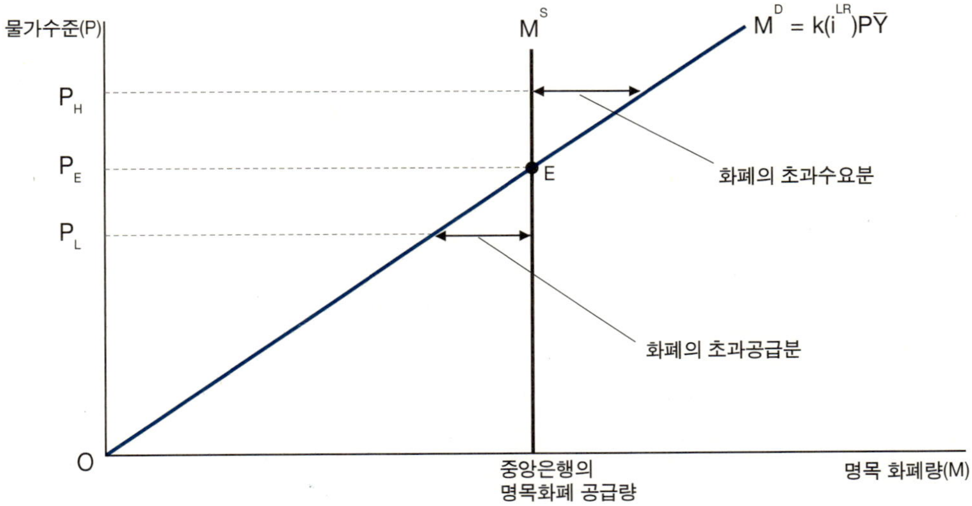

② 화폐시장의 균형의 의미를 조금 더 설명하기 위해, 현재 물가수준(P_H)이 균형물가수준(P_E)보다 높다고 해 보자:

- 균형물가와 비교해 실제물가가 높은 상태이므로, 사람들이 보유하고 있는 화폐의 단위당 가치는 균형수준보다 낮은 상태이다.
- 바꿔 말하면, 사람들이 원하는 수준의 지출($=P_H\overline{Y}$)을 수행하기에는 보유하고 있는 화폐의 구매력이 부족한 상태이다.
- 따라서 화폐를 더 보유하려 하는 초과수요상태이고, 명목화폐의 공급량은

일정하므로 물가수준이 하락해야 화폐시장의 균형이 달성된다.

③ 반대로, 현재 물가수준(P_L)이 균형물가수준(P_E)보다 낮다면:

- 균형물가와 비교해 실제물가가 낮은 상태이므로, 따라서 사람들이 보유하고 있는 화폐의 단위당 가치는 균형수준보다 높다.
- 그러므로 원하는 수준의 지출($=P_L\overline{Y}$)을 수행하는데 필요한 수준을 초과하여 화폐의 구매력을 보유한 상태이다.
- 즉, 화폐를 덜 보유하려 하는 초과공급 상태이고, 명목화폐의 공급량은 일정하므로 물가수준이 상승해야 화폐시장의 균형이 달성된다.

3.3 STAGE 2 : 이제 통화량이 일회적으로 증가하는 경우 물가수준에는 장기적으로 어떤 변화를 초래하는지를 아래 [그림 3]를 통해 살펴보자.

[1] 중앙은행이 공개시장매입이나 지불준비율 인하 등을 통해 화폐의 공급량을 M^{S_0}에서 M^{S_1}으로 늘리면:

① 명목화폐의 공급곡선이 우측으로 이동하고,

② 균형물가수준이 P_0에서 P_1으로 상승하는 한편, 균형 화폐가치는 하락한다.

[2] 통화량의 일회적 증가 후 경제가 새로운 장기균형인 E_1으로 이동하는 과정을 직관적으로 설명해보자.

① 최초 균형인 점 E_0에서는, P_0의 물가수준에서 원하는 만큼의 화폐가 실제로 공급되어 보유되고 있는 상태이다.

[그림 3] 화폐공급 증가와 균형물가의 변화

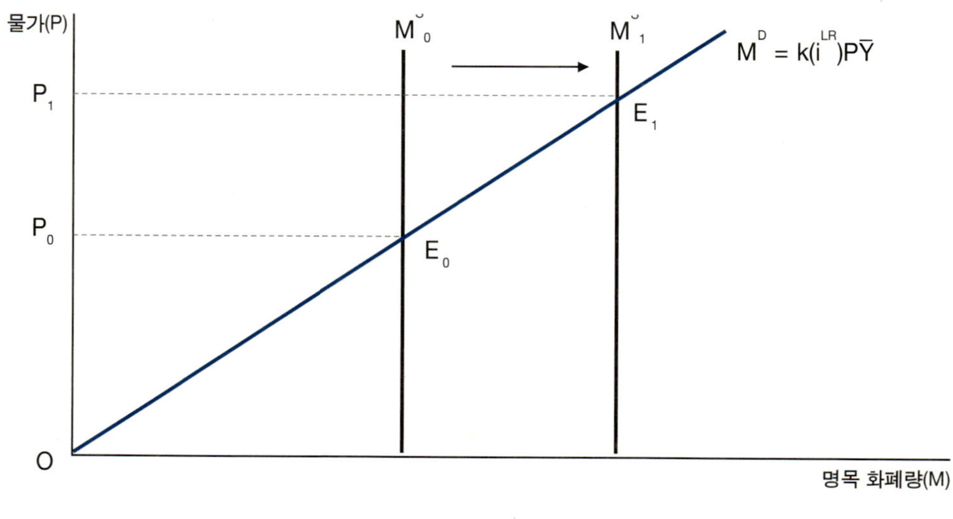

② 이 때, 통화량이 증가하면, 초과로 보유하게 된 화폐(또는 과다 보유하게 된 구매력)를 처분하기 위해 재화와 서비스에의 지출이 증가할 것인데,

③ 재화나 서비스 공급 능력은 생산요소 및 기술에 의해 결정되므로 불변이고 통화량과는 무관하다.

- 우리는 물가 및 인플레이션의 장기적 결정요인을 분석하고 있음을 상기하라.

④ 따라서, 재화/서비스에의 수요증가로 인해 개별 가격과 물가가 상승하고 화폐수요량도 따라서 증가하여,

⑤ 궁극적으로 점 E_1에서 다시 화폐시장의 새 균형이 달성되고,

⑥ 더 이상의 화폐공급 변화가 없다면 물가는 이전보다 상승한 P_1에서 유지된다.

여기서 더 생각해볼 문제

■ [그림 3]의 두 장기균형 E_0와 E_1의 차이는 무엇일까?

① 실질이자율은?

- 경제 내 실물측면에서의 생산 및 지출구조가 불변인 한, 두 균형에서 동일하다.
- 실질이자율은 통화량과는 관계없이 대부자금시장에서 결정되기 때문이다.

② 한편, 명목이자율은?

- 화폐의 공급량이 일회적으로 증가하면, 일단 새 장기균형에 도달한 후에는 이전보다 상승한 균형물가 수준으로 일정하게 유지된다.
- 그러므로, 두 장기균형에서 인플레이션율은 모두 0이고,
- 두 균형에서의 명목이자율도 대부자금 시장에서 결정된 실질이자율 수준으로 동일하다.

③ 이처럼 두 장기균형에서의 명목이자율이 동일하므로, [그림 3]에서처럼 동일한 k(i)하에서의 공통의 화폐수요함수를 이용해 두 균형을 비교할 수 있다.

④ 그렇다면, 통화량이 증가한 것과 같은 비율로 물가도 일회적으로 상승한다.

3.4 STAGE 3 : 마지막으로, 통화량이 일정비율로 지속적으로 증가하는 경우의 장기적 효과를 분석한다.

[1] STAGE 2의 분석결과와 그 전에 살펴 본 고전학파의 화폐수량이론으로부터, 우

리는 다음과 같은 결과를 추측할 수 있을 것이다.

① 화폐공급량이 매기 x%씩 증가하면, 균형물가도 매기 x%씩 상승한다.

② 다시 말해, 화폐공급 증가율이 x%로 유지되면, 인플레이션율도 x%로 유지된다.

[2] 위 추측의 타당성을 확인하기 위해, 통화량이 일정비율로 계속 증가하는 경우 화폐시장의 장기균형이 어떻게 달라지는가를 분석해 보자.

① 예를 들어, A국 경제의 실물 및 화폐부문 여건이 아래와 같다고 하자.

- 대부자금시장에서 결정된 실질이자율(r^{eq})은 5%이고, 산출량은 잠재수준인 $\overline{Y}$로 결정되어 있다.
- 현재 통화량은 100이고, 이에 상응하는 균형물가도 100이다.
- 통화량은 매기 5%씩 증가하고 있다.

② 인플레이션율(π)이 일정하게 유지되는 상태에서 이 나라의 화폐수요를 생각해 보자.

- 이 나라의 명목이자율(i^{LR})은, 5%의 실질이자율(r^{eq})에 일정하게 유지되는 未知의 인플레이션율(π)을 더한 수준에서 결정될 것이다.
- 이렇게 결정된 未知의 명목이자율(i^{LR})에 상응하는 $k(i^{LR})$의 수준과 화폐수요함수가 있을 것이고,
- 아래의 [그림 4]에서 보면, 그 未知의 명목이자율에 의해 결정된 $k(i^{LR})$의 크기가 화폐수요함수 그래프의 기울기를 결정하고 있다.

③ 이 상태에서 화폐공급이 일정 속도로 증가하고 있으므로, 이 경제의 장기균형도 위처럼 기울기가 정해진 화폐수요곡선을 따라 우상방으로 같은 속도로 이

[그림 4] 통화량의 지속적 증가와 화폐시장 균형의 변화

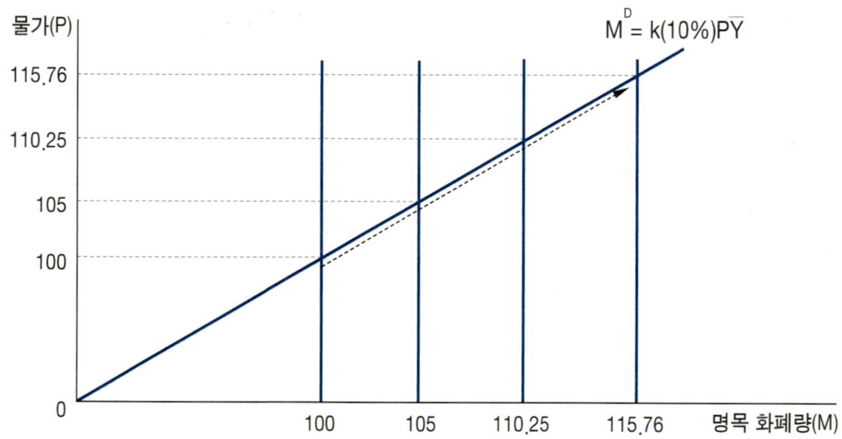

동할 것이다.

- 그렇다면, 균형물가는 연 5%씩 상승할 것이고,
- 따라서 미지의 인플레이션율(π)은 연 5%이고,
- 결국 미지의 명목이자율(i^{LR})은 연 10%이다.

[3] 이상의 논의에 기초하여, 화폐공급 증가율이 다른 두 나라의 장기균형을 비교해 보자.

① 요소부존, 생산기술, 소비함수, 투자함수 등 실물 부문의 특징이 전적으로 동일한 A국과 B국이 있다고 하자.

- 특히, 대부자금시장에서 결정되는 실질이자율이 양국 모두 5%로 동일하다고 하자.

② 한편 두 나라의 차이는 화폐공급 증가율에 있다.

- A국에서는 화폐공급량이 연 5%로 증가하는 반면,
- B국에서는 화폐공급 증가율이 연 10%이다.

③ 앞 [그림 4]에서의 논의로부터 다음을 추론할 수 있다.

- A국에서는 명목이자율이 10%이고, 이에 해당하는 (덜 가파른) 화폐수요함수의 그래프를 따라 장기균형 물가가 연 5%의 속도로 상승함을 이미 알고 있다.
- 유사한 이유로, B국에서는 명목이자율이 15%이고, 이에 해당하는 (더 가파른) 화폐수요함수의 그래프를 따라 장기균형 물가가 연 10%의 속도로 상승한다.

④ 따라서, 두 나라 화폐시장의 장기균형은 [그림 5]에서처럼 점차 변화해 갈 것

[그림 5] 통화량 증가 속도와 인플레이션율

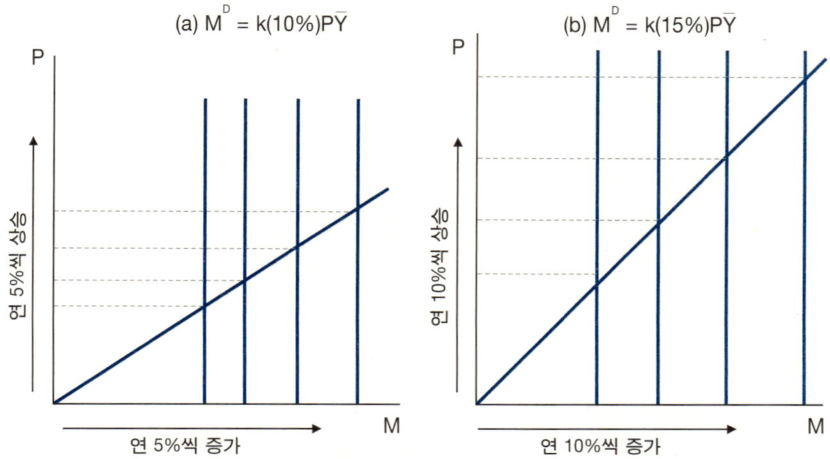

이다.

- [그림 5]가 보여주는 결과는, 고전학파의 화폐수량식이 설명한 신라와 백제의 경우와 동일함을 알 수 있다.

3.5 화폐시장의 균형을 통해 통화량과 물가수준과의 장기적 관계를 설명한 지금까지의 논의는, 앞에서 살펴본 고전학파의 물가이론인 화폐수량이론(quantity theory of money)과 기본적으로 동일한 결과를 보여 준다.

[1] 앞의 [그림 3]에서 보면:

① 유통되는 화폐의 양이 증가/감소하면, 물가수준이 상승/하락함을 알 수 있다.
→ 이는 화폐수량이론의 시각과 일치하는 결과이다.

② 또 앞의 [그림 5]에서 보듯, 통화량 증가율이 높을수록 균형물가의 상승률도 높다.
→ 이 역시 화폐수량이론의 시각과 일치하는 결과이다.

[2] 사실 고전적 화폐수량이론에서의 화폐의 유통속도 V와 화폐수요를 나타내는 k(i)는 밀접한 관계가 있다.

① 화폐시장의 균형식 $M^S = k(i)PY$를 다시 정리하면, $M^S \frac{1}{k(i)} = PY$이다.

- 이렇게 본다면, 화폐수요를 나타내는 k(i)와 유통속도 V는 동전의 양면이고, 따라서 화폐수요가 변화할 경우 유통속도도 변화한다.

② k와 V간의 관계를 예시하기 위해, 금융혁신(CMA 등장 등)으로 인해 (M1으로 본) 화폐수요가 감소한다고 해 보자.

- 이 경우, 명목지출액 대비 화폐보유액의 비율인 k가 외생적으로 하락(k↓)할 것이다.

③ 이 경우 V의 변화를 직관적으로 설명해 보면:

- 사람들이 이전보다 적게 보유한 화폐로 거래를 하게 되므로, 화폐 한 단위는 이전보다 빨리 회전(V↑)하게 될 것이다.

④ V의 변화를 [그림 1]의 화폐시장을 통해 설명해 보면:

- 화폐수요곡선이 시계 반대방향으로 회전하여 균형물가가 상승하고,
- 따라서 주어진 화폐공급량(M)과 실질 GDP(Y)하에서, 화폐의 유통속도 V=PY/M은 상승한다.

화폐시장의 장기균형 : 요약

■ 통화량의 일회적 증가의 효과 : [그림 6]

- t-1기까지는 통화량이 M_0로 유지되다가, t기부터 M_1으로 증가한 경우이다.
- 통화량이 일회적으로 증가하면, 물가도 비례적으로 상승한 후 그 수준에서 유지된다.

■ 통화량 증가율 상승의 효과 : [그림 7]

- 앞의 [그림 5]로부터 유추할 수 있듯, 통화량 증가율이 높아지면 물가가 더 빨리 상승하고, 따라서 인플레이션율이 높아질 것이다.
- 아래의 [그림 7]에서는 t-1까지의 통화량 증가율보다 t기부터의 통화량 증가율이 크다.
- 이처럼 통화량 증가율이 높아지면 물가상승률(즉 인플레이션율)도 올라간다.

[그림 6] 통화량 증가와 물가

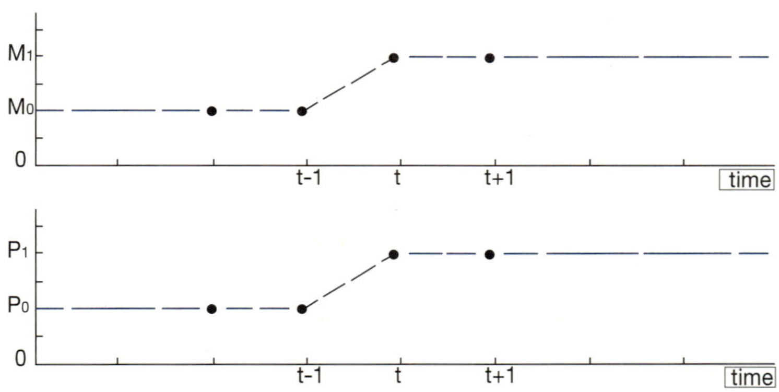

[그림 7] 통화량 증가율과 물가상승률

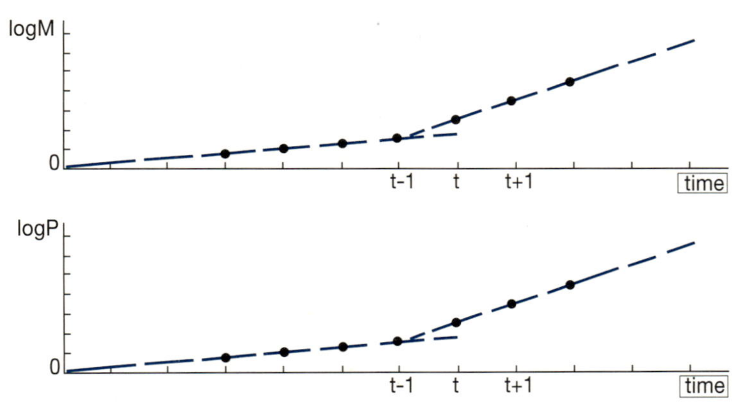

4. 고전학파의 二分的 視覺과 화폐의 中立性

> 화폐의 장기적 영향에 대한 또 다른 질문을 해 보자.
>
> ■ 우리가 이번 unit에서 지금까지 다룬 질문은, "통화량의 변화가 물가수준에 장기적으로 어떤 영향을 미치는가?"였다.
>
> ■ 그러면 통화량의 변화는 물가 이외의 다른 실질변수들(예컨대, 생산, 고용, 실질이자율 등)에는 장기적으로 어떤 영향을 미칠까?

4.1 위 질문에 대한 고전학파의 대답은, "경제변수는 명목변수와 실질변수의 두 유형으로 구분해야 한다"는 이른바 "고전학파의 이분적 시각(classical dichotomy)"으로부터 출발한다.

[1] 명목변수(nominal variables)와 실질변수(real variables)

① [Recall] 명목변수는 화폐 단위로 측정된 변수이고, 대표적인 명목변수는:

- 명목 GDP : 재화와 서비스의 화폐가치
- 명목가격 : 화폐단위로 환산한 절대가격
- 명목임금 : 화폐로 평가한 임금
- 명목이자율 : 명목원금의 수익률을 화폐단위로 평가한 것(또는, 현재의 명목화폐 1원과 미래의 명목화폐 1원간의 교환 비율)

② [Recall] 반면 실질변수(real variables)는 실물 또는 물량 단위로 측정되는 변수이고, 대표적인 실질변수로는:

- 실질 GDP : 재화와 서비스의 생산량
- 상대가격 : 한 재화의 가치를 타 재화 단위수로 평가한 가격
- 실질임금 : 명목임금을 물가로 나누어, 재화나 서비스 단위로 평가한 임금
- 실질이자율 : 현재의 재화/서비스 한 단위와 미래의 재화/서비스 한 단위간의 교환비율(또는 현재 화폐 1원의 구매력과 미래 화폐 1원의 구매력간의 교환 비율)

[2] 고전학파의 이분적 시각(classical dichotomy)은 다음과 같이 요약된다.

> ① 실질변수와 명목변수에 영향을 주는 요인들은 완전히 다르다.
> ② 특히, 명목변수들은 화폐시장에서 발생하는 일에 영향을 받으나, 실질변수는 화폐부문의 현상과 무관하다.
> ③ 그렇다면, 실질변수들은 경제의 실물부문에서 결정되고, 물가나 임금 등의 명목변수는 화폐부문에 의해서 좌우된다.

[3] 우리가 unit 4와 5에 걸쳐 지금까지 설명해 온 장기균형은 바로 이 시각에 따라 분석한 것이다.

① Unit 4에서는 : 화폐나 물가는 언급하지 않는 상태에서, 실질변수의 결정과정을 논의했었고,

② Unit 5에서는 : 그렇게 결정된 실질변수들이 주어진 상태에서, 화폐와 물가 및 인플레이션의 관계를 논의하고 있다.

4.2 고전학파의 이분성으로부터, 실질변수와 화폐는 장기적으로 무관하다는 시각인 화폐의 중립성(neutrality of money)이 도출된다.

[1] 만일 고전학파의 이분적 시각이 타당하다면:

① 명목변수인 화폐의 변동은 명목변수에는 영향을 주나, 실질변수에는 영향을 주지 않을 것이다.

② 예컨대, 중앙은행이 통화량을 증가시키면 :

- 물가수준과 기타 명목변수는 변화하나,
- 생산, 고용, 실질임금, 실질이자율 등의 실질변수는 불변일 것이다.
  → 즉, 화폐는 실질변수에 대해 중립적(neutral)일 것이다.

[2] 그러면, 이제 중요한 문제는 "고전학파의 이분적 시각과 이로부터 도출된 화폐의 중립성이 현실을 얼마나 잘 설명하는가?"이다.

① 긴 기간에 걸친 경제변수의 움직임을 설명하는 데에는 고전학파의 시각이 설득력을 가진다.

- 실제의 물가가 신축적으로 조정될 수 있는 정도의 (물리적으로) 충분히 긴

기간에 걸쳐 살펴보면, 통화량 변동이 물가수준 등의 명목변수에는 큰 영향을 주지만,

• 실질 GDP등의 실질변수에는 미미한 영향을 주는 것으로 나타난다.

② 예를 들어 아래 [그림 8]의 횡단면 자료를 보면, 각 나라별로 30년간의 화폐공급 증가율과 인플레이션율을 나타내는 점들이 45도선 주위로 산포되어 있다.

• 이는 화폐공급 증가가 거의 동일한 비율의 물가상승을 유발함을 보여주며,

• 따라서, 긴 기간에 걸친 현실경제 분석에 있어서는 고전학파의 이분법적 분석이 유용함을 뒷받침한다.

[그림 8] 나라별 연평균 화폐공급 증가율과 물가상승률간의 관계

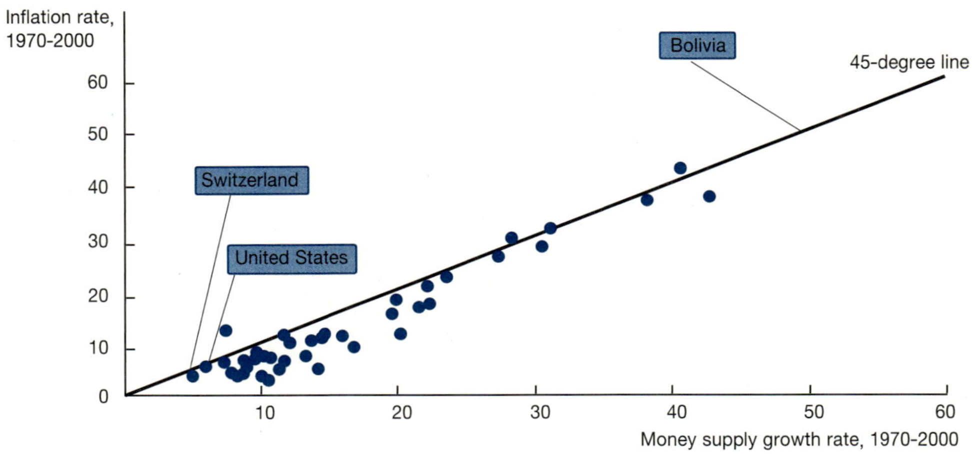

자료 : Krugman & Wells, 「Macroeconomics」(2006), p.364

③ 또 하나의 예로, 이른 바 초인플레이션(hyperinflation)이 발생하는 경우에는 실제로는 짧은 기간에 걸쳐서도 (마치 장기에서처럼) 명목가격이 매우 빨리 신축적으로 조정된다.

• 이는 인플레이션에 민감해진 사람들이 물가상승에 반응하여 신속하게 임금과 가격을 올리기 때문이다,

• 그렇다면, 초인플레이션 기간 동안 실제 경제의 움직임은 장기분석 모형의 타당성을 살펴볼 수 있는 자료를 제공한다.

• 아래 [그림 9]는 일차대전 후 발생한 초인플레이션 기간 동안 독일을 위시한 각국의 경험을 보여 주는데,

• 초인플레이션 기간 동안의 실제 통화량과 물가의 관계도 고전학파의 이분적

분석의 타당성을 뒷받침한다.

[그림 9] 초인플레이션 기간 중의 통화량과 물가수준

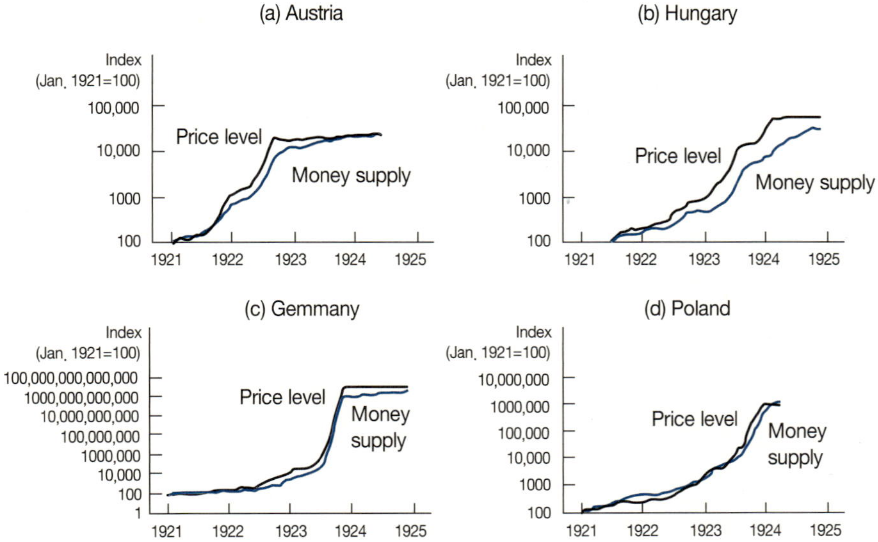

자료 : N.G. Mankiw, 「Principles of Economics」(2012), p.653

TOPIC 2 | 인플레이션의 영향

1. 화폐와 명목이자율 : 피셔 효과 (Fisher Effect)

문제 제기 : 명목이자율과 실질이자율

■ 명목이자율과 실질이자율은 인플레이션율을 사이에 두고 서로 밀접히 관련되어 있으며, 위 삼자간의 관계를 식으로 나타내면:

- [관계식 1] 실질이자율(r) = 명목이자율(i) - 인플레이션율(π), 또는
- [관계식 2] 명목이자율(i) = 실질이자율(r) + 인플레이션율(π)

→ 위의 두 관계식은 산술적으로는 동일하나, 이들의 경제학적 의미는 상당히 다르다.

■ [관계식 1]의 의미 : 명목이자율이 주어진 상태에서, 인플레이션율이 변하면 그에 따라 실질이자율이 달라진다.

- 보통 채권의 실질 수익률이나 자금차입의 실질 이자비용을 계산할 때 [관계식 1]을 사용한다.

■ 한편, [관계식 2]의 의미는 : 우변의 실질이자율이 주어진 상태에서, 인플레이션율이 변하면 명목이자율이 달라진다.

- 우리가 앞에서 화폐시장의 수요과 공급에 기반한 화폐수량이론을 전개할 때 [관계식 2]를 이용하였는데,
- 사실 그 때에는 [관계식 2]가 왜 성립하는지를 깊이 설명하지 않고 넘어갔었다.

■ 이하에서는 위의 두 이자율간의 관계를 [관계식 2]의 시각에서 재정립해 본다.

2.1 우선 두 가지의 실질이자율을 구분하면서 논의를 시작하자.

[1] 이자율은 화폐의 구매력을 현재에서 미래로 이전함에 따른 댓가이고, 따라서 이자율은 본질적으로 미래의 불확실성과 밀접한 관계가 있다.

① 명목이자율(i)은 화폐단위로 계산한 보통 이자율이고, 실질이자율(r)은 물가상승의 효과까지 감안한 이자율이다.

② 대차대부계약 시점에서 계약 당사자들이 명목이자율(i)을 정할 때,

③ 계약기간이 만료된 후 실현될 사후적인 실제 인플레이션율(π)은 알지 못하고,

④ 다만 미래에(즉, 대차계약기간 동안) 발생할 인플레이션에 대한 예상치인 예상 인플레이션율(π^e)만 가지고 있다.

[2] 따라서, 우리는 사전적(ex ante) 실질이자율과 사후적(ex post) 실질이자율을 구분할 필요가 있다.

① r^e : $= i - \pi^e$ = 사전적(ex ante) 실질이자율

- 이는 채권구입시점 또는 자금대차계약 시점에서 예상되는 실질이자율이다.

② r : $= i - \pi$ = 사후적(ex post) 실질이자율

- 이는 채권 또는 대차계약의 만기에 가서 실제로 실현되는 실질이자율이고, 사전적으로는 알지 못한다.

③ 두 실질이자율이 일치하는가 여부는 예상 인플레이션이 실제 인플레이션에 얼마나 가까운가에 달려 있다.

2.2 한편, 실제 데이터를 보면 인플레이션율과 명목이자율은 장기적으로 같은 크기(one-to one)로 변동하는 경향을 보이는데, 이러한 관계는 Irving Fisher 가 처음 발견하였다.

[1] 긴 기간에 걸친 시계열 자료에 나타난 두 변수간의 경험적 관계를 살펴보자.

① [그림 10]은 우리나라와 미국의 40년 정도에 걸친 긴 시계열 자료를 보여준다.

② 두 나라에서 모두 인플레이션율이 높은(낮은) 기간에는 명목이자율도 높은(낮은) 경향이 뚜렷이 나타난다.

[2] 한편, 긴 기간에 걸친 횡단면 자료에서도 명목이자율과 인플레이션율 사이의 유사한 관계를 볼 수 있다.

① 아래 [그림 11]은 국가별 자료를 이용해, 1999-2009년간의 평균 인플레이션율과 평균 명목이자율간의 관계를 보여 준다.

② 인도네시아의 예를 보듯, 인플레이션율이 높은(낮은) 나라는 그에 비례하여 명목이자율도 높은(낮은) 경향이 뚜렷함을 알 수 있다.

2.3 이처럼 명목이자율과 인플레이션율이 안정적 관계를 보이는 이유를 설명하는 것이 이른바 피셔 가설(Fisher hypothesis)이다.

[1] 피셔 가설(Fisher hypothesis)

① 피셔 가설은, "예상 인플레이션이 오를 때마다 같은 크기로 명목이자율도 오른다"는 가설이다.

- 그 결과, "예상 인플레이션이 변동하더라도 예상 실질이자율은 불변이다"라는 가설이기도 하다.

[그림 10] 명목이자율과 인플레이션율의 시계열 자료

(a) 우리나라

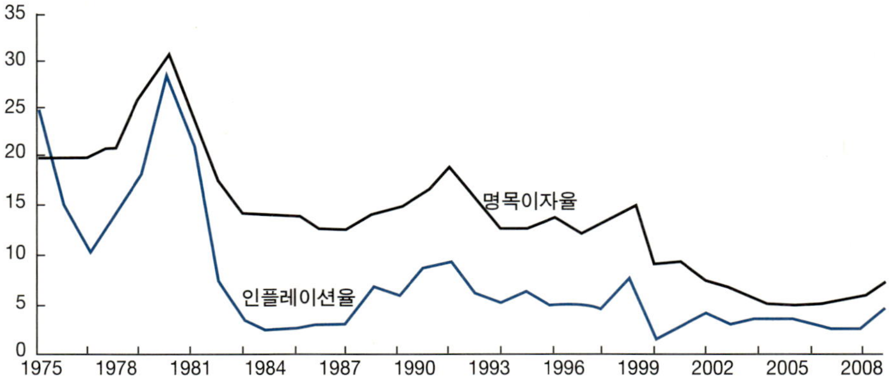

자료 : 이종화 · 신관호, 「거시경제학」(2010), p.160

(b) 미국

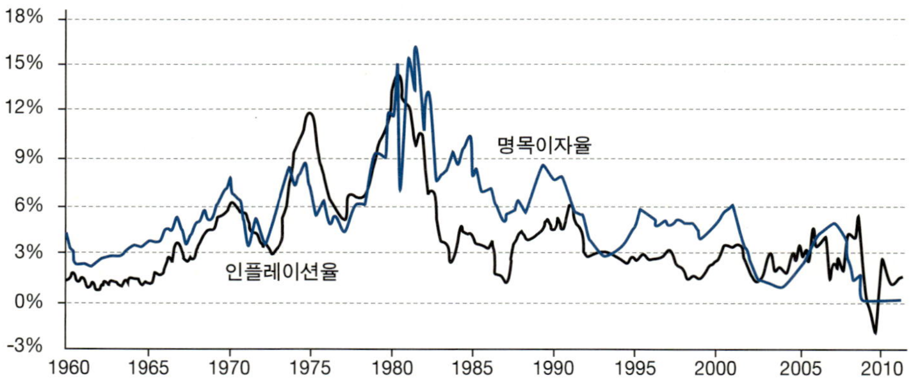

자료 : N.G. Mankiw, 「Principles of Economics」(2012), p.656

[그림 11] 명목이자율과 인플레이션율의 횡단면 자료

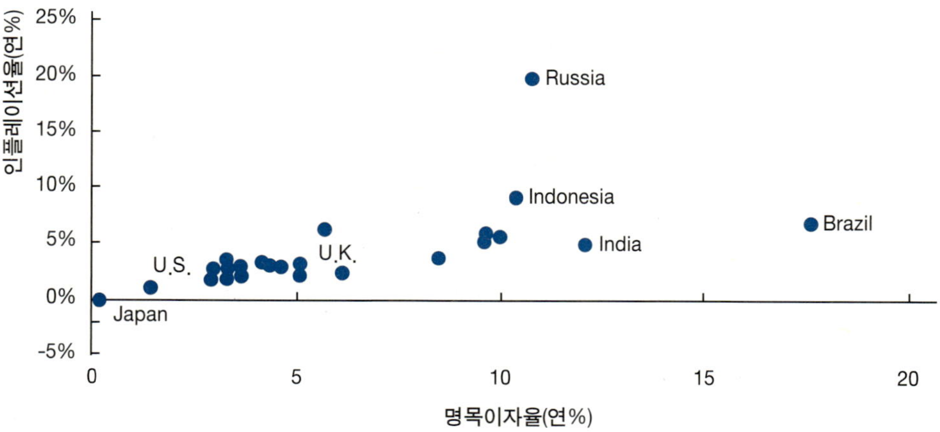

자료 : F. Mishkin, 「Macroeconomics」(2012), p.118.

③ 이 가설에 따르면 예상 인플레이션의 상승은 같은 크기만큼 명목이자율을 올리는 효과를 가져오며, 이를 피셔 효과(Fisher effect)라 부르기도 한다.

- 피셔 효과는 장기에서 명목이자율을 설명하는데 매우 중요하다.

[2] 피셔 가설의 직관적 설명

① 자금의 대차계약의 시점에서 계약의 당사자가 정할 수 있는 것은 계약기간의 만기까지 적용되는 명목이자율이다.

- 계약기간 동안의 발생할 사후적인 실제 인플레이션율(π)은 계약시점에서는 알지 못한다.

② 만일 일단 계약이 성립된 후 계약기간 동안에 인플레이션율이 높아지면, 대부자는 돌려받는 원리금의 실질가치가 줄어드는 손실을 경험하게 된다.

③ 대부자는 당연히 그러한 손실을 피하려 할 것이고, 따라서 예상 인플레이션율(π^e)이 올라가면 그만큼을 할증(premium)으로 얹은 명목이자율을 요구한다는 것이 피셔 가설의 직관적 해석이다.

- 즉, 예상 인플레이션이 올라간 만큼 명목이자율도 올림으로써 대부자는 예상 실질이자율($r^e := i - \pi^e$)을 원하는 수준에 유지할 수 있다.

[3] 앞에서 화폐시장의 장기균형을 분석함에 있어, 우리는 암묵적으로 피셔 가설을 원용하였다.

① 우선 장기분석을 위한 고전학파의 이분적 시각에 따르면, 실질이자율과 같은 실질변수들은 명목변수와 관계없이 결정된다.

- 특히, 실질이자율은 대부자금 시장에서 국민저축과 투자지출에 의해 결정되며, (예상) 인플레이션과는 무관하다.

② 한편 피셔 가설에 따르면, 예상 인플레이션율과 명목이자율이 일대일로 변동한다.

- 특히, 실물부문에서 결정되어 주어진 실질이자율 위에 예상 인플레이션 만큼의 할증이 얹어져서 명목이자율이 결정될 것이다.
- 즉, $i = r + \pi^e$로 결정될 것이다.

③ 그런데 장기에서는 예상 인플레이션과 실제 인플레이션이 일치한다.

- 따라서 명목이자율은 $i=r+\pi$가 될 것이고, 이것이 바로 우리가 화폐시장의 장기균형을 설명할 때 사용한 [관계식 2]이다.

[4] 피셔 가설의 타당성

① 현실에서 예상 인플레이션을 관측할 수 있다면, 그것과 명목이자율간의 관계를 살펴봄으로써 피셔 가설의 타당성을 판단할 수 있다.

- 그러나 대개의 경우 실제로 관측 가능한 수치는 사후적인 실제 인플레이션율이다.16)

② 그러므로 피셔 가설의 타당성은, 사후적 실제 인플레이션과 명목이자율간의 관계를 통해서 간접적으로 평가할 수밖에 없다.

- 사후적 실제 인플레이션율과 명목이자율간에 피셔 가설이 주장하는 관계가 얼마나 잘 성립하는지는, 예상 인플레이션(π^e)과 실제 인플레이션(π)이 얼마나 가까운가에 달려있다.

③ 긴 기간에 걸친 자료에서는 :

- 사람들이 체계적으로 예측오류를 계속 범할 가능성이 낮으므로, 사전적 기대 인플레이션율이 사후적 실제 인플레이션율과 가까울 것이고,
- 따라서, 위의 [그림 10]과 [그림 11]에서 보았듯, 명목이자율과 실제 인플레이션율 간에도 일대일 관계가 대체적으로 잘 관측된다.

④ 그러나, 예측오류를 범하게 되는 짧은 기간 동안의 자료에서는:

- 인플레이션 기대치와 실제치간의 차이가 상당히 클 것이고, 따라서 실제 자료상에서는 명목이자율과 실제 인플레이션율간의 밀접한 관계가 잘 나타나지 않는다.

확인문제

Q : 화폐의 유통속도가 일정하고, 실질 GDP는 매년 5%씩 증가하며, 대부자금시장에서 결정된 실질이자율은 3%라고 하자. 만일 화폐공급 증가율이 연 10%에서 15%로 상승한다면, 장기적으로 명목이자율은 어떻게 변하겠는가?

A : 우선 물가상승률은 5%에서 10%로 상승한다. 따라서 명목이자율은 3%+5%=8%에서 3%+10%=13%로 상승한다

16) 미국의 경우 미시간 대학에서 소비자 조사(consumer survey)를 통해 얻은 예상인플레이션 수치의 중간값(median)을 발표하고 있으나, 응답자간의 편차가 매우 크다.

2. 초인플레이션(hyperinflation)과 인플레이션 조세(inflation tax)

1.1 초인플레이션

[1] 초인플레이션을 판정하는 명확한 수치 기준은 없으나, 대개 월 평균 물가상승률이 50%를 초과하는 경우 초인플레이션이 발생한 것으로 본다[17].

① [표 1]은 20세기 이후 발생한 주요 초인플레이션의 에피소드를 보여주고 있다.

[표 1] 초인플레이션의 예

나라	종료 연도	지속기간(개월)	월평균 인플레이션율(%)
Pre-World War II			
Austria	1922	11	47.1
Germany	1923	15	37.2
Poland	1924	13	81.1
Russia	1924	37	57.0
Hungary(I)	1924	28	46
Greece	1944	13	365
Hungary(II)	1946	12	2345×10^{3}
Post-World War II			
Bolivia	1985	18	48.1
Peru	1989	8	48.4
Yugoslavia	1989	4	50.9
Poland	1990	4	41.2
Brazil	1990	4	68.6
Argentina	1990	11	66.0
Ukraine	1993	14	1024
Georgia	1994	13	44.1
Zaire	1994	36	665
Zimbabwe	2009	22	$8\times10^{11(*)}$

* : 하이퍼인플레이션 기간 중 월 인플레이션의 최고치(2008년 11월)임.

17) Phillip Cagan의 정의에 따르면, 초인플레이션의 시작은 월 인플레이션율이 50%를 넘을 때이고 월 인플레이션율이 50% 아래로 다시 떨어져 그 상태로 1년이상 지속되면 초인플레이션이 종료된 것으로 본다.

② 초인플레이션과 같이 지속적으로 높은 인플레이션을 겪는 나라에서는 모든 가격들이 신속하게 조정되기 때문에 화폐공급의 증가가 곧바로 인플레이션율의 변화를 가져온다.

- 아래 [그림 12]는 최근에 발생한 짐바브웨의 초인플레이션 기간 동안 화폐공급과 물가의 연간 변화율을 보여준다.

[그림 12] 짐바브웨의 초인플레이션

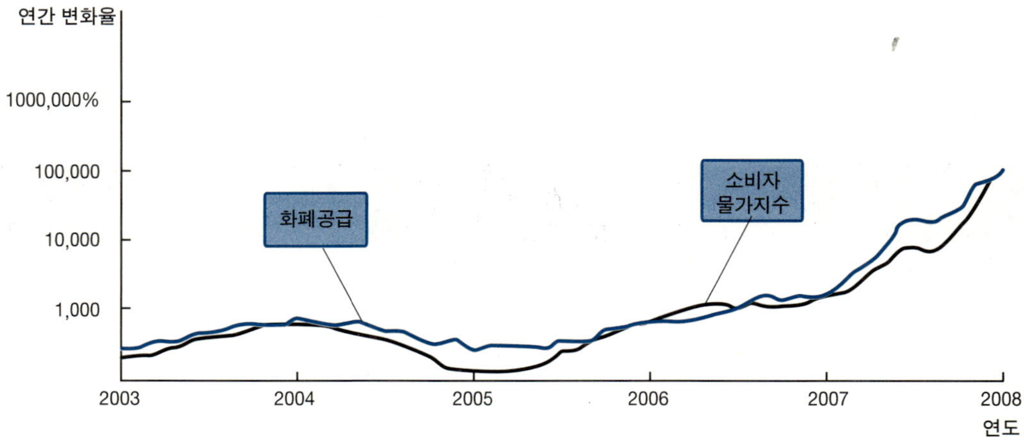

자료 : · Krugman & Wells, 「Economics」(2010), p.1054.

[2] 역사적으로 발생한 초인플레이션은 거의 예외 없이 정부의 재정위기와 함께 발생하였다.

① 고전적인 예인 독일의 경우:

- 바이마르 공화국 정부는 1차 대전 패전으로 연간 GDP의 세 배에 달하는 배상금 지불의무를 지게 되었고,
- 그 전에 11월 혁명의 영향으로 공공부문 임금 인상 등 재정지출이 급증하였다.

→ 1921년 전쟁 배상금이 확정되기 전 이미 독일의 재정적자는 GDP의 10%를 넘고 있었다.

② 최근의 예인 짐바브웨의 경우:

- 정치적 위기를 타개하기 위해 정부가 백인 소유의 농장을 몰수하여 지지층에 분배하였는데, 그 결과 생산과 수출기반이 붕괴되어 조세 수입원이 위축되었고,
- 퇴역군인 연금을 대폭 인상하는 등 방만한 재정 운용으로 재정적자가 더욱

커졌다.

→ 2013년 1월, 짐바브웨의 국고는 217달러에 불과하였다.

1.2 인플레이션 조세(inflation taxes)

[1] 초인플레이션과 재정위기간의 관계를 이해하기 위해, 재정지출의 재원을 조달하는 방법으로는 어떤 것들이 있는지 살펴보자.

① 조세부과 : 이 경우에는 납세자가 재정지출의 재원을 부담한다.

② 국채발행을 통한 차입 : 이 경우에는 (결국 언젠가는 납세자의 조세부담으로 돌아오지만) 일단은 정부가 원리금 상환부담을 진다.

③ 화폐발행 : 이 경우 재원부담은 누구에게 돌아가는가?

[2] 전쟁이나 경제위기 등으로 인해 조세나 국채발행을 통한 재원조달이 불가능할 경우, 정부는 화폐발행을 통해 재정수입을 거두려 할 것이다.

① 독점적인 發券力을 가진 정부가 화폐를 발행하여 올리는 재정수입을 시뇨리지(seignorage) 또는 화폐주조차익이라고 한다.

② 실제로는, 정부가 발행한 국채를 중앙은행이 인수하면서 구입대금을 화폐를 발행하여 지불하는 형태로 재정지출재원을 조달한다.

- 이처럼 정부재정지출을 화폐발행에 의해 보전하는 것을 정부부채의 화폐화(debt monetization)라고 한다.

[3] 정부가 새로 발행한 화폐로 재정지출을 하면, 이는 사실상 화폐를 보유하고 있는 일반대중에게 조세를 부과하여 재원을 조달하는 것과 마찬가지이다.

① 재정지출을 목적으로 화폐 발행량이 증가하면 인플레이션이 발생하여 일반대중이 보유한 화폐의 가치(=구매력)를 잠식한다.

② 따라서, 화폐증발을 통한 재정지출의 재원은 화폐를 보유한 사람 모두에게 부과되는 세금이다.

- 정부가 사람들이 보유하고 있는 화폐의 "구매력을 징발"하여 재정지출을 충당하는 것과 마찬가지이다.
- 그래서 화폐를 발행하여 얻는 정부수입을 인플레이션 조세(inflation taxes)라고 부른다.

③ 정부가 화폐발행으로 거두어들이는 실질 시뇨리지(real seignorage)는, 화폐발

행이 증가한 액수(ΔM)를 물가(P)로 나눈 것이다.

④ 한편, 장기에서 화폐증가율(ΔM/M)은 인플레이션율(π)과 같다.

⑤ 따라서 장기에서 실질 시뇨리지의 크기는:

$$\text{Real seignorage} = \frac{\Delta M}{P} = \left[\frac{\Delta M}{M}\right]\frac{M}{P} = \pi\frac{M}{P}$$

- 실질 시뇨리지 수입 또는 실질 인플레이션 조세의 크기는, 보통 세금들과 마찬가지로 세율(=인플레이션율)과 세원(=실질통화량)의 곱으로 결정된다.

[4] 역사상 발생한 초인플레이션은, 정부가 대규모 재정적자를 메우기 위해 화폐를 대량으로 발행하여 대규모의 인플레이션 조세를 거두어들이는 과정에서 발생하였다.

① 직관적 설명을 위해, 정부가 이번 기에 특정 크기의 실질 시뇨리지를 거두어들였다고 하자.

② 이는 인플레이션을 발생시키고, 이에 사람들은 조세회피(tax evasion)를 위해 실질화폐보유액(=세원)을 줄일 것이다.

- 다시 말하자면, 인플레이션이 발생하여(π↑) 명목이자율이 올라가므로(i↑) 화폐보유량이 감소(k(i)↓)하는 것이다.

③ 그 결과 다음 기에 정부는 화폐 발행액 증가율을 높여야만(=세율을 올려야만) 같은 크기의 실질 시뇨리지 수입을 거둘 수 있다.

④ 정부가 실질 시뇨리지 수입에 의지하게 되면, 매기 점점 더 높은 인플레이션을 발생시켜야 하는 악순환이 발생하고 이것이 초인플레이션으로 이어진다.

- 거의 모든 초인플레이션이 재정 위기가 동시에 발생하는 이유가 바로 이것이다.

⑤ 이런 이유로 발생한 초인플레이션을 근본적으로 해결하기 위해서는 재정지출을 삭감하거나 다른 조세를 늘리는 등의 재정개혁이 이루어져야 한다.

3. 인플레이션의 사회적 비용

3.1 인플레이션에 대한 오해(myth)

[1] 인플레이션에 대해 많은 사람들이 "인플레이션은 생활비를 인상시켜 사람들 소득의 평균적인 구매력을 감소시킴으로써 모든 사람의 후생수준을 떨어뜨린다"는 오해를 가지고 있음을 본다.

① 일반물가가 지속적으로 상승할 경우, 구매자 입장에서 재화나 서비스를 구입할 때의 지출액은 커지지만 판매자 입장에서는 수입이 증가한다.

- 즉, 경제 전체로 보면, 한 사람이 지불하는 가격 상승은 다른 사람의 소득 증가를 의미한다.
- 따라서 인플레이션은 구매력을 한 집단에서 타 집단으로 재분배 할 수는 있지만, 사회전체의 평균적 실질 소득 수준을 직접적으로 감소시키지는 않는다.

② 또, 결국에는 명목임금도 일반 물가와 동반 상승하게 되므로, 인플레이션이 발생해도 임금생활자의 실질 구매력이 감소한 채로 영원히 머무르는 것도 아니다.

③ 앞의 오해가 근거 없는 것이라면, 인플레이션이 초래하는 문제가 무엇이길래 인플레이션을 심각한 문제로 받아들이는가?

- 인플레이션이 생계비를 인상시켜 모든 사람을 더 가난하게 만드는 것은 아니나, 여러 가지 사회적 실질비용을 발생시키기 때문이다.

[2] 이하에서는 인플레이션이 초래하는 사회적 비용을, 인플레이션이 예상된 경우와 예상되지 않은 인플레이션이 발생한 경우로 나누어 설명한다.

① 여기서 말하는 예상된 인플레이션이란:

- 단순히 사람들이 가지는 기대 인플레이션을 말하는 것이 아니고,
- "물가가 지속적으로 특정 인플레이션율만큼 상승해 왔고, 앞으로도 그럴 것이며, 사람들이 이미 그것을 다 알고 있는 상태에서의 인플레이션"을 의미한다.
- 즉 장기에서 지속되는 인플레이션(sustained inflation in the long-run)이다.

② 한편, 예상하지 못한 인플레이션은 실제 인플레이션이 위와 같은 예상 인플레이션보다 크게 나타나는 경우를 의미한다.

- 즉, 실제로 발생한 인플레이션 중 인플레이션 충격(inflation surprise)에 해

당하는 부분이다,

③ 결론부터 말하면:

- 예상된 인플레이션은 경제에 실질 비용을 발생시켜 실질산출과 소득을 감소시킬 수 있고,
- 예상하지 못한 인플레이션은, 이에 더하여 일부 사람들에게는 손실을 다른 사람에게는 이익을 초래할 수 있다.

3.2 예상된 인플레이션은 경제 전체에 어떤 실질비용을 초래하는가?

[1] 구두창 비용(shoe-leather cost)

① 인플레이션이 예상되면 사람들은 화폐의 가치가 계속 하락할 것으로 보게 되고, 따라서 화폐 보유량을 가급적 줄일 것이다.

- 화폐보유의 기회비용은 명목이자율인데,
- 피셔 효과가 보여주듯, 예상 인플레이션율이 높아지면 그에 따른 구매력 손실을 보상하기 위해 명목이자율도 그만큼 상승한다.

② 그렇다면, 비록 미리 예상된 것이라고 해도 인플레이션율이 높을수록 명목이자율이 높아지고, 사람들은 더 적은 양의 화폐를 보유한다(economization on money holding).

- 그 결과 "지갑에 넣고 다니는 현금이 별로 없어서 물건을 살 때마다 은행에 뻔질나게 다녀와야 하므로, "구두창이 닳는 비용"이 초래된다.
- 구두창 비용의 더 정확한 의미는, 화폐보유액이 줄어듦으로 인해 화폐가 제공하는 편의성을 누리지 못하므로 일반적 거래를 수행할 때 불필요한 시간 비용과 노력이 소요된다는 것이다.

[2] 메뉴 비용(menu cost)

① 물가가 계속 상승하면, 각종 가격을 지속적으로 바꾸어야만 한다.

- 판매자는 인쇄비, 새 가격 홍보비 등을 부담해야 하고,
- 더 크게 보면 가격결정을 다시 해야 하는 비용, 소비자 불만에의 대응 비용 등이 발생한다.

② 인플레이션에 의해 메뉴비용이 발생하면, 생산적인 용도에 투입될 수 있는 노력과 자원이 불필요하게 낭비되는 것이다.

- 단적인 예로, 브라질에서 발생한 극심한 인플레이션 기간 중 수퍼마켓 직원들의 근무시간 절반이상이 가격표를 새로 바꾸는데 쓰였다고 한다[18).

[3] 상대가격의 왜곡

① 인플레이션으로 인해 물가가 전반적으로 상승한다고 해도 모든 가격이 같은 비율로 동시에 상승하는 것은 아니다.

- 즉, 전반적인 인플레이션 중에도 상대가격의 지속적 변화가 발생할 수 있다.

② 또한 개별 가격들의 조정시점이 일치하지 않는 것도, 인플레이션 발생시 시간이 감에 따라 상대가격이 변화하는 또 하나의 이유이다.

- 일례로, 아래 [그림 13]에서처럼 짝수 해에 2년간 명목연봉계약을 하는 집단과 홀수 해에 2년간 명목연봉계약을 하는 집단이 공존하고 있다고 하자.
- 2년간의 인플레이션율이 20%이고 이를 사람들이 예상하고 있다면, 매년 초 연봉계약을 새로 맺게 되는 집단은 향후 2년간의 명목임금을 이전 계약에서보다 20% 높게 맺을 것이다.
- 그 결과 두 집단의 노동이 동질적일지라고 각 집단의 상대임금은 매년 초마다 상승과 하락을 반복하게 될 것이다.
- 반면 인플레이션율이 0이라면, 그러한 인위적인 상대임금 왜곡은 발생하지 않을 것이다.

[그림 13] 중첩임금계약과 상대임금의 변화

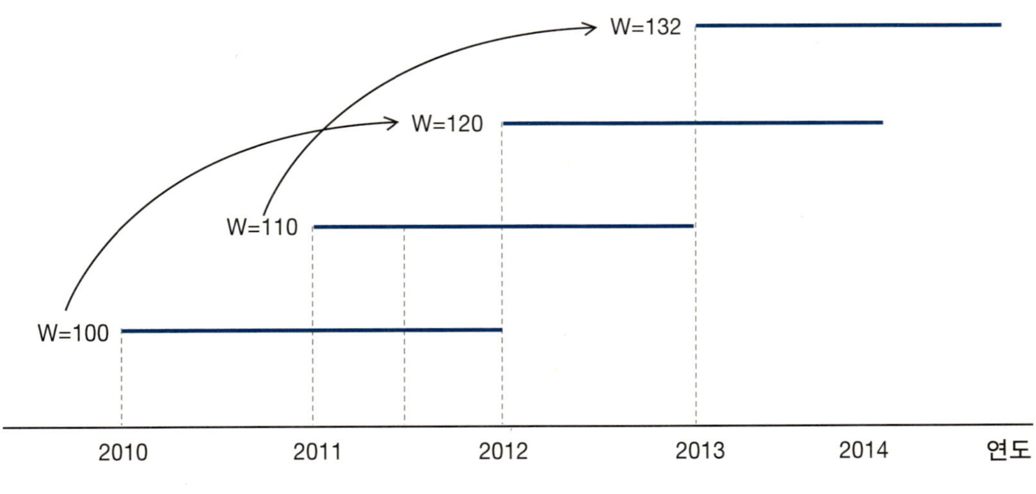

③ 그 결과 가격의 신호기능이 가지는 효율성이 저하된다.

- 자원 배분에 있어서 중요한 것은 절대가격이 아닌 상대가격인데,

18) 1985-1995년 동안 브라질의 화폐공급과 소비자물가 상승률은 1000억%였다.

- 인플레이션이 (+)임으로 인해 상대가격의 왜곡이 발생하면, 경제주체들의 합리적 의사결정이 어려워지고 시장에서의 자원배분이 비효율적이 된다.

[4] 조세부담의 왜곡

① 조세부담액은 대개 세원(tax base)의 명목가치를 기준으로 계산되므로, 인플레이션이 발생하면 실질소득이 불변이라도 명목소득이 늘어나 세금부담이 달라진다.

- 특히, 누진세제 하에서 인플레이션이 발생하면 명목소득이 증가하므로 소득세 부담이 가중된다.
- 이러한 현상을 과세소득구간 상승(bracket creep)이라고 한다.

② 또한 피셔 효과에서 보듯, 인플레이션율이 높아지면 명목이자율이 상승하여 명목이자소득이 증가한다.

- 그러나 이는 단지 인플레이션에 대한 보상일 뿐 실질적 이자소득의 증가는 아닌데도, 명목이자소득이 증가했다는 이유로 과세대상이 된다.
- 또 누진세제하에서는 이자소득 등의 자본이득이 상대적으로 더 중과세되는 경향도 있다.

③ 이러한 경우, 인플레이션에 의한 조세부담 왜곡으로 인해 稅後 실질이자율이 하락한다.

- 이는 "저축유인 감소 → 투자감소, 자본형성저해, 성장기반 약화"로 이어지는 부작용을 초래할 수도 있다.

[5] 혼란과 불편

① 하나의 類推 : 일광절약(daylight saving)제도가 시행되면, 미리 공지된 것이라도 상당한 정도의 불편과 혼란이 발생하곤 한다.

- 일출/일몰 시간(즉, 실질변수)은 달라지지 않았으나 시계가 가리키는 시간(즉, 명목변수)만 변하는데도, 혼란과 불편이 발생한다.

② 이미 예상된 것이었더라도, (+)의 인플레이션이 발생하면 상이한 시점에서 물가가 계속 달라지므로 화폐의 가치도 지속적으로 변한다.

- 이에 따라 상이한 시점간의 수입/비용/이윤 등을 비교할 때 모든 금액을 실질가치로 환산해서 비교해야 하는 번거로움이 발생한다.
- 예를 들어, 인플레이션율이 0이라면 저축하는 명목금액의 구매력이 미래에

도 그대로 유지되므로 장기 은퇴계획을 세우기가 용이하나,
• 물가가 지속적으로 상승하고 있다면 훨씬 복잡한 계산이 요구된다.

화폐의 중립성(neutrality)과 초중립성(super-neutrality)

■ 화폐공급량의 증가가 물가의 상승만 초래하고 산출, 투자, 고용 등의 실질변수에는 영향을 주지 않는다면, 화폐는 중립적이다.

- 본 unit에서 전개한 화폐수량이론에 따르면 화폐는 중립적이며,
- [그림 9]에서 보듯 긴 기간에 걸친 실제 데이터는 화폐의 장기적 중립성을 지지한다.

■ 그러면, 화폐는 초중립적(super-neutral)인가?

- 그러나, 화폐의 중립성이, "화폐공급 증가율의 변화가 경제활동의 수준과 무관함"을 의미하는 것은 아니다.
- 화폐공급의 증가율과 실질변수가 무관할 경우 화폐는 초중립적(super-netral)이라고 한다.
- 다시 말해, 화폐의 초중립성은 경제활동의 수준이 화폐공급 증가율의 높거나 낮음과는 관계가 없어야 함을 요구한다.
- 화폐의 초중립성에 관한 경험적 연구결과를 검토하는 것은 본서의 범위를 넘어간다. 그러나 장기에서도 인플레이션이 실질비용(구두창 비용, 메뉴 비용 등)을 초래함을 받아들인다면, 장기적으로 화폐는 초중립적이지 않을 것이다.

3.3 예상하지 못한 인플레이션은 사람들의 능력/필요/기여와 무관하게 購買力 또는 富를 恣意的(arbitrary)으로 재분배하는 결과를 가져온다.

[1] 예를 들어, 채권자 對 채무자의 경우를 살펴보자.

① 채권채무계약은 계약기간 동안의 예상 인플레이션을 감안하여 결정한 명목이자율하에서 맺어진다.

② 만일 계약의 만기에 가서 사후적으로 실현된 실제 인플레이션율(π)이 계약 당시의 예상 인플레이션율(π^e)을 초과하면(즉, 예상치 못한 인플레이션이 발생하면) 어떤 일이 벌어지는가?

• 계약시 예상된 사전적 실질이자율($i - \pi^e$) 보다 나중에 실현되는 실제의 실질 이자율($i - \pi$)이 낮아지므로,

• 채권자 입장에서는 기대했던 만큼의 실질이자소득(또는 명목이자소득의 실질구매력)을 받지 못하므로 손해이고,

• 채무자 입장에서는 예상했던 것보다 작은 실질이자를 채권자에게 지급하게 되므로 이득이다.

③ 따라서, 예상치 못한 인플레이션은 채권자로부터 채무자에게로 부의 恣意的 재분배를 초래한다.

• 예상치 못한 디플레이션은 반대 방향으로 부의 자의적 배분을 가져온다.

[2] 이상의 논의는 채권/채무관계뿐만 아니라 미래의 명목금액 지불과 관련된 모든 경우에 적용된다.

① 임금지급을 기다리는 근로자 對 지급하기로 약속한 고용주

② 청구서를 보낸 의사 對 아직 치료비를 지불하지 않는 환자

③ 후불제로 배달한 업주 對 아직 대금을 지불하지 않은 소비자

④ 장기 고정금리 대출을 해준 은행 對 대출을 상환하는 차입자[19)]

→ 위의 네 경우 모두, 예상하지 못한 인플레이션이 발생하면 전자로부터 후자에게로 富가 이전된다.

BOX : 예상하지 못한 디플레이션의 영향은?

■ 예상하지 못한 디플레이션은, 예상하지 못한 인플레이션의 경우와는 반대 방향으로 부의 자의적 배분을 가져온다.

• 차입자가 지급해야 하는 금액의 실질부담이 증가함에 따라 , 차입자로부터 대부자에게로 富가 자의적으로 이전된다.

■ 이러한 차입자와 대부자간 부의 재분배에 의해 경기침체가 더 악화되는, 이른바 부채 디플레이션(debt deflation)이 발생할 수 있다[20)].

19) 1986년 촉발된 미국 저축대부조합(savings and loan associations) 파산사태의 한 원인으로, 이들 조합이 1970년대 초에 제공한 저리 장기주택담보융자(보통 15-30년 만기)의 실질가치가 1970년대 중반 이후부터 1980년대 초까지 발생한(대출 당시에는 예상하지 못했던) 인플레이션에 의해 빠르게 잠식된 것을 들기도 한다.

- 예상하지 못한 디플레이션이 발생하면, 구매력 이전효과에 의해 차입자의 지출은 감소하고 대부자의 지출은 증가할 것이다.
- 그런데 대부자들은 보유한 대출자산의 가치가 증가해도 재화나 서비스의 구매지출을 크게 늘리지 않는 반면, 차입자들은 지출을 크게 감소시킬 것이다.
- 특히 차입자들은 대체로 기업이므로, 예상하지 못한 디플레이션은 기업의 재무상태를 악화시켜 경제 전체의 투자지출의 감소를 초래한다.
- 이처럼 예상하지 못한 디플레이션에 의해 총지출이 감소하여 경제가 침체되는 현상을 부채 디플레이션(debt deflation)이라고 한다.

■ 피셔(I. Fisher)는, 만일 경기침체에 의해 예상하지 못한 디플레이션이 발생한다면, 이는 총수요의 감소를 통해 다시 디플레이션을 심화시키는 경기침체의 악순환(deflationary spiral)을 가져온다고 보았다.

- 부채 디플레이션에 의해 경기침체가 심화된 대표적인 예가 대공황이다.

3.4 화폐환상과 인플레이션의 利點

[1] 부문/산업별로 노동시장의 수요와 공급에 의해 균형 실질임금이 하락해야 하는 경우가 자주 발생하나, 실제 명목임금은 대개 하방 경직적이다.

① 3% 인플레이션 하에서 명목임금이 2% 상승하는 경우와, 0% 인플레이션 하에서 명목임금이 1% 삭감되는 경우를 보자.

② 실질임금은 위의 두 경우에 모두 1% 하락하나, 대개의 경우 근로자들은 후자의 경우를 잘 용인하려 들지 않는다.

- 특히 명목임금이 단체협약을 통해 결정될 때 그런 경향이 두드러진다.

③ 이는 사람들이 일종의 화폐 환상(money illusion)을 가지고 있기 때문이다.

- 화폐환상이란 사람들이 실질가치의 변화와 명목가치의 변화를 평가함에 있어 체계적인 오류를 범해 잘못된 의사결정을 내리는 현상을 말하며,
- 근로자들이 명목임금과 실질임금은 명확히 구분하지 못하는 것이 그 단적인 예이다.

[2] 화폐환상이 존재한다면, (+)의 인플레이션율 하에서 실질임금의 하향조정이 더

20) 부채 디플레이션에 대한 논의는 PART III의 단기경기변동을 다룬 이후로 미루어도 무방하다.

용이하다는 면에서 인플레이션의 이점을 찾을 수 있다.

① 예를 들어, 실질임금이 2% 하락해야 노동시장의 불균형이 해소된다고 할 때:

- 인플레이션율이 3%인 경우라면 명목임금이 1% 상승하도록 하면 되고,
- 만일 인플레이션율이 0%라면 명목임금이 2% 하락해야 하는데,
- 근로자들은 두 번째보다 첫 번째를 더 쉽게 받아들인다.

② 이처럼 완만한 인플레이션은 명목임금을 동결하거나 또는 약간만 상승시킴으로써 실질임금 하락의 효과를 얻을 수 있는 餘地를 제공한다.

3.5 명목이자율의 零 下限(zero bound)과 인플레이션의 利點[21]

[1] 명목이자율에는 더 이상 낮아질 수 없는 零 下限(zero bound)이 있다.

① 대부자금 시장에서 결정된 실질이자율(r)이 4%라고 할 때, 예상 인플레이션율(π^e)이 -3%라면 명목이자율(i)은 1%가 될 것이다.

② 그런데, 만일 예상 인플레이션율(π^e)이 -5%라면 명목이자율(i)이 -1%가 될까?

- 명목이자율이 -1%라면, 대부자가 차입자에게 차입금액의 1%를 지불한다는 것인데,
- 아무도 음의 명목이자율에서는 돈을 빌려주려 하지 않을 것이고, 차라리 현금을 보유하고 있으려 할 것이다.
- 따라서, 명목이자율은 0보다 낮아질 수 없다.

[2] 0%의 인플레이션보다 (+)의 인플레이션이 바람직한 또 하나의 이유는, 명목이자율의 零 下限이 중앙은행이 통화정책을 제약하지 않도록 하기 위함이다.

① 경기가 침체되어 산출과 고용이 부진하다면, 보통은 중앙은행이 확장적 통화정책을 통해 명목이자율을 낮춤으로서 총수요를 증가시키는 대응을 한다.

② 특히, 경기침체가 발생하여 물가가 하락하면서 디플레이션 예상이 형성되고 있다면:

- 기업의 투자결정에 중요한 변수인 사전적 실질이자율($= i - \pi^e$)이 상승하고,
- 이에 따라 투자지출 및 총수요가 감소하여, 경기침체가 더 깊어질 수 있으므로,
- 중앙은행은 명목이자율을 낮춤으로써 이를 방지하려 할 것이다.

③ 그러나 명목이자율이 零 下限(zero bound)에 가까운 상태에서는 더 이상 명목

21) 이 부분의 논의도 PART III의 단기 경기변동을 다룬 이후로 미루는 것이 바람직하다.

이자율을 더 낮출 수 없으며, 따라서 통화정책을 사용할 수 없는 상황이 발생하게 된다.

- 명목이자율이 0에 접근하여, 이자율 경로를 통한 전통적인 통화정책을 사용할 수 없는 상황을 유동성 함정(liquidity trap)이라고 한다.

④ 그렇다면, 인플레이션율이 평균적으로 높은 나라(A)와 낮은 나라(B)를 비교하면:

- A국의 명목이자율은 B국에 비해 더 높은 수준에 형성돼 있을 것이고,
- 경기침체가 발생할 경우 명목이자율을 공격적으로 낮춤으로서 경기안정을 도모할 수 있는 여지가 A국에서 더 크다.

⑤ 이러한 이유로, 경제학자들은 0%의 인플레이션보다는 연 2%-3%정도의 완만한 인플레이션하의 물가안정을 선호한다.

연습문제

Q1. 화폐의 구매력을 장기적으로 감소시키는 요인에 대한 설명이다. 틀린 것은?

a. 지불준비율의 하락
b. 중앙은행이 국채를 대량 매입
c. 일상 소액거래에서도 신용카드사용이 폭증
d. 화폐 유통속도의 하락
e. 재할인율 하락

Q2. 한국은행이 공개시장에서 채권을 매각하였다. 화폐수량이론에 따르면, 이 정책의 장기적 결과는?

a. 명목 GDP 감소
b. 명목 GDP 증가
c. 실질 GDP 감소
d. 실질 GDP 증가
e. 위에 네 보기 중 답 없음

Q3. 한 대학생이 5% 의 고정금리로 학자금을 융자받아 앞으로 4년 동안 갚기로 했다. 이 얘기를 얻어들은 옆집의 적중예언가 왈: "하반기부터 인플레이션율이 올라갈 테니, 학생은 이익이겠네." 이 사람의 말은?

a. 이 학생이 갚아야 할 명목금액은 증가하지 않는 반면, 지불하는 금액의 실제가치는 하락할 것이므로 옳은 얘기이다.
b. 인플레이션은 구매력을 증가시키므로, 옳은 얘기이다.
c. 경제성장률이 5%보다 높을지 낮을지는 모르므로, 불확실하다.
d. 인플레이션율이 얼마이든 5%의 이자율은 매우 수익성이 높으므로, 틀린 얘기이다.
e. 인플레이션은 구매력을 감소시키므로, 틀린 얘기이다.

Q4. 올해 1월 1일부터 오늘(7월 1일)까지의 인플레이션율이, 당초 연초에 예상했던 수치보다 높게 나타났다. 실질 부(real wealth)면에서 예상 못한 손해를 본 사람은?

a. 연초에 고정금리 4%로 학자금을 대출받은 학생
b. 집 한 채가 전 재산인 은퇴한 명예교수
c. 연초에 전 재산을 현금화한 교직원
d. 연초에 무이자 6개월 할부로 물건을 구입한 조교
e. 위의 네 명 중 손해 본 사람 없음

Q5. 화폐의 유통속도가 고정되어 있고, 실질 GDP는 매년 5%씩 증가하고, 통화량은 매년 14%식 증가한다고 하자. 만일 명목이자율이 11%라면 실질이자율은?

a. 2% b. 3% c. -3%
d. 6% e. 9%

Q6. 10년 전에 비해 화폐의 유통속도는 100에서 105로 증가하였고, 일반물가는 180에서 189로 상승하였으며, 그동안 한국은행은 통화량을 3억원으로 유지하였다. 화폐수량식이 옳다면, ____ GDP는 불변이나 ____ GDP는 ___ 만큼 변한다.

Q7. 여러분이 은행지점장이라고 하자. 어젯밤 한국은행에 있는 친구와 통화 중에, 조만간 신임 총재가 헬리콥터에 돈을 싣고 전국에 뿌린다는 확실한 정보를 얻었다. 내일 있을 고정금리 주택담보대출건에 대한 회의에서 여러분의 제안은?

a. 대출이자율도 현행대로 유지한다.
b. 인플레이션이 발생할 것이므로, 대출이자율을 내린다.
c. 디플레이션이 발생할 것이므로, 대출이자율을 내린다.
d. 인플레이션이 발생할 것이므로, 대출이자율을 올린다.
e. 디플레이션이 발생할 것이므로, 대출이자율을 올린다.

Q8. 한국은행이 장차 통화공급을 늘릴 곳이라고 공표하였으나, 아직은 통화량을 이전 수준으로 유지하고 있다. 사람들이 한은의 발표를 믿을 경우, 장기모형에 따르면:

a. 실질이자율과 물가가 하락한다.
b. 명목이자율은 올라가고 물가는 하락한다.
c. 명목이자율은 내려가고 물가는 상승한다.
d. 명목이자율과 물가가 상승한다.
e. 실질이자율과 물가가 상승한다.

[Q9-Q13] 가격의 신축성과 완전정보 하에서, 한 경제의 연간 실질산출량은 576, 연간 실질이자율은 0.05이라고 하자. 이 경제의 화폐부문의 모습은 아래 표와 같으며, 통화지표들의 크기는 2010년 1월 1일의 수치이다.

민간보유 현금(C_0)	₩720
지불준비금(R_0)	₩180
예금(D_0)	₩2,160
$M^D = k(i)PY = \frac{1}{40 \times i} PY$, i= 연간 명목이자율	

Q9. 위의 상태가 유지된다면, 2010년의 물가(P)와 명목이자율(i)은?

Q10. 2010년 1월 1일의 상태에서 중앙은행이 ₩900어치의 국채를 공개시장에서 매입하면, 2010년의 물가와 명목이자율은 어떻게 될까?(단, 화폐보유비율과 지불준비율은 일정하다고 가정한다.)

Q11. 다시 2010년 1월 1일의 상태에 중앙은행이 본원통화를 연 10%의 속도로 증가시키고 있다면, 명목이자율은?(단, 화폐보유비율과 지불준비율은 일정하다고 가정한다.)

Q12. 명목지출액(PY) 대비 명목화폐량(M)의 비율을 Q9와 Q11의 상태에서 각각 구해보고, 그 차이를 해석해 보라.

Q13. Q11의 상태에서 실질 인플레이션 조세의 크기는 얼마인가?

Part III

거시경제의 단기적 분석

Unit 6
지출과 경기변동(Ⅰ)

TOPIC 1 : 총지출 구성요소의 再考

TOPIC 2 : 총지출의 변동과 GDP의 변화

Unit 6의 구성과 목표

■ 앞의 PART II에서는, 가격의 신축성과 정보의 완전성 가정하에서 한 나라경제의 재화 및 서비스 부문과 화폐부문의 장기균형을 설명하였다.

■ 그런데, 각 나라경제는 호황과 침체가 불규칙하게 반복되는 경기변동을 경험한다.
- 경기변동이 발생하는 주요 원인 중 하나는 경제내의 재화 및 서비스 구매지출의 변동이다.
- 소비, 투자, 정부구매 등 경제 내 한 부문에서 발생한 최초의 지출변동은 일정한 과정을 통해 경제 전체로 파급된다.

■ 본 unit에서는 이러한 파급과정에 대한 가장 기초적인 이해를 해본다.
- 논의를 단순화하기 위해, 재화 및 서비스에 대한 구매수요만 있으면 공급은 이에 맞추어 얼마든지 가능하다는 가정 하에서,
- 재화와 서비스 시장에서의 지출변동이 산출량과 소득의 변동으로 이어지는 과정을 설명할 것이다.

■ 본 unit에서 논의할 내용은 아래와 같다.
- 지출과 경기변동에 대한 케인즈 학파의(Keyensian)의 시각을 이해하고,
- 경제 내 지출항목 중 경기변동을 초래하는 것이 무엇인지 살펴본 후,
- 한 부문의 지출변동이 경제 전체로 파급되는 이른 바 지출승수효과를 설명한다.

TOPIC 1 | 총지출 구성요소의 再考

1. 지출과 경기변동

1.1 경기변동을 설명하는 모형이 왜 필요한가?

[1] 경기변동의 양상

① PART II에서 살펴본 장기분석 모형의 이론적 예측에서처럼 경제가 항상 잠재 산출량과 자연실업률 수준에서 운용된다면, 고전학파의 장기모형만으로도 현실경제를 설명할 수 있을 것이다.

② 그러나 실제 산출량이나 고용량은 장기모형의 설명에서처럼 안정적이지 않고, 각국은 많은 경기변동을 경험해 왔다.

- 경기변동이란, 생산/고용/물가/판매 등의 주요 거시경제변수들이 서로 연관을 가지며 상승과 하락을 반복하는 현상이다.

③ 아래의 [그림 1]은 1960년 이후 미국경제가 경험한 경기변동을 보여준다.

- 파란선은 실제 GDP, 검은선은 잠재 GDP의 추정치를 나타내며,
- 음영 부분은 경기침체기간(즉, 경기후퇴가 시작된 후 호황기로 전환될 때까

[그림 1] 미국의 실제 및 잠재 GDP, 1980-2009

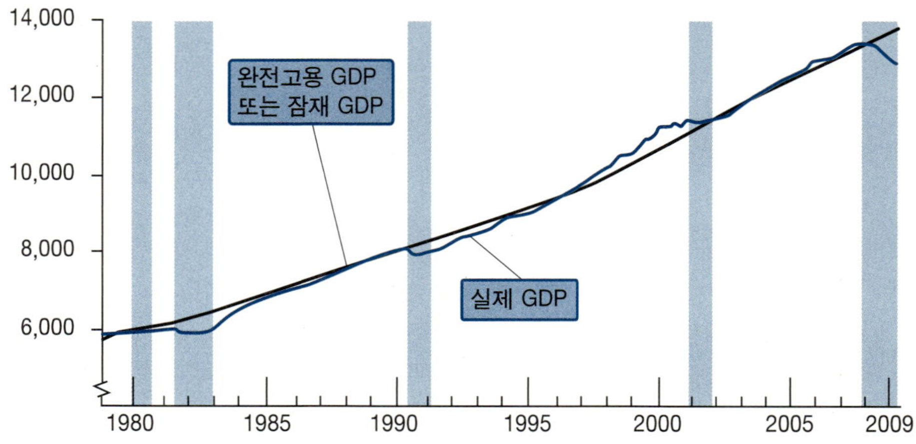

자료 : Hall & Lieberman, 「Macroeconomics : Principles and Applications」(2009), p.556

지의 기간)에 해당한다.

- 경기침체기에는 실제 GDP가 감소하며, 어떤 경우에는 심각한 수준으로 감소하기도 하며,
- 호황기에는 실제 GDP가 잠재 GDP보다 빠르게 증가하는 양상을 보이기도 한다.

[2] 고전학파의 이분적 시각에 기초한 장기분석모형은 오랜 기간에 걸친 경제의 평균적 행태는 설명해 주나, 비교적 짧은 기간 동안에 발생하는 경기변동은 설명하지 못한다.

① 고전학파의 시각에 따르면 :

- 가격이 신축적으로 조정되므로, 각 시장에서 발생한 일시적인 초과수요나 초과 공급은 곧 해소되고,
- 또한, 노동 시장에서도 임금이 신축적으로 조정되므로 장기간 지속되는(자연실업률 이상의) 실업은 발생하지 않는다.

② 이처럼 가격과 임금이 신축적으로 조정된다면, 각 시점에서 경제는 [그림 1]의 잠재 GDP 수준에서 운용될 것이다[22].

- 경제 전체에서 만성적인 수요부족(=초과공급, 또는 과잉 생산)은 일어나지 않고,
- 특히 대공황과 같은 지속적인 경기침체 및 실업은 발생하지 않을 것이다.

[그림 2] 대공황 당시의 소득과 실업률

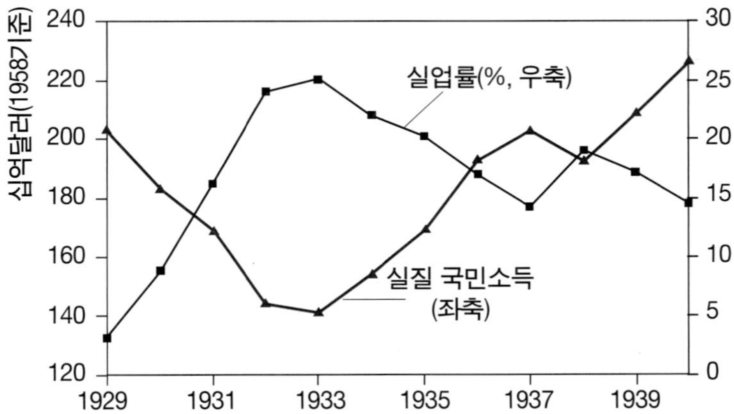

22) 이런 의미에서 보면, PART II의 장기분석은 [그림 1]의 각 주어진 시점에서 잠재 GDP가 어느 수준으로 결정되고 어느 용도로 얼마가 사용되는가를 설명한 것이라 할 수 있다.

③ 그런데, 실제로는 [그림 2]에서처럼 상당히 오랜 동안의 경기 침체와 실업이 대공황 때에 발생하였다

- 대공황 기간 중 경기침체가 가장 심했던 1933년의 경우, 노동인구의 1/4이 실업상태였으며,
- 실질 GDP는 대공황 직전인 1929년 수준보다 30%나 낮았다.

1.2 경기변동에 대한 오늘날 이해의 대부분은 케인즈(John Maynard Keynes)의 "*The General Theory of Employment, Interest, and Money*(1936)"로 거슬러 올라간다.

[1] 케인즈의 기본적 시각은 크게 두 가지로 요약된다.

① [시각 1] 경기변동에 있어서 호황과 경기침체의 주요 원인은 민간부문에서 비롯되는 지출변동이다.

- 여기서 말하는 지출이란 재화와 서비스의 구매지출이며,
- 경제 한 부문에서 발생한 최초의 지출변화가 다른 부문의 지출에도 연쇄적으로 영향을 미쳐 총생산량과 고용을 변화시킨다.

→ 이 시각은 대부분의 경제학자에 의해 수용되고 있다.

② [시각 2] 따라서, 정부는 산출과 고용을 안정시키기 위해 민간부문에서 발생한 지출변동을 상쇄하는 반경기적(countercyclical) 정책을 시행해야 하며, 정부지출이나 조세의 조정을 통해 산출량을 잠재수준에서 유지할 수 있다.

→ 정부가 그렇게 하는 것이 과연 바람직한가, 또 그럴 능력이 있는가에 대해서는 아직도 논쟁이 계속되고 있다.

[2] 지출충격이 경제 전체로 파급되는 경로를 직관적으로 설명해 보자.

① 경제 내의 총지출이 갑자기 감소할 경우에는:

- 기업은 재고의 누적을 경험하고, 따라서 생산량과 고용을 감축할 것이다.
- 한편, 해고된 근로자는 가처분소득이 감소하므로 각종 소비재에 대한 지출을 줄이고,
- 이에 소비재 생산기업과 다른 관련 기업도 수요감소와 재고누적을 겪게 되면서, 경제 내의 생산과 고용이 더욱 감소한다.
- 이에 따른 경기의 수축기가 상당히 길고 심각하다면, 경제는 불황 또는 경기침체에 진입하게 된다.

② 반면 총지출이 증가하면:

- 기업은 생산을 증가시키고 노동자를 더 고용하게 되므로 가계의 소득과 지출이 증가하고,
- 그 결과는 경기호전으로 나타나고, 경기팽창이 충분하다면 호황으로 이어진다.

1.3 그렇다면 단기적 경기변동을 설명하기 위해서는 경제 내 지출의 결정요인과 지출변동의 파급효과를 모두 살펴 보아야 하는데, 그 전에 먼저 명확히 해 두어야 할 것이 있다.

[1] 우선, 우리의 관심 대상은 실질지출인가 명목지출인가?

① 기준시점의 불변가격으로 측정한 실질변수가 경제적 후생을 잘 반영한다.

- 명목 지출액의 증가는 상당부분 물가의 상승에 기인할 수도 있기 때문이다.

② 따라서, 이후 분석에서의 모든 지출항목은 실질지출을 의미하는 것으로 이해한다.

- 즉, 구매지출"금액" 이 아니고 구매지출"량"의 변화를 분석한다.

[2] 또, 당분간은 장기분석에서처럼 폐쇄경제를 상정하여, 한 나라경제 내의 다양한 구매지출을 아래의 세 항목으로 분류하여 접근할 것이다.

> ① 가계의 소비지출(C)
> ② 기업의 계획하 투자지출(I^P, planned investment)
> - '계획하'의 의미에 대해서는 곧 이어서 자세히 설명한다.
>
> ③ 정부구매지출(G)

2. 소비지출(C)

2.1 소비함수의 형태

[1] [Recall : unit 4] 소비지출의 결정요인

① 가계의 소비지출 수준을 결정하는 가장 중요한 요인은 현재의 가처분소득(DI, disposable income)이다.

- 가처분소득은 가계소득에서 순 조세를 제외한 것이다.
- 경제 내 총생산(=총요소소득)의 크기가 Y이고 순 조세가 T라고 하면, 가계의 가처분소득은 Y-T이다.

② 한편, 가처분소득 외에도 실질이자율, 현재의 富, 또는 미래에 대한 예상 등의 요인들이 현재의 소비지출에 영향을 미칠 수 있다.

- 실질이자율이 하락(상승)하면 저축유인이 감소(증가)하므로, 모든 가처분소득 수준에서 소비지출이 증가한다.
- 가계의 순자산(=총자산 - 총부채)이 증가하면, 모든 가처분소득 수준에서 소비지출이 증가한다.
- 직업의 안정성이나 미래의 소득에 대해 낙관적 기대를 하게 되면, 모든 가처분소득 수준에서 소비지출이 증가한다.

[2] 아래 [그림 3]은 가처분소득과 소비지출간의 실제 관계를 보여주는데, 이로부터 몇 가지 특징을 찾아볼 수 있다.

① 특징 1 : 소비와 가처분소득은 (+)의 관계를 가진다.

- 가처분소득의 증가(DI ↑)는 소비지출 증가(C ↑)의 원인이 된다.

[그림 3] 미국의 소득과 소비(1985-2002)

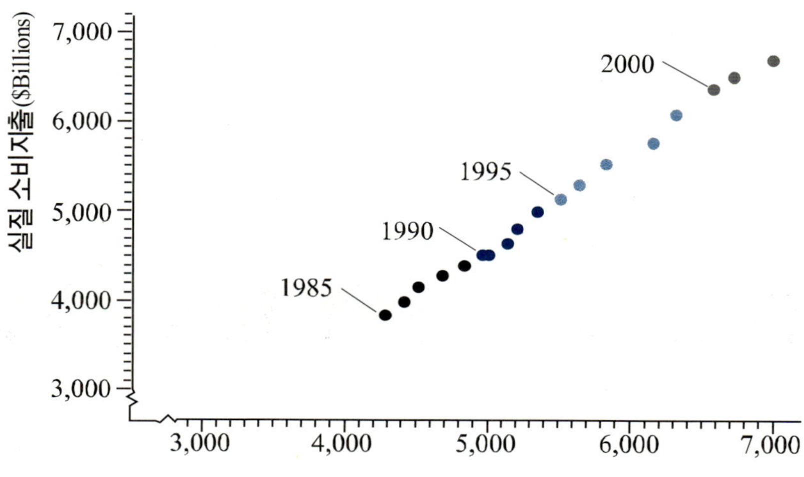

자료 : M. Lieberman & R. Hall, 「Introduction to Economics」(2005), p.492

② 특징 2 : 소비와 가처분소득간의 관계는 거의 선형이다.

- 가처분소득이 한 단위 증가시 늘어나는 소비지출액이 거의 일정하다.

③ 특징 3 : 가처분소득이 한 단위 늘어날 때, 소비지출은 한 단위보다 작게 증가한다.

- [그림 3]에서 보면, 그 크기는 대략 0.6 정도이다.

③ 특징 4 : 소비지출의 일부는 가처분소득의 크기와 무관하다.

- 이는 가계가 가처분소득 없이도 소비지출 중 일부를 차입이나 과거의 저축 등으로 충당할 수 있다는 것이고,
- 달리 말하면 가처분소득 외에도 소비에 영향을 주는 요인이 있다는 의미이기도 하다.

[3] 위에서 본 실제 데이터의 모습과 부합하는 소비함수를 설정해 보자

① 소비함수는 아래의 식과 [그림 4]에서처럼, 기울기가 1보다 작은 선형함수의 형태로 요약할 수 있다.

- $C = \overline{C} + MPC \times (Y-T),\ 0 < MPC < 1$

② 여기서, 가처분소득의 계수인 MPC의 의미는 무엇일까?

- 우선, MPC는 소비함수의 기울기이고,
- 가처분소득이 한 단위 증가함에 따라 늘어나는 소비지출의 단위 수, 즉 $\Delta C/\Delta(Y-T)$를 나타낸다.
- 위 소비함수에서 가처분소득의 계수를 MPC라고 한 것은, 그 계수를 한계소비성향(Marginal Propensity to Consume)이라고 부르기 때문이다.
- 한계소비성향이 0과 1 사이라는 가정은, 가처분소득이 한 단위 증가시 그 중 일부만을 소비를 위해 지출한다는 의미이다.

③ 한편, $\overline{C}$ 의 의미는 무엇일까?

- $\overline{C}$를 최저(sustenance) 소비 또는 독립적(autonomous) 소비라 부른다.
- $\overline{C}$는 소비함수의 수직 절편으로서, 소비지출의 크기를 변화시키는 가처분소득 이외의 모든 요인의 효과를 반영한다.
- 실제 소비지출을 보여주는 [그림 3]에서 보았듯, 독립적 소비인 $\overline{C}$는 현실적으로 0보다 클 것이다.

[그림 4] 선형 소비함수

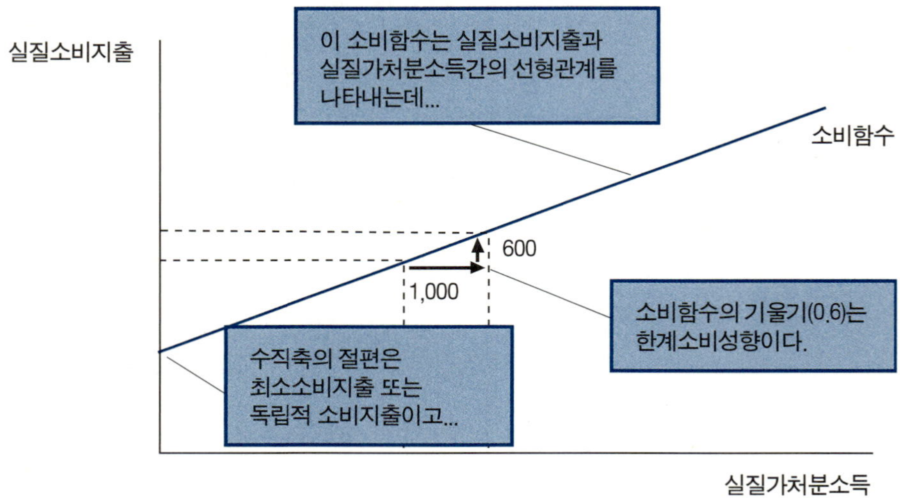

2.1 소비함수의 이동

[1] 독립적 소비인 $\overline{C}$가 변동하면, 소비함수 자체가 이동한다.

① 소비에 영향을 주는 다른 요인은 불변인 상태에서, 가처분소득이 변동하면 소비지출은 고정된 소비함수 그래프를 따라 변동하는 반면,

② 가처분소득 이외의 요인에 의해 소비지출이 변하는 경우는, 소비함수의 그래프 자체가 이동하는 모습으로 나타난다.

[2] 그러면, 어떤 요인들이 소비함수를 어떻게 이동시키는가?

① 실질이자율 변화 :

- 모든 가처분소득 수준에서, 이자율이 하락하면 특히 내구재 소비를 중심으로 소비지출이 증가한다.
- 따라서, 실질이자율이 하락하면 소비함수는 상방으로 이동한다.

② 가계 순자산의 변화 :

- 주식/채권 등의 금융자산이나 부동산자산의 가격이 상승할 경우 소비함수가 상방으로 이동할 것이다.
- 현실에서 보면, 동일한 가처분소득을 가진 가계라도 노/장년층의 소비가 청년층의 소비보다 많은 경향이 있는데, 이는 대개 노/장년층의 순자산이 더 많기 때문이다.

③ 미래에 대한 기대(expectation)의 변화:

- 가계가 미래에 대해 낙관적 기대를 하게 되면 소비함수가 상방으로 이동한다.

확인문제

Q : 1-MPC의 의미는 무엇일까?

A : 가처분소득 중 소비하고 남는 부분은 저축이다. 즉, 가계의 저축 : = Y - T - C = - $\bar{C}$ +(1 - MPC) × (Y - T)이다. 따라서, 1 - MPC는 한계저축성향(marginal propensity to save)이라고 부르며, 한계저축성향은 가처분소득의 한 단위 증가분 중에서 저축되는 부분을 보여준다.

3. 총지출의 다른 항목들

3.1 투자지출(I^P)

[1] 왜 투자지출이 중요한가?

① 역사적으로 발생한 주요 경기침체는 대부분 투자지출의 급감과 함께 시작되었다[23].

- 아래 [그림 5]은 1970년대 이후 우리나라의 경기수축기(음영 부분)와 GDP 투자 증가율을 보여준다.
- 1970년대부터 외환위기 직전까지는 투자증가율이 경제성장률을 상회하여 투자가 성장을 견인하는 역할을 수행하였으나,
- 외환위기의 충격을 벗어나 정상적인 상태로 돌아왔다고 볼 수 있는 2001년 이후로는 투자증가율이 경제성장률을 하회하여 오히려 경기침체의 한 원인을 제공하고 있다.

② 또한 투자지출은 대개 소비지출보다 변동성이 커서 경기변동의 진폭을 크게 하는 주 원인으로 꼽힌다.

23) 실제의 경기침체기에는 소비부진도 동반되나, 대체로 침체기의 소비부진은 뒤에서 설명할 지출승수효과의 원인이라기보다 결과인 것으로 본다.

[그림 5] 우리나라의 투자와 GDP 증가율

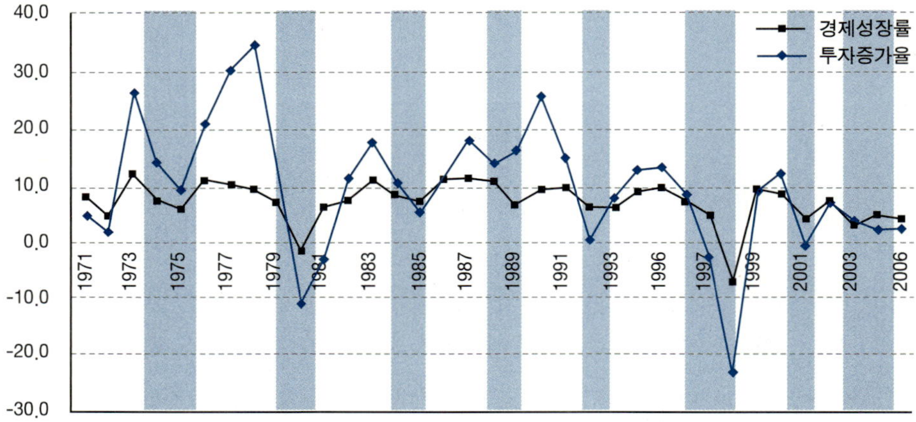

[2] 그런데, 경기변동을 설명하는 시각에서 총지출을 논의할 때 우리가 관심을 가지는 투자지출 항목은 계획하 투자지출(planned investment)이다.

① [Recall : unit 2] GDP 집계상의 투자는 3가지 요소로 구성된다.

- 기업의 공장시설이나 장비에 대한 지출
- 신규주택 구입
- 판매되지 않은 재고 증가

② 계획하 투자지출이란 기업이나 가계가 사전의 계획에 따라 '작심하고' 실행하는 설비 및 신축주택 구입을 의미하며, 이는 재고투자지출까지 포함한 (GDP 집계상의) 실제 투자지출과는 차이가 난다.

- 기업의 생산량과 실제 판매량간의 차이만큼 기업이 계획하지 않았던 재고증가가 발생하고,
- 계획하지 않았던 재고의 증가분만큼 GDP 집계상의 실제 투자지출이 계획하 투자지출을 상회한다.

③ 이렇게 본다면, 재고투자는 경기변동의 과정에서 결과로 나타나는 것이지 경기변동의 직접적 원인이 되는 것은 아니다.

- 따라서 투자지출 변동에 의한 경기변동을 설명할 때에는, 재고투자지출은 고려하지 않는다.

[3] 계획하 투자지출함수의 형태를 설정해 보자.

① 기업이 계획하는 투자의 크기는 실질이자율(r)에 따라 달라질 것이다.

- 실질이자율은 투자자금 조달의 기회비용으로, 투자사업의 수익성을 좌우한다.
- 따라서, 실질이자율이 상승/하락하면, 기업이 계획하는 투자 지출은 감소/증가할 것이다.

② 또, 실질이자율 외에도 아래의 요인들이 투자지출의 크기에 영향을 준다.

- 미래에 대한 기대 : 예컨대, 미래의 매출이 증가할 것으로 예상되면 현재 수준 이상의 생산능력을 미리 갖추기 위해 투자지출이 증가한다.
- 신기술 도입 : 새로운 기술을 실제로 생산공정에서 사용하기 위한 신규설비의 구입이 투자지출 증가로 이어진다.
- 정부정책 : 투자세액공제 등의 정책도 기업의 투자지출 증가를 가져온다.

③ 위의 요인들을 반영하여 계획하 투자지출함수를 아래와 같이 설정한다.

- $I^P = \bar{I} + \tilde{I}(r),\ \ with\ r \uparrow \Rightarrow \tilde{I}(r) \downarrow$
- 여기서 $\tilde{I}(r)$은 실질이자율에 따라 결정되는 내생적 투자지출이며,
- $\bar{I}$는 투자지출 중 실질이자율 이외의 요인에 의해 결정되는 외생적(exogenous) 투자지출을 의미한다.

3.2 정부구매지출(G)과 조세(T)

[1] 경기변동을 설명하기 위해 총지출을 분석할 때, 정부구매지출은 (정부에 의해) 외생적으로 결정되어 주어지는 것으로 가정한다.

① 즉, 정부구매지출도 외생적(exogenous)변수로 취급할 것이며,

② 따라서 정부구매의 변화요인은 고려하지 않고, 정부구매가 변화가 초래하는 효과만을 분석할 것이다.

[2] 또한, 조세도 정부구매지출과 유사하게 외생적으로 주어지는 것으로 가정한다.

① 조세 자체는 지출항목이 아니나, 가계의 가처분소득에 영향을 주어 소비지출의 변동을 초래할 수 있다는 의미에서 중요한 변수이다.

요약

한 나라에서의 계획하 총 지출(AE, Aggregate Expenditure)은, 생산된 재화와 서비스에 대한 가계, 기업, 정부부문에서의 구매지출의 합계이다.

$$\text{Aggregate Expenditure} = C + I^P + G$$

TOPIC 2 | 총지출의 변동과 GDP의 변화

1. 총지출과 (잠정) 균형 GDP

1.1 총지출수준의 변화에 의해 산출량이 변동하는 과정을 직관적으로 이해해 보자.

[1] 경제 내의 계획하 총지출수준(또는 그에 상응하는 구매량)이 기업의 실제 생산량과 일치하지 않을 경우에는:

① 기업은 계획하지 않은 재고의 변동을 경험할 것이고,

② 이에 기업들은 적어도 일시적으로는 가격을 변화시키지 않으면서,

③ 생산량과 고용량을 조정하여 총지출 변화에 대응할 것이다.

[2] 재화와 서비스 시장에서 계획하 총지출과 생산량간의 불균형이 발생하면 어떤 조정 과정이 뒤따를 것인가?

① 현재 시장에서의 계획하 총지출(AE)의 크기가 총산출량(Y)보다 작은 상태라면,

- 재화와 서비스의 수요량이 공급량보다 작은 상태이므로,
- 기업은 생산과 고용을 줄일 것이므로 이에 따라 총산출량도 감소할 것이다.
- 즉, $C + I^P + G + NX < Y \Rightarrow Y \downarrow$

② 반대로 현재 계획하 총지출이 총산출량보다 크다면,

- 기업은 생산과 고용을 늘릴 것이고 이에 총산출량도 증가한다.
- 즉, $C + I^P + G + NX > Y \Rightarrow Y \uparrow$

1.2 그렇다면 이러한 상황에서는 어떤 상태를 '균형'으로 보아야 하나?

[1] 위와 같은 산출량의 조정이 끝나 계획하 총지출과 총산출량의 크기가 일치할 경우에만 기업들은 해당 수준의 산출량을 지속적으로 생산하게 될 것이다.

① 이러한 불변수준의 총산출량, 즉 경제 내의 총지출과 총산출량이 정확히 일치하는 수준의 GDP를 (잠정) 균형 GDP라고 부르자.

② 즉, $C + I^P + G + NX = Y \Rightarrow$ 산출량 Y는 (잠정) 균형 GDP수준에서 유지된다.

[2] 여기서 '잠정'이라고 강조하는 이유는, 물가가 불변인 상태임을 전제로 하고 있기 때문이다.

① 즉, (잠정) 균형 GDP는, 기업이 생산물의 가격을 변화시키지 않아서 물가도 기존의 수준에서 불변인 최단기에서,

② 재화 및 서비스 시장의 '수급'이 일치하여, 더 이상의 변동이 없이 한동안 유지되는 총산출량 수준이라는 의미이다.

[3] 더불어 주의할 것은, (잠정) 균형에서의 산출량이 곧 자연산출량을 의미하는 것은 아니라는 점이다.

① (잠정) 균형 GDP는, 실제의 산출량과 계획하 총지출이 일치하여 재고가 더 이상 누적/감소하지 않는 의미에서의 균형산출량이며,

② (잠정) 균형 GDP가 자연 산출량 또는 잠재 GDP와 일치하는가의 여부는 결국 총지출수준에 달려 있다.

- 경제내의 가용 자원을 모두 고용하여 생산한 산출량이 모두 판매될 정도로 충분한 지출이 뒷받침되어야만 (잠정) 균형 GDP가 잠재 GDP와 같아진다.

③ 현재 생산되고 있는 (잠정) 균형 GDP의 크기가 잠재 GDP와 다르다면 조만간 또 다른 조정과정이 시작될 것이나, 이에 대한 분석은 unit 8로 미루기로 한다.

2. 총지출 변화의 연쇄효과 : 지출승수효과 (expenditure multiplier effect)

2.1 이제, 총지출의 변동이 (잠정) 균형 GDP의 변화로 이어지는 일련의 과정을 알아본다. 논의를 단순화하기 위해 몇 가지 가정을 하자:

[1] 가정 1 : 물가수준은 고정되어 있다.

① 일차적으로, 이 가정은 물가가 완전히 경직적인 일종의 최단기에서의 분석을 하는 중이라는 의미이며,

② 명목 GDP와 실질 GDP를 구별하지 않는다는 의미이기도 하다.

③ 또한, 현재 기업들의 생산여력이 충분하여 가격상승 없이도 계획하 총지출의 증가분만큼 산출량을 늘릴 수 있다는 것을 암묵적으로 가정하고 있다.

• 즉, 최단기에서의 총산출 수준은 총지출의 크기에 의해 좌우된다는 가정이다.

④ 현재 물가에서 (총지출의 크기에 맞춰) 기업들이 생산하고 있는 산출량 수준이 장기적으로 지속가능하지 않다면 임금과 생산비의 상승을 초래하여 물가의 상승을 유발할 것이나, 이 부분까지 고려한 분석은 unit 8로 미루기로 한다.

[2] 가정 2 : 이자율은 外生的으로 결정되어 주어진다[24].

① 이 가정의 일차적 의미는:

• 이자율은 경제의 타 부문에서 따로 결정되어 주어지고,

• 재화와 서비스시장에서 지출/산출/소득의 변동이 있어도, 이자율에는 영향을 미치지 않는다는 것이다.

② unit 7에서 살펴보겠지만, 물가가 고정된 단기에서 이자율은 화폐시장에서 화폐의 수요와 공급에 의해 결정된다.

• 그러므로 이 가정의 이차적 의미는, 화폐시장의 상황은 무시하고 재화와 서비스시장에만 주목하면서 지출변동에 의한 (잠정) 균형 GDP 변동을 설명한다는 것이다.

③ unit 7에서는 화폐시장도 함께 고려하여, 이자율과 지출/산출 변동간의 상호관계(즉, 화폐시장과 재화 및 서비스시장의 상호관계)를 살펴보는 데까지 논의를 확장할 것이다.

[3] 위의 가정 하에서, 계획하 총지출을 설정해 보자.

① 소비지출:

• 앞에서 설정한 소비함수는 $C = \overline{C} + MPC \times (Y - T)$의 형태였다.

• 최저/독립적 소비인 $\overline{C}$는 이자율에 반응하는 소비지출(주로 내구재 소비지출)을 포함하고 있을 것이나,

• 위 [가정 2]에서처럼 이자율이 주어진 상태라면 $\overline{C}$도 외생적으로 결정되어 주어진다.

---

24) Unit 7에서 살펴보겠지만, 단기에서 화폐시장의 수요와 공급에 의해 결정되는 이자율은 명목이자율이고 투자나 소비지출에 영향을 주는 변수는 실질이자율이다. 그러나 현재 우리가 가정하는 것처럼 물가가 주어진 상태에서는 인플레이션이 없으므로 실질이자율(r)과 명목이자율(i)을 구별하지 않아도 될 것이다.

② 투자함수:

- 투자함수의 형태는 $I^P = \bar{I} + \tilde{I}(r)$로 설정했었다.
- 투자지출은 원래 이자율에 내생적으로 반응하는 변수일 것이나, 위 [가정 2]에서처럼 이자율이 주어진 상태라면 투자지출의 변동은 외생적 투자인 $\bar{I}$에 의해 발생한다.
- 따라서, 이자율에 반응하는 내생적 투자지출인 $\tilde{I}(r)$는 당분간 무시하기로 한다.

③ 정부구매지출/조세/이전지출은 정부가 외생적으로 결정한다.

- $G = \overline{G}, \quad T = \overline{T}$

④ 요약하면, 계획하 총지출의 형태는:

• $AE = \overline{C} + MPC \times (Y - \overline{T}) + \bar{I} + \overline{G}$

2.2 이상의 가정 하에서, 기업의 투자지출 증가가 경제전체의 총산출 및 소득 수준에 어떤 변화를 가져오는지 살펴본다[25].

[1] 제 1라운드 : 미래의 경기를 낙관한 기업들이 계획하 투자지출을 100만큼 늘렸다고 하자.

① 일단 즉각적으로 총지출이 100만큼 증가하고,

② 이에 따라 투자재를 생산하는 기업들의 산출량이 100만큼 증가하는데,

③ 그 생산과정에 참여한 요소의 소득도 100만큼 증가한다.

- 즉, 100만큼의 새로운 소득이 임금/임대료/이자/이윤의 형태로 가계에 지불된다.

[2] 제 2라운드 : 이제 가계에 새로이 발생한 100의 가처분소득은 어떻게 될까?

① 예컨대 한계소비성향이 0.6이라면, 가계는 60을 소비재 구매를 위해 지출하고 나머지 40을 저축할 것이다.

---

25) 이자율이 외생적으로 주어져 있다는 가정을 하고 있으므로, 투자지출의 변화요인은 고려하지 않고 투자지출 변화가 가져오는 파급효과만을 분석하고 있다. 실질이자율의 변동은 계획하 투자지출을 변화시키고 그 영향이 경제 전반에 파급될 것이나, 이러한 과정까지 포괄한 분석은 unit 7으로 미룬다.

② 그렇다면, 소비용 재화와 서비스를 생산하는 기업들이 60만큼을 새로이 생산하여 판매하였을 것이고,

③ 이에 그 기업들이 고용한 요소 소득의 형태로 가계의 가처분소득이 60만큼 증가한다.

[3] 제 3라운드: 이제 가계에 추가로 발생한 60의 가처분소득은 어떻게 될까?

① 한계소비성향이 0.6이므로, 가계는 36을 소비재구매를 위해 지출하고 나머지 24를 저축할 것이다.

② 그렇다면, 소비용 재화와 서비스를 생산하는 기업들이 36만큼을 새로이 생산하여 판매하였을 것이고,

③ 이에 그 기업들이 고용한 요소 소득의 형태로 가계의 가처분소득도 36만큼 증가한다.

[4] 한계소비성향이 1보다 작으므로, 이러한 연쇄반응의 각 단계에서 증가하는 지출/생산/소득의 크기는 점차 감소하여 결국에는 0이 된다.

① 이러한 연쇄효과가 완전히 소멸된 때에 이르면 계획하 총지출수준과 산출량이 일치하여 (잠정) 균형 GDP가 생산될 것이다.

- 초기지출증가가 연쇄효과를 일으키는 것은, 국민경제 내 생산/소득/지출의 순환적 흐름이 있기 때문이다.

② 연쇄효과의 과정과 결과는 [그림 6]에서처럼 요약할 수 있다.

[그림 6] 초기 지출 증가의 연쇄효과

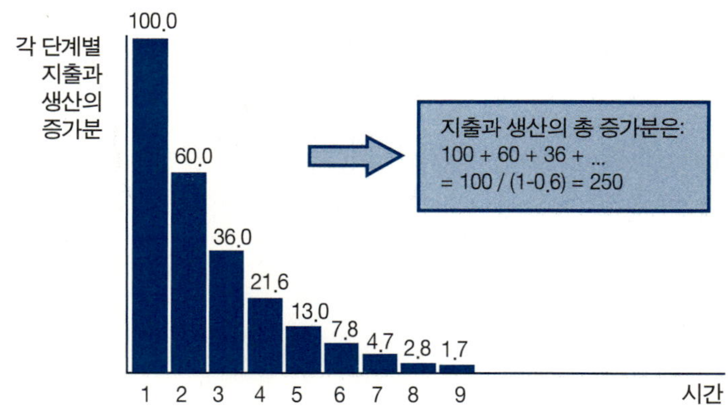

2.3 위의 예에 기초하여, 투자지출승수(investment expenditure multiplier)의 개념을 정립해 보자.

[1] 투자지출승수는 계획하 투자지출의 1단위 변동에 기인한 (잠정) 균형 GDP의 총 변동을 나타내는데,

① 지출 및 소득증가 연쇄반응의 각 단계에서 소비지출 증가의 크기가 매우 중요한 역할을 함을 보았다.

② 따라서, 투자지출승수의 크기는 한계소비성향(MPC)에 따라 달라진다.

[2] 무한등비급수의 공식을 이용하여 투자지출승수를 도출할 수 있다.

① 투자지출이 ΔI^P 만큼 증가할 경우, 지출/생산/소득의 최종 증가분(ΔY)은 각 단계에서의 증가분을 모두 합산한 것이므로:

- $\Delta Y = (1 + MPC + MPC^2 + \cdots) \times \Delta I^P$이다.

② 한계소비성향(MPC)의 크기는 0과 1사이이므로, 투자지출승수는 1/(1 - MPC)로서 1보다 크다:

$$\Delta Y = \left[\frac{1}{1 - \mathrm{MPC}}\right] \times \Delta I^P$$

③ 위의 투자지출승수는 투자지출이 감소할 때에도 적용할 수 있다.

- 계획하 투자지출이 감소하면, (잠정) 균형 GDP는 투자지출의 감소분과 투자 지출승수의 곱만큼 감소한다.

2.4 타 지출요소 변동의 효과

[1] 투자지출 이외의 지출요소의 변동도 당연히 경제에 영향을 미친다.

① 현재의 분석의 틀에서는 정부구매와 최저소비도 투자와 마찬가지로 외생적 지출항목이고,

② 따라서 이 항목들의 변동도 지출-소득-생산의 연쇄반응을 통해 (잠정) 균형 GDP에 영향을 미치며,

③ 역시 투자지출의 경우와 유사하게, 이들 지출항목의 초기변동에 지출승수를 곱하면 (잠정) 균형 GDP 총 변동의 크기를 구할 수 있다.

[2] 정부구매와 최소소비의 변동에 의한 지출승수효과는 아래와 같다.

① 정부구매 : $\Delta Y = [1 / (1 - MPC)] \times \Delta\overline{G}$

② 최저소비 : $\Delta Y = [1 / (1 - MPC)] \times \Delta\overline{C}$

[3] 그 자체로서는 지출항목은 아니나, 순 조세(T)의 변동도 총지출을 변동시켜 생산량에 승수효과를 유발할 수 있다.

① 순 조세의 변화는 가계의 가처분소득과 소비지출의 변화로 이어지고, 이에 따라 지출 및 소득 변화의 연쇄반응이 발생한다.

② 순 조세가 소득 수준과는 관계없이 정액세(lump-sum taxes)로 부과되는 경우, 순 조세변동에 의한 (잠정) 균형 GDP의 변화를 아래와 같은 순조세 승수로 요약할 수 있다:

$$\Delta Y = -\left[\frac{\mathrm{MPC}}{(1-\mathrm{MPC})}\right] \times \Delta \mathrm{T}$$

- 순 조세의 증가는 국민소득 순환과정에서의 일종의 누출로, 가처분소득과 소비지출의 감소를 초래하여 (잠정) 균형 GDP를 감소시키므로 순조세 승수의 부호는 (-)이다.
- 순조세 승수의 도출과정에 대한 더 자세한 설명은 Appendix A를 참조하라.

지출승수효과와 절약의 逆說(Paradox of Thrift)

자료 : P. Krugman & R. Wells, 「Macroeconomics」(2007), p.287.

가계와 기업들이 미래 경제상황의 악화를 예상할 경우 대개 지출을 줄이고 저축을 늘리게 된다. 이와 같은 행동은 개인의 입장에서 보면 합리적이지만, 사회 전체의 입장에서는 경제를 침체시켜 가계와 기업들이 미래 경제상황에 대비하여 지출을 줄이지 않을 때보다 더 어려운 상황에 처하게 만든다. 즉, 모든 사람이 소비를 줄이고 저축을 늘리면 지출승수효과를 통해 사회 전체의 생산과 소득이 줄어들게 되며, 결과적으로 저축 총액도 줄어들게 된다. 이것이 절약의 역설이라 불리는 이유는, 일반적으로 미덕인 것(미래의 어려움에 대비한 저축)이 불황기에는 오히려 나쁜 것(모든 사람을 더 가난하게 만듦)이 되기 때문이다.

3. 자동안정화 장치

3.1 그러나 현실에서 지출승수의 크기는 앞에서 살펴본 1/(1-MPC)보다 작으며, 그 이유는 지출승수효과가 작동하는 매 순환단계에서 지출/생산/소득의 변화폭을 줄이는 자동안정화 장치(built-in automatic stabilizers)가 있기 때문이다.

[1] 조세

① 경제 한 부문에서의 지출증가가 연쇄적인 생산과 소득증가 효과를 발생시키려면, 가계의 가처분 소득이 증가하고 이것이 소비지출의 증가로 이어지는 과정이 중요하나,

② 조세는 그 과정에서 일종의 누출(leakage)로 작용한다.

③ 많은 경우 소득세는 우리가 가정하는 것처럼 정액세가 아닌, 소득 수준에 따라 세율이 점차 높아지는 누진세(progressive taxes)이다.

- (정액세제와 비교하여) 누진세제 하에서는 (+)의 지출충격에 의해 생산과 소득이 증가할 경우 소득세가 더 크게 늘어난다.
- 따라서 (정액세제와 비교하여) 누진세제하에서는 가처분소득과 소비지출이 덜 증가하고 이후의 연쇄적인 지출과 산출 증가폭도 상대적으로 작다.

[2] 이전지출

① 실업급여 등의 이전지출은 대개 가계의 소득이 증가시 감소하고, 소득이 감소하면 증가하도록 설계되어 있다.

- 따라서 경제가 불황에 접어들어 총생산과 총요소소득이 감소하더라도, 이전지출의 증가에 의해 가계의 가처분소득은 총요소소득보다는 적게 감소하고,

- 이에 소비지출의 감소도 다소 완화되고, 이는 (-)의 지출승수효과에 의해 생산과 소득이 크게 줄어드는 것을 막아준다.

[3] 이자율

① 다음 unit에서 살펴볼 것이지만, 소득이 증가하면 대개 이자율의 상승이 뒤따르게 된다.

② 그러므로, (+)의 지출 충격에 의해 지출승수효과가 발생하면 이자율이 올라가게 되고, 이는 투자와 내구재소비 지출의 감소가 뒤따르게 된다.

- 그 결과 지출승수효과에 의한 총지출 증가의 크기가 일부 상쇄된다.

[4] 미래지향적(forward-looking) 행위

① 예를 들어, 정부구매 증가나 감세에 의해 이번 기에 가계의 가처분소득이 증가한다고 하자.

② 이 unit에서의 논의에 따르면, 가계는 가처분소득의 증가분 중 한계소비성향만큼을 곧바로 소비를 위해 지출하고, 이것이 연쇄적인 지출승수효과를 발생시킨다.

③ 그러나, 경제주체들이 기대와 행위가 미래지향적이라면, 일시적 소득 변동은 소비지출에 큰 영향을 주지 못할 수도 있다.

- 예를 들어 감세나 정부구매증가 증가가 집행되더라도 이러한 확장적 재정정책이 앞으로도 지속될 것으로 보지 않는다면, 가계는 소비지출은 약간만 늘리는데 그칠 것이고 지출승수효과도 작게 나타날 것이다,

[5] 위의 항목들과는 다소 다른 성격이기는 하나 시간의 경과에 따른 물가의 변동도 또 하나의 안정화장치로 볼 수 있다.

① 앞으로 unit 8에서 자세히 보겠지만, 실제 산출량이 잠재 GDP와 다르면 대개 물가가 조정되면서 산출량은 점차 잠재 GDP 수준으로 돌아간다.

② 따라서, 지출충격이 (잠정) 균형 GDP에 미치는 효과는 한시적이고, 장기적으로 보아 지출승수의 크기는 영(zero)이 된다.

- 즉, 구매지출의 증가나 감세에 의해 (잠정) 균형 GDP가 증가하더라도, 장기적으로는 산출량 증가의 효과는 없고 물가만 올라간다.

3.2 그러면, 앞으로의 논의는 어떤 방향으로 나아갈 것인가?

[1] 본 unit에서 이해한 단순 지출승수에 비해 현실에서의 지출충격의 영향이 작아지는 여러 요인 중에서, 우리는 아래의 두 가지를 더 자세히 살펴보려 한다.

① 이자율 변동과 지출승수

② 물가 변동과 지출승수

[2] 이자율이 외생적으로 일정하게 주어지지 않고 경제여건에 따라 변동한다면?

① 재화 및 서비스 시장에서의 투자나 내구재소비 지출은 이자율에 민감하게 반응하고, 따라서 이자율의 변동은 지출을 변화시켜 지출승수효과를 발생시킨다.

② 한편 물가가 경직적인 단기에서, 이자율은 화폐시장에서 수요와 공급에 의해 결정되고,

③ 그렇게 결정된 이자율은 재화와 서비스시장에서의 지출의 크기에 영향을 주고,

④ 반대로 재화와 서비스 시장에서 결정되는 총생산/총소득은 화폐시장에서의 수요와 균형이자율에 영향을 준다.

⑤ 그렇다면, 재화와 서비스시장과 화폐시장을 함께 고려해야 경제 내의 지출수준(또는 수요측면)에 대한 설명을 완성할 수 있다.

→ 이는 unit 7에서 다룰 내용이다.

[3] 시간이 지나면서 물가가 조정되면 왜 지출승수효과가 0인가?

① 지출증가가 승수효과를 가져와 산출량이 증가하면 조만간 물가가 오르기 시작할 것이다.

② 그런데 재화와 서비스의 산출량이 변동하면 물가가 오르는 이유와 그 파급효과를 이해하려면, 거시경제의 공급측면도 명시적으로 살펴보아야 한다.

③ 그러므로, 우리는 거시경제의 수요와 공급 측면을 함께 고려하면서, 지출 충격에 의한 단기 경기변동 중 물가와 산출량이 어떻게 결정되는가를 이해해야 하고,

④ 또 장기적으로 물가와 산출량이 어떻게 조정되어 가는지를 설명해야 한다.

→ 이는 unit 8에서 다룰 내용이다.

[Appendix A] 순조세 승수의 도출

A.1 순조세 증가의 효과

[1] 순 조세의 변동도 총지출을 변동시켜 생산량에 승수효과를 유발할 수 있다.

① 이전지출의 감소나 조세액의 증가는 순 조세액의 증가를 초래하고,

② 순 조세의 증가는 가계의 가처분소득과 소비 지출의 감소로 이어지고,

③ 이에 따라 지출 및 소득이 연쇄적으로 감소한다.

[2] MPC가 0.6일때, 순 조세가 100만큼 증가시의 효과를 따라가 보자.

① 일단, 조세 증가분 100자체가 지출항목은 아니고,

② 순 조세 증가에 의한 최초의 지출변화는, 가계가 가처분소득이 100만큼 감소함에 따라 100×0.6=60 만큼의 소비재 구매지출을 줄이기 때문에 발생한다.

③ 이에 소비재 및 서비스를 생산하는 기업은 60만큼의 생산을 감축하게 되고,

④ 이에 가계소득은 다시 60만큼 감소하여 소비지출은 $60 \times 0.6 = 36$ 만큼 또 감소한다.

⑤ 이러한 과정에서 (잠정) 균형 GDP의 총 감소분은:
$100 \times 0.6 + 100 \times (0.6)^2 + 60 \times (0.6)^3 + \cdots = 100 \times [0.6 / (1 - 0.6)]$.

[3] 순조세 승수

① 한계소비성향이 MPC인 경우로 순조세 승수를 일반화하면 :

$$\Delta Y = -\left[\frac{\text{MPC}}{(1-\text{MPC})}\right] \times \Delta \text{T}$$

- 순 조세의 증가는 (잠정) 균형 GDP를 감소시키고 순 조세의 감소는 이를 증가시키므로, 순 조세 승수의 부호는 (-)이다.

② 같은 크기의 지출변동에 비해, 순 조세 변동에 따른 승수효과의 크기(즉, 절대값)는 더 작다. 그 이유는:

- 지출 충격은 100만큼의 직접적 생산증가(즉, 1 라운드 효과)를 촉발시킨 후 연쇄반응을 일으키는 반면, 순조세의 변동은 소비지출의 변동을 통한 연쇄반응(즉, 2라운드 이후의 효과)만을 가져오기 때문이다.

확인문제

Q : a. 한계소비성향이 0.5라고 하자. 증시호황으로 가계의 소비가 외생적으로 100 만큼 증가하였고, 이에 경기과열을 우려한 정부가 100 만큼 조세를 증가시켰다고 하자. 승수효과에 따르면, (잠정) 균형 GDP의 변화는?

b. 외생적인 소비증가의 효과를 완전히 상쇄하려면 조세를 얼마나 늘려야 하나

A : a. • 외생적 소비증가의 효과 : $[1 / (1 - MPC)] \times \Delta\overline{C} = 200$

• 조세증가의 효과 : $-[MPC / (1 - MPC)] \times \Delta T = -100$

• 따라서 (잠정) 균형 GDP의 총 변동분은 100이다.

b. 조세변화에 의한 (잠정) 균형 GDP의 감소분이 200이어야 한다. 즉,

$-[MPC / (1 - MPC)] \times \Delta T = -200$ 이어야 하므로, $\Delta T = 200$.

[Appendix B] 그래프와 수식을 통한 지출승수효과의 이해

B.1 본문에서 살펴 본 지출승수효과를 그래프를 통해 설명해 보자.

[1] 폐쇄경제에서 계획하 총지출을 결정하는 요인들은 아래와 같다:

① 소비함수 : $C = \overline{C} + MPC \times (Y - T)$, $\overline{C} > 0$, $0 < MPC < 1$

② 외생적으로 가정한 정부정책 변수 : $G = \overline{G}$, $T = \overline{T}$

③ 역시 외생적으로 가정한 계획하 투자지출 : $I^P = \overline{I}^P$

④ 따라서 계획하 총지출은 : $AE = \overline{C} + MPC \times (Y - \overline{T}) + \overline{I}^P + \overline{G}$

• "가처분소득 Y - T가 얼마라면 그에 따라 이만큼 지출하겠다"는 "소비계획"을 포함하는 것으로 계획하 총지출을 이해할 수 있다.

[2] (잠정) 균형 GDP가 결정되는 조건은 무엇인가?

① 계획하 총지출 = 실제 산출 ⇔ AE = Y

② 아래 그림에서는:

• 균형조건은 45° 선으로 나타나고,

• 계획하 총지출선은 기울기(=한계소비성향)가 1보다 작은 직선으로 그려진다.

• 균형조건선과 계획한 총 지출선의 교점에서 (잠정) 균형 GDP가 결정된다.

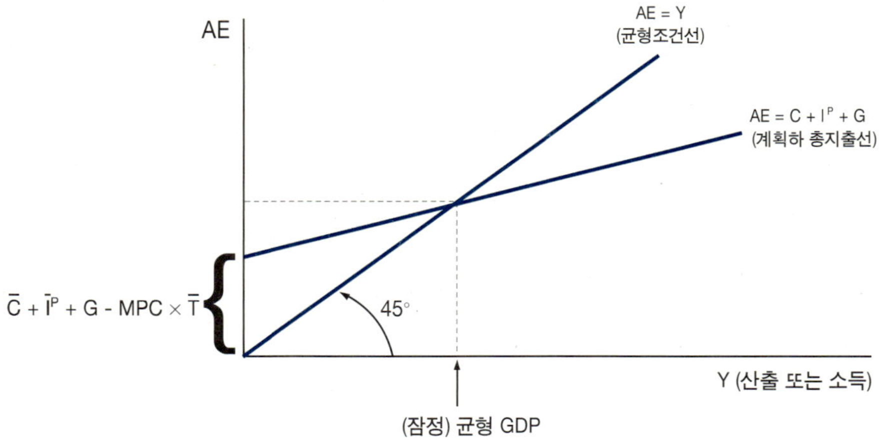

B.2 그렇다면 현재의 산출 및 소득 수준이 (잠정) 균형 GDP 수준이 아닐 경우 어떤 경로를 통해 경제가 (잠정) 균형을 회복하는가?

[1] 실제 산출량이 계획한 총지출수준보다 큰 경우:

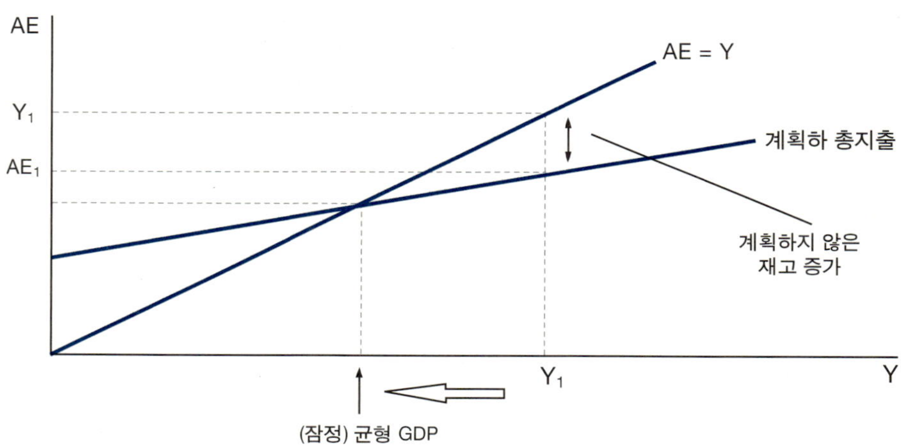

① 경제가 Y_1에 있다면, 실제 산출량이 계획한 지출(AE_1)을 초과하는 상태이다.

② 따라서 생산보다 판매가 부진하여, $Y_1 - AE_1$ 만큼의 계획하지 않은 재고증가가 발생하고

③ 이에, 고용감소와 생산 감축이 이어져 산출량도 감소한다.

• 이처럼, 단기에 가격이 고정되어 있더라도, 수량의 조정을 통해 (잠정) 균형이 달성된다.

[2] 반대로, 실제 산출량이 계획하 총지출수준보다 작은 경우:

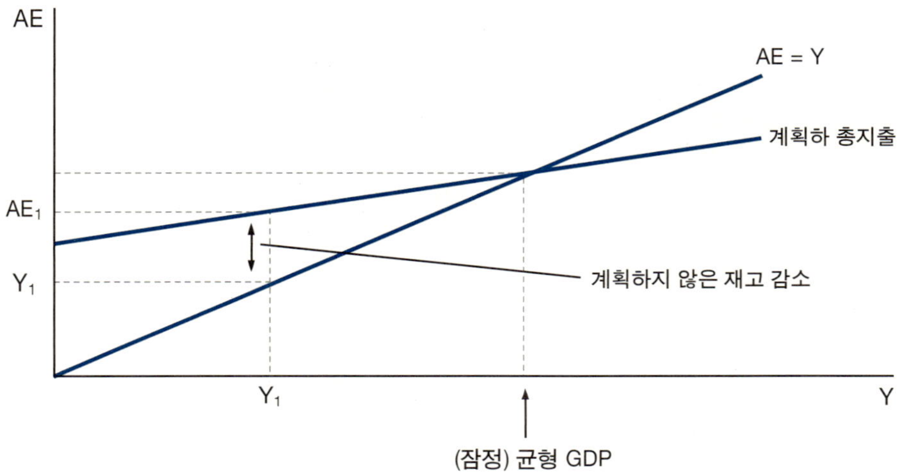

① 경제가 Y_1에 있다면, 실제 산출량보다 계획하 지출(AE_1)이 더 큰 상태이다.

② 따라서 생산량을 초과하는 구매지출로 인해 $Y_1 - AE_1$ 만큼의 계획하지 않은 재고감소가 발생하고

③ 이에, 고용증가와 생산 증대가 이어져 산출량도 증가한다.

B.3 이제, 정부 구매지출이 외생적으로 증가하는 경우 (잠정) 균형 GDP가 어떻게 변하는가를 살펴보자.

[1] 정부 구매지출이 $\Delta G = G_2 - G_1$만큼 만큼 증가하면:

① 모든 산출 및 소득수준에서 계획하 총지출이 ΔG 만큼 증가하므로,

② 아래 그림에서 보듯, 일단 경제의 계획하 총지출선이 AE_1에서 AE_2로 ΔG만큼 상방 이동한다.

③ 최초의 (잠정) 균형 산출량인 Y_1에서는 일시적으로 계획하 지출수준이 생산량을 상회하므로,

④ 이에 재고감소를 경험한 기업은 고용과 생산을 증가시킨다. 이러한 조정과정은, 경제가 새 (잠정) 균형에 도달하여 산출량이 Y_2에 이를 때까지 계속된다.

⑤ 계획하 지출선의 기울기인 한계소비성향이 0과 1 사이에 있으므로, (잠정) 균형 GDP의 증가분인 ΔY는 최초의 정부구매 증가분인 ΔG보다 크다.

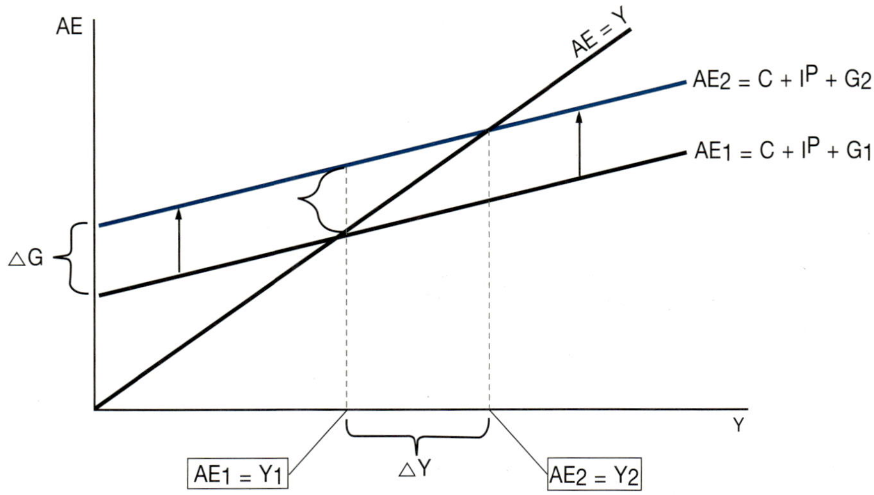

[2] 정부구매지출 증가에 의한 (잠정) 균형 GDP의 증가분을 간단한 수식을 통해 구할 수도 있다.

① 우선 (잠정) 균형 GDP가 결정되는 조건은 $Y = C + I^P + G$이다.

② 정부구매지출이 ΔG만큼 변하여 그 결과 (잠정) 균형 GDP도 변동한다면:

- 일단 위 식 좌변의 Y는, 말하자면 ΔY만큼 변동할 것이다.
- 한편, 위 식의 우변에서는 최초의 정부구매지출 변화(ΔG)와 소득변화에 의한 소비의 변화(ΔC)가 있을 것인데,
- 한계소비성향이 MPC로 일정한 상태라면, 소비의 변화는 $MPC \times \Delta Y$로 나타난다.
- 따라서 위 균형 조건식 양변의 변동을 식으로 나타내면:

$$\Delta Y = \Delta C + \Delta G = MPC \times \Delta Y + \Delta G$$

③ (잠정) 균형 GDP의 변화를 나타내는 항들을 모아 정리하면, 정부구매 지출승수를 구할 수 있다.

$$\Delta Y = \frac{1}{1 - MPC} \times \Delta G$$

B.4 유사하게, 순조세 승수도 수식을 이용하여 도출할 수 있다.

[1] 조세가 ΔT만큼 증가할 때의 (잠정) 균형 GDP의 변화분을 계산해 보자.

① 우선 (잠정) 균형 GDP가 결정되는 조건은 $Y = C + I^P + G$이다.

② 순 조세가 ΔT만큼 변하여 그 결과 (잠정) 균형 GDP도 변동한다면,

- 위 식의 좌변은, 말하자면 ΔY만큼 변할 것이고, 우변에서는 가계의 가처분 소득이 $\Delta Y - \Delta T$ 만큼 변할 것이며,
- 가처분소득의 변화에 의한 소비의 변화는 $\Delta C = MPC \times (\Delta Y - \Delta T)$ 만큼 이다.
- 따라서 조세증가에 의한 균형조건식 양변의 변동을 식으로 나타내면:

$$\Delta Y = MPC \times (\Delta Y - \Delta T)$$

③ (잠정) 균형 GDP의 변화를 나타내는 항들을 모아 정리하면, 순조세 승수를 구할 수 있다.

$$\Delta Y = -\frac{MPC}{1 - MPC} \times \Delta T$$

연습문제

Q1. 미래의 소득 증가가 예상된다면 다음 중 어떤 것이 발생할 것인가?

a. 소비함수의 하방이동
b. 소비함수의 상방이동
c. 소비함수를 따라 소비지출이 상방이동
d. 소비함수를 따라 소비지출이 하방이동
e. a 와 d 모두

Q2. 지출승수 모형에서, 실제 GDP는 5 이고 총지출 수준은 4.6 일 경우 발생하는 것은?

a. 0.4의 산출량이 다 팔릴 때까지 물가 하락
b. 물가상승
c. 이번 기의 낮은 지출수준을 보상하기 위해 소비자가 미래의 지출을 늘릴 것이므로, 기업들이 생산을 미리 증가시킴
d. 재고가 0.4 만큼 증가
e. 재고가 0.4 만큼 감소

Q3. 지출승수효과는?

a. 투자지출과 GDP간의 관계와는 무관하다.
b. 투자지출의 변화는 균형 GDP를 더 크게 변화시킴을 보여준다.
c. 투자지출의 변동을 통해서만 작용한다.
d. 한계소비성향과는 무관하다.
e. 정부정책상의 충격이 장기적으로 경제에 어떤 영향을 주는지를 설명한다.

Q4. 최초에 투자지출이 외생적으로 30만큼 증가한 후 (잠정) 균형 GDP가 120만큼 증가했다면, 한계소비성향은 얼마인가?

a. 0.25 b. 0.5 c. 0.6 d. 0.75 e. 0.8

Q5. 독립적 소비가 증가할 경우 발생할 것은?

a. 총지출 증가, 균형 GDP 증가
b. 총지출 증가, 균형 GDP 불변
c. 총지출 불변, 균형 GDP 증가
d. 총지출 증가, 균형 GDP 감소
e. 총지출과 균형 GDP 모두 불변

Q6. 정부구매와 순 조세액을 같은 크기로 증가시키는 경우의 승수인 균형재정지출승수(balanced-budget multiplier)를 도출해 보자. 이를 위해, 정부구매와 순 조세가 각각 ΔG와 ΔT 만큼 동시에 증가하고, $\Delta G = \Delta T$ 라 가정한다.

a) 정부구매 증가에 의한 GDP 변동과정을 설명하고, GDP의 총 변동을 지출승수를 이용하여 나타내라.

b) 조세증가에 의한 GDP 변동과정을 설명하고, GDP의 총 변동을 순조세 승수를 이용하여 나타내라.

c) 이제 $\Delta G = \Delta T$를 이용하여, 위의 두 승수효과의 합이 0보다 큰지 작은지를 판별하고, 균형재정지출승수의 크기를 해석해 보라.

Unit 7

지출과 경기변동(II)

TOPIC 1 : 단기에서의 화폐시장 균형

TOPIC 2 : 화폐시장과 지출승수 효과의 결합

TOPIC 3 : 총수요 곡선

Unit 7의 구성과 목표

■ 앞의 unit 6에서 우리는 경제 내 한 부문에서의 지출의 증가가 경제 전체의 생산 및 소득의 증가로 이어지는 지출승수효과를 이해하였다.

- 그러나 unit 6에서 살펴 본 단순한 지출승수모형은, 물가가 고정된 상태에서 재화 및 서비스 시장의 상황만 고려하고 있다는 점에서 매우 제한된 범위의 분석이었다.

■ 이 unit에서는 재화와 서비스시장과 화폐시장간의 상호작용을 명시적으로 고려하여 지출승수모형을 확장한다.

- 재화와 서비스에의 지출수준은 분명 이자율에 의해서도 영향을 받는다.
- 우리는 "금리 인하를 통한 내수 진작"을 거론하는 기사를 자주 접하게 되는데,
- 경기변동에 있어서 금리가 중요한 이유는, 이자율 변화가 기업의 공장설비나 신규주택 건설, 가계의 내구재 구매등과 같은 지출항목에 영향을 주기 때문이다.

■ 앞의 unit 5에서 화폐수요를 설명할 때, 단기에서 화폐시장이 균형을 이루도록 조정되는 중요한 가격 변수는 이자율이라고 언급한 바 있다.

- 물가가 경직적인 단기에서 화폐시장의 수요나 공급이 변화하면,
- "균형이자율 변화 → 투자 및 내구재 소비지출변화 → 지출승수효과"로 이어지는 일련의 과정이 발생할 것이고,

- 이런 의미에서 볼 때, 총지출의 변동에 의한 (잠정) 균형 GDP의 변화를 제대로 설명하기 위해서는 재화와 서비스 시장은 물론이고 화폐시장도 함께 분석해야 한다.

■ 따라서, 이 unit은 단기에서의 화폐시장 균형을 설명하면서 논의를 시작한다.
- 먼저 물가가 경직적인 단기에서의 화폐수요를 살펴보고,
- 이어서 이자율이 조정되어 화폐시장의 단기균형이 달성되는 과정을 이해한다.

■ 그 다음, 화폐시장의 균형과 재화 및 서비스시장에서의 지출승수효과를 결합한다.
- 화폐시장 요인의 변화가 균형이자율의 변화를 통해 지출변동과 이에 따른 지출승수효과를 촉발시키는 경로를 구체적으로 살펴보고,
- 두 시장간 反響效果(repercussion effect)까지 고려하면서 두 시장에서 동시균형이 달성되는 과정을 설명한다.

■ 마지막으로, 지금까지는 미리 결정되어 주어진 것으로 가정했던 물가수준이 높고 낮음에 따라 경제 내의 총 지출수준이 어떻게 달라지는지를 알아본다.
- 그 과정에서, 물가와 총지출수준간 음의 관계를 보여주는 이른바 총수요 곡선(aggregate demand curve)을 도출해 본다.

TOPIC 1 | 단기에서의 화폐시장 균형

1. 화폐시장 再考察

1.1 화폐수요란 사람들이 주어진 여건 하에서 얼마나 많은 화폐를 보유하려 하는지를 보여준다.

[1] [Recall : Unit 5] 화폐수요는 보유하고 있는 총 자산이나 富 중에서 유동성의 형태로 보유하고자 하는 액수를 나타낸다고 설명했었고, 이러한 의미에서 명목화폐의 수요량을 결정하는 것은 아래의 요인들이었다.

① 물가 [P]

② 명목이자율 [i]

③ 실질 소득 [Y]

④ 금융 기술 및 제도적 요인 [k(•)]

→ 이들을 모두 감안한 명목화폐 수요함수의 형태는 $M^D = k(i)PY$였다.

[2] 그런데, 최단기적(very short run)으로 물가(P)는 주어진 수준에 고정되어 있고 금융제도도 급변하지 않는 것으로 본다면, 그러한 상태에서 화폐의 수요량에 영향을 미치는 중요한 가격변수는 이자율이다.

① 이는 곧 화폐의 공급량이 주어져 있다면 주로 이자율의 변동을 통해 화폐시장의 균형이 달성된다는 것이다.

- 산출 또는 소득도 화폐수요에 영향을 미치나, 소득은 이자율에 비해 매우 느리게 조정되므로 화폐시장의 균형은 일차적으로 이자율 조정에 의해 달성될 것이다.

② 그리고, 화폐시장에서 수요나 공급이 변할 경우 균형이자율이 변동할 것이다.

- 물가가 일정하다면 인플레이션율이 0이므로, 명목이자율과 실질이자율을 구별하지 않아도 될 것이다.
- 지출변동에 의해 발생하는 GDP(= 소득)의 변동도 화폐수요에 영향을 줄 것이나, 이 부분에 대한 논의는 화폐시장과 재화 및 서비스 시장의 상호작용을

설명할 때까지 잠시 미룬다.

③ 이러한 배경 하, 화폐시장의 수요와 공급에 의해 이자율이 결정되는 과정을 설명하는 이른바 유동성 선호이론을 먼저 살펴보자.

1.2 단기의 화폐수요 이론 : 유동성 선호이론(theory of liquidity preference)

[1] 분석의 편의를 위해, 사람들이 화폐와 채권이라는 두 금융자산의 형태로만 총 자산이나 부를 보유한다고 가정하자.

① 채권은 기업이나 정부기관 등의 차입자가 자금 차입시 발행하는 채무증서이다.

② 사람들이 보유하고 있는 총 부(wealth)를 화폐와 채권이라는 두 형태의 자산에 얼마씩 배분할지는 개인들의 선택에 달려 있다.

- 화폐는 지불수단으로 사용할 수 있으나 이자소득을 창출하지는 못하는 반면,
- 채권은 이자수입을 창출하지만, 지불수단으로 사용할 수 없어 거래상의 편의를 제공하지 못한다.

[2] 따라서, 화폐보유의 기회비용은 이자율(특히 명목이자율)이고, 화폐수요함수는 아래의 [그림 1]에서 보듯 이자율의 감소함수이다.

① 화폐수요에 영향을 미치는 다른 요인들이 일정한 상태라면, 이자율이 높을수록 사람들이 화폐를 적게 보유하려 하므로 화폐수요량과 이자율은 반비례하며,

② 이자율의 하락은 화폐수요량을 증가시킨다.

[그림 1] 명목이자율과 화폐수요

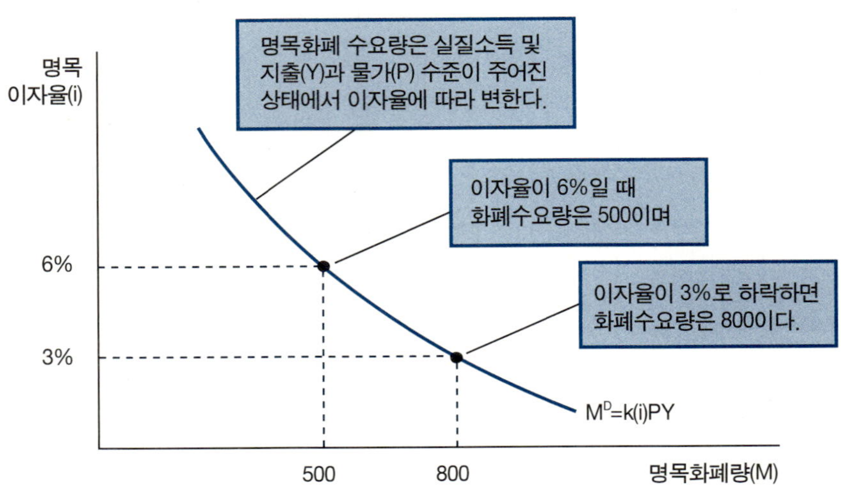

[3] 한편 화폐수요량을 결정하는 요인들 중 이자율 이외의 것이 변동하면, [그림 2]에서처럼 화폐수요함수 자체가 이동한다.

① 실질소득(Y)이나 물가(P)가 상승하면, 모든 이자율 수준에서 사람들이 보유하고자 하는 명목화폐량이 증가할 것이고,

② 금융제도가 발달하면 모든 이자율 수준에서 사람들이 보유하고자 하는 명목화폐량이 감소할 것이다.

③ 또, 미래에 대한 기대의 변화도 화폐수요함수의 이동을 초래한다.

- 일례로, 미래에 대한 불확실성이나 장기 금융상품의 안정성에 대한 우려가 커지면,
- 현금 및 요구불 예금의 선호가 증가함에 따라 모든 이자율 수준에서 사람들이 보유하고자 하는 (M1으로 파악한) 명목화폐량이 증가하므로,
- 화폐수요함수가 우측으로 이동한다.

[그림 2] 화폐수요의 이동

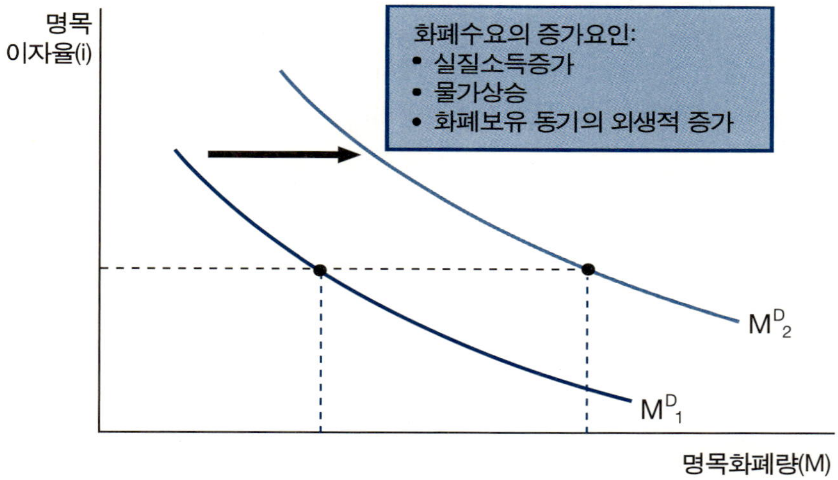

1.3 한편, 화폐공급함수는 각 이자율 수준에서 경제 내에 통용되는 화폐의 양을 나타낸다.

[1] 경제 내의 화폐공급량을 중앙은행이 외생적으로 결정한다고 가정한다.

① 그러면, 화폐공급함수는 실제 공급된 통화량 수준에서 수직선이며,

② 공개시장 조작, 재할인율 조정, 지불준비율 조정 등을 통해 중앙은행은 수직인 화폐공급곡선을 좌우로 이동시킬 수 있다.

[2] 예컨대, 중앙 은행이 공개시장에서 채권을 매입하면:

① Unit 3에서 살펴 본 통화승수효과에 의해 화폐공급량이 증가하고,

② 따라서 화폐공급함수는 우측으로 이동한다.

[3] 또, 중앙은행이 지불준비율이나 재할인율을 올리면:

① 민간은행의 대출여력이 줄어들어 시중의 화폐공급량이 감소하고,

② 따라서 화폐공급함수는 좌측으로 이동한다.

2. 화폐시장의 단기균형

2.1 화폐시장의 균형은 화폐의 수요량과 공급량이 일치할 때에 달성되는데, 특히 단기에서 화폐시장 균형이 달성되는 과정을 자세히 설명해 보자.

[1] 우선, 아래 [그림 3]이 보여주는 화폐시장 균형의 의미는 무엇일까?

① 화폐공급은 실제로 시중에 공급되어 사람들이 보유하고 있는 화폐량을 의미하고,

② 화폐수요는 각 이자율 수준에서 사람들이 보유하고자 하는 화폐의 양을 나타낸다.

③ 따라서, 화폐시장 균형은 경제 내에 실제로 공급된 화폐가 모두 자발적으로 모두 보유되는 상태인 점 E에서 결정된다.

[그림 3] 화폐시장 균형

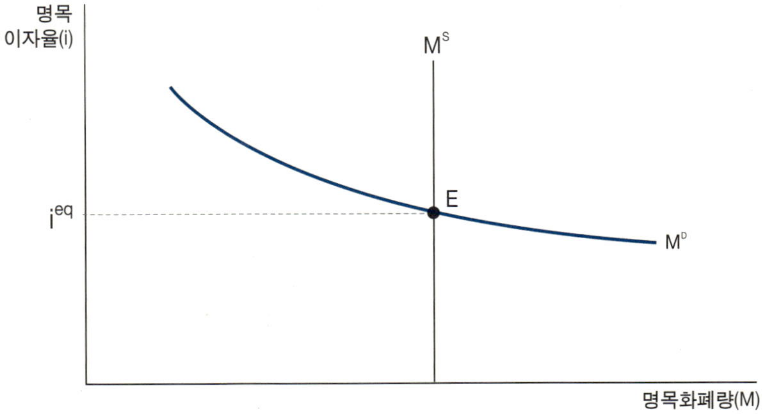

• 그 균형을 달성해 주는 이자율은 i^{eq} 수준이다.

[2] 물가가 경직적인 단기에서는 주로 이자율의 변동을 통해 화폐의 수요량과 공급량을 일치된다고 말한 바 있다.

① 장기에서는 물가의 조정이 화폐시장 균형을 이루는 주요 경로였는데 반해,

② 물가가 경직적인 단기에서는 이자율의 변동이 중요하다.

2.2 그렇다면, 단기에서는 어떤 조정과정을 거쳐 화폐시장 균형이 달성되는가?

[1] 화폐시장 균형으로의 조정 경로를 설명하려면, 먼저 채권가격과 명목이자율간의 관계를 이해할 필요가 있다.

① 채권은 차입한 일정액의 자금(=액면가, face value)을 향후 특정한 날짜(=만기, maturity)에 그 채권의 보유자에게 지급하겠다는 증서이다.

② 자금 차입자는 신규채권을 발행하여 이를 채권시장에서 형성된 가격에서 매각하여 자금을 조달한다.

③ 채권 매입자의 입장에서 보면, 채권을 낮은 가격에 매입하면 수익률이 높아지고 높은 가격에 매입하면 수익률이 낮아진다.

• 차입자 입장에서는 그 수익률이 곧 차입원금에 지급하는 만기까지의 이자율이기도 하다.

④ 따라서, 채권가격이 올라가면 이자율이 하락하고, 채권가격이 내려가면 이자율은 상승한다.

• 현재가치의 개념을 통해 채권 가격과 이자율간의 음의 관계를 이해할 수도 있으며, 이에 대한 논의는 unit 7-A를 참고하라.

[2] 아래의 [그림 4]에서처럼, 현재 화폐시장에서 실제 이자율(i^H)이 균형이자율(i^{eq})보다 높은 경우에는 어떤 일이 벌어질까 생각해 보자.

① i^H의 이자율 수준에서는 공급된 통화량이 수요량을 초과하고 있는 상태, 즉 화폐의 초과공급 상태이다.

② 총 자산액이 주어진 상태에서, 화폐의 초과공급은 다른 자산인 채권의 초과수요를 의미한다.

③ 따라서, 채권가격이 상승하게 되고 이에 따라 이자율은 하락하게 된다.

④ 이러한 조정과정은 이자율이 하락하여 채권의 초과수요나 화폐의 초과공급이

[그림 4] 화폐시장 균형의 달성 경로

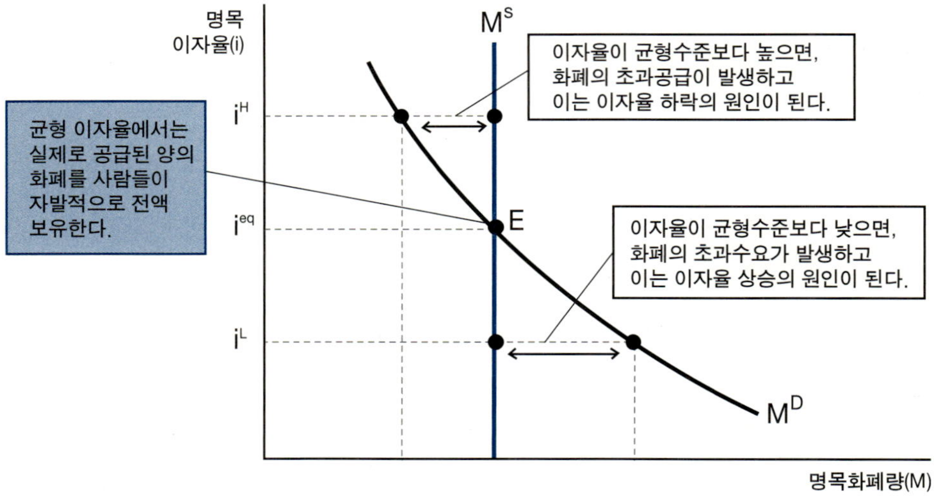

해소될 때까지 계속된다.

[3] 반대로 시장이자율(i^L)이 균형이자율(i^{eq}) 보다 낮다면:

① 현재 화폐시장에서 초과수요가 발생하고 있는 상태이고,

② 총 자산액이 주어진 상태에서, 화폐의 초과수요는 다른 자산인 채권의 초과공급을 의미하므로,

③ 채권가격이 하락하고, 이자율은 상승하게 된다.

2.3 화폐시장 균형이 달성되는 과정을 이해했으므로, 이제는 중앙은행이 화폐공급을 변화시킬 경우에는 균형이자율이 어떻게 변동하는가를 설명할 수 있다.

[1] 공개시장에서 중앙은행이 화폐공급을 늘리면 이자율을 하락시킬 수 있다.

① 아래 [그림 5]에서처럼 중앙은행이 공개시장매입으로 본원통화공급을 증가시키면, 균형이자율은 하락한다.

- 화폐공급이 M_1^S 에서 M_2^S 로 증가하면, 기존의 균형점 E_1 에서의 이자율인 i_1^{eq} 하에서는 화폐의 초과 공급(=채권의 초과수요)이 발생한다.
- 이에, 채권가격이 상승하고 이자율이 하락하면서 화폐시장은 새 균형 E_2 로 이동한다.

② 공개시장 조작 외에도, 중앙은행은 지불준비율/재할인율 변경 등을 통해 간접적으로 통화량을 변화시켜 균형이자율에 영향을 미칠 수 있다.

• 재할인율 인하, 지준율 인하 ⇒ 대출/예금/현금보유량 증가 ⇒ 통화량 증가 ⇒ 균형이자율 하락

[그림 5] 화폐공급 증가와 균형이자율의 변화

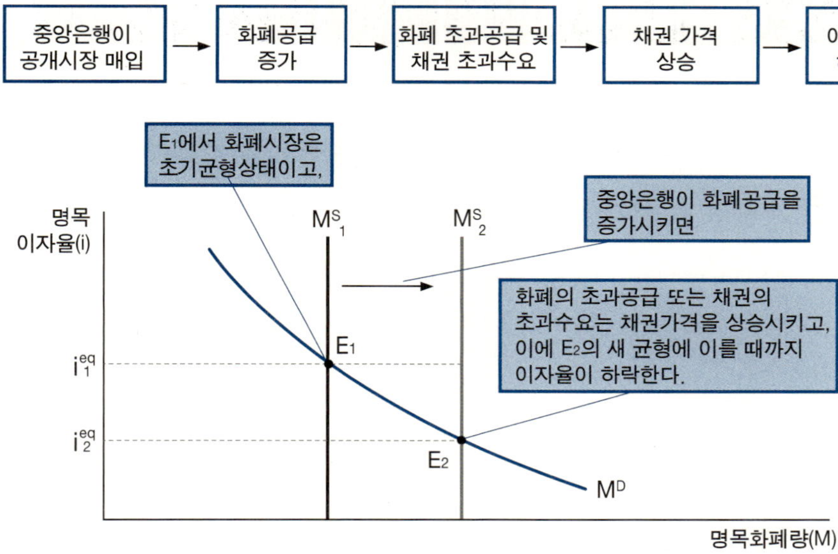

[2] 어떤 이유로든 화폐공급이 감소하는 경우엔, 아래 [그림 6]에서와 같은 경로로 이자율이 상승한다.

[그림 6] 화폐공급 감소와 균형이자율의 변화

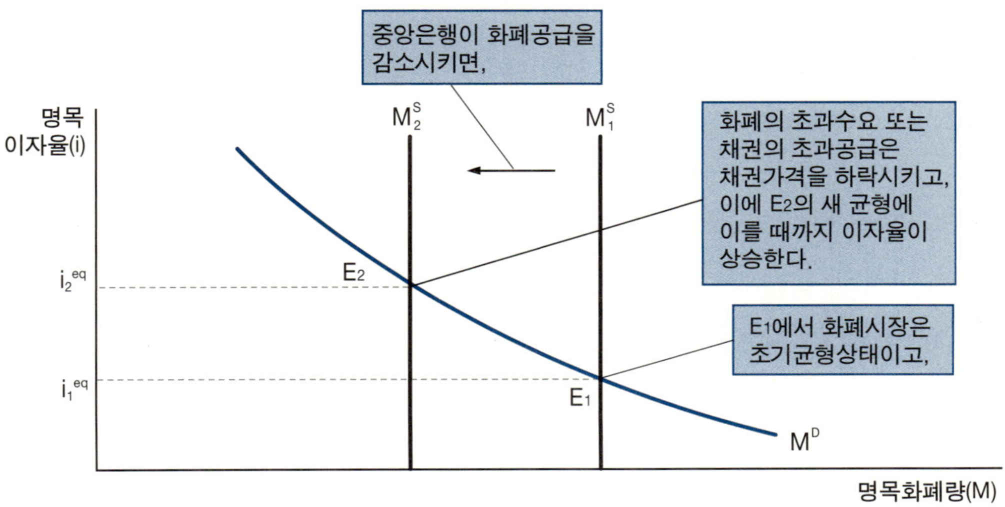

TOPIC 2 | 화폐시장과 지출승수효과의 결합

1. 이자율과 지출변동

1.1 단기에서 이자율 조정을 통해 화폐시장의 균형이 달성되는 과정을 이해했으니, 이제 화폐시장에서 균형이자율이 변화하면 경제에 어떤 영향을 주는지 살펴보자.

[1] 여기서 논의의 핵심은 이자율 변동이 경제 내의 지출을 변화시키게 된다는 것인데, 재화와 서비스 시장에서의 지출항목 중 이자율에 민감한 것은 투자와 내구재 소비지출이다.

① 계획하 투자지출 :

- 공장설비 및 장비, 신규 주택구입 등은 차입을 통해 이루어지므로,
- 이자율은 투자에 사용된 자금의 기회비용이다

② 내구소비재지출 :

- 가계의 내구소비재지출은 수년간 사용되는 재화에의 규모가 큰 지출이며,
- 많은 경우 신용 구매 등 차입을 통해 내구소비재 구입자금을 조달한다.

[2] 예를 들어 중앙은행이 화폐의 공급량을 변화시키면, 균형이자율의 변동을 통해 (잠정) 균형 GDP가 변한다.

① 중앙은행이 어떤 경로로든 화폐공급량을 증가시킨다면, 균형이자율이 하락한다.

② Unit 6에서는 이자율이 외생적으로 결정되어 주어진 것으로 가정했으므로, 계획하 투자지출 $\overline{I}^P$과 독립적 소비지출 $\overline{C}$(그 중 특히 내구재 소비지출)도 사실상 외생적으로 결정되는 것과 마찬가지였으나,

③ 이제 이자율 변동의 효과를 명시적으로 고려하기 시작하면, 이자율 하락에 의해 위의 두 지출항목이 증가하기 시작한다.

- 특히 모든 가처분소득 수준에서 (내구재 소비를 중심으로) 소비지출이 증가하므로., 소비함수의 상방 이동이 일어난다.

④ 어쨌든, 투자와 소비지출이 증가하여 (+)의 지출승수효과를 유발하므로, 총지출/생산/소득이 증가하면서 (잠정) 균형 GDP가 증가한다.

⑤ 반면, 중앙은행이 통화량을 감소시키는 경우, 위 항목의 지출이 감소하여 최종적으로 (잠정) 균형 GDP가 감소할 것이다.

[3] 그런데, 이자율 변화에 의한 (잠정) 균형 GDP의 변동은 다시 화폐시장에 영향을 준다.

① 화폐시장에서 발생한 이자율 변동에 의해 재화와 서비스 시장에서 지출승수효과가 발생하여 생산 및 소득(Y)이 변동하면,

② 이는 화폐시장에서 화폐수요를 변화시켜 균형이자율이 변동하게 하고,

③ 이는 다시 재화와 서비스 시장에서 지출에 영향을 주어 (잠정) 균형 GDP가 다시 변화하는, 두 시장간 일련의 반향효과(repercussion effects)가 발생한다.

[4] 그렇다면, 재화와 서비스 시장의 지출수준에 따라 결정되는 (잠정) 균형 GDP는, 두 시장의 균형을 동시에 고려해야 제대로 파악할 수 있다.

① 즉, 두 시장이 모두 균형에 도달하여 시장간 반향효과의 여지가 더 이상 없을 때에야, 화폐공급의 변화가 균형이자율과 (잠정) 균형 GDP에 미치는 영향을 제대로 파악할 수 있다.

② 이하에서는 (화폐시장발 변화인) 통화정책과 (재화 및 서비스 시장발 변화인) 재정정책의 효과를 분석하되,

③ 화폐시장균형과 지출승수효과를 통합하여 논의를 전개할 것이다.

- 이는 곧 두 시장이 이자율을 매개로 이어져 있음까지 고려한, 확장된 범위에서의 지출승수효과 분석이기도 하다.

2. 통화정책과 재정정책의 경로와 효과

2.1 화폐공급 증가의 효과 : 중앙은행이 화폐공급을 증가시킬 경우 거시경제에 파급되는 영향을, 두 시장을 함께 고려하면서 단계적으로 설명해 보자.

[1] STAGE 1 : 貨幣市場發 지출승수효과

① 중앙은행이 통화량을 증가시키면 화폐시장에서 이자율이 하락하고, 이는 재화

및 서비스 시장에서 총지출의 변동을 가져온다.

② 이렇게 발생한 총지출의 초기변동은, 지출승수효과를 통해 총지출과 (잠정) 균형 GDP를 더욱 증가시킨다.

③ 여기까지의 과정을 설명한 아래 [그림 7]을 보자:

- 애초의 두 시장 동시균형점 A에서, 경제 내의 총산출은 100, 이자율은 6%, 통화량은 500이었다.
- 이제, 중앙은행이 통화량을 800으로 늘리면, 화폐시장에서 이자율이 3%로 하락하고,
- 이에 따라 투자지출과 내구재 소비지출이 늘고, 지출승수효과를 통해 (잠정) 균형 GDP는 150으로 증가하여,
- 재화 및 서비스 시장의 상태는 일시적으로 점 B로 이동한다.

[그림 7] 화폐시장발 지출승수효과

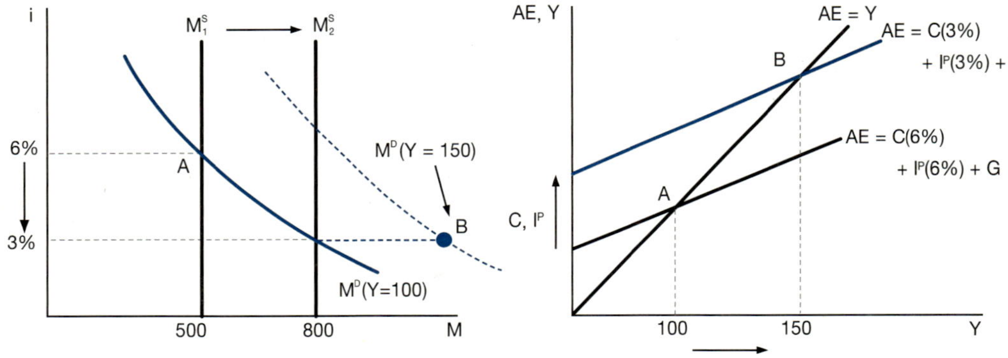

[2] STAGE 2 : 재화 및 서비스 시장에서 발생한 지출/생산/소득증가의 영향이 화폐시장으로 파급되는 과정

① 위 [그림 7]의 화폐시장에서 보듯, 3%로 하락한 이자율과 일시적으로 150까지 증가한 소득 하에서, 화폐수요는 점 B에서의 수준으로 증가한다.

② 점 B에서 발생하는 화폐의 초과수요에 의해, 3%까지 하락했던 이자율이 상승하기 시작한다.

③ 그 과정에서 투자와 내구재 소비지출이 감소하기 시작하고, 이는 (-)의 지출승수효과를 통해 (잠정) 균형 GDP를 감소시킨다.

④ 이러한 두 시장 내의 조정과 시장간 조정 과정이 모두 끝난 가상적인 상태가 [그림 8]에 묘사되어 있다.

• 두 시장의 최종적으로 동시균형에 도달한 점 C를 보면, 이자율은 최종적으로 (화폐공급 증가 전의 6%보다는 낮으나 화폐수요가 뒤따라 증가하기 전의 3%보다는 높은) 5%까지만 하락하고,

• 재화와 서비스 시장에서의 (잠정) 균형 GDP는 최초의 지출승수효과에 의한 수준인 150보다 낮은 125까지만 증가한다.

• 125의 총산출(=소득)과 5%의 이자율 수준에서 800의 명목화폐 공급량이 모두 자발적으로 보유되므로, 화폐시장도 다시 균형을 이룬다.

[그림 8] 화폐시장으로의 피드백 효과

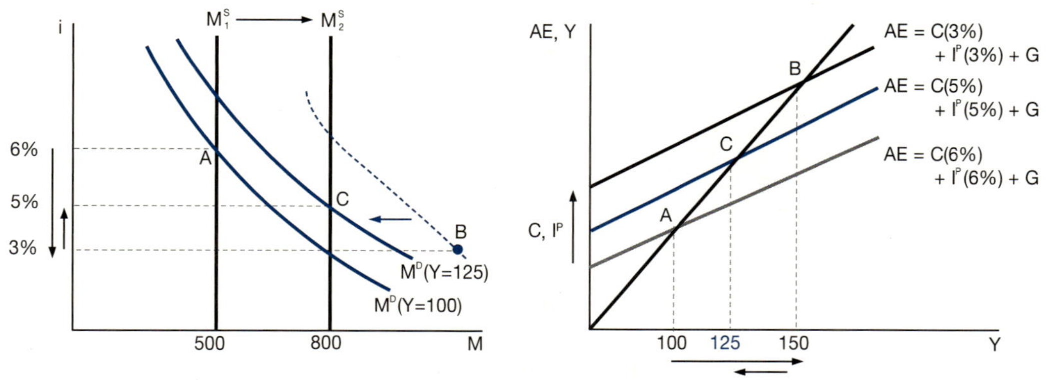

확인문제

Q : 현재 물가가 P=1에 고정되어 있다고 하자. 위 [그림 8]에서 k(6%)와 k(5%)의 구체적인 값은 얼마일까?

A : 화폐시장 균형 조건은 $M^S = k(i)PY$이다.
점 A에서는 : $500 = k(6\%)\times1\times100$ → 따라서 k(6%)=5이다.
점 C에서는 : $800 = k(5\%)\times1\times125$ → 따라서 k(5%)=6.4이다.

2.2 재정정책 : 이제는 정부구매지출의 승수효과를 두 시장 사이의 반향효과까지 고려하여 단계적으로 살펴보자.

[1] STAGE 1 : 정부구매의 지출승수효과

① 정부구매지출이 증가하면, 일단 지출승수효과에 의해 (잠정) 균형 GDP가 증가한다.

② [그림 9]에서 보면:

- 애초에는 (정부구매지출 G_1, 소득수준 100, 이자율 6%, 통화량 500인) 점 A에서 두 시장이 동시균형 상태였다.
- 이때 정부가 재화와 서비스 구매지출을 G_2로 늘리면, (잠정) 균형 GDP는 점 B에서의 200으로 증가한다.
- 점 B는 unit 6에서 본 단순한 지출승수효과만 작동한 상태이며, (잠정) 균형 GDP의 증가가 화폐수요와 이자율에 영향을 주기 이전이다.[26)]

[그림 9] 정부구매지출의 승수효과

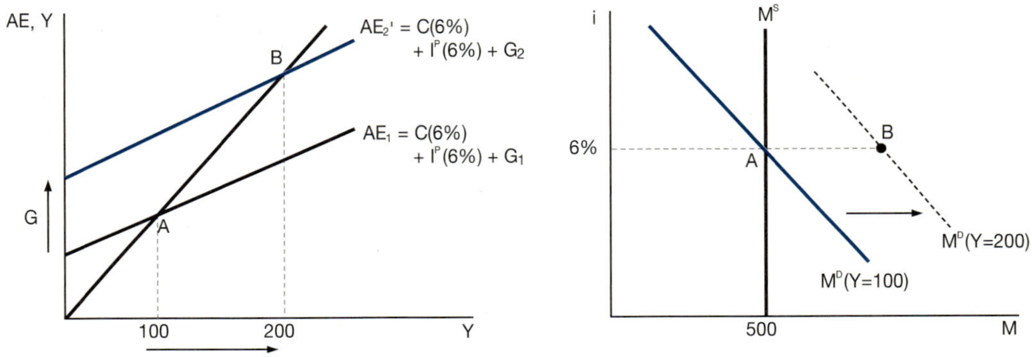

[2] STAGE 2 : 화폐시장으로의 피드백효과

① 위 [그림 9]의 우측 패널에서 보듯, 기존의 6% 이자율 하에서 생산과 소득이 일시적으로 200까지 증가한 후의 화폐시장 수요는 점 B에서의 수준이다.

② 점 B에서 발생하는 화폐의 초과수요에 의해 균형이자율은 점차 상승하기 시작한다.

③ 이에 따라 투자지출과 내구재 소비지출이 감소하고, 이는 (-)의 지출 승수효과를 초래하므로 (잠정) 균형 GDP도 감소하기 시작한다.

- 이에 따라 화폐수요도 점차 감소하기 시작한다.

④ 두 시장간의 조정 과정이 모두 끝난 가상적 상태가 아래 [그림 10]에서의 점 C이다.

- 최종적으로 이자율은 8%까지 상승하고,

26) 이는 unit 6에서 살펴본 단순한 지출승수효과인 $\Delta Y = \frac{1}{1-MPC}\Delta G$의 크기가 100이라는 의미이다.

• (잠정) 균형 GDP는 최초의 지출승수효과에 의한 수준(=200) 보다 낮은 170 까지만 증가한다.

• 즉, 최초의 지출승수효과 이후 화폐수요 증가와 이자율 상승으로 인해 지출이 감소하여, 30만큼의 (잠정) 균형 GDP가 감소한 것이다.

• 한편, 500의 명목화폐 공급량이 170의 소득수준과 8%의 이자율에서 모두 보유되므로, 화폐시장도 다시 균형을 이룬다.

[그림 10] 화폐시장으로의 피드백 효과

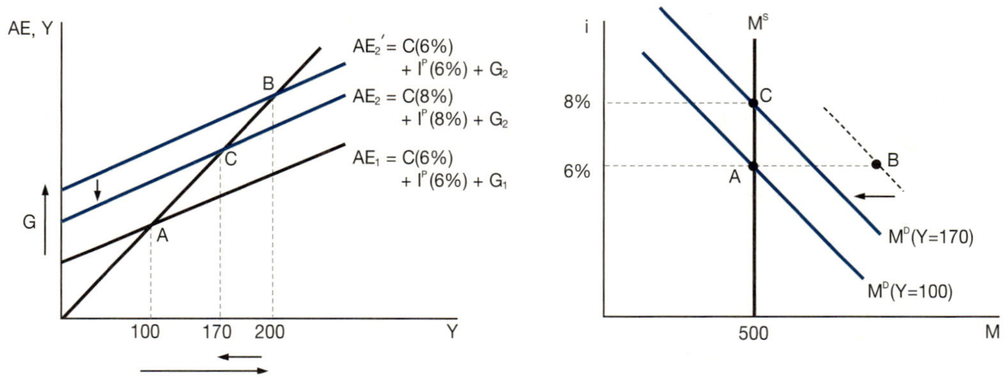

[3] 정부구매증가의 구축효과가 또다시 출현했다.

① 단기분석에서의 구축효과 :

• 정부구매지출이 증가하면 일시적으로는 (잠정) 균형 GDP가 지출승수배 만큼 증가하나,

• 이에 따른 화폐수요의 증가와 이자율 상승에 의해 민간부문의 내구재 소비와 투자지출이 다시 감소하는 현상이다.

② 단기에서의 구축효과는 앞의 unit 4에서 살펴 본 장기에서의 구축효과는 어떤 차이가 있나?

• 장기분석 : 정부구매 증가는 대부자금 시장에서 자금공급의 감소(즉, 총저축의 감소)를 초래하여 이자율을 상승시킨다.

• 단기분석 : 정부구매 증가는 화폐시장에서 화폐수요의 증가를 초래하여 이자율을 상승시킨다.

[4] 이처럼 (이자율을 매개로 하는) 화폐시장에서 재화 및 서비스 시장으로의 전파경로가 있다면, 외생적 지출변동에 의해 GDP가 변동할 경우 중앙은행은 통화량 조

절을 통해 총지출의 변동을 줄일 수 있다.

① 예컨대, 중앙은행은 경제가 현재 자연산출량 부근에서 운용되고 있다고 보는데, 정부는 정부구매 증가나 조세삭감 등을 통해 경기를 더욱 진작시키려 하고 있다면,

② 중앙은행은 공개시장매각을 통해 통화공급을 줄여 이자율을 상승시킴으로써,

③ 확장적 재정정책에 의한 지출승수효과를 상쇄할 수 있다.

2.3 재정정책과 통화정책의 유효성 : 재정정책과 통화정책이 (잠정) 균형 GDP를 증가시키는 경로를 이해하였으니, 이제 어떤 조건하에서 각 정책의 효과가 크게 나타나는지를 생각해 보자.

[1] 재정정책의 유효성

① 정부구매지출 증가가 (잠정) 균형 GDP에 미치는 영향은, (+)의 지출승수효과와(-)의 구축효과의 합으로 볼 수 있다.

- 한편 감세가 (잠정) 균형 GDP에 미치는 영향은 조세승수효과와 구축효과의 합으로 볼 수 있다.
- 그렇다면, 재정정책이 (잠정) 균형 GDP를 증가시키는데 얼마나 효과적인가는, 지출승수효과 또는 조세승수효과가 구축효과에 의해 얼마나 상쇄되는가에 달려있다.

② 그런데, 구축효과가 발생하는 경로는 아래의 세 단계로 나누어 볼 수 있다.

- [단계 1] 승수효과에 의해 지출과 소득이 증가함에 따라 화폐수요가 증가하고,
- [단계 2] 그에 따라 화폐시장에서 이자율이 상승하고,
- [단계 3] 그 결과 투자 및 내구재 소비지출이 감소하여 (-)의 지출승수효과를 발생시킨다.

③ 따라서 구축효과의 크기가 작아야 확장적 재정정책의 효과가 클 것이고, 이를 위해서는 위의 각 단계별로 아래의 조건이 만족돼야 할 것이다.

- [조건 1] 소득이 증가하더라도 화폐수요가 크게 늘지 않아야 한다.
- [조건 2] 화폐수요가 증가하더라도 균형이자율이 많이 오르지 않아야 한다.
- [조건 3] 이자율이 올라가도 투자와 (내구재) 소비지출의 감소분이 작아야 한다.

  → 위의 조건 중 [조건 1]과 [조건 3]의 의미는 자명하나, [조건 2]의 의미는 약간 더 논의할 필요가 있다.

④ 위의 [단계 2]에서 균형이자율이 오르는 이유는:

- 화폐공급이 불변인 상태에서, 화폐수요가 증가함에 따라 화폐의 초과수요가 발생하게 되는데,
- 화폐시장 균형이 회복되기 위해서는 이자율이 올라가서 초과수요가 해소돼야 하기 때문이다.

⑤ 그렇다면, 화폐수요가 이자율에 민감할수록, 이자율이 조금만 올라도 화폐시장 균형이 회복될 수 있다.

- 따라서 위의 [조건 2]는, "화폐수요가 이자율에 민감해야 한다"는 의미이다.

⑥ [그림 11]은 [조건 2]의 의미를 예시하고 있다.

- 검은색으로 나타낸 화폐수요 M^D_{SENSI} 는 화폐수요가 이자율에 민감하여 기울기가 완만하고,
- 파란색으로 나타낸 화폐수요 $M^D_{INSENSI}$ 는 화폐수요가 이자율에 둔감하여 기울기가 급하다.
- 동일한 균형 E_0에 있다가 두 화폐수요가 같은 크기만큼 증가할 경우, 화폐수요가 이자율에 민감할 경우에 균형이자율이 덜 올라감을 확인할 수 있다.

[그림 11] 화폐수요의 이자율 민감도와 이자율 변화(1)

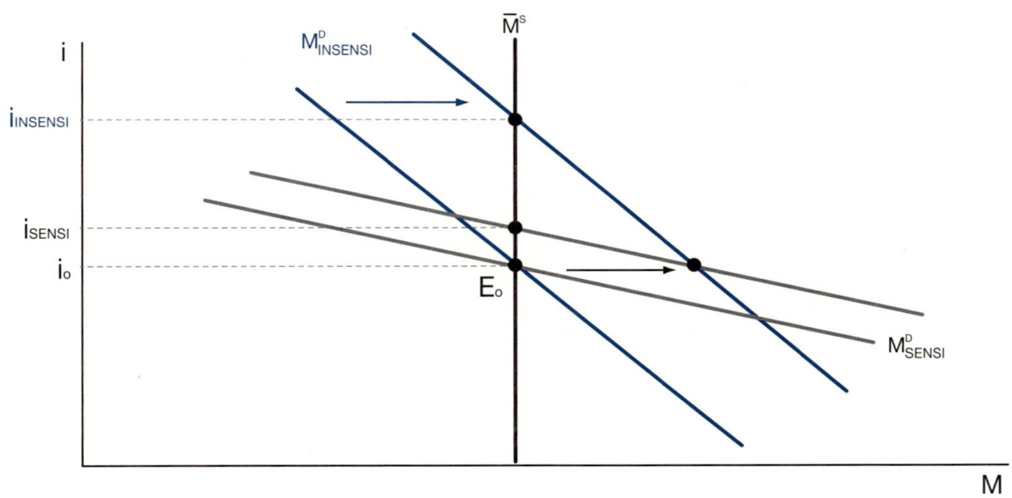

[2] 통화정책의 유효성

① 통화공급 증가가 (잠정) 균형 GDP를 증가시키는 경로는 아래의 두 단계로 나누어 볼 수 있다.

• [단계 1] 화폐시장에서 일시적으로 화폐의 초과공급이 발생하여 균형이자율이 하락하고

• [단계 2] 그 결과 투자 및 내구재 소비지출이 증가하여 (+)의 지출승수효과를 발생시킨다.

② 따라서 확장적 통화정책의 효과가 크려면, 위의 각 단계별로 아래의 조건이 만족돼야 할 것이다.

• [조건 1] 화폐공급이 증가하면 균형이자율이 크게 하락해야 한다.

• [조건 2] 이자율이 내려가면 투자와 (내구재) 소비지출이 크게 늘어야 한다.

→ [조건 2]의 의미는 자명하나, [조건 1]의 의미는 약간 더 논의할 필요가 있다.

③ 위의 [단계 1]에서 이자율이 내려가는 이유는:

• 화폐공급이 증가한 후 화폐시장 균형이 달성되는 과정에서,

• 증가한 화폐공급분이 사람들에 의해 자발적으로 더 보유되어야만 하고,

• 이를 위해서는 이자율이 내려가야 하기 때문이다.[27)]

④ 그렇다면, 화폐수요가 이자율에 둔감할수록 이자율이 크게 내려가면서 화폐의 초과공급이 해소되어 화폐시장 균형이 회복된다.

• 따라서 위의 [조건 1]은, "화폐수요가 이자율에 둔감해야 한다"는 의미이다.

[그림 12] 화폐수요의 이자율 민감도와 이자율 변화(2)

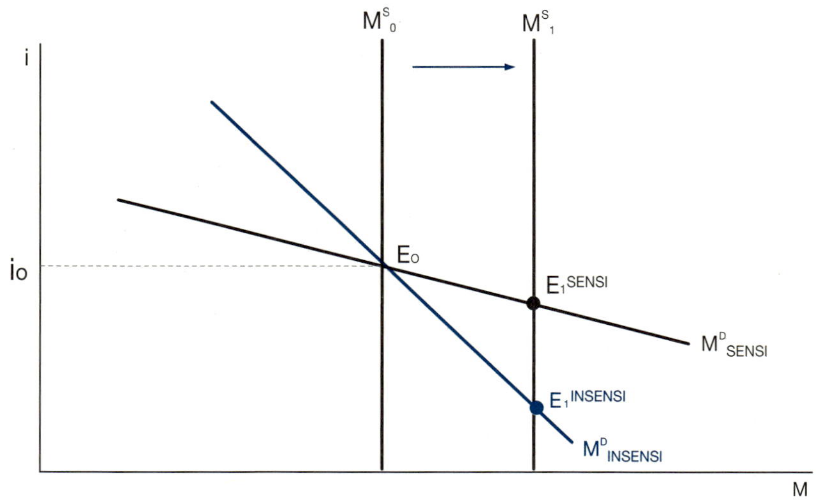

27) 소득의 증가도 사람들이 보유하려는 화폐의 양을 늘릴 수 있으나, 단기에서의 화폐시장 균형은 빨리 조정되는 이자율을 통해 달성된다.

⑤ 아래 [그림 12]은 [조건 1]의 의미를 예시하고 있다.

- 화폐 공급이 M_0^S에서 M_1^S으로 증가할 경우,
- 이자율에 민감한 화폐수요(검은색 M_{SENSI}^D)의 경우보다 이자율에 둔감한 화폐수요(파란색 $M_{INSENSI}^D$)의 경우에 균형 이자율이 더 크게 하락한다.

[3] 정책의 필요성이 대두된 시점부터 정책이 실제로 효과를 발휘할 때까지는 시차(lag)가 있기 마련인데, 재정정책과 통화정책은 시차면에서 차이가 있다.

① 정책의 시차는 아래의 네 단계에 걸쳐 발생한다.

- 인지시차(recognition lag) : 정책당국이 나라 경제에 충격의 발생 여부와 속성을 인식하기까지 걸리는 시간
- 정책결정시차(decision lag) : 문제를 해결하기 위한 정책을 결정하여 수립하기까지의 시차
- 정책시행시차(action lag) : 정책 결정 후 이것이 (국회의 동의 등을 거쳐) 실제로 집행될 때까지 걸리는 시간
- 외부시차(outside lag) : 정책이 시행된 시점부터 실제 효과가 나타날때 까지의 시차

② 정책결정시차와 정책시행시차를 내부시차(inside lag)이라 부르기도 하며, 이 시차 면에서는 재정정책이 통화정책에 비해 불리하다.

- 재정정책은 국회의 통과를 거쳐야 하지만, 통화정책은 매달 열리는 금융통화위원회에서 결의하면 되기 때문이다.

③ 외부시차 면에서는, 일률적으로 말하기는 힘드나 통화정책보다는 정부가 재정지출을 늘리는 정책의 효과가 상대적으로 빨리 나타난다

- 통화정책은 전달경로(이자율 하락 → 투자 및 소비지출 증가 →지출승수효과)가 길기 때문에 외부시차가 재정정책에 비해 길다.
- 특히 심한 불황기에는 대개 이미 시중 이자율이 낮은 상태라서 통화량이 증가해도 이자율이 거의 낮아지지 않고, 또 투자와 소비가 매우 위축되어 이자율 변동에도 민감하게 반응하지 않는 경향이 있으므로,
- 이러한 경우 빠른 경기진작효과라는 면에서는 확장적 통화정책(M^S↑) 보다는 직접적으로 지출을 늘리는 확장적 재정정책(G↑)이 더 선호된다.

2.4 화폐수요의 변화와 경기변동

[1] [Recall] 화폐수요는 아래와 같은 요인에 의해 외생적으로 증가(즉, 화폐수요함수 그래프가 우측으로 이동)한다.

① 신용카드 사용이 줄어 사람들이 현금보유를 늘리는 경우.

② 채권가격이 하락할 것(=이자율이 상승할 것)으로 예상되는 경우.

- 채권가격이 하락할 것으로 예상되면, 보유한 채권을 지금 미리 처분하고 대신 화폐를 더 보유할 것이기 때문이다.

[2] 위와 같은 이유로, 아래 [그림 13]에서 화폐수요가 증가할 경우 중앙은행의 대응이 없다면:

① 화폐시장에서 균형이자율이 E_1에서의 3%에서 E_2에서의 10%로 상승하고,

② 투자와 소비지출이 감소하여 경기가 침체된다.

[그림 13] 화폐수요의 변화와 통화정책의 대응

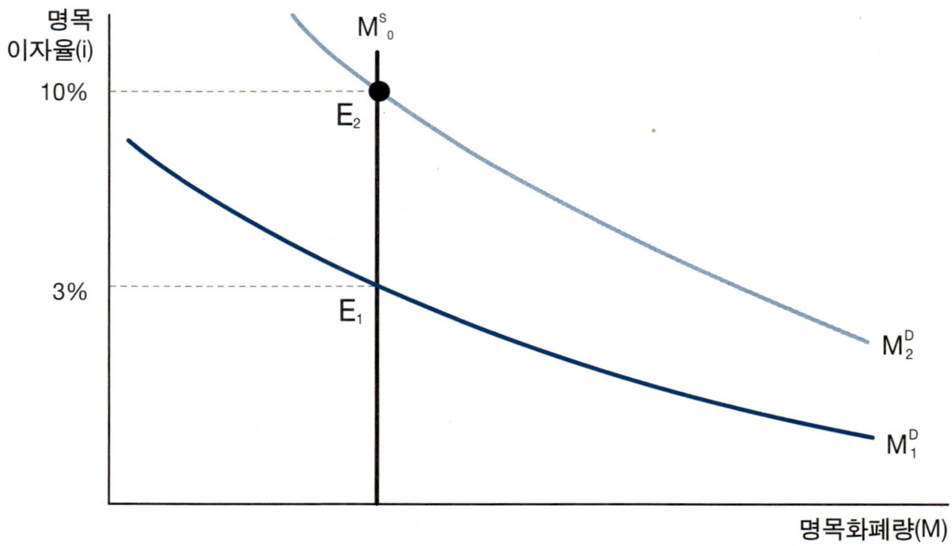

[3] 중앙은행의 대응

① 중앙은행이 화폐공급량을 적절히 늘려 균형이자율을 화폐수요가 변화하기 이전의 수준으로 유지하면, 화폐수요 증가에 의한 경기변동을 방지할 수 있다.

② 화폐수요의 변동과 통화정책적 대응에 관한 더 자세한 논의는 Appendix를 참조하라.

확인문제

Q1: 화폐수요가 감소(즉, 화폐수요함수 그래프가 좌측으로 이동)할 수 있는 요인을 몇 가지 들어보고,

Q2 : 중앙은행의 대응이 없을 경우 경제의 호/불황 여부를 판단하고,

Q3 : 화폐수요 변동의 영향이 경제에 파급되는 것을 방지하기 위한 중앙은행의 대응을 설명해 보라.

A1 : ① 신용카드 보급이 늘어 사람들이 현금보유를 줄이는 경우

② 채권가격이 상승할 것(= 이자율이 하락할 것)으로 예상되는 경우

- 채권가격이 상승할 것으로 예상되면, 보유한 현금으로 채권을 미리 구입할 것이기 때문이다.

A2 : 화폐수요가 감소하면, 이자율이 하락하고 투자와 소비지출이 증가하여 경기가 호황을 보인다.

A3 : 중앙은행은 화폐공급량을 줄여 이자율을 화폐수요변화 이전의 수준으로 유지함으로써, 화폐수요의 감소에 따른 경기변동을 차단할 수 있다.

TOPIC 3 | 총수요 곡선

1. 물가와 지출수준간의 관계

1.1 지금까지 분석의 요약과 문제 제기:

[1] unit 6에서부터 시작하여 지금까지 설명한 (계획하) 지출과 생산/소득간의 관계는, 물가가 선결수준(predetermined level)으로 주어져 있다는 가정 하의 분석이었다.

① 일정 수준으로 주어진 물가수준에서, 계획하 지출이 변동하면 (잠정) 균형 GDP가 변화하는데:

② 계획하 총지출의 구성 요소는 소비(C), 계획된 투자(I^P), 정부 구매(G)였고,

③ 투자/정부구매/독립적 소비 등의 외생적인 지출항목이 증가하면, "지출증가→생산증가→소득증가→소비지출 증가→생산증가..."로 이어지는 지출승수효과가 발생한다고 설명하였으며,

④ 여기에 화폐시장까지 고려하면, 균형이자율의 변동에 의해 재화시장에서의 균형 총지출/총생산/총소득의 크기가 달라짐을 보았다.

[2] 그런데 만일 주어진(것으로 가정했던) 물가 수준이 애초에 높고 낮음에 따라, 경제내의 균형 총지출/총생산/총소득의 크기가 달라지는 건 아닌지도 분명 고려해야 할 문제이다.

① 다시 말하면, "물가수준이 지금 주어진 수준보다 높거나 낮아진다면, 계획하 총지출의 크기가 달라져서 (잠정) 균형 GDP가 달라질 수 있는가?"를 생각해 봐야 한다는 것이다.

② 결론부터 보자면, 물가와 총지출 수준간에는 (-)의 관계가 있으며,

③ 이하에서는 물가변동이 총지출에 영향을 미치는 경로를 설명한다.

1.2 물가의 변화는 아래와 같은 경로로 총지출에 영향을 미친다[28].

[1] 경로 1 : 자산효과(wealth effect)를 통한 소비지출의 변화[29]

① 다른 조건은 일정한 상태에서 물가가 낮아진다면,

② 가계가 보유한 금융자산의 실질 가치(즉, 보유한 화폐/예금/채권의 실질가치)가 커지고,

③ 그 결과 (독립적) 소비지출이 증가하고

④ 이는 지출승수 효과를 통해 총지출과 (잠정) 균형 GDP를 더 크게 늘린다.

[2] 경로 2 : 이자율 효과(interest rate effect)를 통한 투자지출 변화

① 다른 조건은 일정한 상태에서 물가가 낮아진다면,

② 현재 공급되어 가계가 보유하고 있는 명목화폐량의 구매력이 증가하므로 화폐

---

28) 개방경제의 경우에는, 본문에서 제시한 것 외에 또 하나의 경로를 통해 물가변화가 총지출에 영향을 미친다. 즉, 다른 조건은 일정한 상태에서 본국물가가 낮아지면, 본국 수출재의 가격이 하락하여 해외로부터의 지출로 볼 수 있는 순수출이 증가한다.

29) 이는 피구(A. Pigou)가 강조했으며, 그의 이름을 따 이 효과를 피구효과(Pigou effect)라고 부르기도 한다.

에 대한 (거래적) 수요가 감소하고,

③ 균형이자율이 하락하여 투자와 내구재 소비지출이 증가한다.

④ 이러한 지출변동이 발생하면, 지출승수효과를 통해 총지출과 (잠정) 균형 GDP가 더 크게 증가한다.

2. 총수요 곡선

BOX : 앞으로의 논의가 나아갈 방향을 정리하자.

■ Unit 6부터 지금까지의 논의는, 높든 낮든 하여간 주어진 물가수준에서 지출승수효과에 의해 (잠정) 균형 GDP 수준의 총생산/총지출/총소득이 결정된다는 것인데,

■ 물가가 일정하다는 가정은 또 하나의 숨은 의미를 가진다.

- 즉, "사람들이 원하는 재화와 서비스에의 지출량 만큼을 기업들이 가격을 올리지 않고도 생산해서 공급해 줄 수 있다면,"
- 바꿔 말해, 현재 물가에서 재화와 서비스의 공급 능력이(무한히) 충분하여 재화와 서비스의 구매수요를 얼마든지 충당해 줄 수 있다면,
- 어떤 이유로든 재화와 서비스에의 최초 지출이 있을 경우(화폐시장까지 감안한) 지출승수효과에 의해 총생산과 총소득이 증가하고,
- 그 소득수준만큼의 총지출이 가능하다는 것이다.[30)]

■ 그렇다면, 이번 unit에서 지금까지 해온 지출승수효과 분석은 사실상 경제내의 재화와 서비스에 대한 "수요"측면만을 분석한 것이다.

- "주어진 물가 수준에서 경제 전체의 생산 또는 공급측면의 제약이 없다면" 이라는 암묵적 가정 하의 (잠정) 균형 GDP(또는 그 수준에 해당하는 총지출 수준은)는, 재화와 서비스에 대한 총수요(Aggregate Demand)로 해석하는 것이 타당하다.

■ 생산 능력이 그리 충분하지 못하여, 총지출의 증가에 따라 산출량이 증가하는 과정에서 비용/개별가격/물가수준의 상승이 동반되는 (보다 현실적인) 경우도 언젠가는 고려해야 할 것인데, 이는 unit 8에서 다룰 것이다.

2.1 총수요 곡선은, 각 물가 수준에서 국내에서 생산된 재화와 서비스에 대한 가계/기업/정부 부문으로부터의 총지출량(즉, 수요량)을 보여주는 곡선이다.

[1] 총수요 곡선은 우하향한다.

① 위 [BOX]의 논의에서 보듯, 각 물가수준에서 결정된 (잠정) 균형 GDP에 해당하는 총지출의 크기를 그 물가수준에서의 총수요량으로 이해하자.

② 경제 내의 총지출 수준에 영향을 미치는 다른 요소들은 물가 외에도 여러 요인이 있다.

- 이러한 요인들이 무엇인지는 곧이어 설명할 것이다.

③ 만일 다른 요인들은 일정한 상태에서, 물가가 하락한다면,

④ 앞에서 설명한 두 가지 경로를 통해 총지출이 증가한다.

⑤ 따라서, 총수요 곡선은 [그림 14]에서처럼 우하향한다.

- Appendix B의 문제 4번은, 물가가 달라짐에 따라 경제가 총수요 곡선상의 다른 점으로 이동하는 과정을 수리적으로 다루고 있다.

[그림 14] 우하향하는 총수요 곡선

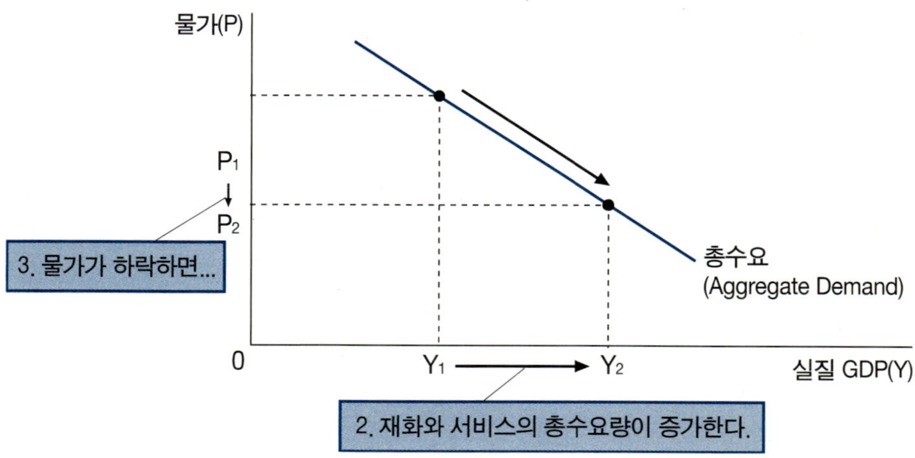

30) 국민소득의 삼면등가 원칙과 (잠정) 균형 GDP의 정의를 상기하라.

확인문제

Q : [참/거짓] 총수요 곡선상의 임의의 한 점에서는, 경제의 재화와 서비스 시장과 화폐시장이 모두 균형이다.

A : 총수요 곡선상의 한 점은, 물가가 해당수준에서 일정한 상태에서 재화/서비스시장과 화폐시장의 동시 균형이 달성된 후 결정된 (잠정) 균형 GDP에 해당하는 총지출 수준을 보여준다. 따라서 참이다.

2.2 총수요 곡선의 이동요인(I) : 재화와 서비스시장發 요인

[1] 재화와 서비스 시장에서 다음과 같은 지출증가요인이 발생하면, 각 물가수준에서 지출승수효과를 통해 총지출이 증가하여 총수요 곡선이 바깥쪽으로 이동한다 :

① 투자세액공제 제도 실시($\overline{I}\uparrow$)

② 정부구매지출 증가 및 조세 감면($\overline{G}\uparrow$, $\overline{T}\downarrow$)

③ 독립적 소비지출의 증가($\overline{C}\uparrow$)

→ 주어진 물가수준에서 외생적인 지출항목이 증가하면, 재화와 서비스에의 지출량이 증가한다.

[2] [그림 15]는 앞의 [그림 10]에서 본 정부구매지출의 효과를 다시 나타낸 것으로, 정부구매지출이 증가할 경우 총수요 곡선이 이동하는 과정을 보여준다.

① 애초에 주어진 물가가 P_1이었고 그 물가에서의 총수요량은 점 A에 해당하는 100이었는데,

② 정부구매지출이 G_2로 증가하면, P_1의 물가 하에서 재화 및 서비스 시장과 화폐시장의 새로운 동시균형에서의 총 수요량은 점 C에 해당하는 170이다.

③ 따라서, 총수요 곡선은 70만큼 이동하였다.

- 주어진 물가(P_1)에서 총수요 증가의 크기인 70은 순수한 지출승수효과(=Y가 100에서 200으로 증가)와 구축효과(=Y가 200에서 170으로 감소)의 합이며,
- 구축효과가 작을수록 정부구매지출증가에 의한 총수요 곡선의 이동폭이 클 것이다.

[그림 15] 정부구매지출 증가와 총수요 곡선의 이동

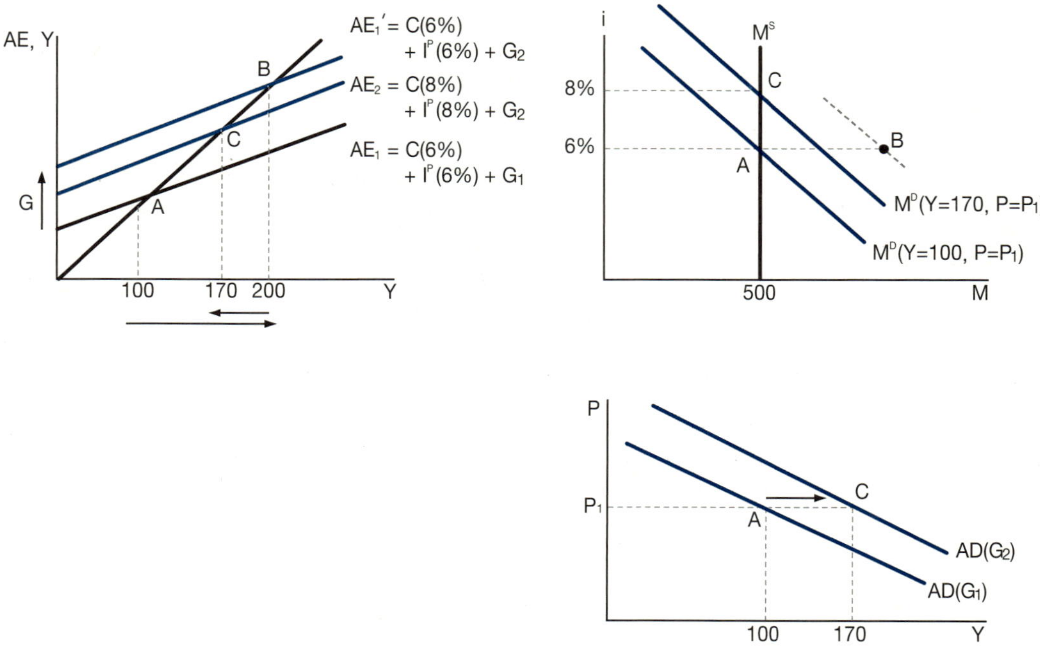

확인문제

Q : 정부구매지출이 증가할 경우 총수요 곡선이 크게 이동하는 경우는:

- 화폐수요가 소득에 [ ] 하거나,
- 화폐수요가 이자율에 [ ] 하거나,
- 투자와 (내구재) 소비지출이 이자율에 [ ]한 경우이다.

A : 둔감, 민감, 둔감

2.3 총수요 곡선의 이동요인(II) : 화폐시장發 요인

[1] 화폐시장에서 아래와 같은 요인이 발생하면, 주어진 물가수준에서 (이자율이 하락하여) 총지출이 증가하므로 총수요 곡선이 우측으로 이동한다.

① 중앙은행의 공개시장 매입(M^S↑) : 화폐 공급의 증가

② 신용카드거래 활성화(M^D↓) : 화폐 수요의 감소

→ 위의 두 경우 모두 화폐의 초과공급을 초래하여 균형이자율을 하락시키고 총지출을 증가시킨다.

[2] 아래의 [그림 16]은 앞의 [그림 8]에서 본 화폐공급증가에 의한 지출승수효과를 다시 나타낸 것으로, 통화량 증가에 의해 총수요 곡선이 이동하는 과정을 보여준다.

① 애초에 주어진 물가가 P_1이었고 그 물가에서의 총수요량은 점 A에 해당하는 100이었는데,

② 통화량이 M_2^S로 증가하면, P_1의 물가 하에서 재화 및 서비스 시장과 화폐시장의 새로운 동시균형에서의 총 수요량은 점 C에 해당하는 125이다.

③ 따라서, 총 수요곡선은 25만큼 이동하였다.

- 주어진 물가(P_1)에서 총수요가 증가한 이유는, 화폐공급 증가로 인해 이자율이 하락하고 또 이에 반응하여 투자와 소비지출이 증가하기 때문이며,
- 이자율이 많이 하락할수록, 그리고 투자와 소비지출이 크게 증가할수록 총수요 곡선의 이동폭이 클 것이다.

[그림 16] 화폐공급 증가와 총수요 곡선의 이동

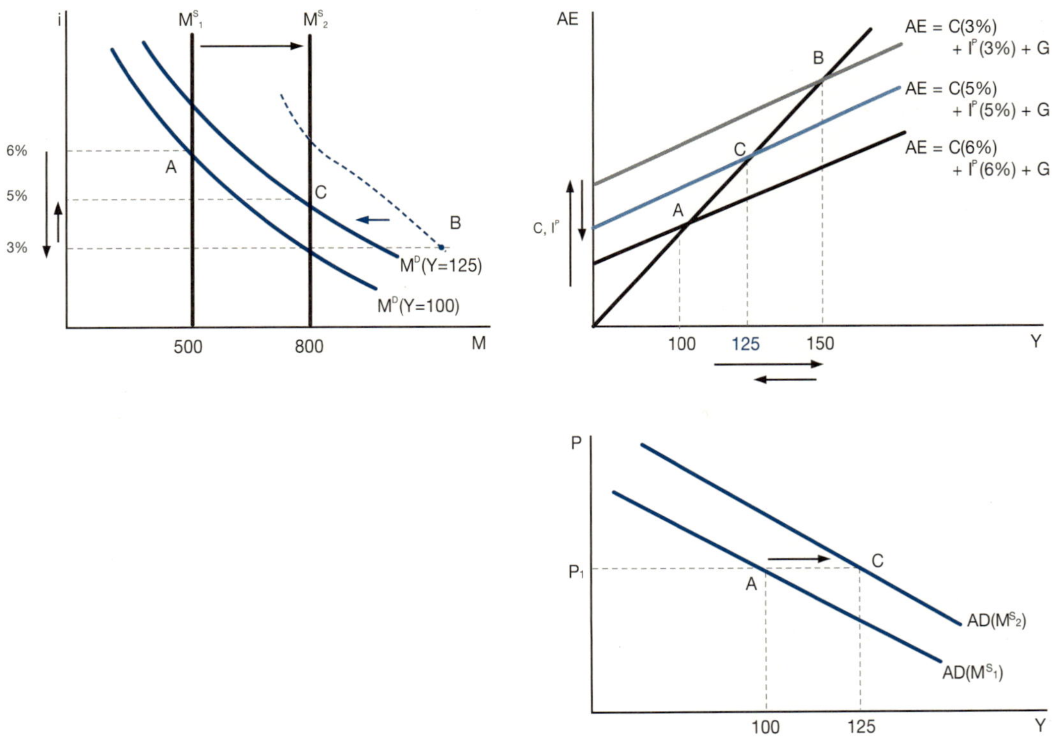

확인문제

Q : 중앙은행이 통화량을 늘릴 때 총수요 곡선이 크게 이동하는 경우는:

- 화폐수요가 이자율에 [ ] 하거나,
- 투자와 (내구재) 소비지출이 이자율에 [ ]한 경우이다.

A : 둔감, 민감

[Appendix A] 화폐수요의 변동과 통화정책을 통한 대응

A.1 화폐수요가 (이자율이나 소득 변화에 의하지 않고) 외생적으로 변동하는 경우, 균형 이자율이 변동하게 되고 그 효과가 거시경제에 파급된다.

[1] 특히, 미래의 명목이자율에 대한 기대의 변화도 화폐수요의 이동을 초래하여 현재의 이자율을 변화시키게 된다.

① 만일 향후 이자율이 상승할 것으로 예상되기 시작하면:

- 미래에 채권 가격이 떨어질 것으로 예상되므로,
- 모든 이자율 수준에서 채권대신 화폐로 자산을 보유할 유인이 증가하고,
- 이에 따라 (현재의) 화폐 수요곡선을 우측으로 이동시키고,
- (현재의) 이자율이 상승하고 (현재의) 채권가격이 하락한다.

② 이처럼 이자율이나 채권 가격에 대한 기대는 자기실현적(self-fulfilling) 속성을 가진다.

[2] 또, 화폐와 비화폐 자산간 선호의 변화, 금융시장의 제도적 변화 등도 화폐수요를 이동과 이자율의 변화를 초래한다.

① 예컨대, 요구불 예금 등의 화폐성 예금에도 이자를 지급하기 시작하면 (M1으로 파악한) 화폐수요가 증가하고

② 신용카드, 전자결제 등의 활성화는 화폐수요를 감소시킨다.

A.2 위와 같은 요인들에 의해 화폐수요가 변화할 경우, 중앙은행은 통화량을 조절함으로써 생산 및 소득을 안정화시킬 수 있다.

[1] 아래 [그림 A1] 에서처럼, 화폐수요의 증가로 인해 화폐수요함수의 그래프가 우측으로 이동할 경우:

① 중앙은행의 대응이 없으면 이자율이 3%에서 10%로 상승하여 총지출이 감소할 것이나,

② 중앙은행이 화폐수요의 변동에 대응하여 화폐공급량을 적절히 증가시키면, 이자율을 이전과 동일한 수준으로 유지함으로써 화폐수요 증가에 의해 촉발되는 (-)의 지출승수효과를 방지할 수 있다.

③ 그러나 현실적으로, 중앙은행이 화폐수요 변화에 즉각 대응하기는 어렵다.

• 만일 화폐수요의 변화가 빈번히 일어난다면, 화폐공급량의 조정을 통해 이자율의 변동을 줄이는 것은 더욱 쉽지 않으며,

• 금융규제 완화와 금융혁신에 따라 신종 금융상품이 출현하면서, 전통적인 통화승수의 안정성이 약화되어 중앙은행이 시중 유동성과 신용규모를 조절하기 힘들어지고 있다..

[그림 A1] 화폐수요의 변화와 통화정책의 대응

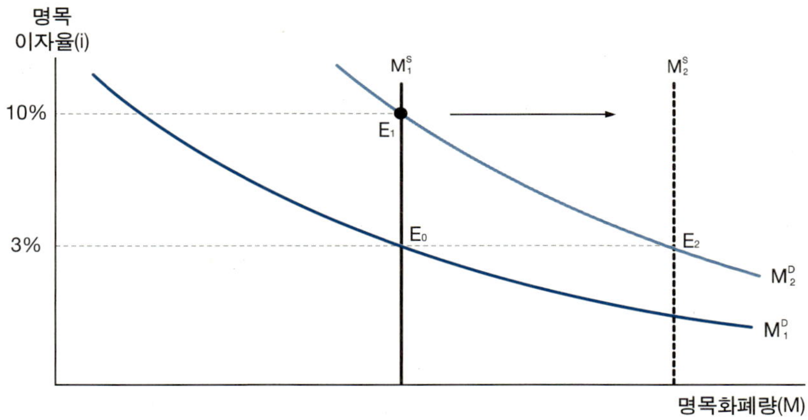

[2] 따라서, 대개의 경우 실제로 통화정책을 집행할 때 중앙은행의 중간목표변수는 통화량이 아닌 명목이자율이다.

① 명목기준금리 수준을 결정한 후 그 이자율 수준이 유지되도록 중앙은행이 공개시장 조작을 통해 화폐를 공급해 주면, 화폐수요가 변동하더라도 이자율의 등락을 막을 수 있다.

② 미국의 경우 연방기금금리(Federal Funds Rate)를 목표변수로 하며, 우리나라의 경우 금융통화위원회에서 한국은행 기준금리를 결정한다.

• 기준금리는 한국은행이 민간금융기관과 환매조건부 채권(Repo) 매매 및 대기성 여수신 등의 자금거래를 할 때 기준이 되는 금리이며,

• 기준금리는 은행간 자금 거래에 적용되는 초단기금리인 콜금리(call rate)에 영향을 주고, 이는 다시 장단기 시장금리, 예금 및 대출 금리 등의 변동으로 이어져 전반적인 시중 금리에 영향을 미치게 된다.

② 화폐수요 충격이 빈번하게 일어나고 그에 따른 이자율 변동의 파급효과가 클수록, 통화량 대신 기준금리를 중간목표로 하는 통화정책이 더 바람직하다.

[Appendix B] 두 시장 동시균형의 수리적 이해[31)]

재화 및 서비스시장과 화폐시장의 동시 균형이 달성되는 과정을 수리적 분석을 통해 다시 이해해 보자. 어느 폐쇄경제의 재화/서비스시장과 화폐시장 여건이 아래의 [BOX]에서와 같으며, 현재 물가 P는 (최)단기적으로 $P_0 = 1$에 고정되어 있는 상태이다.

BOX

재화/서비스시장	화폐시장
$C = \overline{C} + 0.8 \times (Y - T),\ \overline{C} = 10/P$	$M^d = PY / [5i]$
$I^P = 30 - 50 \times i$	$M^s = 50$
$G = 10,\ T = 0$	

Q0. 위의 소비함수식에서 $\overline{C}$의 의미는 무엇일까?

Q1. 두 시장의 상황을 모두 고려한 동시균형에서 :

[1] 균형 GDP와 이자율의 값은?

[2] 소비지출, 투자지출의 크기는?

Q2. 이제 재화/서비스 시장에서 정부구매지출이 G_0=10에서 G_1=12로 증가한다고 하자.

[1] 이자율을 통한 재화시장과 화폐시장간의 반향효과가 없다면, (잠정) 균형 GDP는 얼마인가? 또, 이자율과 투자지출은 얼마인가?

[2] 두 시장간의 반향효과까지 고려한 동시균형에서, (잠정) 균형 GDP는 얼마인가? 또, 이자율과 투자지출은 얼마인가?

---

31) 본 Appendix B의 내용은 이른 바 IS-LM 모형의 초보적인 논의에 해당한다. IS-LM 모형에 대한 더 높은 수준의 이해를 원하는 독자는 중급 이상의 거시경제학 교재를 참고하기 바란다.

[3] 초기 [BOX] 상태에서의 균형 GDP에 비해, 위 Q2-[1]과 Q2-[2]에서의 균형 GDP의 증가분이 다르게 나타나는 이유는 무엇인가?

Q3. [BOX]의 초기상태로 돌아가자. 중앙은행이 통화량을 M_0^S=50에서 M_1^S=25로 줄인다고 하자. 두 시장간의 반향효과까지 고려한 새 동시균형에서 (잠정) 균형 GDP는 얼마인가? (잠정) 균형 GDP가 [BOX]에서의 값과 달라지는 이유는 무엇인가?

Q4. 다시 [BOX]의 초기상태로 돌아가자. 이제, 물가가 P_0=1이 아니고 그보다 높은 P_1=2로 주어진다면 두 시장에서 어떤 변화가 발생하며 그 변화가 재화와 서비스시장에서의 지출에 어떤 결과를 가져올지 살펴보라.

[Answers]

A0. $\overline{C}$는 가처분소득과 관계없는 독립적 소비이며, 물가가 하락하면 자산효과에 의해 가계의 소비지출이 증가하는 경로를 나타낸다.

A1. [1] 물가가 P_0=1로 주어진 상태에서, 두 시장의 동시균형을 구해야 한다.

① 재화시장의 균형조건은 : $Y = C + I + G \rightarrow Y = 10 + 0.8 \times Y + 30 - 50 \times i + 10$

- 위 식은 재화시장의 균형을 가져오는 산출량(Y)과 이자율(i)의 조합을 보여준다.
- 이러한 관계식을 IS 방정식(IS equation)이라 부르고,
- IS 방정식을(Y,i) 평면에 그린 그래프를 IS곡선(IS curve)이라 부른다.
- 위의 식에서 보듯, IS곡선은 대개 우하향(즉, Y와 i 사이의 음의 관계)하는 형태이다.

② 화폐시장의 균형조건은 : $M^s = M^d \rightarrow 50 = Y/[5i]$

- 위 식은 화폐시장의 균형을 가져오는 산출량(Y)과 이자율(i)의 조합을 보여준다.
- 이러한 관계식을 LM 방정식(LM equation)이라 부르고,
- LM 방정식을(Y,i) 평면에 그린 그래프를 LM곡선(LM curve)이라 부른다.
- 위의 식에서 보듯, LM곡선은 대개 우상향(즉, Y와 i 사이의 양의 관계)하는 형태이다.

③ 두 시장의 균형조건을 동시에 만족하는 산출량과 이자율은($Y^*=125$, $i^*=1/2$)이다.

- 즉, 재화/서비스 시장과 화폐시장의 동시균형은, 아래 [그림 1]에서처럼 IS곡선과 LM곡선의 교점인 점 A에서 이루어진다.

[그림 1]

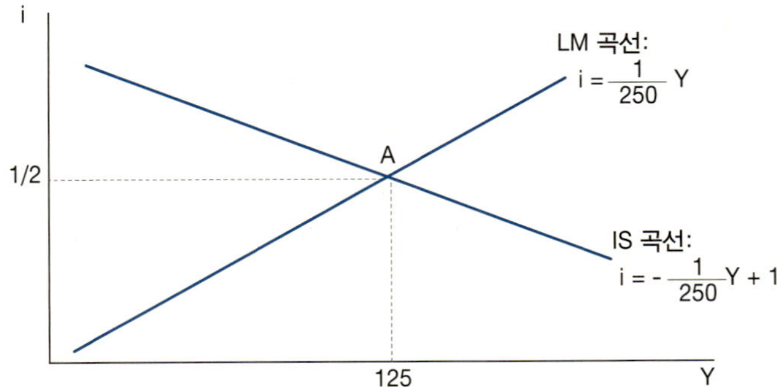

[2] 위에서 구한 균형산출량과 이자율 수준에서 소비와 투자지출이 결정되므로:

$$C^* = 10 + 0.8 \times 125 = 110, \ I^{P*} = 30 - 50 \times 0.5 = 5$$

A2. [1] 이자율이 1/2로 일정하게 주어질 것이므로, 재화시장에서만 고려한 단순 지출승수효과의 크기를 보면 된다.

$$\Delta Y = \Delta G/(1\text{-}MPC) = 2/(1\text{-}0.8) = 10.$$

새 (잠정) 균형 GDP 를 Y^{**}로 부른다면, Y^{**}는 135가 된다. 이는 [그림 2]에서의 점 B에 해당한다. 여기서 투자지출은 $I^{P**}=4$이다.

[그림 2]

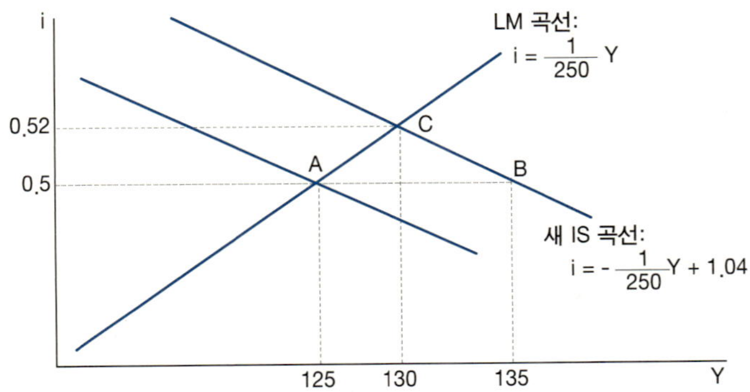

[2] 두 시장에서의 변화를 모두 고려하기 위해서는, 증가한 정부구매지출하의 새로운 IS 곡선과 기존 LM곡선의 교점을 구해야 한다. 즉, 정부구매지출의 크기를 G_1=12로 놓고 두 균형조건식을 연립하여 다시 풀면, 두 시장간의 반향효과의 조정까지 모두 끝난 새로운 동시균형에서의 산출량과 이자율을 구할 수 있다. 이는 [그림 2]에서의 점 C에 해당한다.

$$Y^{***} = 130,\ i^{***} = 0.52,\ C^{***} = 114,\ I^{***} = 4$$

[3] 화폐시장의 균형이자율이 0.5에서 0.52로 상승하여 민간 투자가 구축되기 때문이다. 구축효과에 의한 (잠정) 균형 GDP의 감소분은 Y**와 Y***의 차이인 5이다.

A3. 이제는 $M^s = 25$인 상태에서 두 시장의 동시균형을 구해야 한다.

- 재화시장의 균형조건은 Q1에서와 동일하다:

$$Y = C + I + G \rightarrow Y = 10 + 0.8 \times Y + 30 - 50 \times i + 10$$

- 화폐시장의 균형조건은, 물가는 P_0=1이나 명목화폐 공급량이 25로 줄어든 상태하의 새로운 LM곡선의 식으로 주어진다. :

$$M^s = M^d \rightarrow 25 = Y/[5i]$$

- 두 시장의 동시균형은 [그림 3]에서의 점 D에 해당하며, 이 때 산출량과 이자율은 각각 Y'=250/3=83.33, i'= 2/3로 결정된다.

[그림 3]

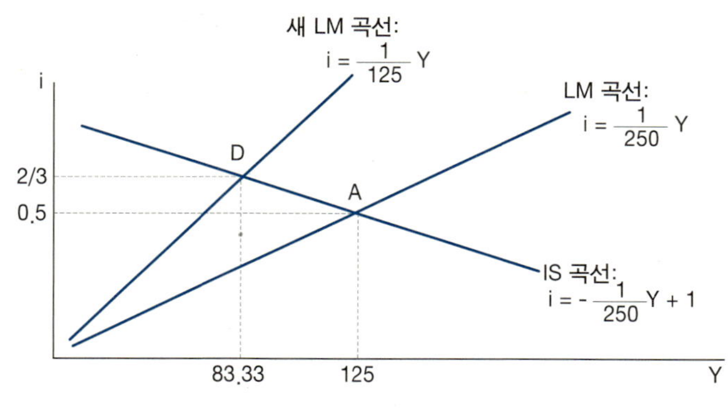

- Q1에서의 균형인 점 A와 비교하면, 주어진 물가 P_0=1에서 화폐공급의 감소에 의해 이자율이 1/2에서 2/3으로 오르고, 이에 투자지출이 줄어 (잠정) 균형 GDP가 감소한 것으로 해석할 수 있다. 따라서 균형은 점 A로부터 좌상방의 점 D로 이동

한 것이다.

A4. 이제는 $M^s = 50$이고 물가가 $P_1 = 2$로 주어진 상태에서 두 시장의 동시균형을 구해야 한다.

- 재화시장의 균형조건은:

$$Y = C + I + G \rightarrow Y = 10/2 + 0.8 \times Y + 30 - 50 \times i + 10$$

- 화폐시장의 균형조건을 나타내는 새로운 LM곡선의 식은 결과적으로 Q3에서와 동일하다. 이는 두 문제에서 실질화폐량이 25로 동일하기 때문이다:

$$M^s = M^d \rightarrow 50 = 2Y/[5i]$$

- 두 균형조건을 만족하는 산출량과 이자율은: Y''=75, i''= 3/5,
- Q1에서의 결과와 비교하면, 물가가 $P_0 = 1$에서 $P_1 = 2$로 상승하면 화폐시장에서 명목화폐의 수요가 늘어 이자율이 올라가고, 이에 재화시장에서 투자와 내구재 소비지출이 감소한다. 또한 가계가 보유한 부의 실질가치가 하락하여 독립적 소비지출($\overline{C}$)도 감소한다. 그 결과, 재화와 서비스 시장에서의 총지출이 감소하고, 이는 총수요 곡선이 우하향함을 의미한다. 이상의 설명은 아래 [그림 4]에 요약되어 있다.

[그림 4]

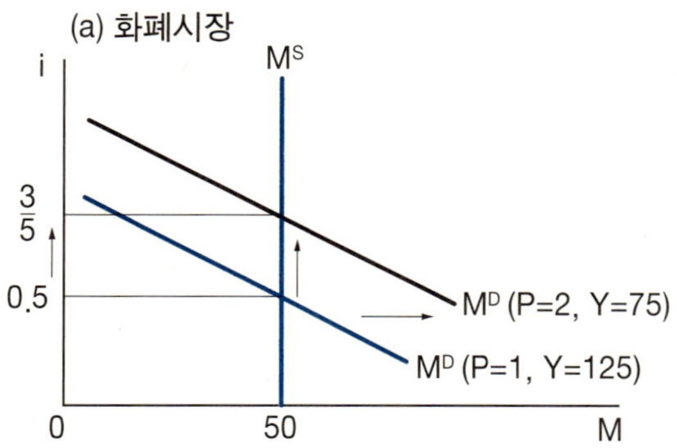

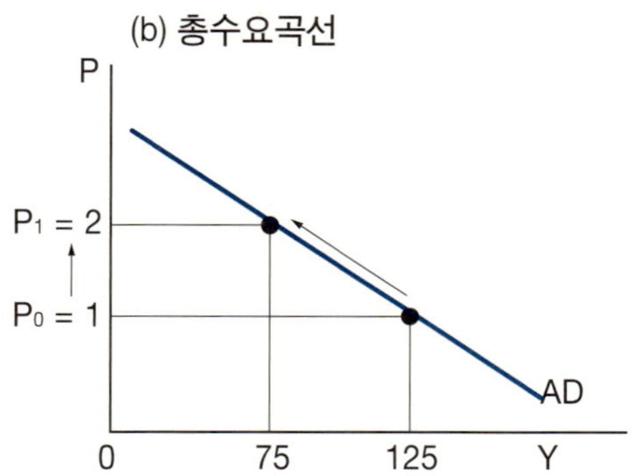

연습문제

Q1. 실제 이자율이 균형이자율 수준보다 낮다면, ________.

a) 중앙은행은 이자율을 균형 수준으로 유지하기 위해 금융시장에 개입해야 한다.
b) 채권가격이 하락한다.
c) 채권가격이 상승한다.
d) 이자율이 상승할 때까지 통화량이 증가한다.
e) 이자율이 상승할 때까지 통화량이 증가한다.

Q2. 물가가 일정한 단기에 있어서 중앙은행의 공개시장 매각(sales)에 의해 발생하는 것은?

a) 이자율 상승, 지출 감소, 산출량 증가
b) 이자율 상승, 지출 감소, 산출량 감소
c) 이자율 하락, 지출 감소, 산출량 감소
d) 이자율 하락, 지출 증가, 산출량 감소
e) 이자율 하락, 지출 증가, 산출량 증가

Q3. 소비가 외생적으로 증가한 후에, 중앙은행이 산출량을 안정적으로 유지하는데 성공했다고 하자. 소비의 증가가 있기 전의 상태와 비교하여 : ________

a) 통화공급량이 감소하고, 이자율은 불변이다.
b) 통화공급량이 증가하고, 이자율은 상승한다.
c) 통화공급량이 감소하고, 이자율은 상승한다.
d) 통화공급량이 증가하고, 이자율은 하락한다.
e) 통화공급량이 감소하고, 이자율은 하락한다.

Q4. 현재 이자율 수준에서 화폐수요량이 화폐공급량보다 작다면, 화폐시장의 균형이 회복되기 위해 일어나는 것은?

a. 채권가격은 상승하고, 이자율은 화폐시장의 수요와 공급이 일치할 때까지 하락한다.
b. 채권가격은 하락하고, 이자율은 화폐시장의 수요와 공급이 일치할 때까지 상승한다.
c. 이자율은 화폐시장의 수요와 공급이 일치할 때까지 하락하나, 채권 가격의 변동은 불확실하다.
d. 채권 가격은 상승하고, 이자율은 화폐시장의 수요와 공급이 일치할 때까지 상승한다.
e. 채권 가격은 하락하고, 이자율은 화폐시장의 수요와 공급이 일치할 때까지 하락한다.

Q5. 중앙은행이 지불준비율을 올릴 경우, 단기적으로 발생할 것은?

a. 이자율 하락, 투자와 내구재소비 지출 증가, 채권가격 상승
b. 이자율 상승, 투자와 내구재소비 지출 감소, 채권가격 하락
c. 이자율 상승, 투자와 내구재소비 지출 감소, 채권가격 상승
d. 이자율 하락, 투자와 내구재소비 지출 감소, 채권가격 하락
e. 이자율 상승, 투자와 내구재소비 지출 증가, 채권가격 하락

Q6. 정부구매지출이 증가한다고 하자. 단기에서 이자율에 미치는 영향을 상쇄하려면, 중앙은행은_____ 해야 한다.

a. 공개시장 매입을
b. 공개시장매각을
c. 지불준비율 하향조정을
d. 재할인율 상향조정을
e. a-d 중 두 정책이 선택 가능함

Q7. 중앙은행의 목표가 산출안정화라고 하자. 아래와 같은 변화가 있을 때 중앙은행은 어떻게 대응해야 하는가?

a) ATM이 도처에 설치되면서 현금수요가 감소하였다.

b) 오마하의 현인이 채권매입을 적극 추천하였다.

c) 신용카드대란에 호되게 데인 후 사람들이 카드사용을 자제하고 현금을 더 자주 사용하기 시작했다.

[Q8-Q12] 어느 폐쇄경제의 모습이 아래와 같으며, 현재 물가는 P_0=1로 고정되어 있고 기대 인플레이션율도 0이다.

> 소비 : $C = 75 + 0.75 \times (Y - T)$
> 투자 : $I = 200 - 1000 \times i$ (i=nominal int. rate)
> 재정변수 : $G_0 = 100$, T_0=100
> 화폐공급 : $M_0^S = 950$
> 화폐수요 : $M^D = P_0[Y-1000 \times i\ ]$

Q8. 위의 초기 상태에서, 균형이자율(i), 소득(Y), 국민저축(S_{nat})의 크기는 각각 :

a) 0.1, 1000, 150
b) 0.05, 500, 250
c) 0.1, 500, 150
d) 0.05, 1000, 150
e) none of a-d

Q9. 문제 Q8의 균형상태에서, 정부구매지출이 G_0=100에서 G_1=225으로 125 만큼 증가한다고 하자. 투자가 이자율에 영향을 *받지 않는다면*, (잠정) 균형 GDP의 *증가분은?*

a. 100 b. 200 c. 300 d. 400 e. 500

Q10. 문제 Q8의 균형상태에서, 정부구매지출이 G_0=100에서 G_1=225으로 125 만큼 증가한다고 하자. 투자가 이자율에 영향을 *받는다면*, (잠정) 균형 GDP의 *증가분은?*

a. 100 b. 200 c. 300 d. 400 e. 500

Q11. 문제 Q9와 Q10의 답이 다른 이유를 용어(terminology) 하나로 설명하면?

Q12. 전술한 정부구매지출 증가($G_0 \rightarrow G_1$)에 의해 총수요 곡선은 _____ 이동한다.(단, 총수요 곡선의 이동폭은 P_0=1에서 계산하라.)

a. 50만큼
b. 100만큼
c. 10000보다는 크나 200보다는 작게
d. 200만큼
e. 200보다 크게

UNIT 7-A | 현재가치(Present Value)

1. 현재가치(Present Value) 계산의 중요성

1.1 합리적 선택을 위해서는 선택에 따르는 편익과 비용을 비교하게 되는데, 편익과 비용의 발생시점이 다른 경우에는 양자의 현재가치(present value)를 비교해야 한다.

[1] 다음과 같은 경우를 생각해 보자.

① 일정 액수를 지금 받는 것과 나중에 받는 것 중 어느 것을 선호하는가?

② 사업에 투자할 경우, 대개 비용 지출은 초기에 크게 발생하는 반면 수익은 나중에 현실화된다. 이럴 때, 사업의 수익성은 어떻게 평가하나?

③ 신용카드 할부로 휴가여행을 다녀온다면 휴가의 즐거움은 즉시 나타나지만 할부금 갚는 부담은 나중에 지게 되는데, 휴가를 다녀와야 하나 말아야 하나?

→ 위의 세 경우 모두, "서로 다른 시점에서의 가치를 어떻게 비교할 것인가?"의 문제를 제기한다.

[2] 시점에 따라 금액의 가치가 달라지는 경우와 밀접하게 관련된 개념으로, 복리계산(compounding)과 할인(discounting)에 대해 먼저 알아보자.

① 복리계산(compounding) : 예금의 이자가 다시 그 계좌에 예치되어 거기에 다시 이자가 붙는 방식으로 원리금이 축적되는 과정이다.

- 복리계산의 예 : 명목이자율이 연 10%(즉, 0.1)라면, 오늘 은행에 100원을 예치할 경우 3년 후에는 원리금이 얼마가 될까?

> - 1년 후 : 원금 × 총 이자율 = $100(1+0.1)$
> - 2년 후 : 원금 × 총 이자율 = $100(1+0.1)(1+0.1) = 100(1+0.1)^2 = 121$
> - 3년 후 : 원금 × 총 이자율 = $100(1+0.1)^2(1+0.1) = 100(1+0.1)^3 = 133.1$

② 할인(discounting) : 미래에 받을 특정 금액에 상당하는 현재 금액을 구하는 과정이다.

- 할인의 예 : 명목이자율이 연 10%(즉, 0.1)라면,

- 1년 후 원리금 110 ⇔ 지금 현금 100. 왜냐하면 : $100(1 + 0.1) = 110$
- 2년 후 원리금 121 ⇔ 지금 현금 100. 왜냐하면 : $100(1 + 0.1)^2 = 121$
- 3년 후 원리금 133.1 ⇔ 지금 현금 100. 왜냐하면 : $100(1 + 0.1)^3 = 133.1$

③ 위의 두 예로부터, 복리계산과 할인은 시점간 화폐가치의 변화를 반대의 방향에서 바라보는 것임을 알 수 있다.

1.2 이제, 미래가치와 현재가치를 설명할 수 있다.

[1] 미래가치(Future value)

① 현재의 이자율 하에서, 오늘의 주어진 금액으로 미래에 얻을 수 있는 금액

② 1기 동안의 이자율이 i라면, 현재의 금액 X의 N기 후 미래가치는 $X(1 + i)^N$이다.

[2] 현재가치(Present value)

① 현재의 이자율 하에서, 미래의 특정 금액을 얻기 위해 지금 필요한 금액

② 1기 동안의 이자율이 i라면, N기 후에 받을 금액 Y의 현재가치는 $Y/(1 + i)^N$ 이다.

[3] 미래가치를 간단히 계산하는 70의 법칙(law of 70)이 있다.

① 어떤 변수가 每期 x%씩 증가할 경우, 대략 70/x 期 후에는 그 변수의 값이 초기치의 두 배가 된다.

② 예 : 복리계산에 따라 원금이 두 배가 될 때까지 걸리는 시간이,

- 연 이자율이 5% 일 땐 14년(더 정확히는 14년 76일)
- 연 이자율이 4% 일 땐 17.5년(더 정확히는 17년 8개월)

→ 1%의 수익률 차이가 장기간에 걸친 복리 계산시에는 매우 큰 차이를 가져옴을 알 수 있다.

2. 현재가치와 미래가치의 응용

2.1 순 현재가치(NPV, Net Present Value) : 어떤 사업 또는 선택의 순 현재가치는, 현재와 미래에 발생하는 편익의 현재가치에서 현재와 미래에 발생하는 비용의 현재가치를 뺀 값이다.

[1] 이자율이 10%라고 할 때, 세 사업의 순 현재가치를 비교한 아래의 예를 보자.

세 투자사업의 순현재가치				
사업	올해 실현되는 금액	1년후 실현되는 금액	현재가치 공식	순 현재가치(i=10%)
A	100	0	100	100
B	-10	115	-10+115/(1+i)	94.55
C	119	-20	119-20/(1+i)	100.82

① 사업 C의 사업권을 지금 취득하려는 기업은 그 사업의 순 현재가치인 $100.82까지 지불할 의향이 있을 것이다.

② 순 현재가치 면에서는 사업 C가 가장 좋은 사업이나, 현재가치를 무시하고 단순히 명목상의 현금흐름만을 따질 경우 사업 B를 선택하는 잘못을 범하게 된다.

2.2 주식이나 채권 등 금융자산은 특정 금액을 미래에 받는 권리를 의미하며, 이를 구입하는 사람은 앞으로 받을 금액의 현재가치에 해당하는 가격을 지불할 것이다.

[1] 채권 가격 계산

① 채권은 자금을 차입한 사람이 그 증서를 보유한 사람에게 특정한 금액을 갚아야 할 의무가 있음을 나타내는 증서이다.

- 채권을 사는 사람은, 그 채권의 발행자로부터 앞으로 이자를 지급받는 한편 궁극적으로 원금도 돌려받는 권리를 사는 것이다.

② 투자자가 다음과 같은 利票債(coupon bond)를 구매한다고 하자.

- n기 후 만기가 도래하면 FV만큼의 액면가치(face value)금액을 돌려받으며,
- 다음 기부터 만기까지 利票에 명시된 이자지급액(coupon payments)이 $\{CP_k,\ 1 \le k \le n\}$로 정해져 있다.

③ 새로 발행되는 유사한 채권의 이자율이 i라면, 위와 같은 利票債의 가격은:

$$\text{이표채 가격} = \frac{CP_1}{1+i} + \frac{CP_2}{(1+i)^2} + \cdots + \frac{CP_n}{(1+i)^n} + \frac{FV}{(1+i)^n}$$

- 위 식으로부터, 이자율과 채권가격은 반대로 움직인다는 것을 확인할 수 있다.

[2] 주식가격 계산

① 한 기업의 주식을 보유하면 그 기업 이윤의 일정 지분에 대한 권리를 갖게 되며, 기업이 지분소유자들에게 지불하는 이윤을 배당(dividend)이라고 한다.

② 주식 지분의 가격은, 그 지분을 가짐으로써 받게 되는 미래 배당소득흐름의 현재가치와 같을 것이다.

- 채권과 달리 주식 보유에는 만기(maturity)가 없으므로, 미래 배당소득의 흐름은 이론적으로 무한히 지속될 것이다.

③ 따라서, 이자율이 *i*로 주어진다면, 주식의 가격은:

$$\text{주식가격} = \frac{\text{1기후의 배당}}{1+i} + \frac{\text{2기후의 배당}}{(1+i)^2} + \frac{\text{3기후의 배당}}{(1+i)^3} + \cdots$$

- 대개의 경우 미래의 배당 또는 수익성은 불확실하므로, 미래의 이윤 또는 배당소득의 예상치를 먼저 계산한 후 이를 할인하여 주식의 가격을 계산한다.

확인문제

Q : 아래와 같은 2년 만기의 세 채권이 있으며, 액면가는 모두 0이라 하자.

채권	1년 후 지급액	2년 후 지급액
A	110	121
B	220	0
C	0	242

[1] 현재 이자율이 10%라면, 세 채권의 값은 얼마인가?

[2] 만일 이자율이 20%로 상승하면, 어느 채권의 값이 가장 크게 하락하는가?

A : [1] : 세 채권 모두 200.

[2] : 이자지급액이 후반부에 집중되어 있는 채권 C의 값이 가장 크게 하락한다.

연습문제

Q1. 시장에서의 명목이자율이 연 10%이다. 오늘(2013년 1월 1일) 현재, 몽구모터스 주식 한 주의 가격은 ₩1500이다. 이 주식 한 주당, 앞으로 2014년, 2015년, 2016년의 1월 1일에 각각 ₩110, ₩121, ₩133.1의 배당이 기대되고 있으며, 마지막 배당 직후 이 주식 한 주를 ₩1331에 팔 수 있다고 하자.

a) 이 주식의 현재가치 = ____.

b) 이 주식의 가격은 어떻게 될 것인가?

c) 이 주식으로부터의 수익률은 어떻게 될 것인가?

Q2. 현 이자율 5%에서 현재가치(PV)가 같고 10년 후 만기가 되는 두 채권이 있다. 채권 1의 경우 대부분의 이자 지급이 첫 5년간에 집중되어 있고, 채권 2는 나중의 5년간에 집중되어 있다. 만일 이자율이 올라간다면, 다음 중 옳은 것은?

a. 두 채권의 현재가치는 모두 불변.
b. 두 채권의 현재가치가 모두 변하나, 여전히 서로 같다.
c. 채권 1의 현재가치가 채권 2의 현재가치보다 높아진다.
d. 채권 2의 현재가치가 채권 1의 현재가치보다 높아진다.
e. 두 채권의 현재가치는 모두 상승.

Q3. 70의 법칙(the law of 70)에 따르면, 소득증가율이 연 14%일 때 소득은 ____한(된)다.

a. 5년 후 70%가 증가
b. 7년 후 두 배가
c. 14년 후 세 배가
d. 10년 후 네 배가
e. 위의 a)-d) 중 답 없음

Unit 8

총수요-총공급 모형

TOPIC 1 : 총공급 곡선

TOPIC 2 : 총수요-총공급 모형과 경기변동

Unit 8의 구성과 목표

- 지금까지 살펴본 경기변동 분석은, 재화와 서비스에 대한 수요측면만을 이해한 것이었다.
  - Unit 6과 7에서 유지했던 '물가가 일정하다'는 가정은, 재화나 서비스에의 구매지출(즉, 수요량)이 증가하더라도 현재 물가수준에서 얼마든지 총산출물의 공급이 가능하다는 (비현실적인) 가정이고,
  - 그런 의미에서, 지출변동이 산출량 변동으로 이어지는 과정에 대한 지금까지의 설명은 사실상 경제의 공급측면은 무시한 채 경제 내 재화와 서비스에 대한 총수요만을 분석한 것이다.
- 어떤 개별 상품의 균형가격과 거래량을 알기 위해서는 그 상품의 수요곡선과 공급곡선을 모두 알아야 한다.
- 마찬가지로, 거시경제에 있어서도 전반적 물가수준(P)과 GDP(Y)의 수준을 알기 위해서는 재화와 서비스에의 총수요뿐만 아니라 총공급에 대해서도 알아야 한다.
- 이번 unit 8에서는 거시경제의 수요측면과 공급측면을 함께 고려하면서 단기경기변동을 설명한다.
  - 이를 위해 먼저 물가와 재화 및 서비스의 생산량간의 관계를 보여주는 총공급 곡선(aggregate supply curve)의 개념을 이해하고,
  - 총수요 곡선과 총공급 곡선에 의해 경제의 단기균형이 결정됨을 보인다.
  - 이어서 총수요 및 총공급을 변화시키는 요인이 발생할 경우 균형 물가와 총생산이 어떻게 달라지는지를 분석한다.

TOPIC 1 | 총공급 곡선

1. 장기 총공급(Long Run Aggregate Supply) 곡선

1.1 총공급 곡선은 각 물가수준에서 기업들이 생산하여 판매하고자 하는 재화 및 서비스 산출량을 보여주는데, 장기에 있어서 총공급 곡선은 수직이다.

[1] [Recall : unit 4 & 5] 장기적으로 한 경제의 재화와 서비스의 생산량은 (물가와는 관계없이) 생산요소의 부존량과 생산기술에 의해 결정된다.

① 장기에서는 모든 가격이 신축적이어서 부존된 생산요소는 완전 고용되고,

② 기업들은 완전고용된 생산요소를 일정한 기술수준 하에서 결합하여 잠재산출량 또는 자연산출량 수준의 재화와 서비스를 생산한다.

③ 이러한 장기적 공급측면 요인들이 주어진 상태에서, 물가는 경제 내의 화폐공급량에 의해 결정된다.

- 화폐공급의 증가는 장기적으로 물가상승만을 초래하고 산출량은 변화시키지 못한다.

[2] 따라서 장기에서의 총공급 곡선은 잠재산출량(potential output)에서 수직이다.

① 직관적 설명을 위해 모든 재화와 서비스의 가격이 두 배가 된다고 하자.

- 개별 생산자 입장에서는 자기가 생산하는 재화의 가격과 생산에 필요한 모든 투입요소 가격이 두 배가 되므로 산출량을 변화시킬 이유가 없다.
- 따라서 모든 가격이 신축적으로 조정되는 장기에서는, 물가와 기업들이 공급하는 총생산량은 무관하다.
- 이는 곧 장기 총공급 곡선은 잠재산출량 수준에서 수직임을 의미한다.

③ 한편, 잠재산출량 수준에 영향을 주는 요인들이 변하면 장기 총공급 곡선이 이동한다. 그러한 요인들은:

- 노동 부존량 : 노동 공급, 자연 실업률
- 자본 부존량 : 물적/인적 자본량
- 자연 자원 : 원자재 공급량, 기후 조건

• 기술 수준

→ 이러한 요인들의 증가 및 개선에 의해 한 경제가 최장기적 성장(secular growth)을 하게 되면, 장기 총공급 곡선은 지속적으로 우측으로 이동한다.

[그림 1] 장기 총 공급 곡선

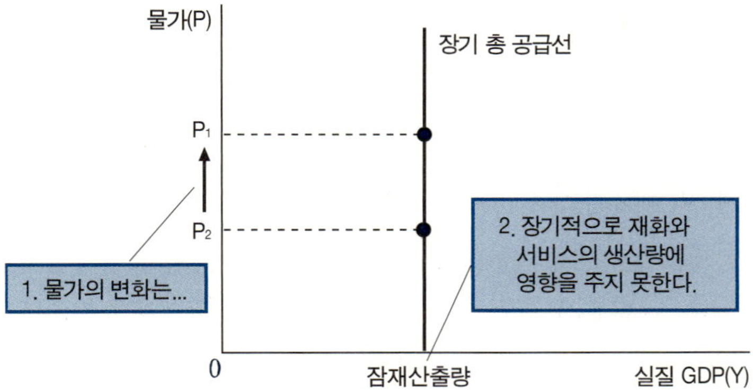

2. 단기 총 공급(Short Run Aggregate Supply) 곡선

2.1 물가가 경직적인 단기에서는 산출물의 공급량과 물가간에 어떤 관계가 있을지를, 개별 생산자 입장에서의 이윤극대화 문제를 통해 생각해 보자.

[1] 어떤 생산자가 '산출물을 더 생산해서 공급하는 것이 이익이 되는가?'의 문제를 고려하고 있다고 하자. 이 때 :

① 산출물 단위당 이윤은 단위당 가격과 단위당 생산비의 차이이고,

② 생산자는 단위당 이윤을 고려하여 추가생산여부를 결정할 것이다.

[2] 그런데, 생산자가 지불해야 하는 (단위당) 비용은 상당기간 동안 고정되어 있으며, 그중에서도 가장 경직적인 부분은 명목임금(nominal wage)이다.

① 많은 경우 명목임금은 장기 임금계약(long-term wage contracts)에 의해 결정되므로, 명목임금은 상당기간 동안 경직적이다.

② 또, 명목임금을 결정하는 제도적 요인과 가치관은 잘 바뀌지 않는다.

• 특히 근로자들은 대개 물가상승에 의한 실질임금의 하락은 용인하나, 물가가 하락하는 상황에서도 명목임금의 삭감은 용인하지 않는다.

→ 즉, 사람들은 일종의 화폐 환상(money illusion)을 가지고 있다.

③ 이러한 이유로, 단기적으로 명목임금은 경제상황에 따라 즉각 변동하지 않고 경직적이다.

2.2 이처럼 명목임금(W)이 경직적이라면, 물가(P)와 산출량(Y)은 단기적으로 어떤 관계에 있을지 생각해 보자.

[1] 이미 설정된 명목임금이 유지되는 동안, 어떤 이유로든 물가가 전반적으로 상승한다면:

① 생산물의 단위당 가격이 상승하는 반면, 임금경직성에 의해 단위당 생산비용은 가격 상승분보다 적게 오를 것이다.

• 따라서 단위당 이윤이 증가하고 이에 기업은 단기적으로 생산량을 늘리게 된다.

② 한편, 기업이 생산량을 늘린다는 것은 고용량도 늘어난다는 것인데, 고용량이 증가하는 이유는 다음과 같이 설명할 수 있다.

• 기업 입장에서는 실질임금(W/P)의 수준에 따라 고용량을 결정할 것이다[32].

• 명목임금이 경직적인 상태에서 물가가 상승하면 실질임금이 하락하고,

• 따라서 기업은 고용량과 생산량을 늘리게 된다.

[2] 반대로 어떤 이유로든 물가가 하락한다면:

① 생산물의 단위당 가격이 하락하는 반면 생산물 단위당 생산 비용은 가격하락폭보다 덜 하락하므로, 단위당 이윤이 감소하고 기업은 단기적으로 생산량을 줄인다.

② 고용면에서 보면, 노동서비스를 구입하는 비용인 실질임금(W/P)이 상승하므로 기업들은 고용량을 줄인다.

[3] 따라서 단기에서의 총공급 곡선은 [그림 2]에서처럼 우상향하며, 그 기울기의 정도는 명목임금 경직성의 정도에 달려 있다.

---

32) 여기서의 암묵적 가정은, 명목임금이 경직적이므로 노동시장에의 고용량이 수요와 공급의 균형에서 결정되지 않고 기업의 노동수요에 의해서만 결정(demand-determined)된다는 것이다.

① 단기 총공급 곡선이 우상향하는 이유는, 명목임금이 경직적이므로 물가가 오름에 따라 실질임금이 하락하여 고용과 생산이 늘기 때문이다.

② 그렇다면, 명목임금이 더 경직적일수록 물가상승에 의해 실질임금이 더 하락하고 기업이 생산하는 재화와 서비스의 양도 더 많이 늘어날 것이다.

③ 반대로, 만일 명목임금이 물가상승을 거의 즉각 따라잡는다면, 실질임금 하락은 미미하고 고용과 산출도 거의 늘지 않을 것이다.

→ 따라서, 명목임금이 경직적일수록 단기 총공급 곡선의 기울기가 완만해진다.

[그림 2] 단기 총공급 곡선

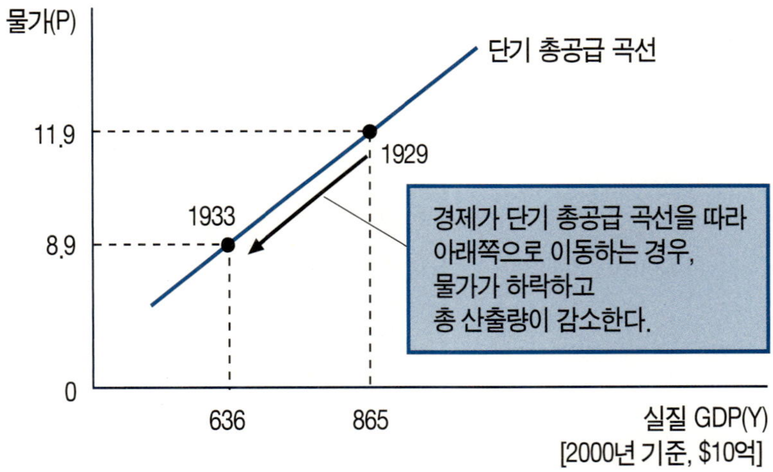

자료 : P. Krugman & R. Wells, 「Macroeconomics」(2007),p. 239

→ 대공황 기간 중 미국 경제의 경험에서 보듯, '29－'33년에 걸친 디플레이션으로 물가(GDP deflator)가 하락하자, 기업들은 총산출물의 공급량을 줄였다.

2.3 단기 총공급 곡선의 이동요인

[1] 기업의 생산물 단위당 이윤과 생산량에 영향을 주는 요인은 물가 외에도 여러 가지가 있으며, 그러한 요인들이 변화할 경우에는 단기 총공급 곡선 자체가 이동한다.

① 예컨대, 어떤 이유로든 주어진 물가수준에서 (단위당) 생산 비용이 늘어(단위당) 이윤이 감소한다면,

② 생산자들은 주어진 물가수준에서 공급되는 생산물의 양을 이전보다 줄일 것이다.

③ 또는, 예전보다 높은 가격에서만 기업들이 이전과 같은 양의 산출물을 생산해서 공급할 수 있다.

→ 이에 단기 총공급 곡선은 좌측(또는 상방)으로 이동한다.

[2] 그렇다면, 생산자의 이윤에 영향을 미쳐 단기 총공급 곡선을 이동시키는 물가 이외의 요인은 어떤 것들이 있을까?

① 원자재 가격(commodity price)의 변화

- 원유 등 원자재 가격의 상승은 경제 전체에 걸친 생산비용 증가를 초래하고,
- 이에 따라 각 물가수준에서 공급되는 총생산물의 양을 감소시키므로,
- 단기 총공급 곡선은 왼쪽으로 이동한다.

② 명목임금(W)의 변화

- 노동투입물의 가격인 임금의 상승도 생산비용의 증가를 초래하므로, 단기총공급 곡선의 좌측이동을 초래한다.

③ 생산성/기술수준의 변화

- 생산성이 증가하면 같은 양의 요소투입으로 만들 수 있는 생산량이 늘고,
- 이는 단위당 생산비를 감소시켜 단기 총공급 곡선을 우측으로 이동시킨다.

[3] 또, 예상물가수준(P^e)의 변화도 기업의 이윤에 영향을 주어 단기 총공급 곡선의 이동을 초래하는데, 그 이유를 명목임금 경직성의 가정 하에서 설명해 보자.

① 다년간의 명목임금(W)을 정할 때, 기업과 근로자는 계약기간 동안의 물가를 예상(P^e)하여 명목임금을 결정한다.

- 임금계약 당시에 가지고 있는 예상물가(P^e) 하에서, 쌍방이 합의한 목표 실질임금수준과 예상 실질임금(W/P^e)이 근접하도록 다년간의 명목임금(W)을 결정할 것이다.

② 만일 예상물가(P^e)가 상승한다면 어떤 일이 벌어질까?

- 단적인 예로, 명목임금계약을 체결하기 직전에 예상물가가 크게 상승한다면,
- 예상물가가 올라가기 전에 합의하려 했던 명목임금 하에서는 계약기간 중의 실질임금이 크게 하락할 것이므로, 근로자는 예상물가 상승에 비례하여 이전보다 높은 명목임금을 요구할 것이다.
- 이에 따라 현재의 물가수준에서 실질임금이 상승하므로 고용과 산출량이 감소하고,

• 결국 단기 총공급 곡선은 좌측(또는 상방)으로 이동한다.

③ 반대로 예상물가가 하락하면, 단기 총공급 곡선이 우측(또는 하방)으로 이동한다.

[4] 실제물가(P)의 상승과 예상물가(P^e)의 상승이 각각 기업들이 산출량을 늘리고 줄이게 한다면, 만일 실제물가와 예상물가가 함께 상승하는 경우에는 어떤 결과가 나타날까?

① 명목임금 계약 후 기업이 실제로 고용하게 되는 노동의 양은 기업이 실제로 지불하는 실질임금에 달려 있다.

• 실질임금이 상승/하락하면 고용비용이 증가/하락하게 되고, 이에 기업은 고용을 줄인다/늘린다.

② 만일 예상물가가 불변인 상태에서 실제물가가 상승하면, 기업의 산출량이 증가한다.

• 예상물가가 미처 조정되지 않은 상태에서는 근로자들이 명목임금 상승을 즉각 요구하지 않으므로, 기업이 산출량을 늘릴 수 있기 때문이다.

③ 그러나 실제물가가 오르더라도 예상물가가 이를 따라잡게 되면, 명목임금을 포함하여 모든 투입요소의 가격도 실제물가의 상승률만큼 상향 조정된다.

• 이 경우 기업 입장에서는 단위당 실질이윤이 불변이므로, 산출량을 늘릴 이유가 없다.

④ 따라서 기업의 산출량 증가를 초래하는 것은, 실제물가의 절대적 상승이 아니라 실제물가가 예상물가보다 상대적으로 더 오르는 것임을 알 수 있다.

2.4 총공급 곡선의 형태 : 요약

[1] 이상의 논의를 종합하면, 장/단기를 아우르는 총공급 곡선은 아래의 식과 같이 나타낼 수 있다:

$$Y = \overline{Y} + a(P - P^e) + \epsilon,\ \ a > 0 \quad \cdots\cdots (1)$$

• Y = 총산출량
• $\overline{\text{Y}}$ = 잠재산출량 또는 자연산출량
• P = 실제물가
• P^e = 예상물가
• ε = 일시적 생산성 충격

[2] 위 식 (1)의 해석은:

① 실제 기업들이 생산하는 산출량(Y)은 일단 잠재산출량($\overline{Y}$)의 주위에서 결정되고,

② 실제물가의 상승(P ↑)은 실제 산출량(Y ↑)의 증가를 가져오는데,

③ 이 때 중요한 건 실제물가가 예상물가를 초과하여 얼마나 상승($P-P^e$ ↑)하는가이다.

- 단기적으로 실제물가가 예상물가보다 상승(하락)하면, 재화와 서비스의 산출량은 일시적으로 자연산출량 수준을 상회(하회)하게 된다.

④ 한편, ε은 공급측면에서의 일시적인 생산성 충격을 나타낸다:

- ε>0인 경우는 이로운 생산성 충격에 해당하고, ε<0인 경우는 자연재해, 전쟁 등의 해로운 상승 충격에 해당한다.

④ 일시적 충격이 없고(ε=0) 실제물가와 예상물가가 일치($P=P^e$)하는 장기에서는 실제 산출량이 잠재산출량과 같아진다.

[3] 위의 식 (1)을 다시 정리하여 총공급 곡선을 다른 각도에서 이해할 수도 있다.

① $P = P^e + \frac{1}{a}(Y - \overline{Y}) + \nu,\ with\ \nu := -\frac{1}{a}\epsilon$ ················ (2)

- 이제 위 식 (2)에서 ν 는 생산비용 충격으로 해석할 수 있다.

② 위 식 (2)에 따르면:

- 각각의 예상물가수준(P^e)에 상응하는 단기 총공급 곡선이 하나씩 존재하고,
- 예상물가가 상승하면 단기 총공급 곡선은 위쪽(또는 안쪽)으로 이동한다.
- 일시적으로 생산비용을 상승시키는 충격이 발생하면($\nu > 0$ 또는 $\varepsilon < 0$), 단기 총공급 곡선은 위쪽(또는 안쪽)으로 이동하고,
- 비용하락 충격이 발생하면($\nu < 0$ 또는 $\varepsilon > 0$), 단기 총공급 곡선은 아래쪽(또는 바깥쪽)으로 이동한다.

확인문제

Q1 : 총공급에의 일시적 충격 요인이 없다는 가정 하, 아래 그림 (a)를 보고, 각 진술의 참/거짓을 판별하라.

- 단기 총공급 곡선 SRAS상의 점 A에서, 실제물가는 50이다.

- 점 A에서는 예상물가가 50이다.
- 점 A에서는 실제물가와 예상물가가 같다.
- 그러므로, 점 A에서는 실제 산출량이 잠재산출량과 같은 1000이다.
- 경제가 점 B로 이동할 경우, 예상물가는 여전히 50이다.
- 점 B에서는 실제물가는 100이고, 이는 예상물가 50보다 높다.
- 그러므로, 점 B에서는 단기적으로 산출량이 잠재산출량보다 많은 1200이다.

Q2 : 아래 그림 (b)를 보고, 각 진술의 참/거짓을 판별하라.

- $SRAS_0$곡선상의 어느 점에서든 예상물가는 P_0이다.
- $SRAS_0$곡선은 예상물가가 P_0로 일정한 상태에서 실제물가와 산출량간의 관계를 보여준다.
- $SRAS_1$상의 어느 점에서나 예상물가는 P_1이다.
- 예상물가가 더 높은 상태이므로, $SRAS_1$은 $SRAS_0$보다 위쪽에 위치하고 있다.

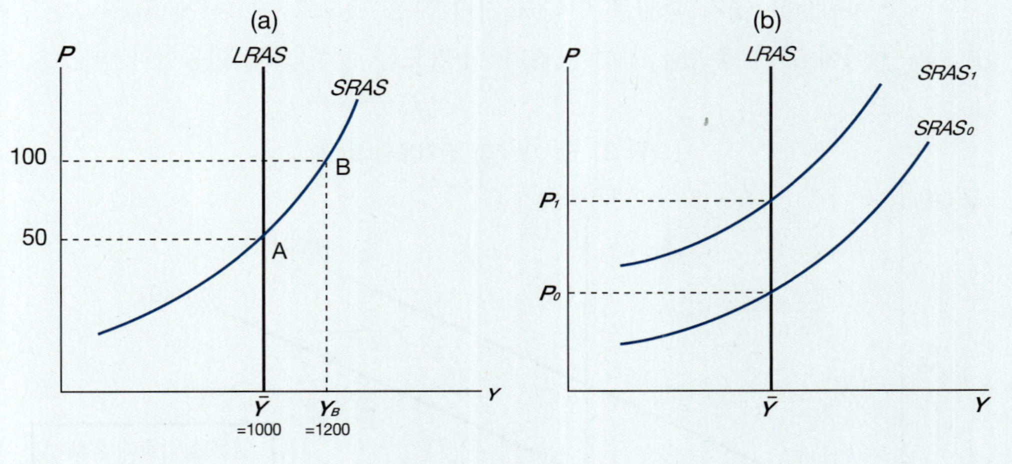

A : 모든 진술이 참이다.

2.5 단기에서 장기로의 조정 과정 : 맛보기

[1] 경제의 총공급 측면에만 국한하여 본다면, 어떤 시점에서든 경제는 아래의 두 상태 중 하나에 있다.

① 경제가 장기 총공급 곡선과 단기 총공급 곡선상에 동시에 있는 경우 :

- 이는 사실상 단기에서도 장기적 균형에 있는 상태이다.

② 경제가 단기 총공급 곡선상에 있으나, 장기 총공급 곡선상에는 있지 않은 경우:
- 이는 일시적으로 실제 산출량이 자연산출량과 일치하지 않는 경우이며,
- 실제 산출량이 자연산출량과 일치할 때까지 무언가의 조정이 시작될 것인데,
- 그 조정은 바로 단기 총공급 곡선의 이동이다.

[2] 그렇다면, 장기에서의 산출량을 향한 조정과정에서 단기 총공급 곡선이 이동하는 이유를 설명해보자.

① 경우 1 : 아래 [그림 3]에서처럼 현재 경제가 점 A=(P_A, Y_A)에 있다면:
- 일시적으로 실제 산출량이 자연산출량을 초과하는 상태이고,
- 또 노동시장에서는 실제 실업률이 자연실업률보다 낮은 상태인데,
- 이러한 상태는 명목임금이 완전히 조정되지 않는 동안에만 지속될 수 있다.
- 지나치게 낮은 실업률로 인해, 시간이 지나면서 노동시장에서 명목임금이 상승하는 한편,
- 사람들은 경기 과열로 인해 물가가 오를 것으로 예상하게 되고,
- 이에 단기 총공급 곡선은 점차 상방(또는 왼쪽)으로 이동한다.

[그림 3] 단기로부터 장기로의 조정

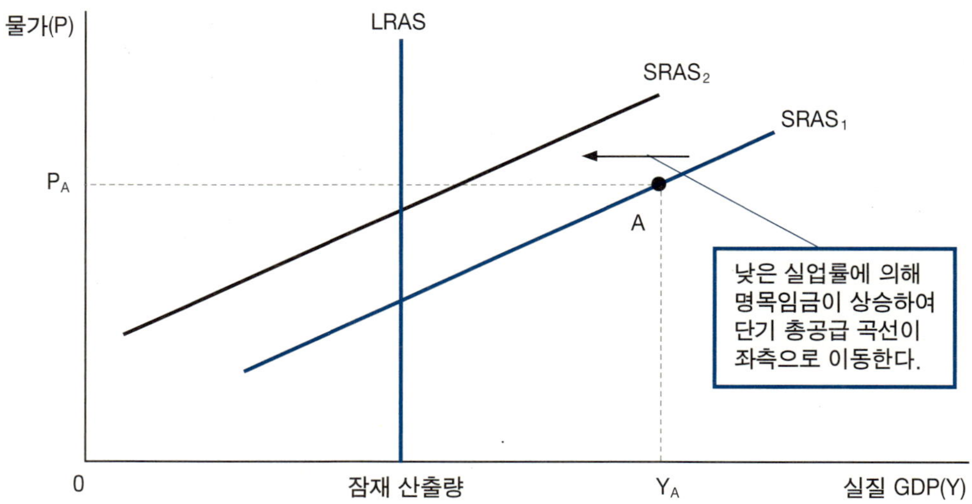

② 경우 2 : 아래 [그림 4]에서처럼 현재 경제가 점 B =(P_B, Y_B)에 있다면:
- 일시적으로 실제 산출량이 자연산출량을 하회하는 상태이고,

- 또 노동시장에서는 실제 실업률이 자연실업률보다 높은 상태인데,
- 이러한 상태는 명목임금이 완전히 조정되지 않는 동안에만 지속된다.
- 지나치게 높은 실업률로 인해 노동시장에서 명목임금이 점차 하락하는 한편,
- 사람들은 경기 위축으로 인해 물가가 하락할 것으로 예상하게 된다.
- 이에 단기총공급 곡선은 점차 하방(또는 우측)으로 이동한다.

[그림 4] 단기로부터 장기로의 조정

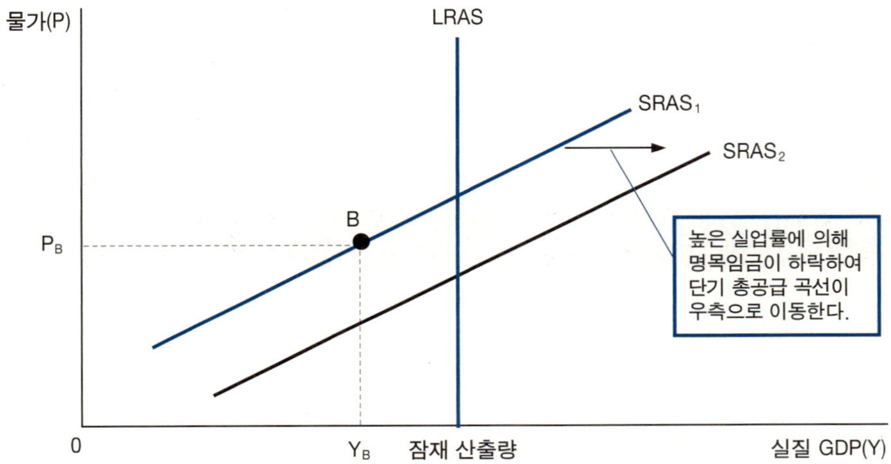

③ 이처럼 실제 산출량이 잠재산출량과 다를 경우, 단기총공급 곡선이 이동하면서 장기적으로 경제를 잠재산출량 수준으로 복귀시키게 된다.

④ 경제가 장기균형으로의 조정되어가는 과정을 온전히 설명하기 위해서는 경제가 처하고 있는 단기균형이 어떻게 결정되는가를 먼저 이해해야 한다.

- 따라서 우리는 경제의 수요측면과 공급측면을 동시에 고려하는 단기균형 결정모형인 총수요-총공급 모형으로 넘어갈 것이다.

확인문제

Q : 다음의 사건들이 총수요 곡선을 이동시킬지, 단기 총공급 곡선을 이동시킬 지, 두 곡선을 모두 이동시킬지, 아니면 아무것도 이동시키지 않을지 설명하라.

[1] 시절이 하 수상하여, 가계가 소득 중 더 많은 부분을 저축하기로 결심한다.

[2] 계속된 장마로 올해 농산물 작황이 나빠진다.

[3] 해외취업문호의 개방에 따라 해외로의 이민이 급증한다.

A : **[1]** 주어진 물가수준에서 소비지출이 감소하므로 총수요 곡선이 좌측 이동한다.
[2] 단기 총공급 곡선이 왼쪽으로 이동한다.
[3] 생산에 참여할 근로자 수가 감소하는 한편, 소비자의 수도 감소한 것이므로 총수요와 장/단기 총공급 곡선이 모두 왼쪽으로 이동한다.

TOPIC 2 | 총수요-총공급 모형과 경기변동

1. 경기변동을 설명하는 기본적 모형

1.1 고전적 이분성과 화폐의 중립성에 기초한 고전학파의 이론이 경기변동을 설명하는 데에는 적합하지 않음을 대공황 당시를 예로 들면서 이미 언급한 바 있다..

[1] 고전학파의 시각에 입각한 분석은 대공황 같은 이례적인 사건이 아닌 일상적인 단기 경기변동을 설명하는 데에도 한계가 있다.

① 고전학파의 이분성 및 화폐의 중립성 하에서는, 물가(P)와 산출량(Y)은 따로 결정되는 것으로 설명하는데,

② 3-5년 정도의 전형적 경기변동 기간에 걸친 데이터를 보면:

- 물가는 수요나 공급의 변동이 있어도 상당히 느리게 변화하고(그 결과 적어도 일부 시장이 청산되지 못하는 불균형이 존재하고),
- 통화정책이 물가에 영향을 주는 동시에 총생산, 실질이자율, 저축, 투자 등의 실질변수에도 영향을 주는 것으로 나타난다.

[2] 따라서 단기적 경기변동을 설명하려면 산출량(Y)과 물가(P)의 움직임을 동시에 설명할 수 있어야 한다.

① 그런데, 산출량은 GDP로 측정한 한 경제의 재화 및 서비스 생산량, 즉 실질변수이고,

② 물가는 소비자 물가지수나 GDP 디플레이터로 측정한 명목변수이다.

→ 그러므로, 단기적 경기변동을 분석하기 위해서는 실질변수(Y)와 명목변수(P)가 결정되는 과정을 동시에 설명해야 하고, 이는 곧 고전학파의 이분법적 시각을 벗어나야 함을 의미한다.

BOX 장기와 단기에 대한 긴 잔소리 하나

- 거시경제학에서 단기와 장기의 가장 중요한 차이는 가격의 경직성 여부이다.
  - 장기에서는 모든 명목임금을 포함하여 모든 가격이 신축적으로 변동하여 모든 시장에서 수요와 공급의 균형이 달성되지만, 단기에서는 일부 또는 모든 가격이 완전히 또는 부분적으로라도 경직적이므로 적어도 어떤 시장에서는 시장의 청산이 일어나지는 않는다.

- 우리가 어느 특정 시장의 균형을 말할 때 염두에 두고 있는 것은 수요량과 공급량이 일치되도록 하는 균형 가격과 그 가격에서 구매자와 판매자 사이에 이루어지는 균형 거래량이다. 그런데 가격과 거래량 중에 어느 하나의 조정이 이루어질 수 없는 경우라면, 시장상황 변동이 있을 경우 타 변수가 조정될 수 밖에 없다.

- 가격이 신축적이지 못한 단기에서는 가격변수가 아닌 수량변수가 조정을 받게 된다. 그 단적인 예가 unit 6과 7에 걸쳐 살펴본 지출승수효과이다. 이 경우 정부정책이나 민간의 지출/저축행태가 변화하면 (적어도 최단기 동안에는) 물가는 불변인 채로 생산량과 고용량이 변화함으로써, 국민소득 항등식을 만족하는 (잠정) 균형 GDP가 생산된다.
  - 물가가 최단기에서처럼 완전히 경직적이지는 않으나 장기에서처럼 완전히 신축적이지도 않은 단기에서도, 수량변수가 조정을 받게 된다는 상황은 유사하다.

- 그러므로 가격이 경직적인 기간에는 고전학파의 이분법(classical dichotomy)이 성립하지 않는다. 이는 가격변수가 신축적으로 조정될 수 없는 경우에는 산출량이나 고용 같은 실물변수가 조정되기 때문이다.

1.2 총수요-총공급 모형

[1] 총수요-총공급 모형은, 산출량과 물가가 단기적으로 (장기균형수준 주위에서) 등락하는 경기변동을 설명하기 위한 모형이다.

① 총수요 곡선(Aggregate Demand Curve)

- 가계, 기업, 정부부문이 각 물가수준에서 구매하고자 하는 재화와 서비스의 양을 나타낸다.

② 총공급 곡선(Aggregate Supply Curve)

- 각 물가수준에서 기업이 생산하여 판매하고자 하는 재화와 서비스의 양을 나타낸다.

③ 두 곡선의 교점에서 경제의 단기적 균형물가와 생산량이 결정된다.

- 어느 한 곡선의 이동은 단기균형의 변동을 가져오며,
- 경제에의 충격이 어느 곡선을 이동시키는가에 따라 경제의 반응도 달라진다.

[2] 아래 [그림 5]는 총수요 곡선과 단기 총공급 곡선의 교점에서 거시경제의 단기균형이 결정됨을 보여준다.

① 만일 경제가 현재 단기균형에 있다면, 그 경제는 총수요 곡선 상의 어느 점에 반드시 있어야 한다.

- 예컨대, 현재 경제가 위의 [그림 5]에서 총수요 곡선의 우측인 점 B에 있다면,
- 그때의 물가수준에서 실제로 수요되는 수준의 산출량보다 실제 산출량이 많은 상태이다.
- 이에 기업들은 점차 생산을 감축하게 될 것이다.

② 또, 만일 경제가 현재 단기적으로 균형인 상태라면, 그 경제는 단기 총공급 곡선상에 있어야 한다.

- 예컨대, 현재 경제가 단기 총공급 곡선 아래의 점 F에 있다면,
- 물가수준이 지나치게 낮아서 수요되는 만큼의 재화나 서비스를 기업들이 계속 공급하지 못하는 상태이고,
- 이에 기업들이 점차 가격을 올림에 따라 물가상승이 발생할 것이다.

③ 따라서, 총수요 곡선과 단기 총공급 곡선이 교차하는 점 E에서만 한 경제의 산출량과 물가수준이 단기적으로 유지될 수 있다.

[그림 5] 거시경제의 단기균형

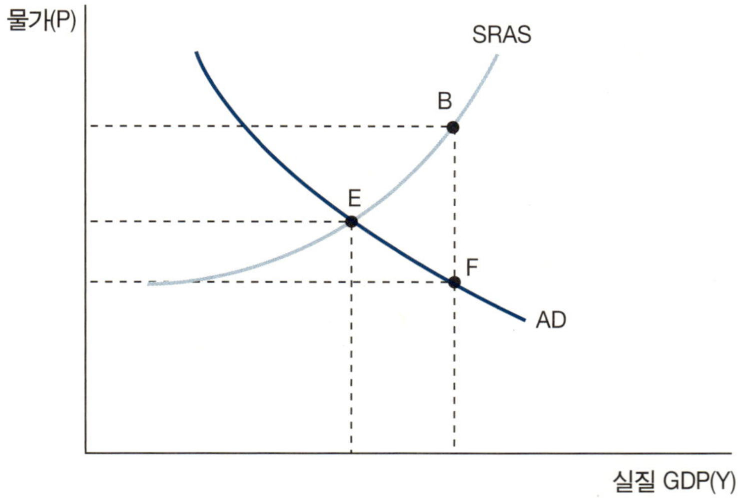

2. 총수요 충격의 효과

2.1 기대, 자산가치 등의 변화나 재정 및 통화정책의 변화 등 총수요 곡선을 이동시키는 요인을 총수요 충격이라 부르며, 우리는 크게 두 종류의 총수요 충격을 생각해 볼 수 있다.

[1] [Recall : unit 6] 재화와 서비스시장발 충격

① 기대의 변화에 의한 독립적 소비나 투자의 변화,

② 자산가격 상승에 의한 독립적 소비의 변화,

③ 정부구매, 조세의 변화 등을 들 수 있다.

→ 이러한 충격들은 재화나 서비스에의 지출에 직접 영향을 미친다는 의미에서 지출충격으로 불리기도 한다.

[2] [Recall : unit 3 & 7] 화폐시장발 충격

① 기대나 금융제도 변화에 따른 화폐수요의 변화,

② 중앙은행이나 민간의 행위 변화에 의한 통화량 변화 등을 들 수 있다.

→ 이러한 충격들은 이자율경로를 거쳐 재화나 서비스에의 지출에 간접적으로 영향을 준다.

2.2 재화와 서비스시장발 총수요 충격의 효과

[1] 지출충격의 한 예로 정부구매지출이 증가하면 총수요 곡선이 우측으로 이동하는데, 우리는 이미 unit 6-7에 걸쳐 정부구매지출의 변동이 경제 내의 총지출에 두 가지 상반되는 효과를 초래함을 살펴보았다.

① [Recall : unit 6] 지출승수 효과(expenditure multiplier effect)

- 물가가 일정하게 유지되는 동안, ΔG만큼의 정부구매지출 증가는 지출승수 효과를 통해 총지출을 $[1/(1-MPC)]\times\Delta G$ 만큼 늘린다.
- 따라서, 순수한 지출승수효과에 의해 총수요 곡선은 $[1/(1-MPC)]\times\Delta G$ 만큼 이동한다.

② [Recall : unit 7] 구축효과(crowding-out effect):

- 그러나 지출승수효과에 의해 총지출이 증가하면, 화폐시장에서 화폐수요가 증가하고, 따라서 이자율이 상승한다.
- 이에 민간투자와 내구재 소비지출이 감소하면서 음(-)의 지출승수효과를 통해 총지출의 일부가 도로 감소한다.

③ 따라서, 두 효과의 상대적 크기에 따라 총수요 곡선의 이동 폭이 결정된다.

[3] 지출승수효과가 구축효과보다 커서 정부구매 증가로 인해 총수요 곡선이 우측으로 이동한다면, [그림 6]에서처럼 단기적으로 물가와 산출량이 모두 상승한다.

[그림 6] 지출 충격과 단기균형의 변화

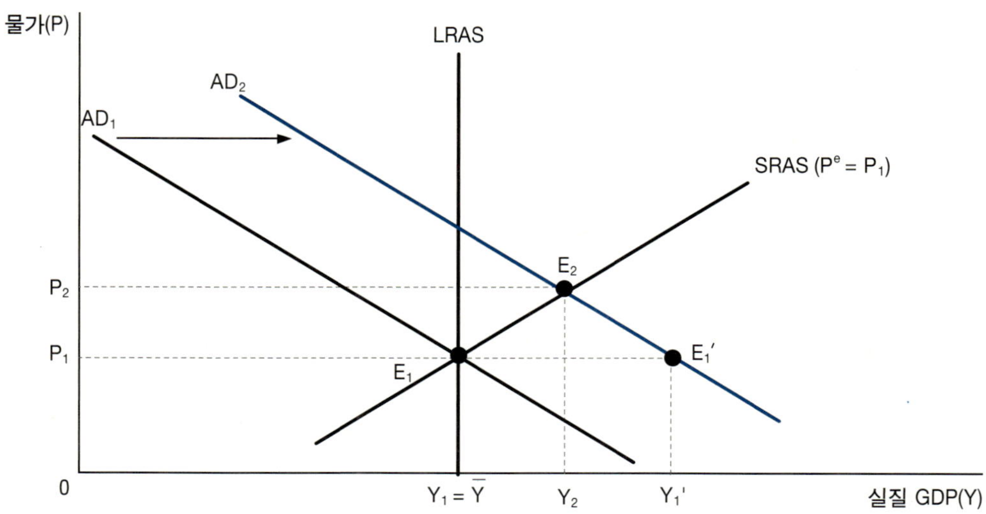

① 최초의 균형인 E_1에서는 단기균형과 장기균형이 동시에 달성되고 있으며, 실제물가와 기대물가가 일치하고 있다.

② 이때 정부구매지출이 증가하면, 총수요 곡선이 AD_1에서 AD_2로 이동하고 경제는 단기 총공급 곡선인 SRAS를 따라 새 단기균형인 점 E_2로 이동한다.

- 새 단기균형 E_2에서의 물가와 산출량은 각각 이전보다 상승한 P_2와 Y_2 수준이다.
- 단기 총공급 곡선인 SRAS 상에서는 사람들의 기대물가는 P_1수준에 머물러 있는데, 그 상태에서 물가가 P_2로 올라감에 따라 기업들의 산출량이 Y_2로 증가한 것이다.

③ 그러나 단기균형 E_2로 이동하는 과정에서의 산출증가분인 Y_2-Y_1은 (구축효과까지 고려한) 총수요 곡선의 이동폭인 Y_1'-Y_1보다 작다.

- 그 이유는 단기적으로 물가가 P_1에서 P_2로 상승하기 때문이다.

[4] 그러면, 위 [그림 6]에서 물가의 상승($P_1 \uparrow P_2$)이 산출량의 감소($Y_1' \downarrow Y_2$)를 초래하는 이유는 무엇인가?

① 점 E_1'에서는 재화시장에서 초과수요가 발생한다.

- 물가가 P_1 수준으로 유지되는 최단기에서 볼 때, 총수요 수준은 Y_1'으로 증가한 반면 기업들은 재화와 서비스를 Y_1의 수준까지만 생산/공급하려 하기 때문이다.
- 이에 기업들이 점차 가격을 올림에 따라 물가가 상승하기 시작하는데,
- Unit 6에서 총수요 곡선이 우하향하는 이유를 설명할 때 보았듯, 물가가 올라감에 따라 이자율 경로와 피구효과를 통해 투자와 소비지출이 감소하면서 산출량이 감소하기 시작한다.

② 이처럼 물가상승과 산출량감소가 동시에 일어나므로, 경제는 새 총수요 곡선 AD_2상에서 E_1' 에서 E_2로 좌상방으로 이동하고,

- 그 과정에서 총수요 곡선의 이동에 따른 최초의 산출증가분인 Y_1' -Y_1의 일부가 상쇄된다.

③ 정부구매지출 증가에 의한 산출량 변화를 (승수효과, 구축효과, 물가상승효과)로 분해한 더 자세한 설명은 [Appendix]를 참조하라.

확인문제

Q : 정부구매지출 증가 후 예상되는 산출량 증가의 크기를 세 사람에게 조사해 오도록 했더니, 각각 (5, 10, 15)의 숫자를 보고하였다. 각 숫자에 해당하는 경우를 골라 보라.

[1] 순수 승수효과만 본 경우 :

[2] 구축효과까지 고려한 경우 :

[3] 물가상승효과까지 감안한 경우 :

A : [1] 15 [2] 10 [3] 5

[5] 정부구매지출이 총수요와 단기균형을 변화시키는 과정에 대한 이상의 분석은, 타 지출요인에도 유사하게 적용할 수 있다.

① 외생적 투자지출($\bar{I}$)이나 독립적 소비($\overline{C}$)의 증가는, 같은 크기의 정부구매지출과 동일한 만큼 총수요 곡선을 이동시킨다.

- 우리가 다루고 있는 모형에서는, 외생적 투자지출($\bar{I}$)이나 독립적 소비($\overline{C}$)의 증가할 경우에도 주어진 물가에서 총지출이 일단 지출승수배 만큼 늘어나고 (=총수요 곡선의 바깥쪽 이동)
- 이어서 화폐수요가 증가함에 따라 이자율 상승과 구축효과가 발생하나(=총수요 곡선의 안쪽 이동),
- 단기 총공급 곡선이 우상향하는 한, 총수요의 증가가 있을 경우 새 단기균형에서의 물가와 산출량 수준은 모두 이전 균형에서보다 높아진다.

② 한편, 조세의 감소도 정부구매 증가와 동일한 방향으로 총수요 곡선을 이동시키나, 그 이동폭은 정부구매지출이 같은 크기만큼 증가할 때 보다 작다.

- [Recall : unit 6] 감세는 그 자체가 총수요의 구성 항목이 아니고, 소비지출 증가를 통해서 시작된 연쇄적 지출증가효과가 작용하면서부터 지출/생산/소득을 증가시킨다.
- 따라서 같은 크기의 정부구매 증가에 비해, 감세에 의한 총수요 곡선의 이동폭도 작을 것이다.

2.3 화폐시장발 총수요 충격의 효과

[1] [Recall : unit 7] 중앙은행이 화폐공급을 늘리는 확장적 통화정책을 집행하면, 총수요 곡선이 우측으로 이동한다.

① 단기적으로 화폐공급이 증가하면 이자율이 하락하고 총지출이 증가한다.

- 화폐공급 증가로 인해 발생한 화폐의 초과공급은 이자율 하락을 가져온다.
- 다르게 설명하면, 화폐의 초과 공급은 대체 자산인 채권의 초과수요를 의미하고 이는 채권가격의 상승을 가져오고 그 결과 이자율이 하락한다.
- 이자율 하락에 의해 투자 및 내구재 소비지출이 늘어나고, 이는 지출승수효과를 통해 총지출의 더 큰 증가를 가져온다.

② 투자 및 내구재 소비가 이자율에 민감하게 반응할수록, 그리고 화폐수요가 이자율에 둔감할수록 총수요 곡선이 크게 이동한다.

③ 화폐공급 증가에 의해 일단 총수요가 증가한 이후, 물가와 산출량에 미치는 효과는 위 [그림 6]을 그대로 원용하여 설명할 수 있다.

[2] 그러나, 재화와 서비스 시장발 지출 충격의 경우와 비교하여 총수요를 증가시키는 이유와 경로가 다름에 유의할 필요가 있다.

① 예를 들어, 통화정책의 효과는 이자율 하락을 통해 투자와 내구재 소비지출이 증가하는 경로를 통해 나타나는 반면,

② 정부구매지출의 증가는 직접적인 지출승수효과를 통해 효과를 발휘하며, 이자율 상승을 동반한다.

③ 그 결과, 총수요의 세부 구성항목에 미치는 영향도 총수요 증가의 요인이 어느 시장에서 비롯되었는가에 따라 달라진다.

- 연습문제 Q12-Q14에서는, 총수요가 증가하는 이유에 따라 새 단기균형에서 GDP의 구성이 어떻게 달라지는가를 분석하고 있다.

[3] 한편, 화폐수요가 감소하는 충격도 총수요 곡선을 우측으로 이동시킨다.

① 화폐수요가 감소하면, 초과 보유한 화폐를 처분하면서 채권구입이 늘어나게 되고,

② 이는 채권가격 상승과 이자율의 하락을 초래하여,

③ 주어진 물가수준에서 재화/서비스의 수요량이 증가하게 되므로, 총수요 곡선이 우측으로 이동한다.

확인문제

Q1 : 전자결제시스템이 구축되어 사람들이 보유하려는 현금의 액수가 감소한다면,

[1] 중앙은행이 아무 개입도 하지 않을 경우, 이자율과 총수요는 어떻게 될까?

[2] 중앙은행이 총수요를 안정시키려고 한다면 어떤 대응조치를 취해야 하는가?

Q2 : 정부구매지출이 증가했다고 하자. 중앙은행이 아무런 조치도 하지 않을 경우와 이자율을 이전 수준에 고정시키기 위해 화폐시장에 개입할 경우 중 어느 경우에 총수요 곡선이 더 크게 이동할까?

A1: [1] 전자결제 시스템의 보급은 화폐수요를 감소($M_1^D \rightarrow M_2^D$)시키므로, 중앙은행의 개입이 없으면 이자율이 하락($i_1 \rightarrow i_2$)하고 소비와 투자가 증가하여 총수요 곡선이 우측으로 이동한다.

[2] 중앙은행이 총수요를 안정시키려면 통화량을 줄여($M_1^S \rightarrow M_2^S$) 이자율을 이전 수준에 유지해야 한다.

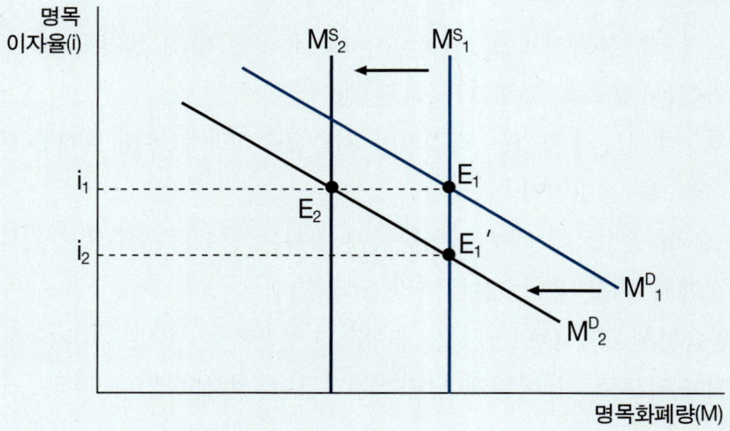

A2 : 정부구매가 증가하면 화폐수요가 증가하여 이자율이 상승한다. 중앙은행이 개입하지 않을 경우 구축효과는 총수요증가의 일부를 상쇄한다. 그러나 중앙은행이 화폐공급을 늘려 이자율을 다시 낮추면 구축효과는 발생하지 않는다. 따라서 중앙은행의 개입이 있는 경우에는 정부구매 증가의 총수요확대 효과가 더 커진다.

3. 단기균형에서 장기균형으로

3.1 총수요 곡선과 단기 총공급 곡선에 의해 결정된 단기균형 산출량이 자연산출량 수준이 아니라면, 장기균형으로의 조정과정이 시작된다.

[1] [Recall : 이번 unit, Topic 1] 실제 산출량이 일시적으로 잠재산출량 수준을 상회하게 된다면 :

① 노동력과 생산요소를 고용하기 위한 기업간의 경쟁이 시작되고,

② 임금과 가격상승의 압력이 발생하는 한편,

③ 사람들의 예상물가도 상향 조정되어,

④ 단기 총공급 곡선이 상방으로 이동하면서 장기균형으로의 조정이 이루어진다.

[2] [그림 7]은 (+)의 총수요 충격이 발생한 후, 경제가 단기균형의 변화를 거쳐 새 장기균형으로 조정되어가는 과정을 보여주고 있다.

[그림 7] 단기균형에서 장기균형으로의 조정과정

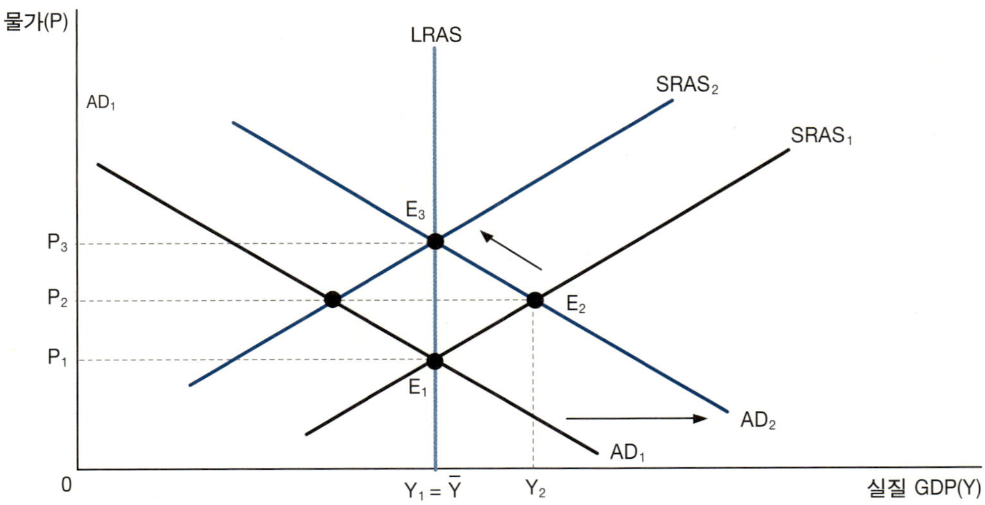

① 최초의 균형인 E_1에서는 단기균형과 장기균형이 동시에 달성되고 있으며, 실제물가와 기대물가가 P_1으로 일치하고 있다.

② 총수요가 증가한 후의 새로운 단기균형점 E_2 에서는, 산출량은 잠재수준을 상

회하고 있으며 기대 물가는 아직 P_1에 머물러 있다.

- 시간이 지남에 따라 임금과 같은 생산 요소의 가격이 오르고, 그에 따라 단기 총공급이 감소(=단기 총공급 곡선이 점차 좌상방으로 이동)하기 시작한다.
- 더불어 예상물가도 점차 실제물가를 따라잡기 시작하면서 이 역시 단기 총공급 곡선의 상방 이동을 초래한다.

③ 이러한 조정과정 동안, 경제는 앞서 증가한 총수요 곡선인 AD_2를 따라 새 장기균형인 E_3를 향하여 좌상방으로 이동한다.

- 새 장기균형인 E_3에서는 산출량은 잠재수준으로 복귀하고 기대물가와 실제물가가 같아진다.
- 총수요 증가 후 결국 산출량은 잠재 GDP 수준으로 되돌아가고 물가만 오른다.

④ 이처럼 경제는 자기보정(self-correcting)기능을 가지고 있으므로, 총수요 충격은 단기에서는 총생산에 영향을 미치지만, 장기에서는 아무 영향을 미치지 못한다.

3.2 비록 총수요 증가는 장기적으로 물가만 올리나, 총수요 변화의 원인이 (정부구매지출 등의) 지출충격인지 (통화량 증가와 같은) 화폐시장충격인지에 따라 장기균형의 세부모습이 다를 수 있다.

[1] 정부구매지출 증가와 장기균형

① 앞의 [그림 7]에서 총수요 곡선이 AD_1에서 AD_2로 이동한 이유가 정부구매지출이 늘었기 때문이라고 하자.

② unit 4에서 논의했던 재화와 서비스 시장의 장기균형분석을 원용하여, 애초의 장기균형인 E_1과 새 장기균형인 E_3를 비교해 보자:

- 일단 두 균형에서의 실질소득 또는 생산 GDP는 잠재 GDP로 동일하고,
- 두 장기균형에서의 실질이자율과 지출 GDP의 항목들의 크기는 대부자금시장에서 결정되는데,
- 애초의 장기균형인 E_1에서와 비교하여, 새 장기균형인 E_3에서는 정부구매지출이 늘어나 정부저축이 줄어든 상태이고, 따라서 대부자금 공급이 감소한 상태이다.
- 그러므로, E_1에서와 비교하여 새 장기균형인 E_3에서는 실질이자율이 더 높고 소비와 투자 지출의 크기는 더 작다.

③ 이처럼 총수요 증가의 원인이 정부구매지출의 증가라면, 총수요-총공급 모형

에서의 장기균형은 대부자금시장 모형의 결과와 양립하여 설명할 수 있다.

- 특히, 정부구매지출의 증가는 장기적으로 동일한 크기만큼 민간지출을 줄이므로 결국 장기에서의 정부구매지출승수는 0이다.

[2] 화폐공급 증가와 장기균형

① 설명의 편의를 위해, [그림 7]에서 총수요 곡선이 AD_1에서 AD_2로 이동한 이유가 중앙은행이 통화량을 두 배로 늘렸기 때문이라고 하자.

② unit 5에서 논의했던 화폐시장의 장기균형분석을 원용하여, 애초의 장기균형인 E_1과 새 장기균형인 E_3를 비교해 보면:

- 일단 실질소득은 두 균형에서 동일하다.
- 두 장기균형에서 물가상승율도 모두 0이므로, 명목이자율은 대부자금시장에서 결정되는 실질이자율로 결정된다.
- 그러므로, 새 장기균형인 E_3에서의 화폐공급량이 E_1에서의 두 배라는 것은 곧 P_3가 P_1의 두 배임을 의미한다.
- 실질소득과 실질이자율이 두 균형간 차이가 없으므로, 소비와 투자지출도 두 균형에서 동일하다

③ 이처럼 총수요 증가의 원인이 중앙은행의 화폐공급량 증가일 경우에도, 총수요-총공급 모형에서의 장기균형은 화폐의 중립성과 양립함을 확인할 수 있다.

4. 총공급 충격의 효과

4.1 원자재 가격의 등락, 명목임금의 변화, 일시적 재해 등과 같이 단기 총공급 곡선을 이동시키는 요인을 총공급 충격이라 부르며, 이 충격은 생산비용의 변화를 초래하여 각 물가수준에서 기업들이 공급하려는 생산물의 양을 변화시킨다.

[1] 예컨대, 유가인상 등 비용을 상승시키는 충격에 의해 단기 총공급 곡선이 왼쪽으로 이동하는 경우를 아래 [그림 8]을 통해 살펴보자.

① 단기균형의 변화 : A → B

- 새 단기균형 B에서 산출은 자연 산출량 수준 아래로 하락하여 경기가 침체

(stagnation)되고,

• 실업이 증가하는 한편 물가가 상승(inflation)하게 되어,

[그림 8] 총 공급 충격의 효과

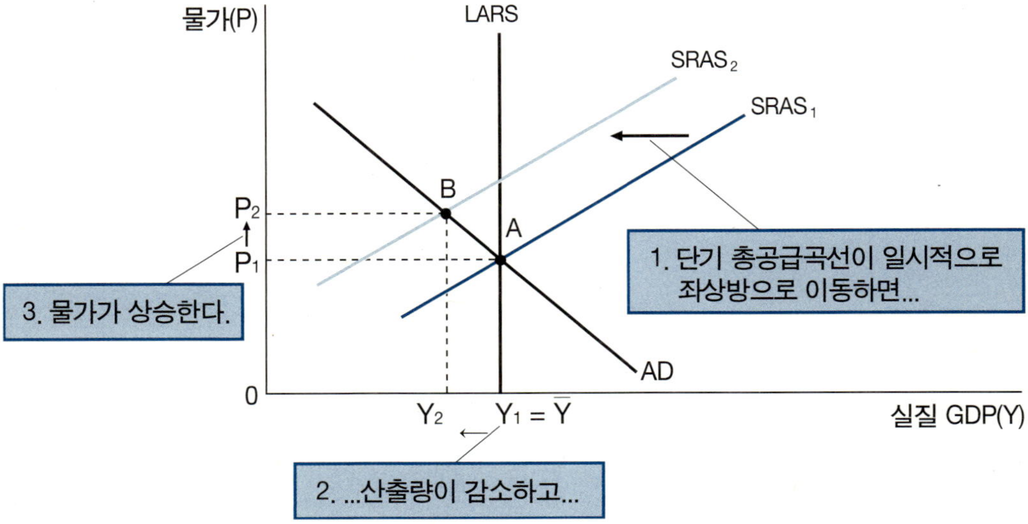

② 물가상승과 총생산감소가 동시에 나타나는 이른 바 스태그플레이션(stagflation)이 발생한다.

[2] 총 공급 충격이후 경기안정화를 위한 정부의 정책개입이 없다면:

① 새 단기균형 B에서는 실제산출이 잠재산출량 수준을 하회한다.

• 이에 따라 실업이 증가하고 임금이 하락하여,

• 주어진 물가 수준에서 고용과 생산이 증가하게 되고, 기대물가도 하향조정되기 시작한다.

• 이처럼 시간이 지남에 따라 단기총공급 곡선이 다시 우측으로 이동한다.

② 단기 총공급 곡선이 우측으로 이동하면서, 점차 물가가 하락하고 생산이 증가하여 경제는 최초의 장기균형 A로 복귀한다.

• 그러나, 경제가 A로 돌아오기 까지는 경기 침체를 경험한다.

4.2 한편 총공급 충격에 대응하는 정부정책에 의해, 경제의 움직임은 어떻게 달라지는가?

[1] 산출과 고용을 안정적으로 유지하기 위한 정부개입이 있는 경우에는?

① 부정적인 총공급 충격에 의해 경제가 점 B로 이동하여 산출과 고용이 감소할 우려가 있을 때,

② 아래 [그림 9]에서처럼, 정부/중앙은행이 확장적 재정/통화정책을 집행하여 총수요 곡선을 AD'로 이동시키면, 경제는 점 A에서 점 C로 이동한다.

[그림 9] 총공급 충격과 수용적 정책

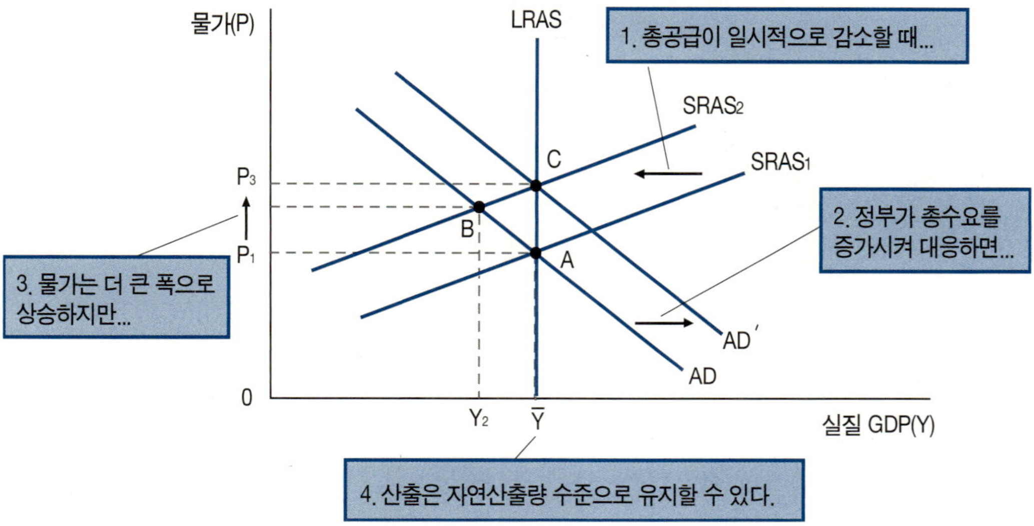

③ 이 경우 산출량은 자연산출량 수준으로 유지할 수 있으나, 대신 물가는 항구적으로 상승한다.

④ 생산비용의 상승이 물가에 반영되도록 허용했다는 점에서, 이러한 정책을 수용적 정책(accommodating policy)이라고 부르기도 한다.

[2] 반면, 물가를 안정적으로 유지하기 위한 정책개입이 있는 경우에는?

① 부정적인 총공급 충격에 의해 경제가 점 B로 이동하여 물가가 상승하는 것을 우려한다면,

② [그림 10]에서처럼, 정부/중앙은행이 긴축적 재정/통화정책을 집행하여 총수요 곡선을 AD'로 이동시키면, 경제는 점 A에서 점 C로 이동한다.

③ 이 경우 물가는 총공급 충격 이전의 수준인 P_1으로 유지할 수 있으나, 대신 산출과 고용은 정책개입이 없을 때인 Y_2보다 더 낮은 Y_3로 크게 감소한다.

④ 생산비용의 상승요인이 물가상승을 초래하지 않도록 하는 이러한 정책을 진화

정책(extinguishing policy)이라 부르기도 한다.

→ 이처럼 비용상승 충격의 경우는, 총수요 관리 정책을 통해 경기 침체와 물가상승에 동시에 대처할 수 없는 정책 딜레마(policy dilemma)가 발생한다.

[그림 10] 총공급 충격과 진화 정책

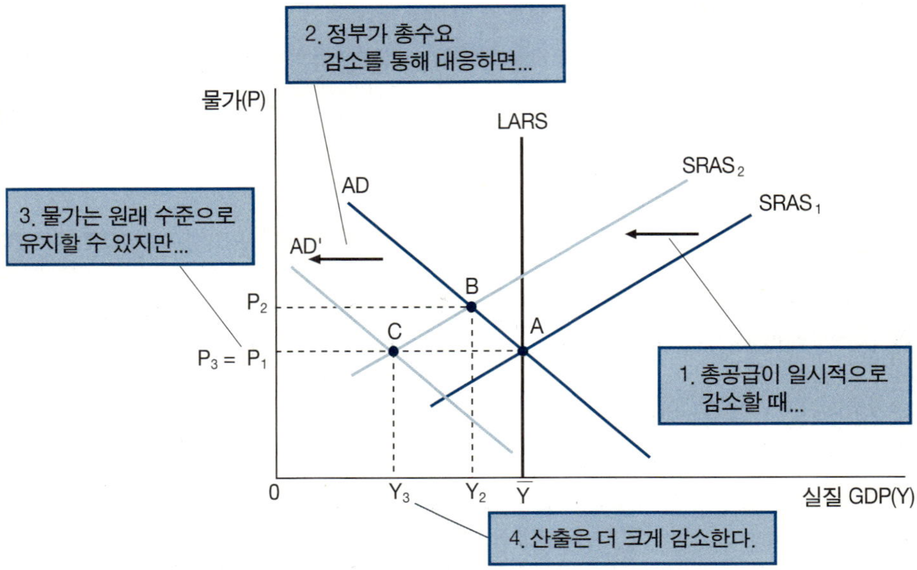

[Appendix A] 정부구매지출의 산출증가 효과 분해

■ 정부구매지출이 증가하면 총수요 곡선이 우측으로 이동하여 물가상승과 함께 총산출량이 증가하는데, 총산출량 증가의 크기는 아래의 세 가지 요인에 의해 좌우된다.

[1] 요인 1 : 순수한 지출승수효과의 크기가 얼마인가?
- 즉, 물가와 이자율이 모두 일정하게 유지된다면,
- 재화시장에의 영향만 고려한 정부구매지출 증가의 효과는 무엇인가?

[2] 요인 2 : 이자율 상승에 의한 구축효과의 크기가 얼마인가?
- 즉, 물가 수준만 일정하게 유지될 때,
- 화폐시장에서의 이자율 변동까지 고려한 정부구매지출 증가의 효과는 무엇인가?

[3] 요인 3 : 물가가 얼마나 상승하는가?
- 이제, 단기적으로 물가까지 변동할 경우 명목화폐수요가 변하는데
- 그에 따른 이자율의 변동까지 고려한 정부구매지출 증가의 효과는 무엇인가?

■ 정부구매지출 증가에 의한 총산출 증가분을 위의 세 요인별로 분해해 본다.

[1] [그림 A1]-[그림 A3]에서, 초기균형 A에서는 물가 = 10, 산출 = 100, 이자율 = 6%, 정부구매지출 수준은 G_0 였다고 하자.

[2] 그 상태에서 정부구매가 $\Delta G = G_1 - G_0$ 만큼 증가하면:

① 단순한 지출승수효과에 의해 총지출/총생산/총소득은 일시적으로 200으로 증가하고, 경제는 점 B로 이동한다.
- 이는 위의 [요인 1]에 의한 효과이다.
- 화폐시장을 보여주는 [그림 A3]의 점 B는, 6%의 이자율과 200의 소득 수준에서는 화폐시장이 불균형 상태임을 보여준다.

② 소득이 200으로 증가하여 화폐수요도 증가하므로, 화폐시장에서 이자율이 상승하면서 구축효과가 발생한다.
- 그 과정에서 이자율은 8%로 상승하고 소득은 170으로 하락하여, 경제는 점 C로 이동한다.

• 여기까지의 과정이, 물가가 일정한 상태에서 [요인 1]과 [요인 2]를 모두 감안한 효과이며,

• 이 효과에 의해 총수요 곡선은 AD_1에서 AD_2로 이동한다.

③ 점 C에서는 재화에 대한 초과수요 상태이므로, 물가가 상승하기 시작한다.

• 이에 화폐시장에서 화폐수요가 더 증가하고

• 이자율이 10%까지 더 상승하므로,

• 물가상승과 투자 및 내구재소비 지출의 감소가 함께 발생하여,

• 경제는 최종적으로 점 D에서 단기균형에 도달한다.

[그림 A1] 총수요-총공급 분석

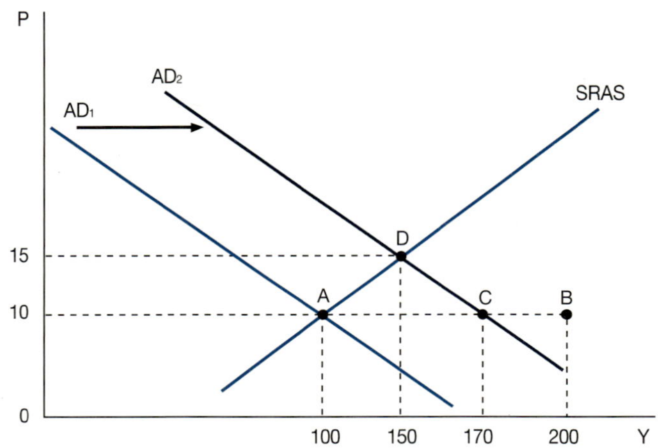

[그림 A2] 승수효과 분석

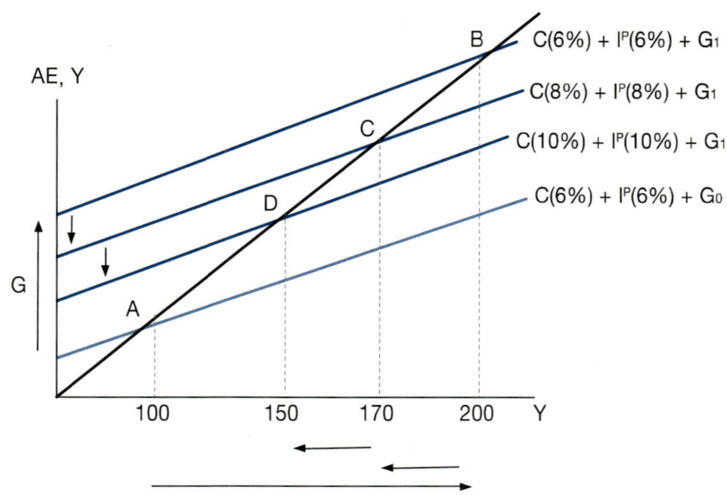

[그림 A3] 화폐시장 분석

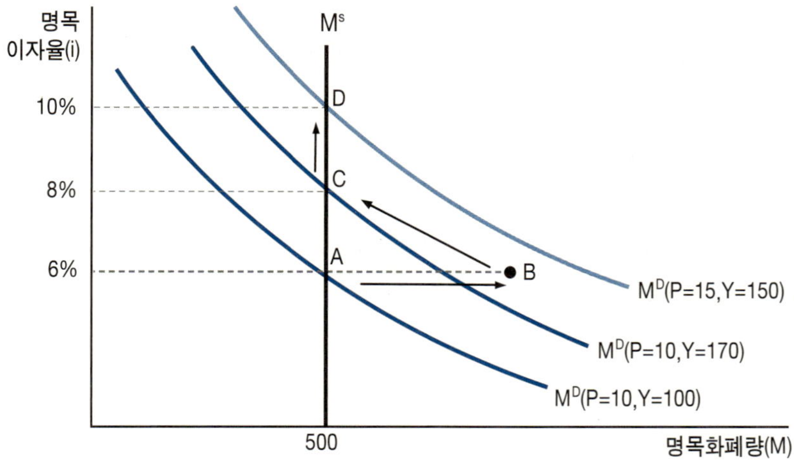

[Appendix B] 재정정책과 장기적 인플레이션

■ 총수요-총공급 모형에 따르면, 통화량이 일정한 상태에서 정부구매지출의 증가나 감세에 의해서도 장기적으로 물가가 상승한다.

■ 그런데, unit 5에서는 분명 장기적으로 인플레이션은 화폐량의 증가에 의해 일어난다고 하지 않았는가?

• 그렇다면, 정부구매지출의 증가는 화폐적 현상이 아닌데도, 장기적으로 왜 물가상승으로 이어지는가?

■ 장기분석에서 사용한 대부자금시장 모형과 화폐시장 균형모형을 이용하여, 그 이유를 설명할 수 있다.

■ 대부자금 모형을 이용하여, 먼저 재화와 서비스시장의 변화를 살펴보자. 아래 [그림 B1]에서 보듯, 장기에서 정부구매지출의 증가는 실질이자율의 상승을 가져와 정부구매지출의 증가분만큼 민간부문의 지출감소를 초래한다.

■ 한편 화폐의 공급량이 일정한 장기에서, 실질이자율의 상승은 같은 크기의 명목이자

율 상승을 가져온다. 화폐수요를 나타내는 식인 $M^D = k(i)PY$에서 보면, 명목이자율의 상승은 k의 하락을 초래하여 현재의 명목지출 수준인 PY하에서 명목화폐 수요량이 감소하게 된다. 이 변화는 [그림 B2]에 나타나 있다.

- 화폐수요가 감소한 후, 원래의 물가수준인 P_0에서는 화살표 ⇔ 길이에 해당하는 화폐의 초과공급이 발생한다. 장기적으로 물가수준이 원래의 수준인 P_0에서 P_1으로 상승하여, 재화와 서비스의 거래에 필요한 명목화폐 수요량이 기존의 명목화폐 공급량과 다시 일치할 때 화폐시장의 장기균형이 회복된다.
  - 이렇게 본다면, 정부구매 지출의 변화도 장기적으로는 화폐시장의 수요를 변화시킨다는 면에서 화폐적 현상으로 볼 수 있다.

[그림 B1] 정부구매지출 증가와 대부자금시장

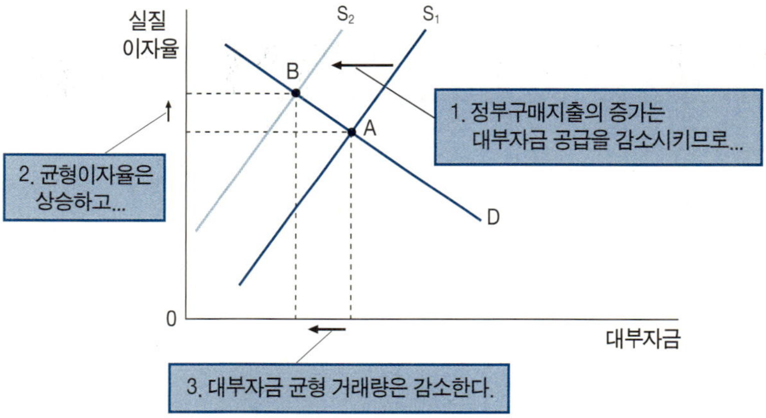

[그림 B2] 이자율 상승과 화폐시장

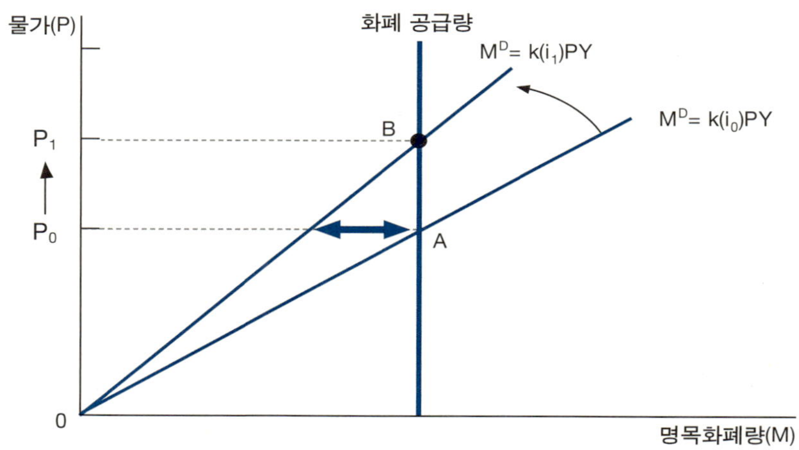

연습문제

Q1. 총수요 충격은 물가와 실업을 방향으로 움직이게 하고, 총공급 충격은 물가와 실업을 방향으로 변하게 한다.

a. 반대; 반대
b. 반대; 같은
c. 같은; 반대
d. 같은; 같은
e. 주어진 지문으로는 답을 구할 수 없음.

Q2. 다음의 정부 정책이 총수요 곡선과 단기 총공급 곡선 중 어느 것을 어떻게 이동시킬지 생각해 보라.

a) 노조활동이 강화되어 명목임금이 상승한다.
b) 저출산 대책의 일환으로, 정부가 만 3세 이하의 어린이가 있는 가계에 이전지출을 늘린다.
c) 정부재정의 건전화를 위해, 정부가 (당장은 아니고) 내년부터 소득세 환급을 줄이는 한편 투자세액공제 제도를 폐지하기로 발표한다.

Q3. 중앙은행의 목표가 물가수준의 안정이라 하자. 경제가 장기균형에 있다가, 일시적인 이로운 공급 충격(예컨대, 신기술 개발)이 발생할 경우 중앙은행은 ____ 해야(시켜야) 한다.

a. 통화공급을 증가시켜 산출을 자연율 수준에 유지
b. 통화공급을 증가시켜 실업률을 상승
c. 통화공급을 증가시켜 산출을 자연율 수준으로부터 더 멀리 이탈
d. 통화공급을 줄여 실업률을 상승
e. 통화공급을 줄여 산출을 자연율 수준으로부터 더 멀리 이탈

[Q4-Q5] 경제가 그동안 장기균형에 있었다고 하자. 다음의 정보를 이용하여 답하라.

i) 자연산출량 수준은 100, 물가는 50이었다.
ii) 한계소비성향은 0.8이다.
iii) 정부가 30(실질 GDP 단위)의 재정지출을 수행하려 한다.

Q4. 정부재정지출이 증가시, 단기적으로 i) 물가수준은 초기의 장기균형수준에서 불변이고, ii) 총 수요가 증가하면 생산량도 이에 맞춰 증가한다고 가정하자. 구축효과의 크기가 50이라고 할 때, 재정지출 증가에 의한 단기적인 총산출 증가의 크기는?

a. 30　　b. 60　　c. 90
d. 100　　e. 답 없음.

Q5. 이제 정부지출이 증가한 직후, 이로운 공급충격으로 인해 장기 총공급 곡선이 50만큼(실질 GDP 단위)이동한다고 하자. 이전의 장기균형과 비교하여 새로운 장기균형에서 나타날 현상은? 단, 구축효과의 크기는 위 문제에서와 같다고 하자.

a. 실질 GDP는 증가, 물가는 하락
b. 명목 GDP와 물가는 상승, 실질 GDP는 하락
c. 물가 불변, 실질 GDP 상승
d. 실질 GDP 증가, 물가는 불변
e. 위 보기 중 답 없음

Q6. 임금경직성 이론에 따르며, 물가가 예상보다 많이 상승할 경우 실제 실질임금은 예상 실질임금보다_____한(이)다.

a. 상승하고, 따라서 고용이 증가
b. 불변이고, 따라서 장기산출은 불변
c. 불변이고, 따라서 고용도 불변
d. 하락하고, 따라서 고용은 증가
e. 하락하고, 따라서 고용은 감소

Q7. 총수요-총공급 모형에서, 물가 변동을 초래하지 않으면서 경기변동적 실업의 감소를 초래할 수 있는 것은?

a. 소비자의 향후 경기 낙관
b. 재정지출 증가 + 법인세감면제도 폐지
c. 재할인율 하향조정 + 유가 및 원자재 가격의 하락
d. 투자 및 소비 심리 위축
e. 앞의 보기 중 답이 없다.

Q8. 단기 총공급(SRAS) 곡선은 이동시키나 장기 총공급(LRAS) 곡선은 이동시키지 않는 요인은?

a. 자연실업율 감소
b. 예상물가수준의 하락
c. 기술 및 지식 발전
d. 인적자본 축적
e. 흑사병 창궐에 의한 인구 감소

Q9. 정부구매지출을 늘려 산출을 증가시키려고 한다. 어느 경우에 이 정책의 효과가 큰지 비교하라.

a) 이자율에 대한 투자의 반응도가 클 때와 작을 때
b) 소득에 대한 화폐수요의 반응도가 클 때와 작을 때
c) 이자율에 대한 화폐수요의 반응도가 클 때와 작을 때
d) 장기계약을 통해 명목임금을 결정하는 사람들의 비율이 클 때와 작을 때

Q10. 아래의 각 요인별로 단기 총공급 곡선의 이동 여부를(O,X)로 표시하라.

• 자연실업률 하락
• 기대물가수준 하락
• 유가 상승

a. O X O
b. X O O
c. O O O
d. X X O
e. X O X

Q11. 최근 금융가에 '한국은행이 앞으로는 물가상승을 용인하는 방향으로 정책을 선회할 것이다'라는 소문이 퍼지고 있다. 이는 근거 없는 소문임에도 사람들이 이를 믿는다고 하자. 이 소문의 효과로 옳은것은?

a. 통화 공급이 늘어나므로 총수요 곡선이 우측으로 이동하고, 이에 물가와 산출량이 상승한다.
b. 단기 총공급 곡선이 좌측으로 이동하여, 물가는 상승하고 산출은 감소한다.
c. 기업들이 향후 경기를 낙관하게 되므로 투자가 늘고 총수요 곡선이 우측으로 이동한다.
d. 미래의 물가상승에 대비하여 사람들이 저축을 늘리게 되고, 소비가 위축되어 총수요 곡선이 좌측으로 이동한다.
e. 장기 총공급 곡선이 우측으로 이동하여, 물가는 하락하고 산출은 증가한다.

[Q12-Q14] 아래 그림은 한 폐쇄경제의 총수요-총공급 모형이다. 총수요 확대 정책에 의해 경제의 단기균형이 E_0에서 E_1으로 변했다고 하자. 단기균형이 달라짐에 따라, 각 변수의 변화 방향이 증가/감소/불변/불분명인지를 파악하라. 단, 소비지출은 $\overline{C}+MPC\times(Y-T)$로 결정되고 $\overline{C}$는 외생적이다. 한계소비성향은 1보다 작다.

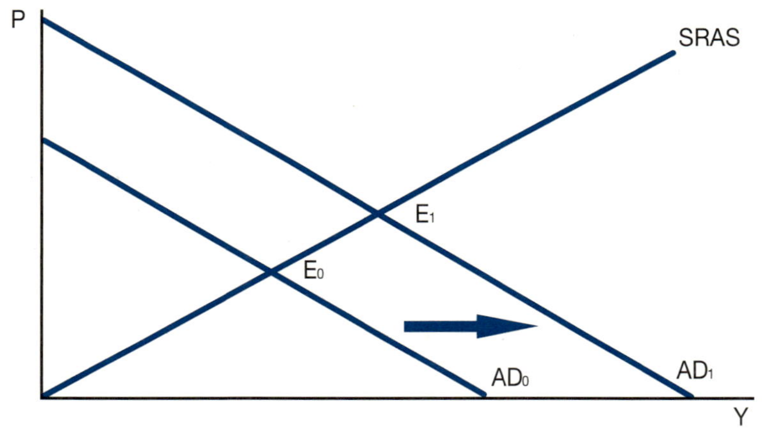

Q12. 총수요 증가가 정부구매지출의 증가에 의해 발생한 경우:

Y	T	C	G	i	I	S_{nat}	S_p	M/P

Q13. 총수요 증가가 감세에 의해 발생한 경우:

Y	T	C	G	i	I	S_{nat}	S_p	M/P

Q14. 총수요의 증가가 통화공급의 증가에 의해 발생한 경우:

Y	T	C	G	i	I	S_{nat}	S_p	M/P

Unit 9

실업과 인플레이션

TOPIC 1 : 필립스 곡선(Phillips Curve)

TOPIC 2 : 단기 對 장기 필립스 곡선

TOPIC 3 : 인플레이션 收束(disinflation)의 비용

Unit 9의 구성과 목표

■ 실업과 인플레이션은 경제 정책담당자가 관심을 가지는 가장 중요한 두 변수라 할 수 있다.

■ 앞의 unit 3과 5에서 살펴 본 바에 따르면, 장기적으로 두 경제지표는 서로 무관하다.
- 장기적으로 실업률은 경제의 제도적 요인에 의한 자연실업률로 결정되고, 장기적 인플레이션율은 통화량 증가율에 의해 결정된다.

■ 그러나 단기적으로는 인플레이션율과 실업률 사이에 상충관계(trade-off)가 존재한다.
- 특히 확장적 총수요 관리정책을 통해 실업률을 낮게 유지할 경우 높은 인플레이션이 발생할 수 있다.

■ 이번 unit 9에서는 인플레이션율과 실업률 간의 관계를 보여주는 이른 바 필립스 곡선에 대해 알아본다.
- 실업률과 인플레이션율 간의 장/단기 관계를 경험적으로 살펴보고,
- 두 변수 사이에 그러한 관계가 나타나는 이유를 이론적으로 설명해 보고,
- 나아가 이러한 관계가 경기안정화를 위한 총수요 관리정책에 주는 시사점을 찾아본다.

TOPIC 1 | 필립스 곡선(Phillips Curve)

1. 실업률과 인플레이션의 관계

1.1 실업과 인플레이션율은 경제정책 입안시 가장 중요한 두 변수라 할 수 있는데, 양자 간의 관계는 단기와 장기에 있어서 매우 다르게 나타난다.

[1] 고통지수(misery index)

① 실업과 인플레이션 모두 평균적인 소비자의 사회적·경제적 상황을 밀접히 반영하며, 이에 두 변수의 합을 고통지수(misery index)라는 이름으로 집계하기도 한다.

- 고통지수는 1970년대 중반 1차 오일쇼크 직후 美 브루킹스 연구소의 Arthur Okun이 처음 주창하였고,
- 이후 1999년 Robert Barro는, Okun의 고통지수에 은행 이자율을 더한 후 실제 성장률과 잠재 성장률 간 차이를 빼서 수정한 고통지수(Barro Misery Index)를 제시하였다.

② [그림 1]은 우리 나라와 미국의 자료를 이용하여 산출한 월별 고통지수를 보여주고 있다.

- 특정 구간에 걸쳐서는 인플레이션율과 실업률이 반대 방향으로 움직이는 경우도 있으나,
- 전체 기간에 걸쳐서는 두 변수 간 뚜렷한 (+) 또는 (-)의 관계가 관측되지 않는다.

[2] 우리가 앞에서 다루었던 장기분석 모형에 따르면, 장기에 있어서 실업률과 인플레이션율을 결정하는 요인은 완전히 무관하다.

① [Recall : unit 3] 자연 실업률은 노동시장의 속성에 의해 결정된다.

- 최저임금제, 노동조합의 임금 교섭력 및 시장 지배력, 효율임금의 효과, 직업탐색 과정의 효율성 등이 자연실업률을 결정하는 주요 요인이다.

② [Recall : unit 5] 한편, 장기적으로 인플레이션율은 중앙은행이 조정하는 통화

[그림 1] 고통지수

(a) 우리나라

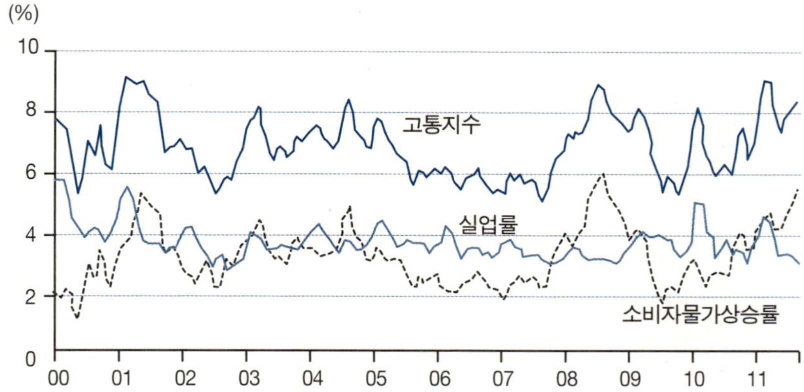

(b) 미국

량 증가속도에 의해 결정된다.

③ 따라서 장기적으로 실업률과 인플레이션은 서로 무관하고, 후자가 등락한다고 해도 전자에 영향을 주지 않는다.

[3] 그러나 단기적인 경기변동분석 모형에 따르면, 두 변수간 상충관계(trade-off)가 존재한다.

① 정부정책이나 충격에 의해 총수요가 증가하면, 산출과 고용이 증가하는 한편 물가수준이 상승한다.

- 따라서 이 경우 단기적으로 실업률은 낮아지는 대신 인플레이션율은 상승하고,

② 반대로 총수요를 감소시키는 정책이나 충격이 있는 경우에는, 인플레이션율은 낮아지나 실업은 증가한다.

1.2 인플레이션율(π)과 실업률(UR)간의 이러한 단기적 상충관계로부터 비롯된 것이 필립스 곡선(Phillips curve)이다.

[1] 필립스 곡선의 기원

① Arthur W. Phillips(1958)가 1861~1957년간 영국의 실업률과 명목임금 상승률 자료를 살펴보니 아래 [그림 2]와 같았다.

- 즉 실업률이 낮은 해에는 명목임금 상승률이 높고, 실업률이 높은 해에는 명목임금 상승률이 낮은 경험적 관계가 관측되었다.

② 1960년, Paul Samuelson과 Robert Solow에 의해 유사한 상충관계가 미국의 실업률과 일반물가의 상승률 간에도 존재함이 확인되었고, 그 관계를 필립스 곡선이라고 부르기 시작했다.

[그림 2] 영국의 실업률과 명목임금 상승률(1861−1957)

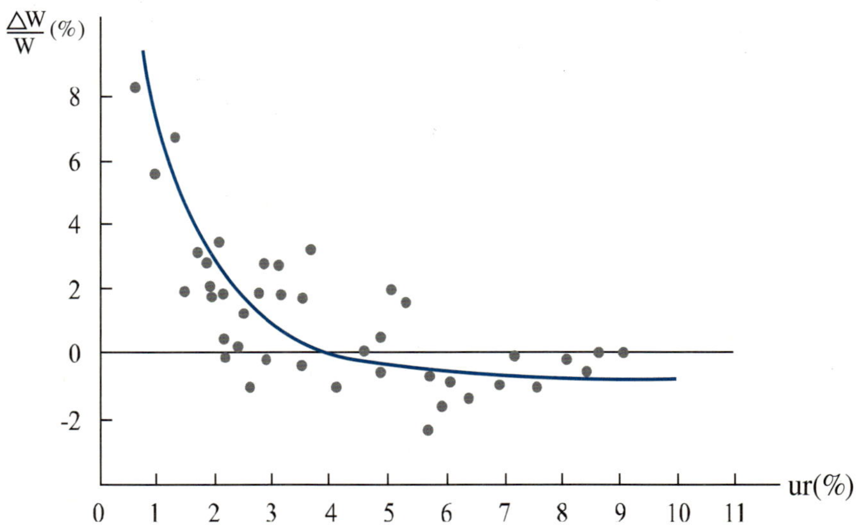

자료 : 정운찬·김영식 「거시경제론」(2007), p.288.

[2] 총수요-총공급 모형을 통해, 실업률과 인플레이션율 사이에 관측되는 이러한 상충관계를 이론적으로 설명할 수 있다.

① 우하향하는 필립스 곡선은, 총수요 곡선이 단기 총공급 곡선을 따라 이동할

때 생기는 인플레이션과 실업률의 조합으로 볼 수 있다.

② [그림 3]에서처럼, 2010년에는 AD_0의 총수요 곡선 하 물가는 100, 산출은 7000, 실업률은 6% 였다고 하자.

③ 재화와 서비스에 대한 2011년 중의 총수요가 더 크게 증가할수록 산출량도 커지고 물가수준도 크게 상승한다. 이때:

④ 총수요가 AD_1으로 증가하면 경제는 점 E_1으로 이동한다.

- 이 경우에는 단기적으로 총산출이 소폭 증가하고,
- 인플레이션율은 5%, 실업률은 5%로 변한다.

⑤ 총수요가 AD_2로 크게 증가하면 경제는 점 E_2로 이동한다.

- 이 경우에는 단기적으로 산출이 대폭 증가하고,
- 인플레이션율은 10%, 실업률은 4%가 된다.

⑥ 두 개의 가능한 단기균형 E_1과 E_2를 (실업률, 인플레이션율) 평면에 그리면, 우하향하는 필립스 곡선이 도출된다.

[그림 3] 총수요/총공급 곡선과 우하향하는 필립스 곡선

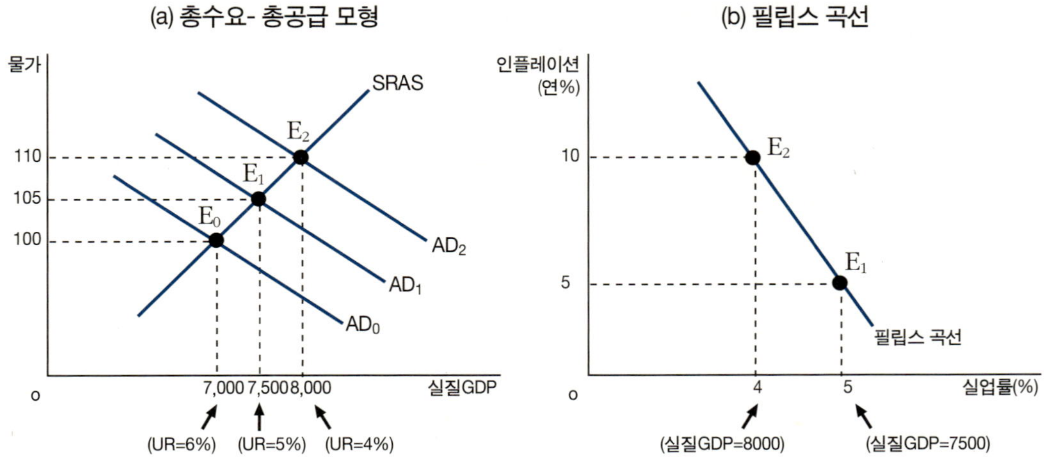

2. 필립스 곡선은 정책선택상의 메뉴를 제공하는가?

2.1 실업률과 인플레이션율 간의 위와 같은 상충관계가 안정적이라면, 필립스 곡선은 정책입안시의 선택메뉴를 제공한다고 볼 수 있다.

[1] 실제로, 미국의 경우 1960년대 말까지 양자간의 관계가 매우 안정적이어서, 일부 경제학자들이 필립스 곡선을 경제 내의 구조적 관계식(structural relation)으로 볼 정도였다.

① 구조적 관계식이란 소비자와 기업의 행태(behavior)에 의해 결정되는 변수들 간의 인과관계(causality)식으로서, 정부정책의 변화가 있어도 유지되는 관계식이다.

② 필립스 곡선이 구조적 관계식이라면, 이를 이용하여 정부나 중앙은행은 총수요 관리정책을 통해 인플레이션율을 올리거나 내림으로써 원하는 수준의 실업률을 달성할 수 있다.

- 이는 구조적 관계식은 정책의 변화와 무관하게 안정적으로 유지(policy-invariant)되기 때문이다.

[2] 이런 의미에서, 안정적인 필립스 곡선(즉, 인플레이션과 실업률간의 안정적 상충관계)은, 다양한 인플레이션과 실업률 조합 중에서 정책입안자가 선택할 수 있는 메뉴를 준다고 볼 수 있다

① 즉 필립스 곡선이 안정적이라면, 정부구매/조세/통화량 등의 정책변수를 통해 총수요를 조절하여 경제를 필립스 곡선상의 원하는 한 점으로 이동시킬 수 있으며,

② 단, 이 때 인플레이션과 실업을 동시에 낮추는 정책은 불가능함을 알 수 있다.

2.2 그러나 1960년대 말 이후부터, 필립스 곡선의 안정성(즉, 인플레이션율과 실업률 간 관계의 안정성)에 대한 의문이 제기되기 시작했다.

[1] 이론적 배경 : E. Phelps & M. Friedman

① 장기적으로 인플레이션은 화폐적 현상이다.

② 그런데 장기에서 화폐는 중립적이고, 총공급 곡선은 자연산출량 수준에서 수

직이다.

• 통화증가율이 상승하여 총수요가 더 빨리 증가해도, 장기에는 인플레이션율만 상승하고 산출량은 불변이다.

• 따라서, 실업률도 자연실업률 수준에서 불변이다.

③ 그렇다면, 장기에서는 실업률과 인플레이션율 간의 상충관계가 사라지게 되고, 이는 [그림 4]에서처럼 장기 필립스 곡선(Long-Run Phillips Curve)은 자연실업률 수준에서 수직임을 시사한다.

[그림 4] 수직인 장기 필립스 곡선

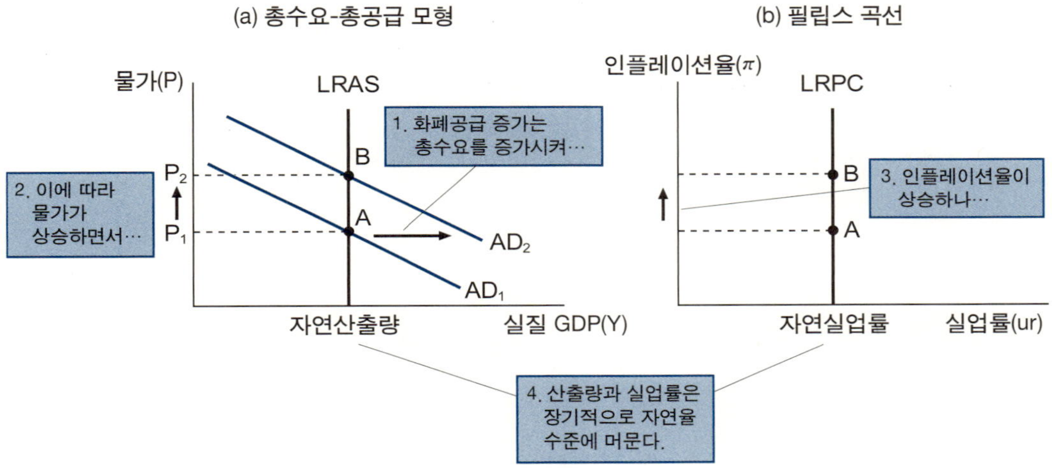

[2] 또 [그림 5]에 나타난 1960-70년대에 걸친 미국경제의 데이터를 보면:

① '63-'69년에 걸친 비교적 짧은 기간에는 두 변수 간의 일시적 상충관계가 나타났으나,

② 1970년대에 접어들면서 상충관계가 사라졌다.

• 실업률은 1960년대 초반과 유사한 5.5% 내외의 수준인 반면,

• 인플레이션율은 1960년대 초에 비해 4%가까이 상승하였다.

→ 이처럼 오랜 기간에 걸친 데이터도 장기적으로는 필립스 곡선이 수직임을 시사한다.

[3] 그렇다면, "장/단기에 있어 필립스 곡선의 모습이 판이하게 다른 이유는 무엇이며, 이를 어떻게 양립하여 설명하는가"의 문제가 제기된다.

[그림 5] 실제의 필립스 곡선

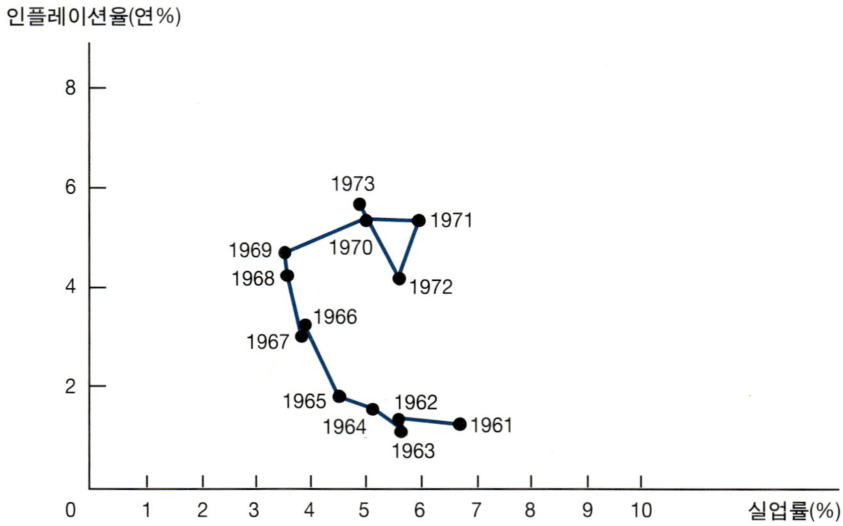

자료 : N.G. Mankiw, 「Principles of Economics」(2007), p.936.

TOPIC 2 | 단기 對 장기 필립스 곡선

1. 예상 인플레이션(π^e)과 필립스 곡선

1.1 인플레이션과 실업률간의 상충관계는, 물가상승률에 대한 사람들의 예상치(즉, 예상 인플레이션)가 일정한 동안(즉, 단기적으로)만 안정적으로 유지된다.

[1] 그 이유를 알아보기 위해, 인플레이션과 실업률간의 관계를 명목임금 경직성 하에서 생각해 보자.

① 장기간의 임금을 계약할 때, 고용주와 근로자는 계약기간 동안의 예상 인플레이션율(π^e)하에서 명목임금을 결정한다.

② 그러나, 계약기간 동안의 실제 고용량은 이미 주어져 있는 명목임금하에서 실제물가에 의해 결정되는 실제 실질임금에 달려 있다.

- 실질임금이 상승하면, 기업입장에서는 고용비용이 증가하므로 고용량을 줄일 것이다.

③ 만일 계약기간 동안에:

- 사후적 실제 인플레이션율(π) > 예상 인플레이션율(π^e) → 실질임금이 예상보다 크게 하락 → 고용과 산출이 증가하고,
- 사후적 실제 인플레이션율(π) < 예상 인플레이션율(π^e) → 실질임금이 예상보다 상승 → 고용과 산출이 감소한다.

[2] 연간 명목임금 계약의 예를 통해 예상 인플레이션의 중요성을 구체적으로 살펴보자.

① 2010년의 평균물가는 100이었으며, 2011년 초에 1년간의 명목임금을 계약하려 한다고 하자.

② 2011년의 인플레이션율이 10%라는 예상하에서, 명목임금을 110으로 설정했다고 하자.

- 10%의 예상 인플레이션 하에서, 2011년의 예상 실질임금은 1이다.

③ 만일 2011년의 실제 인플레이션율이 예상을 초과한 15%가 되면:

- 실제의 실질임금은 예상 실질임금보다 낮은 0.957이 되고,
- 노동의 고용비용이 예상보다 하락하므로, 고용이 증가하고 실업률이 하락한다.

④ 반면 2011년의 실제 인플레이션율이 예상보다 낮은 5%가 되면:

- 실제의 실질임금은 예상 실질임금보다 높은 1.048이 되고,
- 노동의 고용비용이 예상보다 상승하므로, 고용이 감소하고 실업률이 상승한다.

예상하지 못한 물가변화에 의한 실질임금의 변화			
계약한 명목임금	**예상된 실질임금**	**실제의 실질임금**	**실제의 실질임금**
110	예상물가 P_{2011}=110	실제물가 P_{2011}=105	실제물가 P_{2011}=115
	예상 인플레이션 =10%	실제 인플레이션 = 5%	실제인플레이션=15%
	(110/110)=1	(110/105)=1.048	(110/115)=0.957

단기적으로		
만일…	**그렇다면…**	**따라서…**
실제 인플레이션이 예상 인플레이션보다 높다.	실제 실질임금이 예상 실질임금보다 낮다.	고용이 증가하고 실업률은 하락한다.
실제 인플레이션이 예상 인플레이션보다 낮다.	실제 실질임금이 예상 실질임금보다 높다.	고용이 감소하고 실업률은 상승한다.

[3] 위의 예가 보여주는 것은:

① 예상 인플레이션이 이전의 수준에 머물러 있는 동안에는, 실제 인플레이션율이 상승(또는 하락)하면 고용이 증가(또는 감소)한다.

② 따라서, 예상되지 못한 인플레이션율 변동(inflation surprise)만이 고용량을 변동시킬 수 있다.

- 실제 인플레이션율이 올라가더라도 예상인플레이션이 이를 따라 잡는다면, 근로자들은 실질임금이 일정하게 유지되도록 높은 명목임금을 요구할 것이기 때문이다.

1.2 그렇다면, 시간이 지남에 따라 예상 인플레이션이 변할 경우에는 인플레이션과 실업률간의 상충관계가 달라지게 되고, 이는 곧 단기 필립스 곡선(Short-Run Phillips Curve) 자체가 이동함을 의미한다.

[1] 아래 [그림 6]은 앞에서 살펴 본 미국경제의 '60년대 상황을 단순화하여 묘사하고 있는데, 이를 이용하여 위 추론의 타당성을 확인해 보자.

① 1960년대 前半에 경험한 낮고 안정적인 인플레이션율에 의해, '64-'65년의 실제 인플레이션율과 예상 인플레이션율 모두 연 1.5% 정도로 유지되고 있었고, 실업률은 자연실업률 수준인 5%이었다.

- 즉 당시 미국 경제는 점 A에 있었다.

② 1965년이 지나면서부터 정부가 총수요 확대정책을 실시하기 시작했다.

[그림 6] 1960년대 중반의 필립스 곡선

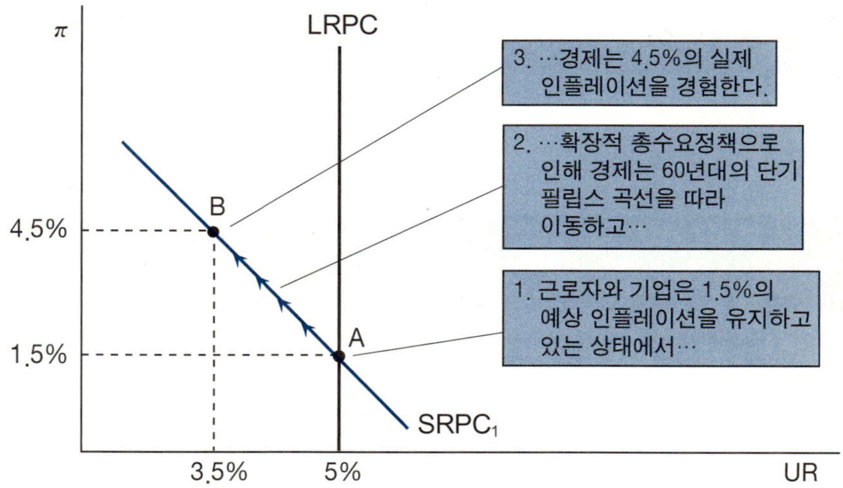

③ 사람들의 예상 인플레이션율이 연 1.5% 수준에 머물러 있는 동안에는, 총수요 증가에 의해 실제 인플레이션율은 4.5%로 상승하고 실업률은 3.5%로 하락하였다.

- [그림 6]에서 보면, 경제는 점 A에서 점 B로 이동하였고, 따라서 단기적으로 인플레이션과 실업 간의 상충관계가 발생하였다.
- 이러한 실업률 하락은 실질임금이 예상보다 낮아져서 고용이 증가했기 때문에 가능했다.

[2] 그런데, 1960년대 말에 접어들면서 사람들의 인플레이션 예상이 수정되기 시작했다.

① 사람들이 예상이 바뀌어 이제는 4.5%의 인플레이션이 지속된다고 예상하면서, 4.5%로 상승한 예상 인플레이션이 경제 내에 점차 자리잡기(embedded) 시작했다.

- 근로자와 기업은 이제 4.5%의 예상 인플레이션율 하에서 예상 실질임금을 계산하여 명목임금 계약을 맺기 시작하고,
- 은행은 명목대출금리를 상향조정하기 시작했다.

② 그렇다면, 이제 인플레이션과 실업률간의 단기적 상충관계는 이전보다 높아진 예상 인플레이션율을 전제로 하여 발생하게 되며, [그림 7]은 이러한 변화를 보여준다.

- 앞의 명목임금 계약 예에서 살펴본 바에 따르면, 고용이 증가하고 실업률이 하락하는 것은 예상 못한 인플레이션(inflation surprise)이 발생하기 때문이다.
- 예상 인플레이션율이 1.5%로 낮은 상태에서는, 실제 인플레이션율이 (1.5%의 예상 인플레이션을 3%만큼 초과하여) 4.5%만 돼도 3.5%의 낮은 실업률을 달성할 수 있었으나,

[그림 7] 예상 인플레이션의 변화와 단기 필립스 곡선의 이동

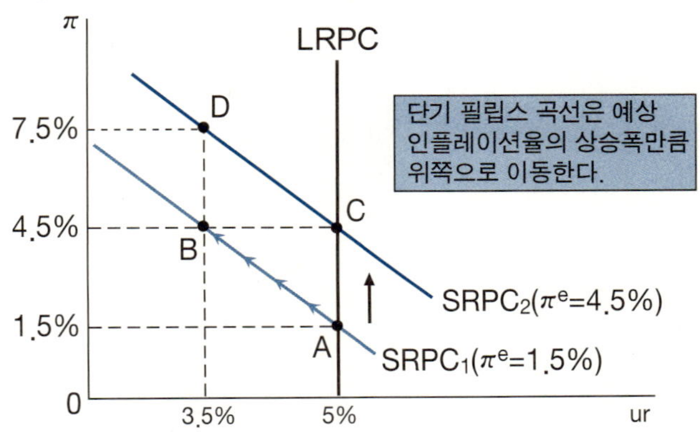

- [그림 7]에서 보듯, 예상 인플레이션율이 4.5%로 상승한 후에는 실제 인플레이션율이 (4.5%의 예상 인플레이션을 3%만큼 초과하여) 7.5%로 올라가야만 실업률을 3.5%로 낮출 수 있다.
- 즉, 양자간의 상충관계가 이제는 선분 $\overline{AB}$ 아닌 $\overline{CD}$의 위치에서 나타나게 된다.

③ 이처럼 예상 인플레이션율이 상승하면 그만큼 단기 필립스 곡선이 위쪽으로 이동하여 상충관계가 악화된다.

- 다시 말해, 양자간의 상충관계가 이제는 전반적으로 이전보다 높은 인플레이션율 하에서 나타나게 된다.

1.3 이상의 논의에 의거, 예상 인플레이션의 변화에 따른 단기 필립스 곡선의 이동을 통해 우하향하는 단기 필립스 곡선과 수직인 장기 필립스 곡선을 양립시켜 설명할 수 있다.

[1] 단기적 상충관계(A → B):

① [그림 7]에서, 최초에 경제가 A의 장기균형에 있었다고 하자. 이 상태에서는:

- 실제 인플레이션율과 예상 인플레이션율이 일치하고,
- 실제 실업률도 자연실업률 수준을 유지하고 있다.

② 이 상태에서 총수요 확대정책을 집행하면, 단기적으로 경제는 A에서 B로 이동한다.

- 예상 인플레이션이 A에서의 수준인 1.5%에 머물러 있는 동안에는 높은 인플레이션과 낮은 실업률을 달성할 수 있다.

[2] 장기적으로 수직인 필립스 곡선 : 예상 인플레이션율이 상향 조정되면서, 경제는 4.5%의 예상 인플레이션율 하의 장기균형으로 돌아간다(B → C).

① 예상을 초과하는 실제인플레이션과 자연실업률 이하의 실제실업률을 겪으면서, 사람들의 예상 인플레이션율이 상승한다.

- 사람들이 일시적으로 인플레이션율의 상승을 예상하지 못했더라도, 예상 인플레이션율이 실제치를 따라 점차 조정된다.

② 이에 따라 단기 필립스 곡선 자체가 위로 이동한다.

③ 한편, 총수요 확대의 고용증가 효과는 감소하고 실업률은 자연율 수준으로 돌아간다.

- 새 장기균형에서는 이전보다 높아진 실제 인플레이션율과 예상 인플레이션

율이 다시 일치한다.

④ 즉, 경제는 위로 이동한 새로운 단기 필립스 곡선인 $SRPC_2$상의 점 C로 장기적으로 수렴하며, 점 C에서는:

- 실제 실업률 = 자연 실업률 = 5%
- 예상 인플레이션율 = 실제 인플레이션율 = 4.5%

⑤ 현실적으로 실업률이 즉각 조정되지는 않을 것이므로, 실제 경제는 [그림 7]에서와 같은 가 아닌 보다 완만히 시계방향으로 회전하는  형태의 경로를 따라 조정되어 갈 것이다.

- 앞의 [그림 5]에서 볼 수 있듯, '61-'73에 걸쳐 미국 경제도 이와 유사한 경로의 움직임을 보였다.

[3] 이상의 설명을 요약하면, 단기 및 장기 필립스 곡선을 하나의 식으로 나타낼 수 있다.

$$\pi = \pi^e - \beta(u - u_n),\ \beta > 0 \cdots\cdots (1)$$

π: = 실제 인플레이션율　　π^e: = 예상 인플레이션율

u: = 실제 실업률　　u_n: = 자연실업률

① 즉, 각각의 예상 인플레이션율(π^e)에 대응하여 우하향하는 단기 필립스 곡선이 하나씩 존재한다.

- 예상 인플레이션이 일정한 동안에는 실제 인플레이션율과 실업률간의 상충관계가 유지되고,
- 각각의 단기 필립스 곡선 상에서 실제 인플레이션율과 예상 인플레이션율이 일치하면, 실제 실업률은 자연실업률과 같다.

② 장기적으로 예상 인플레이션율이 조정되어 실제치와 일치하게 되면 실제 실업률은 자연율 수준과 같다.

- 다시 말해, 장기에서는 어떤 수준의 인플레이션율도 자연실업률과 공존하게 되므로, 장기 필립스 곡선은 수직의 형태를 가진다.

[4] 위의 식을 다시 정리한 아래의 식 (2)를 이용하여, 필립스 곡선을 다른 각도에서 재해석할 수도 있다.

$$u = u_n - a(\pi - \pi^e),\ a = \frac{1}{\beta} > 0 \cdots\cdots (2)$$

① 실업률(u)는 일단 자연실업률(u_n)의 주위에서 결정되고,

② 인플레이션율의 상승(π↑)은 실업률의 하락(u↓)을 가져오는데,

③ 이 때 중요한 건 실제 인플레이션(π)이 예상 인플레이션(π^e)을 초과하여 얼마나 상승하는가이다.

- 단기적으로 실제 인플레이션이 예상 인플레이션보다 상승(하락)하면, 실제 실업률이 일시적으로 자연실업률 수준을 하회(상회)하게 된다.

④ 실제 인플레이션과 예상 인플레이션이 일치($\pi=\pi^e$)하는 장기에서는 실제 산출량이 잠재산출량과 같아진다.

확인문제

Q : 자연 실업률이 6%라 하자. 하나의 그래프에 다음 네 가지 상황을 나타낼 수 있는 필립스 곡선을 두 개 그리고, 각 상황에 해당하는 점을 표시하라.

A : 실제 인플레이션율 = 5%, 예상 인플레이션율 = 3%

B : 실제 인플레이션율 = 3%, 예상 인플레이션율 = 5%

C : 실제 인플레이션율 = 5%, 예상 인플레이션율 = 5%

D : 실제 인플레이션율 = 3%, 예상 인플레이션율 = 3%

A : 점 A와 D는 기대 인플레이션 3%하의 단기 필립스 곡선인 $SRPC_L$ 상에 있고, 점 C와 B는 기대 인플레이션 5%하의 단기 필립스 곡선인 $SRPC_H$ 상에 있다. 예상 인플레이션율과 실제 인플레이션율이 일치하는 상태인 점 C와 D는 수직인 장기 필립스 곡선인 LRPC상에 있다.

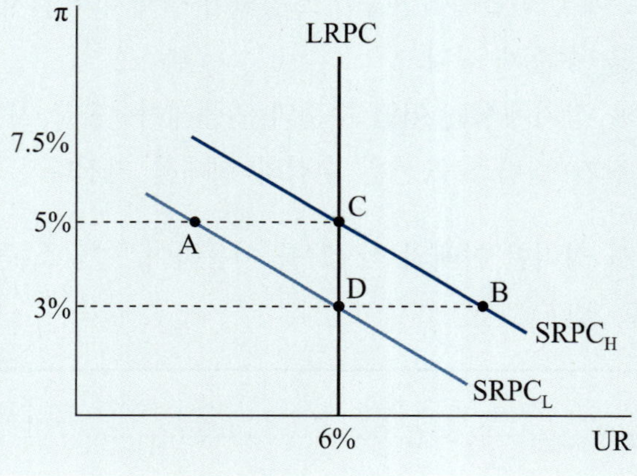

1.4 자연실업율 가설(Natural Rate Hypothesis)

[1] 자연 실업률 가설:

① 인플레이션율이 얼마이든 장기적으로 실업률은 자연실업률에서 벗어날 수 없다는 주장이 자연실업률 가설이다.

- 자연실업률 가설이 옳다면 장기 필립스 곡선은 수직이다.
- 자연실업률 가설은 장기 총생산곡선이 잠재산출량 수준에서 수직이라는 것과 사실상 동일한 의미이기도 하다.

② 자연실업률 가설에 따르면, 확장적 재정/금융정책을 통해 일시적으로만 실업률을 자연율 수준보다 낮출 수 있다.

- 그 이유는 인플레이션 기대의 변화에 따라 단기 필립스 곡선이 이동하여 자연실업률이 회복되기 때문이다.

[2] 앞의 [그림 5]에서 본 '61-'73까지 미국 경제가 경험한 인플레이션율과 실업률의 추이는 자연율 가설을 검증할 수 있는 자료를 제공한다.

① 60년대 후반부터 미국 정부는 확장적 재정/금융정책을 집행했다.

- 베트남전이 격화되면서 재정지출이 증가하였고,
- 확대재정정책 하에서 이자율을 낮은 수준으로 유지하기 위해, 확장적 통화정책도 함께 실시하였다[33].

② 그 결과 인플레이션율은 1~2%(60년대 초)→ 5~6%(60년대 말~70년대 초)로 상승했는데,

③ 70년대에 들어서 실업률은 결국에는 60년대 초반 수준인 5~6%로 되돌아갔다.

- 그 이유는, 실제 인플레이션이 높은 수준을 유지하게 되면서 예상 인플레이션이 이를 따라 잡았기 때문이다.

---

33) 구체적으로, M2 증가율이 '60년대 초의 연 7%에서 '70-'72년에는 연 13%로 상승하였다.

TOPIC 3 | 인플레이션 收束(disinflation)의 비용

1. 인플레이션 收束과 희생비율(Sacrifice Ratio)

1.1 인플레이션 收束이란 인플레이션율을 짧은 기간에 크게 낮추는 것을 말하며, 그 과정에서 일시적으로 산출 및 고용이 감소하고 실업률이 상승하는 사회적 비용이 발생한다.

[1] 인플레이션을 낮추기 위해 중앙은행이 긴축적 통화정책을 집행할 경우,이 정책의 효과와 결과를 [그림 8]을 통해 살펴보자.

① 중앙은행이 통화량 증가율을 낮춤에 따라 총수요가 위축된다.

- 이에 따라 경제는 단기 필립스 곡선을 따라 우하방으로 이동한다 : A → B

② 점차 예상 인플레이션도 하향 조정되면서, 단기 필립스 곡선이 이동한다.

- 장기적으로 경제는 자연실업률과 이전보다 낮은 인플레이션율 상태로 수렴한다 : B → C

[그림 8] 인플레이션 收束의 경로

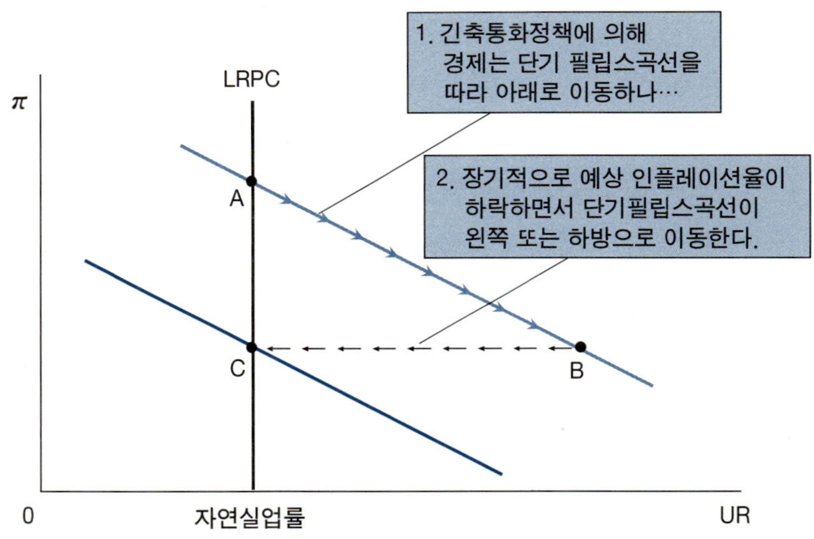

[2] 이처럼 인플레이션율을 낮추는 과정에서 발생하는 일시적 불경기와 고실업의 비용을 희생비율(sacrifice ratio)로 측정하기도 한다.

① 희생비율이란, 연간 인플레이션을 영구적으로 1%p 낮추는 과정에서 초래된 산출손실의 누적분을 연 평균 GDP의 %로 환산한 수치이다.

- 미국 경제의 경우, 이 비율은 평균적으로 5 정도로 추정된다.

② 일례로, 그동안 연 평균 산출량이 100이고 인플레이션율은 연 5%였던 상태에서:

- 인플레이션율을 연 3%로 2%p 낮추는데 3년이 걸렸고,
- 그동안 실제의 연간 산출량이 각각 (97,98,99)였다면,
- 누적된 산출 손실분은 연간 산출량의 6% 이므로,
- 희생 비율은 6/2=3이다.

[3] 인플레이션 收束의 과정에서 경제가 위의 [그림 8]에서처럼 A→B→C의 경로를 거친다면, 인플레이션 收束 비용의 크기를 결정하는 요인 중 하나는 "예상 인플레이션이 얼마나 빨리 조정되는가"이다.

① 인플레이션 收束의 초기에는, 예상 인플레이션이 미처 조정되지 못한 상태에서 실제 인플레이션율이 낮아지면서 자연실업률 이상의 실제 실업률이 발생하고,

② 이후 예상 인플레이션율도 점차 하락하면서 경제가 장기균형으로 수렴해 간다.

③ [그림 8]에서 보면, 경제가 단기 필립스 곡선을 따라 우하방에 있는 점 B로 이동한 후 장기균형인 점 C에 수렴할 때까지의 시간이 길수록 낮은 산출량과 높은 실업률을 경험하는 기간이 길어진다.

④ 그렇다면, 사람들의 예상 인플레이션이 빨리 조정될수록 경제가 A→C로 이동하는 시간이 짧아지고 인플레이션 收束의 비용도 작을 것이다.

- 예상 인플레이션이 빨리 하향조정될수록 단기 필립스 곡선의 이동이 빨라져서 장기균형으로 빨리 수렴하기 때문이다.

2. 인플레이션 收束의 비용

2.1 적응적 기대(adaptive expectation)와 합리적 기대(rational expectation)

[1] 적응적 기대

① 사람들이 과거에 발생한 일에 기반하여 미래에 대한 기대를 형성하는 경우, 적응적 기대를 가진다고 한다.

- "그동안 인플레이션이 높았으니, 올해의 인플레이션도 높을 것이다"라는 식의 기대형성 방식이 적응적 기대의 흔한 예이다.

② 적응적 기대의 가장 단순한 예는 $\pi^e = \pi_{-1}$인 경우인데, 이는 바로 전기에 경험한 실제 인플레이션율에 맞추어 이번 기의 인플레이션 예상치를 형성한다는 의미이다.

③ 사람들이 이와 같이 단순한 적응적 기대를 형성한다면, 확장적 통화정책 등에 의해 실제 인플레이션율이 상승하더라도 예상 인플레이션이 상향 조정될 때까지 상당한 시간이 걸릴 것이다.

- 이는 지난 기에 발생한 실제 인플레이션이 이번 기에 예상되는 인플레이션율에 100% 반영되는, 일종의 관성효과(inertia)가 있기 때문이다.

④ 그렇다면, 단기 필립스 곡선의 이동에는 상당히 시간이 걸리고, 경제는 비교적 오랫동안 기존의 단기 필립스 곡선상에서 낮은 실업률상태에 머무를 수 있다.

[2] 합리적 기대

① 사람들이 모든 가용 정보를 이용하여 미래에 대한 기대를 형성하는 경우, 합리적 기대를 가진다고 한다.

- 따라서, 합리적 기대는 과거, 현재 및 미래의 정책에 대한 정보까지 모두 이용하여 형성된다.

② 사람들의 기대가 합리적일 경우, 확장적 통화정책이 공표되거나 집행되는 순간 향후 인플레이션율이 오를 것으로 즉각 예상을 수정할 것이다.

- 즉, 곧 발생할 실제 인플레이션율에 맞추어 예상 인플레이션율이 상향 조정된다.
- 합리적 기대에 의한 예상이 정확하다면, 정책이 실제로 집행되면서 발생할

실제 인플레이션과 일치하도록 예상 인플레이션이 즉각 수정되므로, 확장적 통화정책은 실업을 줄이지 못하고 인플레이션율의 상승만을 초래한다.

[3] 아래 [그림 9]은 기대 형태별 정책효과에 대한 이상의 논의를 요약하고 있다.

① 초기에 경제는 장기균형 A에 있었다.

- 예상인플레이션과 실제 인플레이션이 1.5%로 일치하고
- 이에 따라 실업률은 자연율 수준이었다.

② 이제 확장적 통화정책이 집행된다고 하자.

③ 적응적 기대하 경제의 이동 경로는 : A → B → C

- 일시적으로, 실제 인플레이션은 4.5%로 상승하고 실업률은 3.5%로 하락한다.
- 그러나, 점차 예상인플레이션이 실제 수치인 4.5%에 맞추어 수정되면서,
- 경제는 장기적으로 C로 이동한다.

[그림 9] 기대와 정부정책의 효과

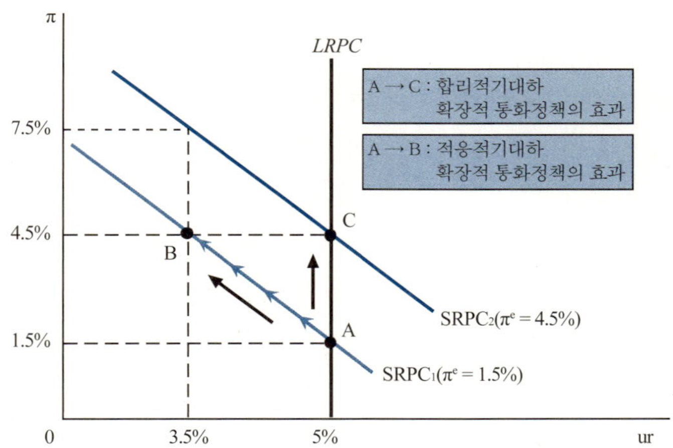

④ 한편, 합리적 기대하 경제의 이동 경로는 : A → C

- 사람들은 실제 인플레이션이 4.5%로 상승할 것을 예상하여 예상인플레이션을 4.5%로 즉각 수정하고,
- 경제는 B를 거치지 않고 직접 C로 이동한다.
- 따라서, 극단적인 합리적 기대 하에서는 단기 필립스 곡선도 수직의 형태를 가지게 된다.

2.2 이처럼 기대형성 방식에 따라 단기 필립스 곡선의 이동 속도가 다르므로, 사람들이 어떤 형태의 기대를 가지는가에 따라 인플레이션 收束의 비용도 달라질 것이다.

[1] 사람들의 기대가 합리적이라면, 인플레이션 收束의 비용이 매우 작을 수 있으며, 극단적으로 희생비율이 0일 수도 있다.

① 현재 실업률이 자연실업률 수준이고, 실제 및 예상 인플레이션이 모두 6%라고 하자.

② 이 상태에서 중앙은행이 "무슨 수를 써서라도 인플레이션율을 2%로 최대한 빨리 낮출 것"이라고 공표한다고 하자.

③ 사람들이 중앙은행이 공표한 정책을 신뢰한다면, 예상 인플레이션율도 즉시 2%로 하락할 것이다.

④ 그러면, 실업률 증가나 산출량 감소 없이도 인플레이션율을 낮출 수 있다.

[2] 실제의 사례로서, '80년대 초 FRB 의장 Paul Volcker가 인플레이션율을 낮추는 정책을 집행하던 당시의 상황을 보자.

① '79년과 '80년 미국 경제는 GDP 디플레이터 기준으로 연 인플레이션율이 각각 8.4%와 9.1%에 달할 정도로 물가상승률이 높은 상태였다.

② '79년 10월 FRB의장으로 취임한 Volcker는 긴축적 통화정책을 통해 인플레이션율을 크게 낮추겠다고 공표했다.

- 실제로 긴축통화정책에 의해 1981년의 실효 연방기금금리(effective federal funds rate)는 최고 연 19.1%까지 급등하였다.

③ 희생비율이 통상적 추정치인 5라면, '80년의 연 9.1%에서 연 3%로 낮추기 위해서는 그 당시 연평균 GDP의 30%(=6%×5)에 달하는 누적산출손실을 감내해야 한다는 예측이 나왔고,

④ 이처럼 즉각적 인플레이션 收束의 충격이 너무 클 것으로 보아, 다수의 경제학자가 점진적으로(예컨대, 연간 GDP의 6%만큼씩을 5년에 걸쳐 균등히 희생하여) 인플레이션율을 낮출 것을 주장했다.

[3] 그런데, Volcker의 인플레이션 收束정책이 집행되는 동안 미국경제가 실제로 경험한 경로는 [그림 10]과 같다.

① 인플레이션이 절정에 달했던 '81년부터 낮은 안정적 인플레이션이 달성된 '85년에 이르기까지 4년 동안:

- 인플레이션율은 '81년 對比 6.7%p 만큼 하락하였고,
- 그동안 발생한 산출손실의 누적분은 연평균 GDP의 19%에 달한 것으로 추정되었다.

② 따라서, 이 기간 동안 실제로 경험한 희생비율은 19/6.7 = 2.8이었다.

[그림 10] Volcker의 인플레이션 收束

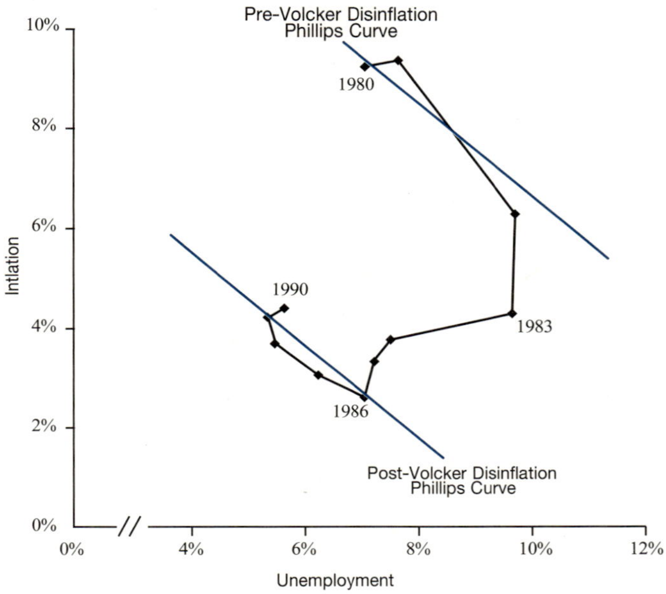

[4] 이 결과를 보는 두 가지 상이한 시각이 있다.

① [견해 1] 사람들의 기대는 합리적이지 않다.

- 실제의 희생비율이 0보다 매우 컸고, 또 상당한 정도의 실업이 발생했다는 것은 합리적 기대가설이 타당하지 않음을 보여준다.
- 또한 '80 → '83 → '86년의 기간 동안 미국경제가 경험한 경로는 적응적 기대하의 예측과 매우 유사하다.
- 따라서 실제 데이터는 합리적 기대가설을 지지하지 않는다.

② [견해 2] 위의 경험만으로 합리적 기대 가설이 틀렸다고 볼 수 없다.

- 실제의 희생비율인 2.8은 통상적 추정치인 5보다는 분명히 크게 낮다.
- 또 아래 표에서 보듯, 전임 FRB 의장들의 실책과 食言 때문에 1979년 당시에는, FRB가 과연 인플레이션에 단호하게 대처할 것인가에 대해 사람들의 신뢰도가 매우 낮은 상태였다.

FRB 의장	임기	임기 중 평균 인플레이션(연 %)
Arthur Burns	1970.01-1978.01	6.5
G. William Miller	1978.03-1979.08	9.2
Paul Volcker	1979.08-1987.08	6.2
Alan Greenspan	1987.08-2006.01	3.0

- 따라서, Volcker가 인플레이션 수속 정책을 공표하고 집행하던 초기에는 사람들의 예상 인플레이션이 여전히 높은 상태에 머물렀다.
- 사람들이 Volcker의 정책공표를 처음부터 신뢰했다면, 단기 필립스 곡선은 더 빨리 아래쪽으로 이동했을 것이고 희생비율도 더 낮았을 것이다.

[5] 두 시각을 종합해서 보면:

① 위 [그림 10]에서 보듯, 인플레이션 수속의 초기에는 사람들이 여전히 높은 인플레이션을 예상하고 있었다.

- Volcker의 정책이 집행되기 시작한 후 '82년까지는 사람들의 예상 인플레이션이 조정되지 않았고, 따라서 인플레이션율을 낮추기 위해 상당히 큰 실업비용을 치러야 했다.

② '82년 이후 FRB가 신뢰를 얻으면서, 사람들이 예상 인플레이션을 빠르게 하향 조정하기 시작했다.

- 이에 단기 필립스 곡선이 빠르게 아래로 이동하기 시작했다.

③ FRB가 일단 신뢰를 얻은 이후에는, 인플레이션과 실업률간의 상충관계가 이전보다 크게 개선되었고,

④ 개선된 상충관계 하에서, '80년대 후반에는 약간의 인플레이션율 상승을 감내하면서 실업율을 자연실업률 이하로 더 낮출 여유가 있었다.

[Appendix] 비용 충격과 필립스 곡선의 이동

A.1 단기 필립스 곡선이 이동하는 또 하나의 요인은 공급충격(supply shock)이다.

[1] 공급충격(supply shock) 또는 비용충격(cost shock)은, 기업의 비용을 변화시키고 결과적으로 기업이 책정하는 가격에 직접 영향을 미치는 요인이다.

[2] 공급 충격은 총공급 곡선과 필립스 곡선을 이동시키며, 아래 [그림 A1]은 그 과정을 설명하고 있다.

① 전년에는 $SRAS_1$곡선 하에서 점 A의 단기균형에 있었다.

- 그 결과, 인플레이션과 실업률간의 상충관계는 우측 패널의 $SRPC_1$곡선에서처럼 나타나고 있었다.

② 올해에는 유가 및 원자재 가격이 상승하면서, 총공급 곡선이 왼쪽으로 이동한 $SRAS_2$으로 이동하였다.

- 이에 경제는 점 B의 단기균형에 있고, 전년에 비해 산출량이 감소하고 물가는 상승하는 스태그플레이션을 경험한다.

③ 총공급 곡선이 이동하면 필립스 곡선도 이동하게 된다.

- 산출량이 감소하면 고용이 감소하고 실업률이 상승한다.
- 반면, 물가가 높아졌으므로 전년대비 인플레이션율도 높아진다.
- 우측 패널을 보면, 이제는 인플레이션과 실업률간의 상충관계가 점 B 주위에서 나타나게 되고,
- 이는 곧 단기 필립스 곡선이 $SRPC_2$상의 자리로 상방이동하였음을 의미한다.

[그림 A1] 부정적 공급충격의 예

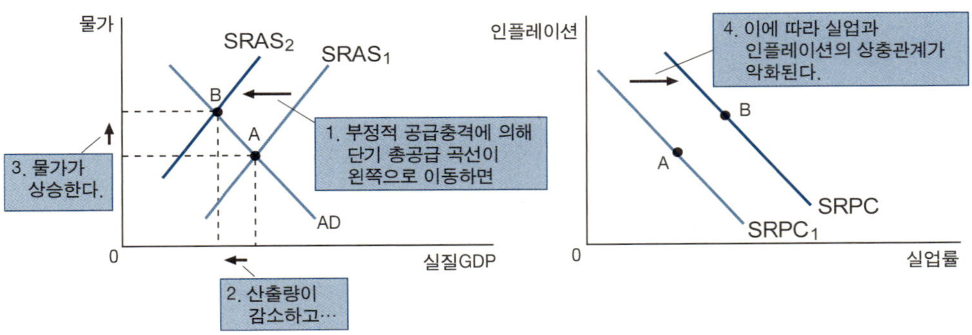

자료 : N.G. Mankiw, 「Principles of Economics」(2007), p.938.

③ 1970년대에 발생한 두 번의 유가충격과 그에 따른 인플레이션의 급등을 경험한 후, 경제학자들은 필립스 곡선을 또 한번 수정하였다.

- 실제 실업률과 자연실업률의 차이에 의한 노동시장의 수급여건(tightness)이나 기대 인플레이션의 변화와는 관계없이 인플레이션을 변화시키는 요인으로서 공급충격(ρ)을 도입하여,
- 아래와 같은 이른 바 현대 필립스 곡선(modern Phillips curve)이 제시되었다.

$$\pi = \pi^e - \beta(u - u_n) + \rho, \quad \beta > 0$$

[3] 1970년대에 OPEC이 원유 생산량을 감축하여 세계 원유가격이 상승했을 때, 정책당국은 이전보다 악화된 상충관계 하에서 두 가지 대안 중 선택을 해야 했다.

- 총수요를 확대하여 실업률을 낮추고 더 높은 인플레이션을 받아들일 것인가?
- 총수요를 감축하여 인플레이션을 낮추고 더 높은 실업률을 받아들일 것인가?

[4] 한편, 공급 충격에 의해 이동한 단기 필립스 곡선이 얼마나 오랫동안 새 위치에 머물러 있을 것인가는 사람들의 예상 인플레이션에 달려 있다.

① 사람들이 부정적 공급충격이 일시적인 것으로 생각할 경우에는:

- 예상 인플레이션은 변하지 않을 것이고, 따라서 공급충격이 소멸된 후에 단기 필립스 곡선은 원래의 자리로 돌아온다.

② 반면, 사람들이 공급충격이 오랫동안 지속될 것으로 생각할 경우에는:

- 예상 인플레이션율도 상승할 것이므로, 단기 필립스 곡선은 (공급 충격이 사라진 뒤에도) 상방이동한 자리에 오랫동안 머무를 것이다.

연습문제

Q1. 자연실업률이 6%라고 하자. 중앙은행이 그동안 통화량을 연 3%씩 증가시켜 오다가, 오늘부터 연 5%로 통화량 증가율을 상승시킨다고 하자. 경제의 경로를 장/단기 필립스 곡선을 이용하여 나타내라.

Q2. 자연실업율이 5%이다. 중앙은행 총재가 장차 화폐공급을 조절하여 실업률을 4%로 유지하려고 한다. 이 정책의 장기적 결과는?

a. 인플레이션율 5%
b. 인플레이션율 4%
c. 현재의 화폐공급 증가율과 같은 인플레이션율이 유지됨
d. 인플레이션율 상승
e. 위의 네 개 중 답 없음

Q3. 거시나라의 노동조합이 더 배타적으로 변하는 바람에, 이직자나 신규 취업자가 일자리를 찾는 데 걸리는 시간이 길어졌다고 하자. 늘어난 직업탐색 기간이 단기 및 장기 필립스 곡선에 미치는 효과는?

a. 둘 다 좌측으로 이동
b. 둘 다 우측으로 이동
c. 장기 필립스 곡선 우측이동, 단기 필립스 곡선 불변
d. 장기 필립스 곡선 좌측이동, 단기 필립스 곡선 불변
e. 둘 다 불변

[Q4-Q7] 아래 그림을 보고 답하라.

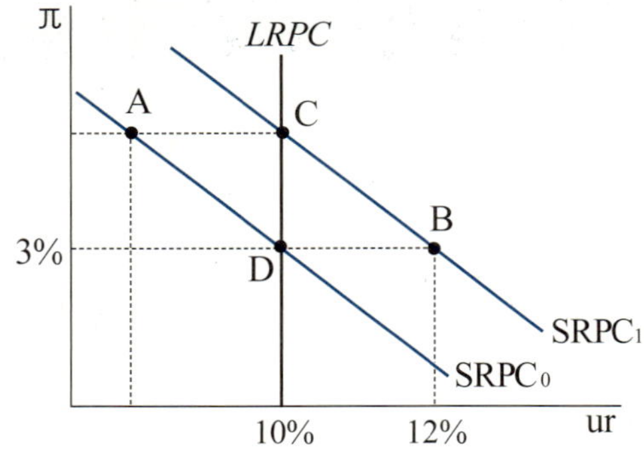

Q4. 점 B에 대한 아래의 설명 중 맞는 것은?

> I. 예상 인플레이션은 3%이다.
> II. 실제 인플레이션은 3%이다.
> III. 실제 산출량은 잠재산출량은 상회한다.

a. I 만　　b. I 과 II 만　　c. I, II , III 모두
d. II 만　　e. II 와 III 만

Q5. 위 그림의 점 A에의 실제 실업률(u), 실제 인플레이션(π), 예상 인플레이션 π^e의 조합으로 알맞은 것은?

a. ur = 8%, π = 7%, $\pi^e = 3\%$　　b. ur = 10%, π = 7%, $\pi^e = 3\%$
c. ur = 8%, π = 3%, $\pi^e = 7\%$　　d. ur = 12%, π = 3%, $\pi^e = 7\%$
e. ur = 10%, π = 3%, $\pi^e = 7\%$

Q6. 위의 Q5문제의 정답 하에서, 경제가 현재 점 C의 장기균형에 있으며 소비자와 기업은 적응적 기대를 한다고 하자. 중앙은행이 통화량 증가율을 영구히(permanently) 낮추는 긴축적 통화정책을 집행하면, 단기적으로 경제는 점 C에서 점 ___로 이동하고, 산출량은 ___한다. 장기적으로 경제는 점 ____로 이동한다.

Q7. 문제 Q5와 Q6의 정답 하에서, 다음을 참고하여 답하라:

- 연 평균 또는 잠재 GDP는 5,000 이다.
- 점 C로부터 새 장기균형으로 이동하는 동안, 중간에 있는 점에 4년간 머물렀다.
- 실제 실업률이 자연실업률보다 1%p 높은 해에는, 잠재 GDP의 1%에 달하는 산출손실이 발생한다.

이 경우, 위 Q6의 긴축정책이 초래하는 희생 비율은?

a) 1 b) 2 c) 4 d) 5 e) 8

Q8. 다음 중 틀린 것은?

a. 실업－인플레이션간의 상충관계는 안정적이지 않다.
b. 자연실업률 수준이 주어진 경우, 각각의 단기 필립스 곡선은 특정 수준의 예상인플레이션을 반영한다.
c. 정책을 통해 총수요 곡선을 이동시킬 수 있으므로, 단기적으로 한 경제의 실업률 수준을 바꿀 수 있다.
d. 70년대의 오일쇼크에 의해 필립스 곡선은 좌측으로 이동했다.
e. Paul Volcker의 재임기간 중 미 연방은행의 정책기조는 인플레이션 저감을 주 목표로 하였다.

Q9. 중앙은행이 인플레이션을 잡기 위해 긴축금융정책을 운용하겠다고 발표했다. 아래의 상황들은 금융긴축으로 인한 경기침체를 가중시킬까 아니면 완화시킬까?

a. 임금계약기간이 짧다.
b. 중앙은행 총재의 말에 대한 사람들의 신뢰가 낮다.
c. 사람들의 "경제 IQ"가 높아져서, 정책이 가져올 효과를 잘 이해하고 있다.

[Q10-Q11] 아래 가정을 참조하라:

- 가정 1 : $\pi = \pi^e - \beta(u - u_n) + \rho$, u_n = 자연실업률, ρ = 비용상승충격
- 가정 2 : t기 초에 예상하는 t기 동안의 인플레이션율(π_t^e)은 그 전기에 발생한 실제 인플레이션율(π_{t-1})과 같다.
- 가정 3 :

	u(%)	비용상승충격	π(%)
1 기	6	1	6
2 기	4	0	8

Q10. 0기에서의 인플레이션율이 5(%)였다고 하자. 1기의 자료로부터 자연실업률의 크기를 구하라.

a. 6(%) b. 7(%) c. 8(%)
d. 9(%) e. 불분명

Q11. 이제, 2기의 자료를 이용하여 2기의 필립스 곡선의 형태를 추론하라.

a. $\pi_2 = \pi_1 - 1.4(u_2 - u_n) + \rho$
b. $\pi_2 = \pi_1 - 1.2(u_2 - u_n) + \rho$
c. $\pi_2 = \pi_1 - (u_2 - u_n) + \rho$
d. $\pi_2 = \pi_1 - 0.8(u_2 - u_n) + \rho$
e. 위 보기 중 답이 없다.

Part IV

개방경제의 거시경제학

Unit 10 : 개방경제의 기본 개념

Unit 11 : 개방경제의 장기균형

Unit 12 : 개방경제의 단기 경기변동

Unit 10
개방경제의 기본개념

TOPIC 1 : 개방경제의 항등식

TOPIC 2 : 명목환율과 실질환율

Unit 10의 구성과 목표

■ PART 2-3에 걸쳐, 우리는 타국경제와의 교류가 없는 폐쇄경제(closed economy)에서의 장/단기적 경제현상을 설명하는데 주력해 왔다.

■ 타국과 거래를 하는 개방경제로 분석의 시각을 넓히게 되면, 새로운 거시경제 변수와 문제가 제기된다. 예컨대,
- 나라간 화폐의 교환 비율인 환율이 변동하는 이유는 무엇인지,
- 무역적자가 왜 발생하는지,
- 국가간 자본이동이 발생하는 원인과 결과는 무엇인지,
- 한 나라에서 발생한 정책의 변화나 충격이 다른 나라로 어떻게 파급되는지 등이다.

■ 이번 unit에서는, 이와 같은 개방경제 특유의 현상을 설명하는데 필요한 기본 개념을 이해해 본다.
- 이를 위해 먼저 실물과 금융거래 두 측면에서 파악한 개방경제의 항등식을 소개하고,
- 이어서, 개방경제의 주요 변수 중 하나인 환율이 어떻게 결정되는가를 장기적 관점에서 설명해 본다.

TOPIC 1 | 개방경제의 항등식

1. 개방경제의 특징

> 개방경제는 재화 및 서비스 시장과 자본시장을 통해 상품과 금융자산을 거래함으로써 타국과 경제적 관계를 가진다.

1.1 재화와 서비스의 거래 : 개방경제의 내국인들은 세계의 재화와 서비스시장에 참여하고, 그 거래의 결과는 본국의 순수출(NX, Net Export)로 나타난다.

[1] 순수출(NX) : = 수출(Export) - 수입(Import)

① 순 수출을 무역수지(Trade Balance)라 부르기도 한다.

② 무역흑자(trade surplus) ⇔ 순수출 또는 무역수지 > 0

③ 무역적자(trade deficit) ⇔ 순수출 또는 무역수지 < 0

[2] 나라간 재화와 서비스의 이동에 영향을 미치는 요인들은 아래와 같다.

① 국내제품과 외국제품에 대한 소비자들의 취향 및 선호

② 재화의 국내가격과 국제가격

- 이는 국내재의 가격 경쟁력과 직결되는 문제이다.

③ 본국화폐와 외국화폐의 교환비율인 명목환율

- 이 역시 국내재의 가격 경쟁력과 직결되는 문제이다.

④ 본국과 외국 소비자의 실질소득

- 예컨대, 세계경제가 불황을 겪으면 본국의 수출이 급감하며,
- 본국의 소득이 늘면 해외로부터의 수입이 증가한다.

⑤ 재화의 국가간 운송비용(transportation cost)

⑥ 국제무역에 대한 정부정책

- FTA 체결 여부, GATT/WTO 가입 여부 등

1.2 금융거래 : 또한 개방경제의 내국인들은 세계의 금융시장에도 참여하고, 이에 따라 발생하는 국가간 자본이동의 결과는 본국의 순자본유출(NCO, Net Capital Outflow)로 나타난다.

[1] 순자본유출(NCO)은, 내국인이 구입한 해외자산의 금액(=자본유출액)에서 외국인이 구입한 국내자산의 금액(=자본유입액)을 뺀 것이다.

① 우리나라 국민이 외국회사의 주식/회사채를 구입하면, 우리나라 입장에서는 순자본유출액이 증가하고,

② 외국의 기관투자가가 우리나라의 국채나 회사채를 구입하면, 우리나라 입장에서는 순자본유출액이 감소(=자본유입액이 증가)한다.

- 순자본유출을 순해외투자(NFI, Net Foreign Investment)라고 부르기도 한다.

③ 내국인이 해외자산을 구입하면, 국내자본의 소재지가 해외로 옮겨갔다는 의미에서 자본유출과 양(+)의 해외투자가 발생한 것이고,

④ 외국인이 본국자산을 구입하면, 해외자본의 소재지가 국내로 옮겨왔다는 의미에서 자본유입과 음(-)의 해외투자가 발생한 것이다.

⑤ 두 가지 유형의 자본유출 또는 해외투자가 있다.

- 해외 직접투자(Foreign Direct Investment) : 해외의 지사/공장 설립
- 해외 포트폴리오투자(Foreign Portfolio Investment) : 해외의 주식/채권 구입

[2] 순자본유입은 자본수지(capital account balance)와 사실상 동일한 개념이다.

① 자본수지는 각 경제주체들이 자금을 외국으로부터 빌리거나 외국에 빌려줌으로써 발생하는 외화의 유출입 차이를 나타낸다.

② 양(+)의 자본수지는 우리나라로의 외화의 유입이 유출보다 많았다는 것을 의미한다.

- 예컨대 어느 연도에 우리나라가 차관 등을 통해 외국에서 빌린 금액이 갚은 금액보다 많을 경우, 또는 외국에 빌려준 금액보다 상환 받은 금액이 많은 경우 자본계정에는 플러스 요인이 된다.

③ 그러므로, 자본수지 = - 순자본유출

[3] 그러면, 순자본유출의 크기를 결정하는 요인들은 무엇일까?

① 해외자산으로부터의 실질이자율(r^*)
② 국내자산으로부터의 실질이자율(r)

> 순자본 유출에 가장 큰 영향을 미치는 요인은 해외자산과 국내자산의 수익률 차이(r^*-r)이다.

③ 해외자산 보유시 느끼는 경제/정치적 위험도

④ 외국인의 국내자산 소유에 영향을 미치는 정부 정책

- 예를 들어, 본국 정부가 이윤송금 제한, 외국인 배당소득 중과세 등의 조치를 취하면 국내로의 자본유입을 저해하므로 순자본유출이 증가한다.

2. 개방경제의 항등식

개방 경제에서도 국민소득의 삼면등가 원칙에 따른 총생산과 총지출간의 항등식이 성립하며, 이와 더불어 개방경제 특유의 또 하나의 항등관계가 대외부문에서 존재한다. 이 두 항등식을 통해 개방경제 거시변수들간 관계를 살펴보자.

2.1 개방경제에서는 본국의 순수출(NX)과 순자본유출(NCO)의 크기가 사후적으로 항상 일치한다.

[1] 개방경제의 국민소득 항등식에서부터 논의를 시작하자:

① 순수출도 지출측면 GDP의 항목 중 하나임을 상기하면,

$$Y \equiv C + I + G + NX \cdots\cdots\cdots\cdots \text{국민소득 항등식}$$

- 좌변의 Y는 국내에서 생산된 재화와 서비스의 양이며, 우변의 C+I+G는 국내에서 발생한 민간과 정부의 구매지출이다.
- 폐쇄경제에서는 국내의 총생산 Y와 국내에서 발생한 총지출인 C+I+G가 일치하나, 외국과 재화와 서비스를 거래할 수 있는 개방경제의 경우에는 그렇지 않을 수도 있다.

② 만일 국내 생산량 이상의 구매지출이 국내에서 이루어졌다면(즉, Y < C + I +G 라면)

- 그 차이인 (C+I+G-Y) 만큼의 구매지출은 외국으로부터 수입한 재화와 서비스에 대한 지출일 것이고,

- 따라서 그 차이만큼 해외로부터 재화와 서비스를 순수입한 상태가 된다(즉, NX<0)

③ 반대로 국내 생산량이 국내에서의 구매지출을 상회한다면(즉, Y > C + I +G 라면)

- 그 차이인(Y-C-I-G)만큼의 생산분은 내국인이 아닌 외국거주자들이 구입하였을 것이고,
- 따라서 그 차이만큼 해외로부터 재화와 서비스를 순수출한 상태가 된다(즉, NX>0)

[2] 여기서 유의할 것은, 국가간의 재화와 서비스 거래는 순수출과 순자본유출에 같은 크기의 변화를 가져온다는 것이다.

① 예를 들어, 그 동안 무역수지가 균형이던 상태에서 국내 산출량(Y) 이상의 국내 총지출(C+I+G)이 발생하면,

② 일단 본국의 순수출은 그 차이만큼 음(-)이고,

③ 국내 총생산(=총소득) 이상의 총지출이 국내에서 발생했다는 것은, 본국 입장에서는 대외 채무가 발생하였음을 의미하는데,

④ 외국 입장에서는 채권, 청구권, 지분 등 본국이 발행한 금융자산을 취득하게 되고,

⑤ 본국 입장에서는 자본의 유입이 발생하므로 순자본유출이 음(-)이 된다.

[3] 이제 순수출과 순자본유출간 항등관계에 대한 더 일반화된 설명을 해 보자.

① 현재 본국의 무역수지가 흑자인 상태(NX > 0)라면 :

- 순수출을 통한 순 외화획득액이 (+)인 상태라는 것인데,
- 이 때 본국은 무역수지 흑자분을 외화를 보유하거나, 아니면 외국이 발행한 국채/회사채/주식 등의 금융자산으로 전환하여 보유한 상태일 것이다.
- 두 경우 모두 본국 입장에서는 해외자산을 취득한 것이므로, 본국의 순자본유출이 있는 상태(NCO > 0)이다.

② 반대로 현재 본국이 무역적자(NX < 0)를 겪고 있다면 :

- 국내의 생산 및 소득을 초과한 만큼의 지출을 위해 재화와 서비스를 순 수입하고 있는 상태인데, 소득을 초과하는 지출을 어떻게 충당하고 있을까?
- 이는 외국이 본국이 발행한 채권/지분 등의 자산을 매입해 주어야만 가능하다.

• 따라서 본국으로의 순자본 유입이 있는 상태(NCO < 0)이다.

③ 순수출과 순자본유출에 대한 이상의 논의를 요약하면:

NX ≡ NCO ································ 개방경제의 항등식 (1)

2.2 개방경제에서의 총저축(S_{nat})은 국내 투자지출(I) 및 순자본유출(NCO)의 합과 일치한다.

[1] 개방경제에서의 국민소득 항등식을 다시 정리해 보자.

① Y ≡ C + I + G + NX ⇔ Y - C - G ≡ I + NX

② 국민저축(S_{nat})은 국민소득 중에서 소비지출과 정부구매지출 후 남은 부분이다. 즉,

• S_{nat} : = Y - C - G

③ 따라서, 국민소득 항등식을 다시 정리하면:

• S_{nat} ≡ I + NX

• 즉, 개방경제에서 국민저축액은, 투자와 순수출의 합과 같다.

[2] 위의 결과로부터 개방 경제의 또 다른 항등식이 도출된다.

① 개방경제에서 순수출(NX)과 순자본유출(NCO)의 항등성은 이미 알고 있으므로, 이를 이용하면:

• Snat ≡ I + NCO ························ 개방경제의 항등식 (2)

• 즉, 한 나라의 총저축은 국내에서 투자지출로 이어지거나 해외자산의 구입을 위해 쓰이는데,

• 국내 투자지출(I)을 초과하는 국내의 총 저축액(S_{nat})은 해외자산의 매입으로 이어진다.

② 따라서, 폐쇄경제의 경우와 유사하게 개방경제에서도 실물과 금융부문이 동전의 양면임을 볼 수 있다.

• Y ≡ C + I + G + NX(실물측면 항등식) ⇔ S_{nat} ≡ I + NCO(금융측면 항등식)

• "NX≡NCO"라는 관계를 매개로 하여, 위의 어느 한 식이 성립하는 이유를 설명하면 곧 다른 식이 성립하는 이유도 설명하게 된다.

[3] 위의 두 항등식(1)과(2)가 시사하는 것은, 개방경제에서는 국내변수(투자, 저축)와 대외변수(수출, 수입, 자본이동 등)들이 모두 함께 연결되어 있다는 점이다.

① 아래 표는 이러한 변수들이 서로 어떻게 연관되어 있는가를 요약해서 보여주고 있다.

무역수지 적자	무역수지 균형	무역수지 흑자
수출 < 수입	수출 = 수입	수출 > 수입
순수출 < 0	순수출 = 0	순수출 > 0
Y < C + I + G	Y = C + I + G	Y > C + I + G
국민저축 < 국내 투자	국민저축 = 국내 투자	국민저축 > 국내 투자
순자본유출 < 0	순자본유출 = 0	순자본유출 > 0

② 개방경제의 운용을 설명하기 위해서는 대내외 균형을 함께 설명하는 전반균형적 접근이 필요함을 알 수 있다.

TOPIC 2 | 명목환율과 실질환율

■ 개방경제의 실물/금융 및 대내/대외 부문을 망라한 전반균형이 달성되는 과정에 대한 설명은 다음 unit으로 미루고,

■ 여기서는 국가간 거래에 있어서 중요한 가격변수인 환율에 대해 몇 가지 논의를 먼저 하자.

- 두 개의 환율 개념인 명목환율(nominal exchange rate)과 실질환율(real exchange rate)에 대해 설명하고,
- 이어서, 장기적 관점에서의 명목환율 결정이론인 이른바 구매력 등가환율(PPP, purchasing power parity) 이론을 소개한다.

1. 명목환율과 실질환율의 관계

1.1 명목환율(nominal exchange rate)은 한 나라 화폐와 타국 화폐의 교환 비율, 즉, 화폐 간의 교환 비율이다.

[1] 명목환율(e)을 표기하는 방식은 두가지이다.

① 직접 표기법(direct quotations or European terms) :

- 우리가 익숙한 환율표기법이며, 외국화폐 한 단위와 교환되는 본국 화폐의 수량으로 환율을 표시한다.
- 예 : (1달러당) ₩1200
- 이렇게 표기한 환율이 커지면, 본국통화의 가치가 떨어지는 것이다.

② 간접 표기법(indirect quotations or British terms) :

- 본국화폐 한 단위와 교환되는 외국화폐의 수량으로 환율을 나타낸다.
- 이 표기법에 따르면, 원화의 대 미달러 환율은(1원당) $1/1200이다.
- 이렇게 표기한 환율이 커지면, 본국통화의 가치가 올라가는 것이다.

③ 이하에서는 간접 표기법으로 환율을 표시할 것이다.

- 따라서, 이제부터는 명목환율(e)의 상승은 본국 화폐의 가치가 타국화폐에 비해 상승하는 것으로 이해한다.

[2] 본국화폐의 강/약세

① 화폐가치상승(appreciation) : 타국화폐 대비 본국화폐의 가치가 상승하는 현상

- 이 경우, 본국 화폐 한 단위와 교환되는 외국 화폐의 수량이 증가한다.

② 화폐가치하락(depreciation) : 타국화폐 대비 본국화폐의 가치가 하락하는 현상

- 이 경우, 본국 화폐 한 단위와 교환되는 외국 화폐의 수량이 감소한다.

지나가는 얘기

화폐가치의 변동을 설명하는 용어들 중에서, 평가절상(revaluation)과 평가절하(devaluation)는 원래 고정환율제도하에서 외환당국이 본국화폐 기준가치를 상승시키거나 하락시키는 것을 의미한다. 반면, 화폐 가치상승(appreciation)과 화폐가

치하락(depreciation)은 변동환율제도하에서 외환시장에서 결정되는 본국화폐가치가 등락하는 것을 의미한다. 현실적으로 두 용어를 혼용하고 있으나, 현재 운용되고 있는 환율제도에 따라 구분하여 사용하는 것이 옳다.

1.2 한편, 실질환율(real exchange rate)은 일국의 재화나 서비스가 타국의 재화나 서비스와 교환되는 비율이다.

[1] 명목환율(e)의 경우와 유사하게, 실질환율(ε)도 간접표기법으로 나타내자.

① 즉, 본국의 실질환율은, 본국의 재화나 서비스 한 단위와 교환되는 해외의 재화나 서비스 단위수로 정의되고,

② 이렇게 정의한 실질환율의 상승은 본국재화가 상대적으로 비싸짐을 의미한다.

[2] 실질환율이 왜 중요할까?

① 실질환율이 상승(ε↑)하면 본국 및 해외 소비자들이 본국의 재화를 덜 구매하게 되고,

② 따라서 본국의 수출은 감소하고 수입은 증가하여 본국의 순수출이 감소(NX↓)한다.

1.3 그러면, 명목환율과 실질환율간에는 어떤 관계가 있을까?

[1] 간단한 예를 통해 두 환율간의 관계를 직관적으로 이해해 보자.

① 현재 원화의 명목환율은 ₩1 = $1/1000 인데,

② 서울에서 *Max* 한 캔은 ₩3,000, 뉴욕에서 *Bud* 한 캔은 $2 이라면,

③ *Max* 한 캔 ⇔ ₩3000 ⇔ 3000 × (1/1000) = $3 ⇔ *Bud* 1.5캔

→ 그러므로, 이 경우 맥주를 기준으로 한 한국의 실질환율은 1.5이다.

[2] 이 논의를 일반화하면, 실질환율(ε)은 명목환율(e)과 각국의 화폐(local currency)로 평가한 각국의 물가수준(P, P*)에 의해 결정된다.

① 국내통화로 표시한 국내물가가 P, 해외통화로 표시한 해외물가가 P^*, 본국화폐의 명목환율이 e라고 하면,

② 본국의 재화 및 서비스 묶음을 한 단위 팔면 P원을 받고,

③ 이를 환전하면 e × P 만큼의 해외화폐를 받을 수 있다.

④ 결국 본국의 재화 및 서비스 묶음 한 단위는 $e \times P/P^*$ 단위에 해당하는 해외의 재화 및 서비스 묶음을 구매할 수 있다.

→ 따라서 본국의 실질환율(ε) = 명목환율(e) × 국내물가(P)/해외물가(P*)

⑤ 그러므로, 본국의 실질환율이 상승하는 경우는 :

- 국내물가가 상승(P ↑)하거나,
- 본국화폐가 강세(e ↑)를 보이거나,
- 타국물가가 하락(P* ↓)하는 경우이다.

→ 어느 경우든 본국 재화가 해외 재화에 비해 상대적으로 비싸진다.

2. 명목환율의 장기적 결정 : 구매력등가환율(Purchasing Power Parity)이론

2.1 아래 [그림 1]은 미 달러와 멕시코 페소 간의 명목환율과 실질환율의 움직임을 보여 주고 있다.

[1] '93-'03 기간 중 미 달러의 명목환율(e)은 지속적으로 상승하였으나, 양국의 물가지수를 감안하여 계산한 실질환율(즉, $e \times P_{US}/P_{MEXICO}$)은 같은 기간 동안 전반적으로 매우 안정적이었다.

[2] [그림 1]이 제기하는 두 개의 질문은 :

① 두 나라간 명목환율이 이렇게 오랫동안에 걸쳐 추세적으로 변동하는 원인은 무엇일까?

② 그럼에도 불구하고 두 나라간 실질환율이 매우 안정적인 이유는 또 무엇일까?

→ 이 질문에 대한 장기적 관점에서의 설명이 購買力等價換率(PPP, purchasing power parity)이론이다.

[3] 두 나라 화폐 간 購買力等價換率은, 주어진 재화와 서비스 묶음을 구매하는 명목비용이 어느 나라 통화로 측정하든 같아지도록 해 주는(가상의) 명목환율이다.

① 앞의 "*Max* 對 *Bud*"의 예에서 본다면, 원화의 구매력등가환율은 얼마일까?

- 현재, 맥주 한 캔이 서울에서는 3000원, 뉴욕에서는 2달러이다.

[그림 1] 미 달러와 멕시코 페소 간의 환율

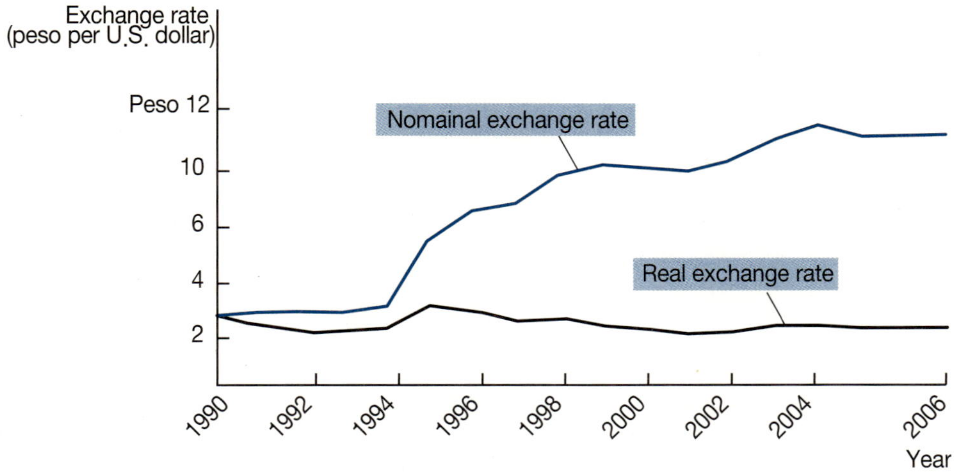

자료 : P. Krugman & R. Wells, 「Macroeconomics」(2007), p.474

- 이 경우, 원화의 구매력 등가환율은 ₩1=$1/1500 이다.
- 왜냐하면, 환율이 ₩1 = $1/1500 이라면 서울에서든 뉴욕에서든 3000원으로 맥주 한 캔을 구매할 수 있으므로, 맥주의 구매비용이 장소에 관계없이 동일해진다.

② 물론 실제의 명목환율이 구매력등가환율과 일치한다는 보장은 없다.

2.2 이제, 명목환율의 장기적 결정이론인 구매력등가환율 이론(PPP theory)을 살펴보자.

> 결론부터 말하면, 구매력등가환율 이론은 "두 나라 화폐 간의 명목환율은 장기적으로 購買力等價換率 수준에서 결정된다"는 이론이다.

[1] 구매력등가환율 이론의 이면에는 일물일가의 법칙(law of one price)이 있다.

① 일물일가의 법칙은, "동일한 재화는 어디에서든 같은 가격에 팔려야 한다"는 것인데,

② 만일 한 재화의 가격이 두 장소에서 차이가 나면, 차익거래(arbitrage)가 발생하기 때문이다.

- 차익거래란, 지역간 가격 차이를 이용해 이익을 얻는 중개행위이다.

③ 일물일가의 법칙이 일시적으로 깨지더라도, 장소간 가격 차이를 이용한 차익거래에 의해 궁극적으로 두 장소에서의 가격이 같아지게 된다.

[2] 일물일가의 법칙을 앞의 *Max* 對 *Bud* 예에 적용시켜 보자

① 현재의 명목환율인 ₩1 = \$1/1000에서는, 원화 3000원의 구매력이 서울에서는 맥주 한 캔이고 뉴욕에서는 맥주 1.5캔인 상태이다.

② 원화의 구매력이 뉴욕에서 더 크므로, 이를 이용한 차익거래가 가능하다. 예컨대,

- 4000만원을 달러로 환전하여 4만 달러를 받은 후,
- 이 돈으로 뉴욕에서 Bud 2만 캔을 사서 한국으로 들여와 팔면,
- 2만 캔×3000원 = 6000만원을 받아 2000만원의 차익을 남길 수 있다.

③ 위와 같은 차익거래의 여지가 있는 한, 원화를 팔아 달러로 바꾸려는 행위가 계속될 것이고,

- 그 과정에서 원화의 가치는 하락하고 달러가치는 상승하여, 차익거래의 유인이 점점 없어진다.
- 결국 더 이상의 차익거래 여지가 없을 때까지 명목환율이 조정되면, 장소에 따른 원화의 구매력 차이도 사라질 것이다.

④ 즉, 원화의 명목환율은 시간이 지남에 따라 구매력 등가환율인 ₩1 = \$ 1/1500 수준까지 떨어질 것이다.

[3] 이상의 논의를, 개별 상품의 가격이 아닌 경제전반의 물가수준에 대해 확장해 보자.

① 일물일가의 법칙을 전반적인 화폐가치에 적용하여 얻은 일종의 "기준환율"이 구매력등가 환율이다.

② 재화와 서비스 묶음의 비용(즉, 물가수준)이 본국과 외국에서(각국의 통화량 수준에 따라) 각각 P와 P^*라고 하자.

- 본국화폐 한 단위의 본국에서의 구매력은 1/P이고,
- 본국화폐 한 단위(=외국화폐 e 단위)의 외국에서의 구매력은 e/P^*이다.

③ 화폐에도 일물일가의 법칙이 성립한다면, 한 나라의 화폐는 장소에 관계 없이(즉, 모든 나라에서) 동일한 수량의 재화를 구입할 수 있어야 한다.

- 즉, 일국의 화폐는 모든 나라에서 동일한 구매력을 가져야 한다.

④ 두 장소에서 화폐의 구매력이 같아지게 하는 구매력등가 환율을 e_{ppp}라 부른다면, 이는 아래와 같이 결정된다.

- 구매력 등가 조건 : $\frac{1}{P} = e/P^* \Rightarrow e_{ppp} = \frac{P^*}{P}$
- 즉, 구매력 등가 환율은 외국과 본국 물가의 비율로 결정된다.

⑤ 그리고 구매력등가 환율이론이 옳다면, 장기적으로 실제의 명목환율(e)는 양국의 물가 비율인 P^*/P에 수렴할 것이다.

- 즉, 실제의 명목환율도 종국에는 양국간 물가비율을 반영하도록 조정될 것이다.

확인문제

동일한 재화 및 서비스 묶음(basket)의 명목가격이 올해에 한국에서는 100원이고 우간다에서는 800실링이며, 명목환율은 1원당 10실링이다. 5년 후 이 묶음의 가격이 한국에서는 120원으로 상승하고 우간다에서는 1200실링으로 상승하는데, 명목환율은 현재와 같이 유지된다고 하자.

Q1 : 올해와 5년 후 원화의 구매력 등가환율은?

Q2 : 올해와 5년 후 한국의 실질환율은?

A1 : 올해에 재화와 서비스 묶음을 국내에서와 같은 100원의 원화비용으로 우간다에서도 구매할 수 있으려면 명목환율이 1원당 8실링이어야 하므로, 올해의 구매력 등가환율은 8이다. 5년 후에는 120원의 원화비용이 든 바구니의 비용이 1200실링이어야 하므로, 구매력 등가환율은 10이다.

A2 : 재화와 서비스 묶음의 가격을 지수화 하지 않고 그대로 사용할 경우, 한국의 실질환율은 올해의 $10\times(100/800)=1.25$로부터 5년 후에는 $10\times(120/1200)=1$로 20% 하락한다.

그러나, 일반적으로 나라간 실질환율을 계산할 때에는 개별 재화가 아닌 재화와 서비스의 묶음을 대상으로 하며, 따라서 이 묶음의 명목가격을 기준년 대비 백분비로 환산한 물가지수를 사용한다. 올해를 기준년으로 하여 양국의 물가지수를 산출한다면, 5년 후 한국의 물가지수는 120이고 우간다의 물가지수는 $100\times1200/800=150$이다. 이 경우 현재의 실질환율은 10이고, 5년 후에는 $10\times(120/150)=8$로 역시 20% 하락한다

2.3 구매력등가환율 이론의 예측과 실제

[1] 예측 1 : 양국간 실질환율은 일정하다.

① 그 이유는 무엇인가?

- 실질환율(ε)은 $\varepsilon = e \times [P/P^*]$인데,
- 구매력 등가환율 이론에 따르면, 명목환율(e)은 장기적으로 구매력 등가환율 $e_{ppp} = P^*/P$로 수렴한다,
- 그러므로, 장기적으로 실질환율(ε)의 움직임은 : $\varepsilon \rightarrow e_{ppp} \times [P/P^*] = [P^*/P] \times [P/P^*] = 1$.

② 이 결과는 실질환율이 꼭 숫자상으로 "1"이어야 한다는 것은 아니고, 일정 수준에 안정적으로 유지된다는 의미이다.

- 앞의 확인문제에서 보았듯, 물가지수를 이용하여 두 나라간의 실질환율을 계산할 때에는 기준년에 따라 실질환율의 크기(scale)가 달라지는 문제가 있다.
- 그러므로, 실질환율이 "1"로 일정하다기 보다, 본국과 외국 사이의 상대물가(P/P*)의 변동을 상쇄하는 방향으로 명목환율이 조정되므로 장기적으로 실질환율이 매우 안정적이라는 의미로 해석하는 것이 바람직하다.

③ 이 예측의 현실적 타당성을 확인해 보려면, 가격의 신축성 하에서 나타난(것으로 믿을 수 있는) 데이터와 비교해 보아야 한다.

- 이는 구매력등가환율 이론 자체가 모든 가격이 신축적인 장기를 전제로 하는 것이기 때문이다.
- 어쨌든, 이 예측에 따르면 상대국 물가는 불변인데 본국의 물가가 상승할 경우 본국화폐의 가치(즉, e)가 물가상승률과 같은 비율로 하락하게 된다.

④ [그림 2]는 독일 초인플레이션 기간 중 물가와 명목환율을 보여준다.

- 이 기간은 물가가 신축적으로 조정되는 장기에 해당하는 것으로 볼 수 있으며,
- 물가지수와 명목환율의 움직임이 거의 정확히 역의 관계를 보여, 구매력 등가환율 이론을 뒷받침한다.

[2] 예측 2 : 두 나라간 명목환율의 변동률은 양국 인플레이션율의 차이에 의해 결정된다.

① 왜 그렇게 돼야 하는가?

- 예측 1에 의하면, 장기적으로 $P \times e = P^*$ 의 관계가 성립한다.
- 양변을 변화율로 바꾸어 보면, $\Delta P/P + \Delta e/e = \Delta P^*/P^* \Rightarrow \Delta e/e = \Delta P^*/P^* - \Delta P/P$

[그림 2] 독일 초인플레이션 기간 중 물가와 명목환율

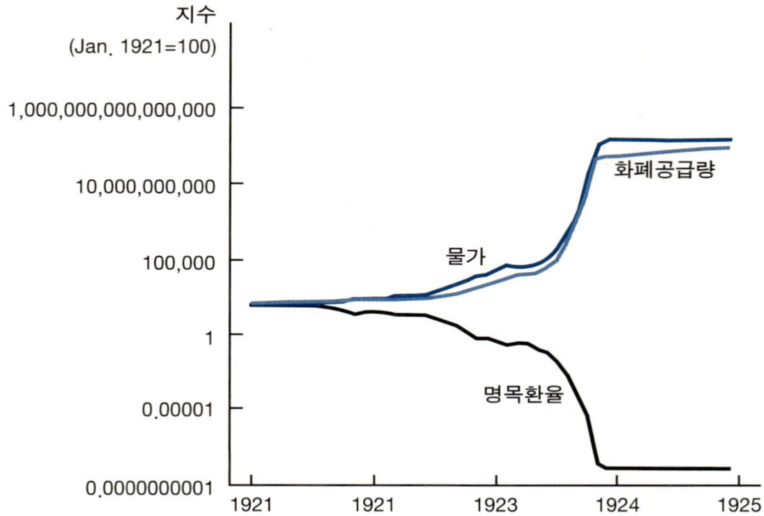

자료 : N.G. Mankiw, 「Principles of Economics」(2007), p.707.

- 따라서, 외국의 물가상승률이 본국에 비해 높으면($\Delta P^*/P^* > \Delta P/P$), 본국화폐는 외국화폐에 대해 점점 더 강세($\Delta e/e > 0$, ever appreciation)를 보이게 된다.

② 그러면, 실제로도 명목환율의 변동률과 인플레이션율 간에 그러한 관계가 나타나는가?

- 역시 앞의 [그림 2]에서 보듯, 물가가 신축적으로 조정되는 장기에 해당하는 경우라면 그렇다.
- 1921-1924년에 걸쳐, 독일의 통화량 증가속도와 물가상승속도가 타국에 비해 천문학적으로 높았는데,
- 그 기간 동안 마르크화는 달러에 대한 가치가 지속적으로 하락하고 있었으며,
- 독일 중앙은행이 통화량을 안정시키자 물가와 환율도 안정되었다.

2.4 구매력등가환율 이론의 한계

[1] 기본적으로, 구매력등가환율 이론은 명목환율의 움직임에 대한 장기적 시각에서의 설명이다.

① 동 이론은 명목환율이 장기적으로 양국 물가의 움직임을 반영한다는 시각인데, 짧은 기간에 걸친 실제 명목환율의 움직임은 구매력등가환율과는 매우 큰 차이를 보인다.

② [그림 3]은 1990-2007에 걸쳐 소비자 물가지수로 계산한 미국과 캐나다 간의 구매력등가환율과 실제 명목환율을 보여준다.

- 구매력등가환율은 1.20 근방에서 거의 변하지 않으나, 실제 명복환율은 구매력등가환율로부터 큰 등락을 보인다.

[그림 3] 구매력등가환율과 실제 명목환율

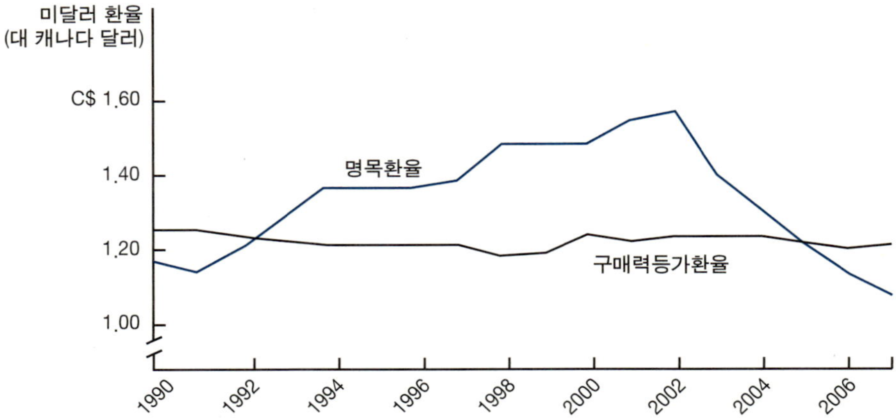

자료 : P. Krugman & R. Wells, 「Macroeconomics」(2007), p.475

[2] 한편, 장기에 있어서도 명목환율이 국가간 화폐의 구매력(혹은 일반물가수준)의 차이를 정확하게 반영하지 못할 수가 있는데, 이는 장기라 할지라도 상이한 나라 경제의 총생산물 간에는 일물일가의 법칙이 잘 성립하지 않기 때문이다.

① [이유 1 : "일가"가 성립하지 않는 문제]

- 모든 재화가 나라 사이에 쉽게 교역되지는 않으며, 이 경우에는 나라간 가격의 차이가 차익거래를 통해 완전히 해소되지 않는다.
- 더구나 생산물 중에서 국가간에 교역이 되지 않는 이른바 비교역재(nontraded goods)의 경우에는 국가간 가격차가 있어도 일물일가의 법칙이 성립하기가 매우 어렵다.
- 특히, 재화에 비해 서비스는 비교역재의 성격이 강하다.
- 따라서 소비자 물가지수 등 일반 물가지수 내에서 서비스와 같은 비교역재의 비중이 클수록, 양국간 전반 물가수준의 비율로 환율의 움직임을 설명하려는 구매력등가환율 이론의 현실 설명력이 약해진다.

② [이유 2 : "일물"이 아닌 문제]

- 국가간 거래가 이루어지는 교역재라 할지라도, 각국에서 생산된 재화들은 서로 완전한 대체재가 아니다.
- 예컨대, *Max* 와 *Bud*가 서로 차별화되어 있는 맥주라면, 차익거래가 가능하다고 해도 두 맥주의 가격이 완전히 같아지지 않는다.
- 즉, 원천적으로 一物이 아니면 一價가 성립하지 않을 것이다.
- 각국이 생산하는 재화 및 서비스 묶음 속에 이러한 불완전 대체재가 많다면, 전반적 물가수준의 비율로 환율의 움직임을 설명하려는 구매력등가환율 이론의 현실 설명력이 낮아진다.

③ 요약하면, 구매력등가환율 이론은:

- 총생산물 중 동질적인 교역재의 비중이 큰 두 나라 사이에서,
- 오랜 기간에 걸친 명목환율의 추세적 움직임을 잘 설명하는데,
- 실제 매 시점에서의 명목환율은 구매력등가환율과 상당한 괴리를 보일 수 있다.

[3] 이러한 한계에도 불구하고, 구매력등가환율 이론은 환율결정과정을 이해하는 출발점으로서 유용하다.

① 구매력등가환율 이론은 명목환율의 장기적 변화양상을 비교적 잘 설명해 주며,

② 실제로 경제발전 수준이 유사한 국가들 사이에서는 생산/소비되는 재화와 서비스 중 교역재의 비중이 크고, 따라서 명목환율이 구매력등가환율 수준 가까이에서 등락하는 경향이 크다.

배 고파지고 주머니 가벼워지는 얘기 하나

실제 환율이 적정수준보다 고평가되어 있는지 아니면 저평가되어 있는지는 외환 및 거시정책의 면에서 중요한 문제이다. 일례로, 80년대 중반 미국은 엔화와 마르크화가 달러 대비 지나치게 저평가되어 있는 것이 양국(특히 일본)이 막대한 대미무역흑자를 보는 한 원인이라 주장하였으며, 실제로 1985년 플라자 합의를 통해 엔화와 마르크화의 가치상승을 유도하였다. 근래의 예로도, 미국은 90년대 중반 이후 중국의 대미 무역흑자의 원인으로 위안화 환율이 인위적으로 낮게 고정되어 있음을 거론하면서 위안화 절상 압력을 넣었으며, 실제로 2005년 중국은 관리 변동환율제도를 도입하면서 위안화의 평가절상(달러당 8.28 위안에서 8.11 위안으로)을 단행하기도 하였다.

이른바 '적정환율'을 추산하기 위한 방법중 하나로 구매력등가환율의 개념이 쓰이기도 한다. 그러나, 일반 물가지수를 이용한 구매력등가환율은 각국별 물가지수 작성 방법(즉, 바스켓 내의 품목과 가중치)이 다르고 그에 따라 일물일가 법칙을 적용하기 힘들다는 문제를 내포하고 있다. 그러므로, '적정환율'로서의 구매력등가환율을 계산할 때에는, 양국간 동질성이 보장되는 특정 상품을 선정한 후 그 상품가격의 양국간 비율을 이용하여 구매력등가환율을 계산하는 방식을 따른다.

대표적인 것이 영국 The Economist가 1986년부터 발표하고 있는 빅맥지수(Big Mac Index)이다. 2013년 7월 11일 현재, 빅맥 value meal의 한국내 가격은 3900원이고 미국내 평균 가격은 4.56달러임을 감안하면, 빅맥으로 산출한(원화 대비)달러의 구매력 등가환율은 3900/4.56=855.3원이다. 이 날의 실제 달러화 환율이 1135.7원이었으므로, 빅맥지수에 따르면 원화는 무려 25%나 저평가되어 있다. 한편, The Economist는 2004년부터 Starbucks의 Tall Latte 지수를, 2007년부터 Apple의 iPod지수를 빅맥지수와 함께 발표하고 있다.

연습문제

Q1. Walawala 나라의 GDP 관련 자료가 아래와 같다고 하자.

GDP = 5,000	소비 = 3,000
정부지출 = 500	Walawala 국민의 해외 투자 = 700
수출 = 1,500	국내투자 = 1,000
민간저축 = 300	

다음 중 틀린 것은?

a. 수입 = 1000.
b. 순수출 = 500
c. Walawala로 들어오는 외국인투자 = 200
d. 순 조세수입 = 1,700
e. 국민저축 = 2,000

Q2. 개방경제의 무역수지는 ___와 같다. [힌트 : 개방경제의 국민소득 항등식을 변형해 보라]

a. 재정적자
b. 재정적자 + 투자 + 민간저축
c. 재정흑자 - 투자 + 민간저축
d. 재정적자 - 투자 - 민간저축
e. 재정흑자 + 투자 - 민간저축

Q3. 국민저축(S_{nat})이 일정한 상태에서 순자본 유출(NCO)이 증가하면, 국내에서의 자본 축적이 빨라질까, 늦어질까?

Q4. 구매력 등가환율 이론에 대한 아래의 설명 중 가장 적합한 것은?

a) 실질이자율은 장기적으로 안정적이다.
b) 100원을 들고 어디에 가든 같은 단위의 동일재화를 구매할 수 있다.
c) 100원을 들고 어디에 가든 같은 단위의 달러를 구매할 수 있다.
d) a), b), c) 모두 옳다.
e) a), b), c) 중 두 개만 옳다.

[Q5-Q7] A국과 B국에 대한 아래의 가정과 표를 이용하라.

- A국이 본국이고, 본국의 환율은 간접표기법으로 표기한다.
- 화폐유통속도는 양국에서 모두 일정하다.
- 각국은 동일한 재화묶음을 생산/소비한다.
- 각국의 거주자들은 상대국의 통화를 이용한 일상거래를 하지 못한다.

나라	올해 화폐 공급량	화폐 유통속도	올해 실질 GDP	연간 통화량 증가율	연간 실질 GDP 성장률
A	1,000	10	20,000	10%	10%
B	2,000	8	32,000	10%	1%

Q5. A국에서 생산되는 재화묶음의 현지통화 표시가격(P_A)과, B국에서 생산되는 재화묶음의 올해 현지통화 표시가격(P_B)은 각각 얼마인가?

Q6. 두 나라의 재화묶음이 완전히 동일하여 일물일가의 법칙이 성립한다면 :

a. 올해의 명목환율은 1이다.
b. 올해의 실질환율은 1이다
c. 올해의 명목환율은 1/2이다.
d. 올해의 실질환율은 1/2이다.
e. a-d 중 두 개가 옳다.

Q7. 본국의 명목환율은 장기적으로 어떻게 변할 것인가?

a. 연 9%씩 강세
b. 연 9%씩 약세
c. 연 10%씩 강세
d. 연 10%씩 약세
e. 현 수준 유지.

Q8. 에버랜드는 한국과 통상을 하는 나라이고, 그 나라의 공식 화폐는 "acorn"이다. 아래의 표를 읽고 답하라

Year	Real GDP (Everland)	M1 (Everland)	Velocity (Everland)	GDP deflator (Korea)
2009	420	350	6	40
2010	441	420	6	52

2009년의 명목환율은 60 acorns=1원이었다고 하자. 두 나라의 화폐 사이에 구매력등가 환율이론이 성립한다면, 2010년의 명목환율은 대략 ____________이다.(힌트 : 2009년의 실질환율이 2010년에도 불변으로 유지되려면?)

a. 69 acorns = 1원

b. 53 acorns =1원

c. 75 acorns =1원

d. 60 acorns =1원

e. 57 acorns = 1원

Unit 11

개방경제의 장기균형

TOPIC 1 : 개방경제의 대내외 전반균형

TOPIC 2 : 개방경제 장기균형의 변화

Unit 11의 구성과 목표

■ 앞의 unit 10에서는, 개방경제의 실물 및 금융 부문에 걸친 대외거래 결과를 두 개의 항등식을 통해 파악해 보았다.

- 국민저축(S_{nat}) ≡ 국내투자지출(I) + 순자본유출(NCO)
- 순수출(NX) ≡ 순자본유출(NCO)
- 위의 두 항등식은, 개방경제를 이해하기 위해서는 대내/대외 및 실물/금융 부문을 아우르는 전반균형적 접근을 요구한다.

■ 이번 unit에서는 개방경제의 전반균형이 달성되는 과정을 두 단계로 나누어 설명한다.

■ 제 1단계에서는 앞의 두 항등식이 성립하는 이유를 각각 설명한다.

① $S_{nat} \equiv I + NCO$의 항등식에 대해서는 :
- 좌변은 대부자금 시장에서 자금의 공급으로,
- 우변은 대부자금 시장에서 자금의 수요로 파악한다.
- 따라서, 대부자금시장의 균형을 통해 이 항등식을 설명할 것이다.

② $NX \equiv NCO$의 항등식에 대해서는 :
- 좌변은 외환시장에서 외화의 공급, 또는 본국화폐의 수요로,
- 우변은 외환시장에서 외화의 수요, 또는 본국화폐의 공급으로 파악한다.
- 따라서, 외환시장의 균형을 통해 이 항등식을 설명할 것이다.

■ 제 2단계에서는 두 시장의 연결고리가 되는 변수인 순자본유출을 매개로 두 시장을 통합하여 분석한다.

- 그럼으로써, 정책의 변화나 경제에의 충격이 있을 경우 개방경제의 대내외 전반균형이 어떻게 변화하는지 이해해 본다.

TOPIC 1 | 개방경제의 대내외 전반균형

1. 개방경제의 장기균형 : 분석의 틀

1.1 개방경제의 어떤 주요 변수들을 어떤 경제모형을 통해 설명할 것인가를 먼저 정리하자.

[1] 우리가 살펴 볼 개방경제의 주요 변수들은 아래와 같다.

① 환율

- 명목환율(e) : 간접 표기법으로 나타낸 본국통화의 상대가격
- 실질환율(ε) : 역시 간접 표기법으로 나타낸 본국 재화/서비스의 상대가격

② 실질이자율(r)

- 국내 자산을 보유할 경우의 실질 수익률

③ 순수출(NX)

- 본국의 실질환율(ε)에 따라 순수출의 크기가 달라지며,
- 실질환율이 상승하여 국내 재화/서비스가 상대적으로 비싸지면 순수출이 감소한다.
- 즉, $NX = NX(\varepsilon)$, *with* $\varepsilon \uparrow \Rightarrow NX \downarrow$

④ 순자본유출(NCO)

- 해외의 실질이자율(r*)이 주어진 상태에서, 본국의 실질이자율이 올라가면 국내외 수익률 차이가 커지면서 순자본 유출액이 감소한다.
- 즉, $NCO = NCO(r)$, *with* $r \uparrow \Rightarrow NCO \downarrow$

[2] 한편, 우리가 설명해야 할 개방경제의 단면은 앞 unit에서 살펴 본 두 개의 항등식으로 요약된다.

① 항등식(Ⅰ) : $S_{nat} \equiv I + NCO$

② 항등식(Ⅱ) : $NCO \equiv NX$

[3] 우리는 개방경제에서 위의 변수들이 어떻게 결정되며 상호 연관되어 있는가, 또 어떤 과정을 거쳐 두 개의 항등식이 성립하는가를 살펴볼 것이다.

① 그러기 위해서 개방경제의 중요한 두 시장을 살펴 볼 것이다. 그 두 시장은:

• 대부자금시장(Loanable Funds Market)과,

• 외환시장(Foreign Exchange Market)이다.

② 두 시장이 수요와 공급에 의해 균형으로 조정되는 과정을 먼저 살펴본 후,

③ 두 시장의 균형을 동시에 고려한 개방경제 전체의 균형을 설명할 것이다.

④ 이어서, 어느 한 시장에서 정부정책이나 민간의 행태가 달라지면, 그 영향이 경제 전반에 어떻게 파급되는지도 분석해 본다.

1.2 그런데, 이 unit의 초점은 개방경제의 장기균형을 분석하는 것이다.

[1] 다시 말해, 가격의 신축성과 고전학파의 이분적 시각에 입각한 분석이다.

① 생산 GDP 또는 총산출 수준은 공급측면의 요인에 의해 결정되어 주어지고,

② 물가수준은 통화량과 물가간의 장기적 관계에 의해 결정된다.

[2] 그러므로, 우리는 경제의 실물부문(산출량)과 명목부문(물가와 화폐)의 균형이 따로 결정되고 있음을 가정할 것이다.

① 따라서, 우리는 양국의 물가(P, P^*)가 장기적으로 각국의 화폐공급량에 따라 결정되는 상태를 상정하고 있다.

② 여기서 양국의 통화량이 불변이라고 가정하면, 양국의 물가는 각각의 장기균형 수준으로 결정된다.

• 따라서 명목환율(e)과 실질환율($\varepsilon = eP/P^*$)이 사실상 동일하며,

• 본국화폐가치의 상승은 곧 본국재화의 상대가격이 올라감을 의미한다.

③ 물가가 경직적인 단기에서 개방경제의 균형은 unit 12에 가서 다루기로 한다.

2. 대부자금시장

Recall : 개방경제의 항등식(I)

■ *국민 저축*(S_{nat}) ≡ *국내투자지출*(I) + *순자본유출*(NCO)

■ 위 식이 항등적으로 성립하는 과정을 설명하기 위해, 개방경제의 대부자금시장을 모형화하자.

2.1 대부자금 시장의 수요와 공급

[1] 위 항등식에 있는 국민저축(S_{nat}), 국내투자(I), 순자본유출(NCO)의 세 항목을 대부자금시장에서의 수요와 공급으로 재해석해 보자.

① [Recall : unit 4] 국민저축을 대부자금시장에서 자금의 공급으로 볼 수 있다.

- 국민저축(S_{nat})은 민간저축(S_p)과 정부저축(S_g)의 합이며,
- 실질이자율이 상승(r↑)하면 민간의 소비가 감소(C↓)하고 민간저축이 증가(S_p↑)하므로, 대부자금의 공급량이 증가(Q_F^S↑)한다.
- 한편, 정부구매지출의 증가는 모든 이자율 수준에서 정부저축을 줄여 자금의 공급곡선을 왼쪽으로 이동시키고,
- 감세의 경우에는 민간저축은 증가하나 정부저축의 감소폭보다는 작으므로, 모든 이자율 수준에서 국민저축이 줄어서 자금의 공급곡선이 역시 왼쪽으로 이동한다.
- 한편, 가계의 저축성향 하락은 모든 이자율 수준에서 민간저축을 줄여 자금의 공급곡선을 왼쪽으로 이동시킨다.
- 대부자금의 공급은 아래의 식으로 요약할 수 있다:

$$Q_F^S = S_{nat} = Y - C(Y-T, r) - G, \ with \ r\uparrow \Rightarrow Q_F^S \uparrow$$

② 한편, 개방경제의 국내투자지출과 순자본유출을 대부자금시장에서 자금의 수요로 볼 수 있다.

- 대부자금은 국내에서 조성되어 자본축적이나 자산취득에 사용될 수 있는 자금인데,
- 개방경제의 경우 대부자금에서 차입한 자금을 국내에서의 투자지출(I)을 위해 사용할 수도 있고 해외자산을 취득(NCO)하기 위해 사용할 수도 있다.
- 실질이자율이 상승(r↑)하면, 자금의 차입비용이 올라가서 국내투자지출이 감소(I↓)하는 한편 국내자산의 수익률 상승에 따라 해외자산을 덜 선호(NCO↓)하게 되므로, 결국 대부자금의 수요량이 감소(Q_F^D↓)한다.
- 한편, 모든 이자율 수준에서 기업의 투자성향이나 해외자산에 대한 투자자들의 선호도가 상승하면 자금의 수요곡선이 우측으로 이동한다.
- 대부자금의 수요는 아래의 식으로 요약할 수 있다:

$$Q_F^D = I + NCO = I(r) + NCO(r),\ with\ r\uparrow \Rightarrow Q_F^D \downarrow$$

2.2 대부자금 시장의 균형

[1] 장기의 대부자금 시장에서는 자금의 수요량과 공급량이 일치하도록 실질이자율이 신축적으로 조정된다.

① 아래 [그림 1]에서 보듯, 균형 실질이자율에서는 저축하고자 하는 금액(즉, 자금의 공급량)과 국내투자 및 순해외투자액의 합계(즉, 자금의 수요량)가 일치한다.

[그림 1] 개방경제의 대부자금 시장 균형

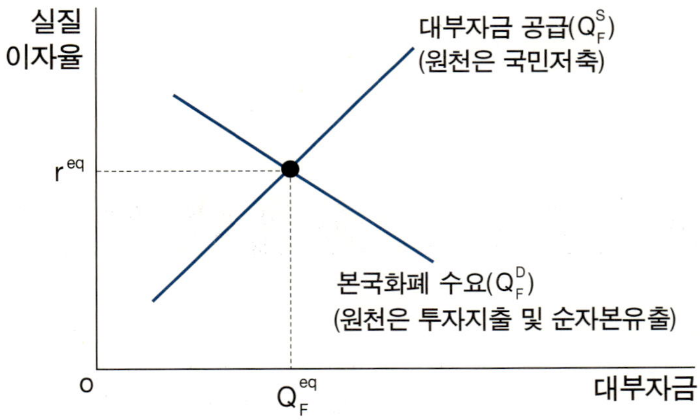

② 즉, 균형 실질이자율 r^{eq}에서는 아래의 관계가 성립한다:

$$Q_F^S(r^{eq}) = Q_F^D(r^{eq}) \Leftrightarrow S_{nat}(r^{eq}) = I(r^{eq}) + NCO(r^{eq})$$

③ 이처럼 실질이자율의 신축적 조정을 통해, 개방경제에서 투자(I) 및 순자본유출(NCO)의 합과 국민저축(S_{nat})의 크기가 사후적으로 일치한다.

[2] 여기서 우리는 본국이 대규모 개방경제임을 암묵적으로 가정하고 있음에 유념할 필요가 있다.

① 소규모 개방경제는 세계경제에서 차지하는 비중이 매우 작으므로, 이 경제의

국민소득이나 이자율 변화가 타국의 국민소득이나 이자율에 영향을 미칠 수 없다.

② 만일 자본이 나라간 자유로이 이동할 수 있다면, 소규모 개방경제의 국내 이자율이 세계 이자율보다 높을 경우에는 해외로부터 자금이 대량 유입되므로 국내 이자율은 다시 하락한다.

- 반대로 국내 이자율이 세계 이자율보다 낮을 경우에는 해외로 자금이 유출되므로 국내 이자율은 다시 상승한다.
- 결국 자본의 완전한 이동성 하 소규모 개방경제의 국내 이자율은, 해외에서 결정된 세계이자율로 주어진다.

③ 그러므로, 위 [그림 1]에서처럼 국내 대부자금 시장의 균형이 수요와 공급에 따라 결정된다는 것은:

- 본국에서 대부자금의 수요나 공급이 변하면 국내 이자율이 변한다는 의미이며,
- 따라서 본국은 소규모 개방경제가 아님을 암묵적으로 가정하고 있다.

3. 외환시장

Recall : 개방경제의 항등식(II)

- *순자본 유출*$(NCO) \equiv$ *순 수출*(NX)
  - 순자본 유출은, 금융자산의 구입/매각 측면에서 본 대외 불균형인 반면,
  - 순 수출은 재화 및 서비스라는 실물 거래의 측면에서 본 대외 불균형이다.

- 실물변수와 금융변수의 크기가 항등적으로 같아지는 이유를 설명하기 위해, 외환시장을 모형화해 보자.

3.1 외환 시장의 수요와 공급

[1] 본국의 순수출과 순자본유출을 외환시장의 맥락에서 재해석해 보자.

① 순수출은 외환시장에서의 본국화폐에 대한 수요(demand for home currency)로 파악할 수 있다.

- 본국에서 생산된 재화와 서비스를 외국이 수입하여 소비한 대금(즉, 본국의 수출액)은 언젠가는 본국의 생산요소에게 본국화폐로 지급돼야 할 것이고,
- 이를 위해 외국의 가계/기업/정부는 외환시장에서 외국화폐를 팔아 본국의 화폐를 매입해야 한다.
- 따라서 본국 순수출액은 곧 외환시장에서 본국화폐 수요량(Q_{HC}^{D}, quantity demanded of home currency)으로 볼 수 있다.

② 한편 순자본유출은 외환시장에서 본국화폐의 공급(supply of home currency)으로 볼 수 있다.

- 본국 거주자들은 해외자산을 취득한 대금을 결국에는 타국화폐로 지불해야 하므로,
- 외환시장에서 타국화폐를 매입하기 위해 본국화폐를 팔아야 한다.
- 따라서 본국 순자본유출액은 곧 외환시장에서 본국화폐 공급량(Q_{HC}^{S}, quantity supplied of home currency)을 의미한다.

[2] 이제 외환시장에서 본국화폐의 수요와 공급을 명시적으로 모형화하자.

① 우리는 각국의 통화 공급량에 상응하는 양국의 장기적 균형물가(P, P*)가 주어진 상태를 상정하고 있다.

- 따라서 본국의 명목환율(e)과 실질환율($\varepsilon = eP/P^*$)이 사실상 동일하다.

② 그렇다면, 외환시장에서 (본국화폐의) 수요곡선은 우하향한다.

- 명목환율이 올라 본국화폐의 가치가 상승하면(e↑)
- 실질환율도 올라 본국재화의 가격이 비싸지고(ε↑)
- 본국의 순수출액이 감소하므로(NX↓), 외환시장에서 본국화폐의 수요량이 감소한다.
- 외환시장에서의 수요는 아래의 식으로 요약할 수 있다:

$$Q_{HC}^{D} = NX(\varepsilon),\ with\ \varepsilon \uparrow \Rightarrow Q_{HC}^{D} \downarrow$$

③ 한편, 외환시장에서 (본국화폐의) 공급곡선은 대부자금 시장의 균형에서 결정되는 순자본유출액 수준에서 수직이다.

- 외화와 교환하려는 본국화폐의 공급의 원천은 순자본유출인데,
- 사람들이 순자본유출의 크기를 결정할 때, 대부자금시장에서 결정된 실질이자율에는 민감하게 반응하지만 실질환율은 고려하지 않기 때문이다.
- 외환시장에서의 공급은 아래의 식으로 요약할 수 있다:

$$Q_{HC}^{S} = NCO(r^{eq}),\ with\ Q_{HC}^{S}\ \ independent\ \ of\ \varepsilon$$

3.2 외환시장의 균형

[1] 외환시장에서 환율이 신축적으로 조정되면, 아래 [그림 2]에서 보듯 본국화폐의 수요량과 공급량이 일치하게 된다.

① 외환시장을 청산하는 균형환율수준(ε^{eq})에서는:

- (타국이 본국재화를 수입하여 생기는) 순수출을 결제하는 데 필요한 본국화폐의 수요액과,
- 본국 거주자가 해외자산을 현지화폐(local currency)로 구입하기 위해 본국화폐를 매각함으로써 발생하는 본국화폐의 공급액이 일치한다.

② 대부자금시장의 균형 실질이자율(r^{eq})에 상응하는 순자본유출액의 크기가 $NCO(r^{eq})$로 결정된다면, 외환시장의 균형에서는 아래의 관계가 성립한다:

$$Q_{HC}^{S}(r^{eq}) = Q_{HC}^{D}(\varepsilon^{eq}) \Leftrightarrow NCO(r^{eq}) = NX(\varepsilon^{eq})$$

- 이처럼 환율의 신축적 조정을 통해, 개방경제의 순수출과 순자본유출의 크기가 일치하게 된다.

[그림 2] 외환시장의 균형

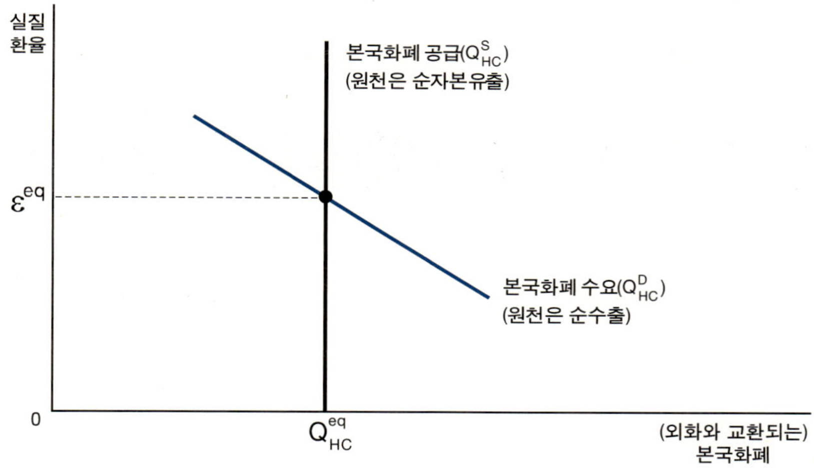

확인문제

Q : 앞에서 설명한 개방경제 모형에서는 두 시장의 수요와 공급이 두 가지의 가격을 결정한다.

[1] 두 시장은 무엇이며, 두 가격은 무엇인가?

[2] 두 시장의 균형과 개방경제의 항등식간에는 어떤 관계가 있는가?

A : [1] 개방경제모형에는 대부자금시장과 외환시장이 존재한다. 대부자금시장에서는 실질이자율이 결정되며, 외환시장에서 실질환율이 결정된다.

[2] ① 대부자금시장의 수요는 국내투자자금과 해외로의 순자본유출로부터 나오며, 공급은 국민저축으로부터 나온다. 실질이자율의 조정을 통해 대부자금시장의 균형이 이루어지면, 곧 $I + NCO \equiv Snat$라는 개방경제의 항등식도 성립한다.

② 외환시장에서 수요의 원천은 외국 거주자가 본국의 순수출액을 결제하기 위해 필요한 본국화폐이며, 공급의 원천은 해외로의 순자본유출을 위한 본국화폐의 매각이다. 환율의 조정을 통한 외환시장의 균형은 곧 $NX \equiv NCO$라는 개방경제의 항등식이 성립함을 의미한다.

TOPIC 2 | 개방경제 장기균형의 변화

1. 개방경제의 전반균형 모형

1.1 이제 개방경제의 대내/대외 부문 모형을 정리하자.

[1] 대내부문은 대부자금시장을 통해 모형화한다.

① 공급의 원천은 국민저축(S_{nat})이고,

② 수요의 원천은 국내투자(I) 및 순자본유출(NCO)이며,

③ 균형은 실질이자율(r)의 조정을 통해 이루어진다.

[2] 대외부문은 외환시장을 통해 모형화한다.

① 공급은 순자본유출(NCO)로부터, 수요는 순수출(NX)로부터 비롯되고,

② 외환시장의 균형은 실질환율(ε)의 조정을 통해 이루어진다.

[3] 그리고, 두 시장을 이어주는 연결변수는 순자본유출(NCO)이다.

① 순자본유출의 크기를 결정하는 변수는 실질이자율(r)이다.

② 실질이자율이 상승하면, 국내소재 자산의 수익률이 상승하므로 해외로의 순자본유출액이 감소하고(또는 순자본유입이 증가하고),

[그림 3] 이자율과 순자본유출간의 관계

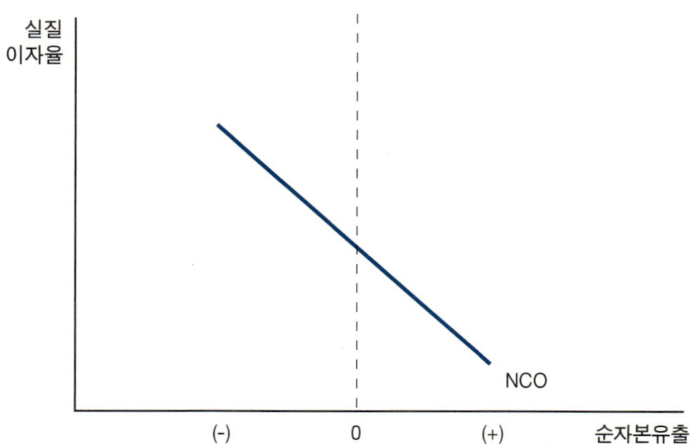

③ 실질이자율이 하락하면, 국내소재 자산의 수익률이 낮아지므로, 해외로 나가는 순자본유출액이 증가한다.

④ 따라서, [그림 3]에서처럼 순자본유출 곡선은 우하향한다.

1.2 대부자금시장과 외환시장이 동시에 균형을 이룰 때, 대내 및 대외 부문의 동시균형이 달성된다.

[1] 아래 [그림 4]를 보면서 두 시장의 동시균형이 달성되는 과정을 이해하자.

① 우선 패널(a)에서 보듯, 대부자금시장에서 균형 실질이자율(r^{eq})이 결정되고,

② 그 균형실질이자율 수준에 따라, 패널 (a)와 (b)에서 총저축액(S_{nat}), 투자지출액(I), 순자본유출액(NCO)이 결정된다.

③ 패널 (c)에서 보듯, 위에서 결정된 순자본유출액이 외환시장에서 본국화폐의 공급액이 되고,

④ 외환시장에서는 실질환율이 신축적으로 균형이 달성된다.

[그림 4] 개방경제의 전반 균형

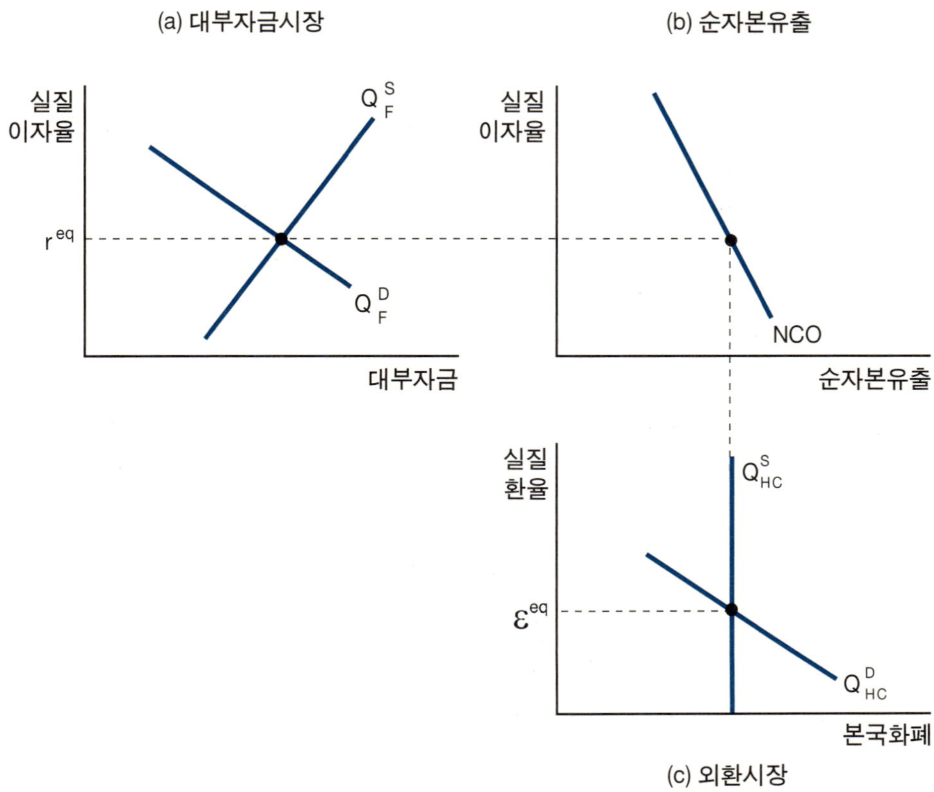

[2] 이렇게 결정된 전반 균형에서는 당연히 개방경제의 두 항등식이 성립한다.

① 대부자금시장 균형 : 수요(I+NCO) = 공급(S_{nat})

② 외환시장 균형 : 수요(NX) = 공급(NCO)

BOX : 개방경제에서의 소득과 화폐의 순환

■ 우리는 unit 4에서 가계, 기업, 정부의 3부문이 존재하는 폐쇄경제에서, 실물부문인 재화 및 서비스 시장과 금융부문인 대부자금시장까지 확장한 국민경제 내의 소득과 화폐의 순환적 흐름을 살펴보았다.

■ 이제는 제 4 부문인 해외부분까지 존재하는 개방경제 내의 순환적 흐름을 설명할 수 있다.

- 해외부문이 도입되면, 재화 및 서비스 거래의 일부로서 수출입이 발생하고 금융거래의 일부로서 외환의 매매가 발생한다.

■ 아래 그림은 개방경제에서의 순환적 흐름을 보여준다.

- 파란 화살표는 국내에서의 화폐흐름을, 검은 화살표는 해외거래에서 발생하는 화폐 흐름을 보여준다.
- 국민저축 중 국내투자지출로 이어지지 않는 순자본유출은 국민소득 순환에서의 유출로 작용한다.
- 한편, 해외로의 순수출은 국민소득 순환에서의 유입요인이다.
- 위의 두 요인의 크기가 같으므로, 국민소득의 순환이 유지된다.

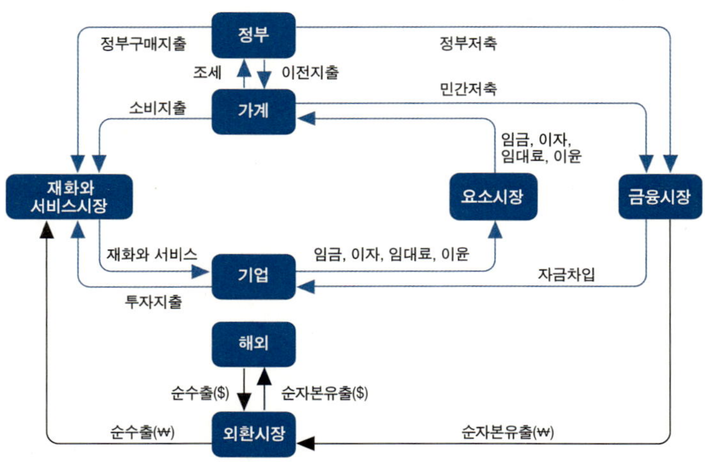

* 도표가 복잡해지는 것을 피하기 위해, 실물의 흐름은 나타내지 않고 화폐의 흐름만 보여주고 있다.

2. 개방경제 균형의 변화

■ 두 시장에서 수요/공급이 변하거나 두 시장을 이어주는 순자본유출의 변화가 발생하면, 경제는 새로운 전반균형으로 이동할 것이다.

■ 이하에서는, 정부정책 및 경제에의 충격으로 인해 아래와 같은 변화가 발생할 경우 개방경제의 장기균형이 어떻게 달라질 것인가를 분석해 본다.

- 대부자금 시장에서의 변화
- 외환시장에서의 변화
- 순자본유출 행태의 변화

2.1 정부구매 증가

[Recall : Unit 4] 폐쇄경제에서 정부구매의 증가(즉, 정부저축의 감소)는 대부자금의 공급이 감소하는 요인이었다.

[1] 개방경제에서도 정부구매지출의 증가는 대부자금 공급의 감소를 통해 균형 실질이자율의 상승을 초래한다.

① 즉, 정부구매지출의 증가는 정부저축 및 대부자금 공급의 감소를 초래하고,

② 이에 실질이자율이 상승하여 국내 투자지출이 구축(crowding-out)된다.

→ 그러므로, 개방경제에서도 정부구매지출 증가의 초기효과는 폐쇄경제에서와 동일하다.

[2] 그러나 개방경제에서는 대부자금시장에서의 변화가 외환시장에도 영향을 미치게 된다.

① 높아진 국내 실질이자율로 인해 해외로의 순자본유출액이 감소하고,

② 이에 외환시장에서 본국화폐의 공급이 감소하여 실질환율의 상승(즉, 본국 화폐가치의 상승)이 발생하고,

③ 실질환율의 상승으로 인해 본국재화의 경쟁력이 하락하여 순수출액이 감소한다.

④ 새로운 전반균형에서는, 이전보다 감소한 순자본유출액과 순수출액이 다시 일치하게 된다.

→ 따라서, 개방경제에서 정부구매의 증가에 의해 순수출도 줄어든다.

[3] 정부구매지출이 증가하기 전과 증가한 이후의 균형을 [그림 5]를 통해 비교해 보자.

① 초기 균형인 점 A에서, 무역수지와 정부재정이 모두 균형이었다고 하자.

② 이전 균형 A와 비교하여, 새 균형 B에서는:

- 재정적자 발생(G > T)
- 실질이자율 상승으로 국내투자 감소(I ↓)
- 실질환율 상승으로 무역수지적자 발생(NX < 0)

③ 따라서, 개방경제에서의 정부구매지출 증가는 재정수지적자와 무역수지적자가 동시에 발생하는 이른바 쌍둥이적자(twin deficits)를 초래할 수 있다.

[그림 5] 정부구매 증가의 효과

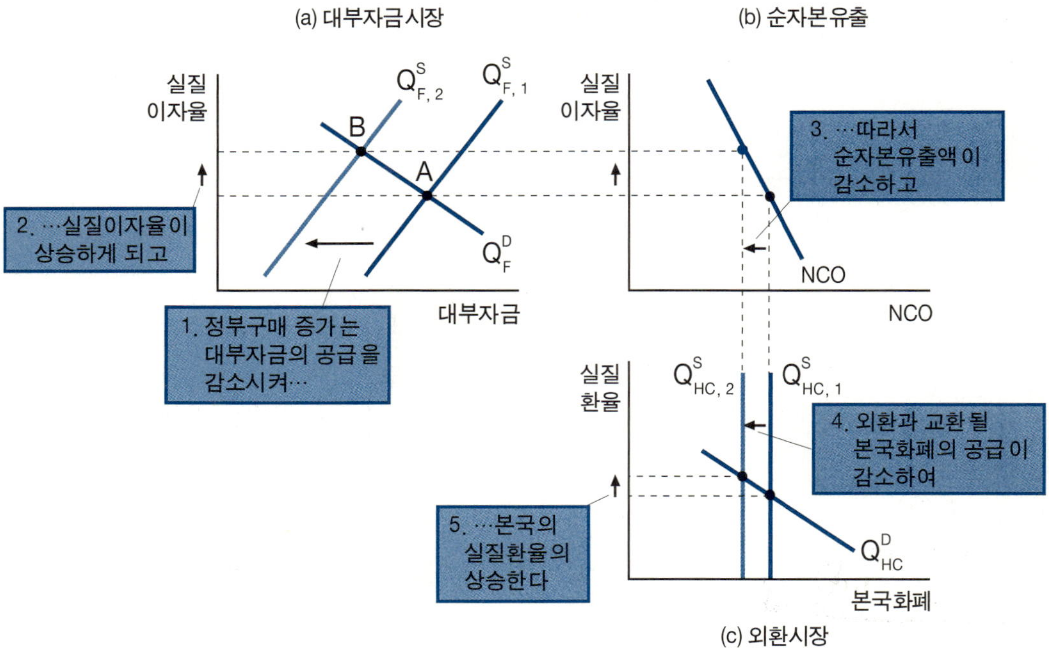

여기서 더 생각해볼 문제

- 새 균형에서의 소비지출액은 이전 균형에서와 비교하여 증가할까, 감소할까?
- 현재 장기분석 중임을 상기하면, 산출량(Y)는 생산 요소와 생산기술에 의해서만 결정되므로, 정부구매지출 증가 이후에도 일정하다.
- 또, 정부구매지출(G)은 증가하였으나, 조세(T)는 일정하게 유지되고 있다.
- 새 균형에서는 가계의 가처분소득은 불변이나 이자율이 상승하므로, 소비지출액은 감소한다.
- 즉, 정부구매 지출의 증가는 그 증가분만큼 (소비지출, 순수출, 투자지출)의 합을 구축한다.

2.2 무역정책

[1] 무역정책이란 한 나라가 수입 혹은 수출하는 재화와 서비스의 양에 직접 영향을 미치는 정책을 말하며, 대표적인 무역정책으로는:

① 수입재에 부과하는 세금인 관세(tariffs),

② 수입물량을 직접 제한하는 수입쿼터(import quotas) 부과,

③ 수출을 장려하는 수출보조금(export subsidies)를 들 수 있다.

[2] 수입쿼터 부과의 효과를 아래 [그림 6]을 통해 살펴보자.

① 예를 들어, 한국에 수입되는 BMW 대수를 이전의 절반으로 제한하게 되면:
- 한국의 수입감소로 모든 환율 수준에서 순 수출이 (외생적으로) 증가하고,
- 한국의 순수출을 결제하기 위한 원화 수요의 증가로 인해,
- 외환시장의 수요곡선이 우측으로 이동하고, 이는 원화 실질환율의 상승을 초래한다.

② 그러나, 대부자금 시장의 공급과 수요곡선에는 아무런 변화가 없다.
- 실질이자율은 불변이고, 따라서 순자본 유출과 순수출의 크기도 불변이다.

③ 수입쿼터 부과에도 불구하고 순수출액이 결국에는 불변인 이유는 무엇일까?
- 수입쿼터 부과에 따라 최초에 순수출액이 외생적으로 증가하나,
- 이는 외환시장에서 본국통화의 수요 증가를 가져오고,
- 외환시장에서 본국통화의 공급은 불변이므로 본국의 실질환율이 상승하여,
- 순수출이 내생적으로 감소하여 최초의 외생적 증가분을 상쇄하기 때문이다.

[3] 그렇다면, 무역 정책의 장기적 효과는?

① 수입제한 등의 무역 정책을 통해 무역수지를 일시적으로 개선할 수는 있으나, 결국에는 실질환율이 변하여 무역수지가 원래 수준으로 복귀한다.

[그림 6] 수입쿼터 부과의 효과

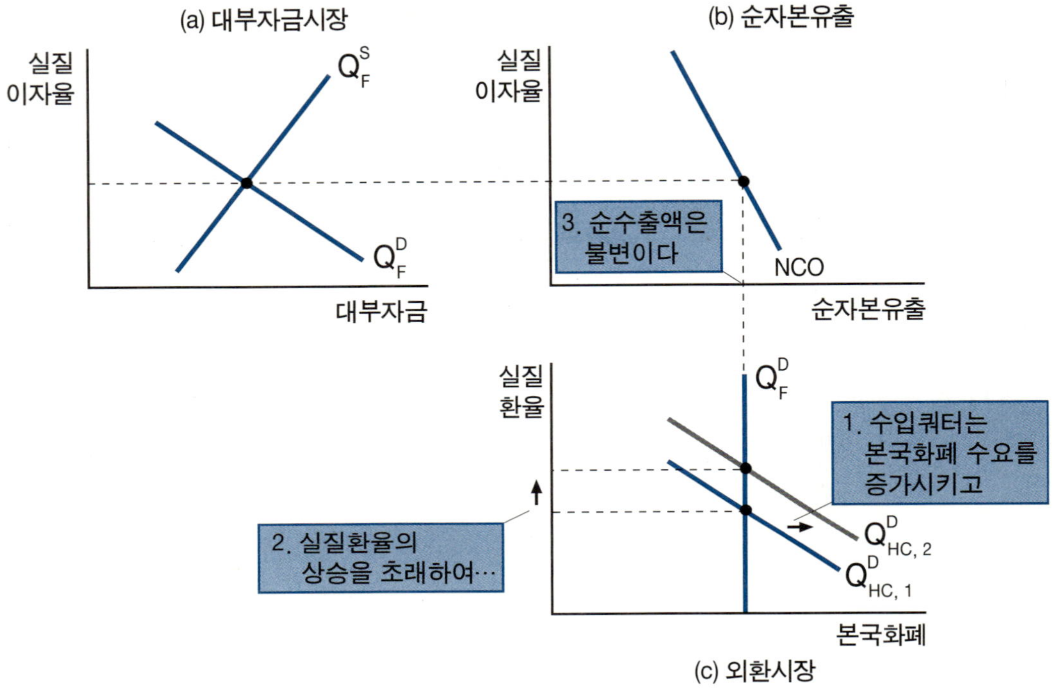

② 새 장기균형에서의 무역수지 또는 순 수출의 크기는 원래 수준으로 유지되나,

- 수입제한으로 인해 수입액은 이전보다 감소한 상태에서 순수출액이 불변이므로, 수출액도 수입액과 동일한 크기로 감소한다.
- 수입과 수출이 모두 이전보다 감소하므로, 나라간 교역량이 축소되어 교역의 이익(gains from trade)을 누릴 여지가 줄어든다.

③ 또, 무역정책은 경제전반에 걸친 거시경제적 효과보다는 산업별 효과가 더 큰 정책이다.

- 정책 대상이 되는 특정 산업이나 기업에 주로 영향을 미치고,
- 교역 상대국의 관련 산업에도 영향을 준다.

2.3 자본 도피

[1] 자본 도피(capital flight)란, 한 나라의 국내소재 자산(assets located in a country)에 대한 수요가 갑자기 크게 감소하는 현상을 말한다.

① 대개 정치/경제적 불안으로 인해 투자자들이 한 나라에 투자된 자금을 갑자기 회수하여 해외로 이전하고자 하는 경우에 발생한다.

- 예 : 1994년의 멕시코의 외환위기, 1997년의 한국 및 동남아 국가의 외환위기

[2] 아래의 [그림 7]은 본국에 유입되어 있던 자금이 급격히 해외로 유출되는 경우 초래되는 결과를 보여준다.

① 우선, 순자본유출이 외생적으로 급증하고, 더불어 대부자금시장에서도 해외자산을 구입하기 위한 자금차입 수요도 크게 증가한다.

- 즉, 모든 이자율 수준에서 NCO 곡선과 대부자금의 수요곡선이(같은 폭만큼) 우측으로 크게 이동하고,
- 이에 따라 대부자금 시장에서는 균형 실질이자율이 상승한다.

② 한편, 순자본유출액은 이전보다 증가한다.

- 대부자금 시장의 균형 실질이자율이 높아지면서 본국자산의 수익률이 올라가 순자본유출액이 내생적으로 다소 줄지만(B → C),
- 자본도피로 인해 애초에 순자본 유출이 외생적으로 급증한 것(A → B)을 상

[그림 7] 자본도피 발생시 균형의 변화

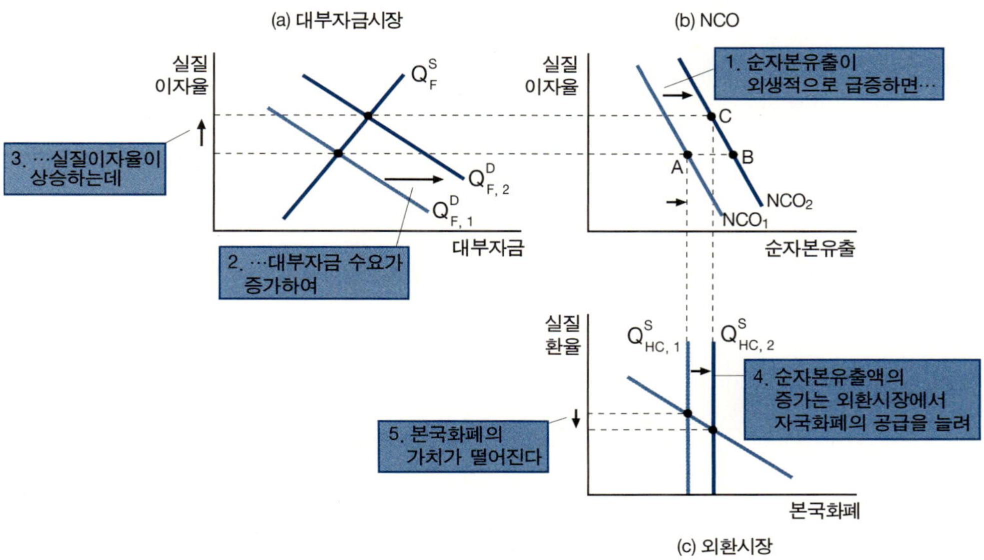

쇄하지는 못하므로, 새 균형에서의 순자본 유출액은 이전보다 증가한다.

- Appendix에서는 자본도피가 발생하면 순자본유출액이 증가함을 수식을 통해 보여주고 있다.

③ 이제, 외환시장에서는:

- 순자본유출액의 증가로 인해 본국화폐의 공급도 증가하므로,
- 본국화폐의 가치가 하락하고, 순수출은 증가한다.

④ 이전 균형과 비교하여, 새 균형에서는:

- 본국화폐가치의 하락으로 인해 무역수지는 개선되나,
- 이자율 급등으로 인해 투자가 크게 감소하여, 자본축적이 저해되고 성장잠재력이 위축될 수 있다.

확인문제

Q : 과소비 추방 캠페인이 효과를 거두어, 소득 중에서 소비하는 부분이 크게 감소했다고 하자. 이 경제가 개방경제라고 할 때, 장기적으로 저축, 투자, 이자율, 실질환율, 무역수지에 미칠 영향은?

A : ① 소득 중 소비의 비중을 줄인다면 저축이 외생적으로 증가할 것이고, 이는 대부자금의 공급곡선을 우측으로 이동시킨다.

② 이에 따라 실질이자율이 하락하여 순자본유출액이 증가하고,

③ 이는 다시 외환시장에서 본국화폐의 공급곡선을 우측으로 이동시켜 실질환율의 하락을 초래한다.

④ 이전 균형에 비해:

- 국민저축액은 증가한다.
- 실질이자율이 낮아졌으므로 국내투자는 증가하고,
- 실질환율이 낮아졌으므로 순수출이 증가하여 무역수지는 개선된다.

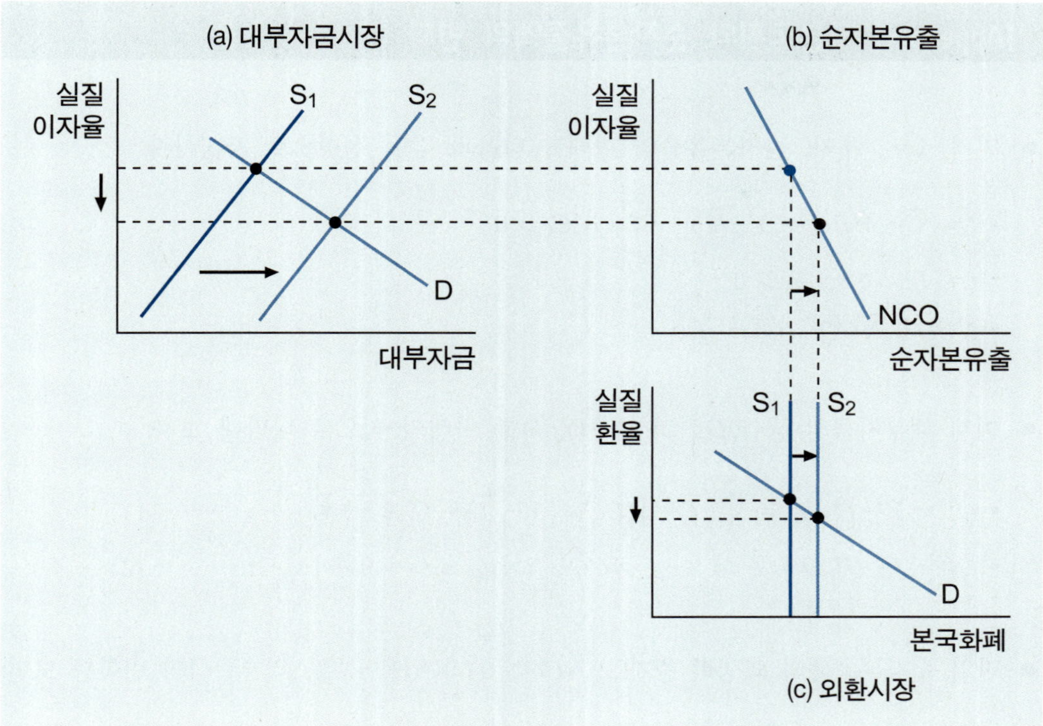
(a) 대부자금시장
실질 이자율
S1
S2
D
대부자금
(b) 순자본유출
실질 이자율
NCO
순자본유출
실질 환율
S1
S2
D
본국화폐
(c) 외환시장

[Appendix] 자본도피와 순자본유출액의 변화

■ 먼저 소비, 투자, 순자본유출의 형태를 다음과 같이 선형으로 가정하자:

- $C = \overline{C} + MPC \times (\overline{Y} - \overline{T}) - C_1 \times r,\ C_1 > 0$
- $I = \overline{I} - \alpha \times r, \quad \alpha > 0$
- $NCO = \overline{NCO} - \beta \times r, \quad \beta > 0$

■ 이제 대부자금의 공급(Q_F^S)과 수요(Q_F^D)를 아래의 식으로 나타내 보자:

- $Q_F^S = Y - C - G = \overline{Y} - \overline{C} - MPC \times (\overline{Y} - \overline{T}) + C_1 \times r - \overline{G}$ ………………… (1)
- $Q_F^D = I + NCO = \overline{I} - \alpha \times r + \overline{NCO} - \beta \times r, \quad \alpha, \beta > 0$ ……………………… (2)

■ 만일 순자본유출의 외생적 증가($\Delta \overline{NCO} > 0$)가 있을 경우, 위 두 식의 변화를 보면:

- $\Delta Q_F^S = C_1 \Delta r$ ……………………………………………………………………… (1')
- $\Delta Q_F^D = -\alpha \times \Delta r + \Delta \overline{NCO} - \beta \times \Delta r$ ……………………………………………… (2')
- 두 식(1')와(2')의 변화는 대부자금 시장의 균형에서는 같아야 하므로,
  $\Delta \overline{NCO} = (\alpha + \beta + C_1) \times \Delta r$ ……………………………………………………… (3)

■ 마지막으로, 순자본유출의 외생적 증가($\Delta \overline{NCO} > 0$)에 의한 순자본유출액의 변화를 보자:

- $\Delta NCO = \Delta \overline{NCO} - \beta \times \Delta r$

$$= (\alpha + \beta + C_1) \times \Delta r - \beta \times \Delta r = (\alpha + C_1) \times \Delta r$$

- 따라서, 순자본유출의 외생적 증가로 인해 대부자금 수요도 증가하여 균형이자율이 상승($\Delta r > 0$)하는 한, 순자본유출액의 변화는 (+)이다.

연습문제

Q1. 우리나라 국회가 수입자동차에 부과하던 고율의 수입관세를 폐지하는 법안을 통과시켰다고 하자. 개방경제 모형에 의하면, 장기적으로 예상되는 결과는?

a. 한국의 순수출이 증가
b. 한국의 순수출이 감소
c. 한국의 실질환율이 강세
d. 한국의 실질환율이 약세
e. 한국 내 대부자금시장에서 공급이 감소(=공급곡선이 좌측 이동)

Q2. EU는 우리나라의 주요 교역 및 투자 상대국이다. EU가 재정적자를 줄이기 위해 정부지출을 삭감하였다. 개방경제의 장기모형에 따르면 우리나라의 국내투자는 ____하고, 국민저축은 ____한(이)다. [힌트 : EU의 순자본유출액 변화는, 한국 입장에서는 순자본유출 곡선이 외생적으로 이동하는 효과를 가져온다.]

a. 감소; 증가
b. 감소; 감소
c. 감소; 불변
d. 증가; 감소
e. 증가; 증가

Q3. 개방경제의 장기모형에 따르면, 본국의 재정적자가 증가시__________.

a) 실질이자율 하락; 실질환율 하락(본국재화의 가치하락)
b) 실질이자율 하락; 실질환율 상승(본국재화의 가치 상승)
c) 실질이자율 상승; 실질환율 하락(본국재화의 가치하락)
d) 실질이자율 상승; 실질환율 상승(본국재화의 가치 상승)
e) 실질이자율 불확실; 실질환율 불변(본국재화의 가치 불변)

[Q4-Q6] 2008년 하반기에 서브프라임 금융위기가 가시화됨에 따라 미국 국채 등 안전자산에 대한 수요가 대폭 증가하면서, 국제투자자들이 한국을 비롯한 신흥시장(emerging market)에 투자했던 자산을 대량으로 회수하는 상황이 발생한 바 있다. 이러한 현상이 미국 경제에 미친 파급효과를 분석하고자 한다.

Q4. 미국의 국민저축과 국내투자는 각각 ____, ____

a. 증가, 감소 b. 감소, 감소
c. 증가, 불변 d. 감소, 증가 e. 증가, 불변

Q5. 미국의 순자본 유출과 이자율은 각각 ____, ____

a. 증가, 하락 b. 감소, 하락
c. 증가, 불변 d. 감소, 상승 e. 감소, 불변

Q6. 미국의 환율과 무역수지는 각각 ____, ____ 이다(한다). [단, 환율은 1달러와 교환되는 타국 화폐의 단위수로 표시한다.],

a. 하락, 감소 b. 불변, 증가
c. 상승, 불변 d. 하락, 증가 e. 상승, 감소

Q7. 경기전망이 악화되어 EU지역의 저축률이 상승했다. 개방경제의 장기모형을 이용하여, 아래 중 발생할 것을 모두 찾으면?

Ⅰ. EU 지역의 실질이자율이 하락하고 실질환율(간접 표기법에 따라 표시됨)이 하락한다.
Ⅱ. EU 지역에서 소비가 감소하고, 순 수출은 증가한다.
Ⅲ. EU 지역 내에서의 투자가 증가하고, 해외(예컨대, 미국)로부터 유입되는 자본의 양이 감소한다.

[Q8-Q10] 한 개방경제의 모형이 아래와 같이 주어져 있으며, r과 e는 각각 본국의 실질이자율과 명목환율이다.

$Y = 250$	실질 GDP
$T = 50$	순 조세 수입
$G = 40$	정부구매지출
$C = -15r + 0.85(Y - T)$	소비지출
$I = \bar{I} - 25r,\ \bar{I} = 42$	투자지출
$NCO = 50 - 1000r$	순자본유출
$NX = 100 - 50e$	순수출

Q8. 대부자금 시장의 균형에서 실질이자율과 이에 상응하는 순자본유출 수준은?

Q9. 외환시장의 균형에서 명목환율과 순수출 수준은?

Q10. 기업들이 향후 경기를 낙관하면서 외생적 투자지출이 42에서 94로 증가하였다. 새 전반균형에서의 실질이자율, 순자본유출, 명목환율, 순수출의 크기를 구하라.

Unit 12 개방경제의 단기 경기변동*

TOPIC 1 : 소규모 개방경제의 단기모형

TOPIC 2 : 정부정책과 단기균형의 변화

Unit 12의 구성과 목표

- 우리는 unit 6과 7에 걸쳐, 물가가 일정하게 유지되는(최)단기에서 지출과 경기변동간의 관계를 폐쇄경제의 맥락에서 분석한 바 있다.
- 그때, 재화와 서비스 시장에서의 총지출을 제대로 파악하기 위해서는 화폐시장의 상황도 함께 고려해야 함을 보았다.
- 이번 unit에서는, 유사한 분석을 소규모 개방경제의 경우로 확장해 본다.
    - 이를 위해, 개방경제의 단기균형 분석을 위한 "표준모형"이라 할 먼델-플레밍(Mundell-Fleming) 모형을 살펴본다.
- 먼델-플레밍 모형은 :
    - 완전 자본이동성하의 소규모 개방경제에 있어서,
    - 단기적으로 총지출의 변동이 총생산/총소득의 변화를 가져오는 과정을,
    - 국가간 재화 및 서비스 거래와 금융거래의 결과까지 포괄하여 분석하는 모형이다.
- 우리는 먼저 먼델-플레밍 모형의 구조를 이해한 후, 이어서 정부정책의 효과를 분석할 것이다.
    - 본국이 변동환율제도를 채택하고 있을 경우, 재정//통화/무역정책이 어떤 경로로 작용하여 어떤 결과를 가져오는지를 먼저 살펴보고,
    - 이어서 본국이 고정환율제도를 채택하고 있다면 위 정책의 효과는 어떠한지 분석한다.

---

* 이 unit의 체계는 Mankiw의 Macroeconomics(2007) 제 12장으로부터 빌려왔으며, 기초수준의 경제학원론 강의에서는 건너뛰어도 무방하다.

TOPIC 1 | 소규모 개방경제의 단기모형

1. 먼델-플레밍 모형(Mundell-Fleming Model)의 특징

1.1 지금까지 다루어 온 내용 중, 단기에 있어서 개방경제의 지출과 경기 변동을 분석하는데 필요한 부분들을 요약해보자.

[1] [Recall : Unit 6] 재화와 서비스 시장에서의 지출과 경기변동간의 관계

① 물가가 일정하게 유지되는 (최)단기에서는 한 경제의 지출 수준이 산출 및 소득 수준을 결정하고,

② 경제 내의 한 부문에서 지출이 증가하면, 지출승수효과를 통해 경제전체에 걸쳐 더 큰 폭의 총지출/총생산/총소득의 증가를 초래한다.

③ 이때, 재화와 서비스 시장에서의 (잠정) 균형 GDP를 결정하는 균형조건은 무엇이었나?

- 일단 (잠정) 균형 GDP의 조건은 "총생산 = 계획하 총지출"인데,
- 개방경제에 있어서 계획하 총지출은 국내소비, 국내투자, 정부구매지출, 그리고 순수출의 합이다.
- 따라서 개방경제의 재화와 서비스 시장의 (잠정) 균형 조건은:

$$Y = C + I^{P} + G + NX$$

[2] [Recall : unit 7] 화폐시장과 재화 및 서비스 시장의 상호작용

① 물가가 일정한 (최)단기에서 명목화폐의 수요량을 결정하는 것은 소득수준과 이자율이며, 특히 명목이자율(i)이 화폐시장의 균형을 달성하는데 중요한 가격 변수이다.

② 화폐시장의 수요 또는 공급의 변화에 따라 균형이자율이 변동하면,

③ 재화 및 서비스 시장에서 이자율에 민감한 투자와 내구재소비지출이 변동하고,

④ 이는 지출승수과정을 통해 (잠정) 균형 GDP의 변동을 초래한다.

⑤ 이때, 화폐시장의 균형조건은:

$$M^s = k(i)PY$$

[3] [Recall : unit 10, 11] 개방경제의 순수출

① 본국과 외국간 재화와 서비스 거래의 결과는 본국의 순수출(NX)로 나타나고,

② 순수출의 크기를 결정하는 가격변수는 본국의 실질환율인데,

③ 본국의 물가를 P, 타국의 물가를 P^*, 본국화폐의 명목환율을 e라고 하면,

④ 본국의 실질환율은 $\varepsilon = eP/P^*$이다.

⑤ 본국의 실질환율이 올라가면, 본국재화의 상대가격이 상승하여 순수출이 감소한다. 즉:

$$NX = NX(\varepsilon), \text{ with } \varepsilon\uparrow \Rightarrow NX\downarrow$$

[4] [Recall : unit 10, 11] 개방경제의 순자본유출

① 본국과 타국간 자본거래의 결과는 본국의 순자본유출(NCO)로 나타나고,

② 순자본유출의 크기를 결정하는 가격변수는 실질이자율(r)이다.

③ 본국의 실질이자율이 상승하면, 국내투자의 유인이 증가하여 순자본유출액이 감소한다:

$$NCO = NCO(r), \text{ with } r\uparrow \Rightarrow NCO\downarrow$$

1.2 먼델-플레밍 모형은 완전 자본이동성하의 소규모 개방경제에서 총지출의 변동에 의한 생산 및 소득의 변동을 분석하는 모형이며, 이 모형의 핵심적 가정은 아래와 같이 요약할 수 있다.

[1] 가정 1 : 양국의 물가는 선결되어(predetermined) 주어진 상태이다.

① 해외 물가는 $\bar{P}^*$로 주어져 있고,

② 본국의 물가는 $\bar{P}$로 주어져 있다.

- 따라서, 먼델-플레밍 모형의 분석은 (최)단기 분석이며,

• 주어진 물가 수준에서 경제 내의 총지출수준만큼 실제 산출물의 공급이 얼마든지 가능하다는 것을 암묵적으로 전제하고 있다.

[2] 가정 2 : 국가간 완전한 자본이동성(perfect capital mobility)을 가정한다.

① 일국의 거주자들이 세계금융시장에 자유롭고 완전하게 접근할 수 있으며,

② 그 시장에서 차입이나 대출에의 제한 요인이 없다.

[3] 가정 3 : 본국이 소규모 개방경제(small open economy)임을 가정한다.

① 본국 경제가 세계시장에서 차지하는 비중이 작으므로,

② 본국 경제여건의 변화가 있어도 해외의 물가나 소득 및 이자율에 영향을 주지 못한다.

[4] 위의 가정에 의하면, 본국의 이자율(i)은 해외 금융시장에서의 세계 이자율(i*) 수준으로 주어진다.

① 국내 이자율(i)이 세계 이자율(i^*)을 상회하면 :

• 외국인들이 본국에 대출을 제공하기 시작할 것이며, 이에 따라 자본이 유입되어 국내이자율은 세계 이자율 수준으로 하락한다.

② 반대로, 어떤 이유로든 국내 이자율(i)이 세계 이자율(i^*)을 하회하면 :

• 해외에서 더 높은 이자수익을 얻기 위해 자본이 유출되며, 이로 인해 국내이자율은 세계 이자율 수준으로 회복된다.

③ 또, 본국과 해외에서 모두, 명목이자율과 실질이자율이 사실상 동일하다고 볼 수 있다.

• 물가가 일정하게 유지된다면 예상 및 실제 인플레이션율이 모두 0이라고 가정해도 큰 무리가 없다.

④ 따라서, 먼델-플레밍 모형에서 국내의 실질이자율은 세계 이자율 수준에서 외생적으로 결정되어 주어진다.

$$r = i = i^* = r^*$$

[5] 또, 양국의 물가가 일정하게 주어진 상태이므로:

① 본국의 명목환율과 실질환율이 사실상 동일하다. 즉,

- 명목환율 e ⇔ 실질 환율 ε $= \dfrac{e\bar{P}}{\bar{P}^*}$

② 따라서 본국의 명목환율이 올라가면 순수출이 감소한다.

2. 재화와 서비스 시장의 균형

분석의 순서

- 폐쇄경제의(초)단기 분석에서와 유사하게, 먼델-플레밍모형에서도 재화 및 서비스 시장과 화폐시장을 함께 고려해야 경제내의 총지출 및 생산수준을 제대로 파악할 수 있다.
- 이에, 우리는 각 시장의 균형조건을 먼저 살펴 본 후, 두 시장의 동시균형이 달성되는 과정을 이해한다.

2.1 개방경제의 재화와 서비스 시장 내 총지출을 결정하는 항목들을 모형화하자.

[1] 소비지출(C)

① 소비는 가처분소득의 선형함수이고, 가처분소득의 일정부분만이 소비된다.

② 또, 소비지출의 일부는 가처분소득과 관계없는 독립적 소비이다.

③ 따라서, 소비함수는: $C = \bar{C} + MPC \times (Y - T),\ 0 < MPC < 1$

[2] 계획하 투자지출(I^P)

① 일반적으로 계획하 투자지출은 실질이자율의 감소함수이다.

- 즉, $I^P = \bar{I} + \tilde{I}(r)$

② 그러나 먼델-플레밍 모형에서는 국내의 실질이자율이 해외 이자율인 i^* 수준으로 주어져 있다.

③ 따라서 계획하 투자지출은 사실상 외생적으로 결정된다.

[3] 정부구매지출(G) 및 조세(T)

① 정부구매 지출 및 조세는 정부가 외생적으로 결정한다고 가정한다.

② 따라서, $G = \bar{G}$, $T = \bar{T}$

[4] 순수출(NX)

① 일반적으로 순수출은 실질환율(ε)의 감소함수이나,

② 양국의 물가가 완전경직적인 먼델-플레밍 모형에서는 실질환율(ε)과 명목환율(e)이 사실상 동일하다.

③ 따라서, 본국의 순수출함수는 NX = NX(e)이고,

④ 명목환율이 상승하면(e↑) 이에 반응하여 순수출액이 감소한다(NX↓).

2.2 주어진 물가 수준에서, 재화와 서비스 시장은 계획하 총지출과 실제 총생산이 일치할 때에 (잠정) 균형상태에 있다.

[1] 재화와 서비스 시장의 균형을 수식으로 나타내 보자:

① 계획하 총지출(AE, Aggregate Expenditure):

- $AE = \bar{C} + MPC \times (Y - \bar{T}) + \bar{I} + \tilde{I}(i^*) + \bar{G} + NX(e)$

② 한편, 재화와 서비스 시장의 (잠정) 균형 조건은: 총생산(Y) = 계획하 총지출(AE)

③ 따라서, 재화와 서비스 시장의 균형 조건식은:

$$Y = \bar{C} + MPC \times (Y - \bar{T}) + \bar{I} + \tilde{I}(i^*) + \bar{G} + NX(e)$$

- 위 조건을 만족하는 총생산 및 소득수준이 (잠정) 균형 GDP이다.

[2] 위의 균형 조건식을 보면, 재화와 서비스 시장의 균형을 이루는 (잠정) 균형 GDP를 결정함에 있어 환율이 중요한 역할을 함을 추론할 수 있다.

① 예컨대, 만일 환율이 특정 수준 e_1으로 주어져 있다면:

- 그에 상응하는 지출항목으로서 순수출액이 $NX(e_1)$가 결정되고,
- 그 순수출액을 반영하여 우변의 총지출수준이 결정되고,

• 그 총지출 수준에 상응하여, 말하자면 Y_1 수준의 (잠정) 균형 GDP가 결정되어 생산될 것이다.

② 또, 만일 환율이 e_1보다 낮은 e_2 수준으로 하락한다면:

• 국내재화의 상대가격이 하락하여 순수출량이 $NX(e_2)$ 수준으로 증가할 것이고,

• 이에 따라 승수효과를 통해 산출이 증가하여,

• (잠정) 균형 GDP는 이전보다 높은, Y_2 수준으로 증가할 것이다.

[3] [그림 1]은 이상의 논의를 요약하여 보여준다.

① [그림 1]의 좌측은 순수출함수의 그래프를 축을 바꾸어 그린 것으로:

• 본국화폐의 환율이 e_1에서 e_2로 하락하면,

• 순수출이 NX_1에서 NX_2로 증가함을 보여 준다.

[그림 1] 환율의 변화와 (잠정) 균형 GDP의 변동

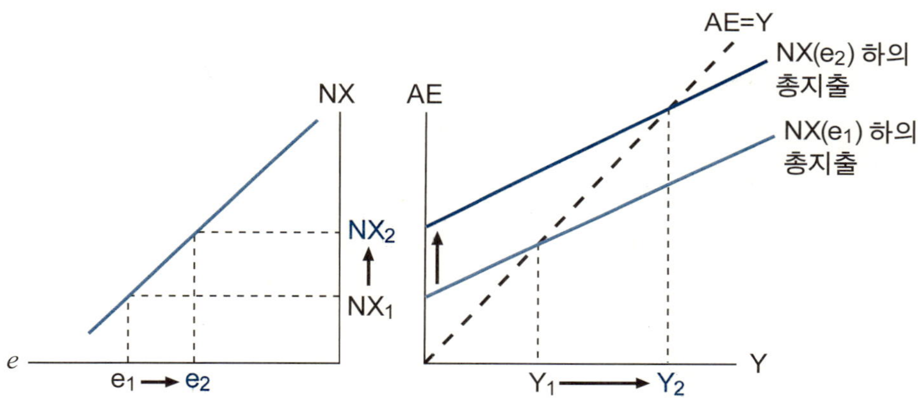

② 한편 unit 6의 [Appendix]에서와 유사하게, [그림 1]의 우측은 계획하 총지출의 변동에 의해 (잠정) 균형 GDP가 변동하는 과정을 보여준다.

• 만일 환율이 e_1에서 e_2로 하락하여 순수출이 NX_1에서 NX_2로 증가하면,

• 순수출의 증가분만큼 총지출선이 상방이동하고,

• (잠정) 균형 GDP가 Y_1에서 Y_2로 증가함을 알 수 있다.

재화와 서비스 시장의 균형이, 환율(e)과 생산 또는 소득(Y)사이에 음(-)의 관계로 요약됨을 기억해 두자.

3. 화폐시장 균형

3.1 폐쇄경제의 경우와는 달리, 국내이자율이 해외이자율수준으로 외생적으로 주어지는 먼델-플레밍 모형에서는 이자율 대신 소득의 변화를 통해 화폐시장의 단기균형이 달성된다.

[1] [Recall : unit 7] 폐쇄경제에서는 주로 이자율의 조정을 통해 화폐시장의 단기균형이 달성된다.

① 물가가 고정된(최)단기에서, 화폐시장 균형조건은 $M^S = M^D = k(i)\overline{P}Y$이다.

② 명목화폐의 공급량 M^S가 주어진 상태에서, 변하는데 시간이 걸리는 소득(Y)보다는 시장상황에 따라 신속히 조정되는 이자율(i)에 의해 화폐시장 균형이 달성된다.

[2] 그러나 완전자본이동성 하의 소규모 개방경제에서는 화폐시장 균형이 전적으로 소득(Y)의 변동에 의해 달성되며, 그 이유는 국내 이자율(i)이 해외 이자율(i*) 수준으로 외생적으로 주어지기 때문이다.

① 물가는 $\overline{P}$로 일정하고 국내의 명목이자율이 i* 수준으로 주어진 상태이므로, 명목화폐의 수요량은 $M^D = k(i^*)\overline{P}Y$이다.

② 명목화폐의 공급량 M^S는 본국의 중앙은행에 의해 결정된다고 하면,

③ 화폐시장의 균형은 총생산 또는 총소득 Y가 특정 수준인 $Y_E = M^S/[k(i^*)\overline{P}]$ 일 때에만 달성될 수 있다.

- 따라서, 먼델-플레밍 모형에서는 화폐시장을 청산하는 총생산 또는 총소득의 균형 수준이 유일하게 결정된다.

3.2 화폐시장의 균형조건을 이해했으니, 이제는 화폐시장이 일시적으로 불균형 상태에 있을 경우 어떤 경로를 통해 다시 균형으로 수렴해 가는지를 설명해 보자.

[1] 현재 물가수준과 해외 이자율이 각각 $\overline{P}$와 i^*로 주어진 상태에서, 본국 화폐시장 내에 중앙은행이 공급하는 통화량이 100일 때의 상황을 묘사하는 아래 [그림 2]를 보자.

① 화폐시장의 균형은 소득수준이 $Y_E = M^S/[k(i^*)\bar{P}]$ 일 때에만 가능할 것인데,

② 만일 일시적으로 실제 소득수준이 이보다 높거나 낮다면 어떤 일이 벌어지는지 생각해 보자.

[2] 만일 일시적으로 현재 총생산 또는 총소득이 균형수준인 Y_E보다 높은 Y_H인 상태라면 :

① 이 소득수준에 상응하는 화폐수요함수는 $M_H^D = k(i)\overline{P}Y$처럼 나타낼 수 있는데,

② 외생적으로 결정되어 주어진 명목이자율인 i^*에서는 화폐수요량이 점 A에 해당하고, 여기에선 화폐수요량이 120이다.

③ 따라서 점 A에서는 화폐의 초과수요가 발생하고, 이에 따라 국내 이자율이 i_H 수준으로 상승하려 할 것이다.

④ 그러나, 완전 자본이동성 하에서는 국내 이자율이 해외 이자율인 i^*를 약간만 상회해도 국내외 투자수익률(즉, 이자율) 차이 때문에 해외자본이 국내로 대량 유입된다.

[그림 2] 소득 조정을 통한 화폐시장의 균형달성

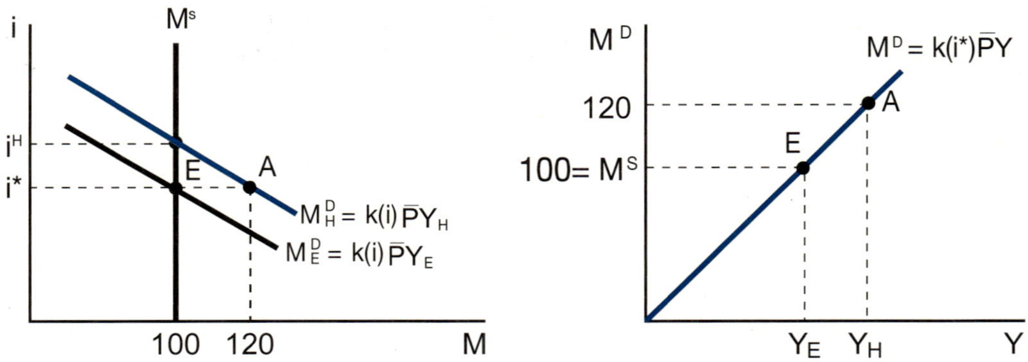

[3] 그런데, 해외로부터 유입된 자본이 국내에 투자되는 과정에서 외국 투자자들이 본국화폐를 매입하게 된다.

① 이에 따라 외환시장에서 본국화폐의 가치가 상승하게 되고,

② 그 결과 본국의 순수출이 감소하고, 지출승수효과를 통해 총생산 또는 총소득은 더욱 감소한다.

③ 총소득의 감소는 화폐수요의 감소를 초래하여 화폐수요곡선을 다시 안쪽으로 이동시킨다.

④ 이러한 조정 과정은, 총생산 또는 총소득이 충분히 하락하고 화폐수요도 감소함으로써 주어진 명목이자율인 i^* 수준에서 화폐시장의 초과수요가 해소될 때까지 계속될 것이다.

[4] 결국 위와 같은 소득조정과정은:

① 총생산 또는 총소득이 $Y_E = M^S/[k(i^*)\bar{P}]$로 다시 하락함으로써,

② 세계이자율 수준인 i^*의 명목이자율 수준에서의 화폐수요량이 화폐공급량 M^S와 같아져,

③ 화폐시장이 다시 청산될 때까지 계속된다.

④ 총생산 또는 총소득이 일시적으로 균형소득수준보다 낮은 경우에는, 반대방향의 조정과정을 통해 균형소득수준이 다시 회복된다.

화폐시장의 균형이 특정 소득수준으로 요약됨을 기억해 두자.

4. 먼델-플레밍 모형의 전반균형

4.1 앞에서 재화 및 서비스 시장을 설명할 때, 이 시장의 균형 조건을 환율(e)과 총산출(Y)간의 특정 관계로 요약할 수 있음을 보았다.

[1] 이제 재화시장의 균형조건을 환율(e)과 총산출(Y) 사이의 구체적인 관계식으로 나타내 보자.

① [그림 1]에서 보았듯, 재화와 서비스 시장의 균형을 가져오는 산출량 수준과 환율 간에는 음의 관계가 있었다.

② 즉, 독립적 소비($\overline{C}$), 독립적 투자($\overline{I}$), 해외이자율(i^*), 그리고 정부의 재정정책 변수($\overline{G}, \overline{T}$)가 주어진 상태에서, 명목환율(e)이 하락하면 (잠정) 균형 GDP(Y)가 증가함을 보았다.

③ 이러한 관계는 아래 [그림 3]에서와 같이 우하향하는 IS^* 곡선으로 요약할 수 있다.

- IS^* 곡선은 재화와 서비스 시장의 균형을 가져오는 산출량(Y)과 명목환율(e)의 조합을 그래프로 나타낸 것이다.

[그림 3] 우하향하는 IS^* 곡선의 도출

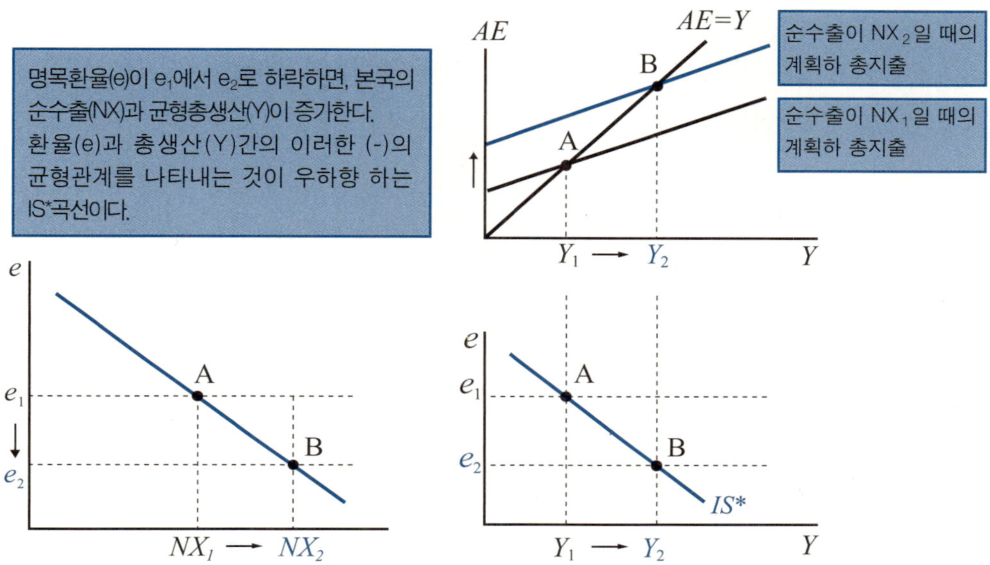

[2] 한편 모든 주어진 환율 수준에서 재화와 서비스에의 계획하 지출을 늘리는 요인이 발생하면, IS^* 곡선 자체가 우측으로 이동한다.

① 이는 환율(e)이 일정한 상태에서 의도된 지출이 증가하면, 지출승수효과에 의해 균형 총생산 또는 총소득이 증가하기 때문이다.

② 그렇다면, 의도된 총지출을 증가시켜 IS^* 곡선을 우측으로 이동시키는 요인은:

- 본국의 독립적 소비 및 투자지출 증가 : $\overline{C}$ ↑ 또는 $\overline{I}$ ↑
- 본국의 확장적 재정정책 : G ↑ 또는 T ↓
- 해외 이자율의 하락 : i^* ↓ ⇒ I^P ↑
- 해외소득의 증가 : (환율과 관계없는) 외생적인 NX ↑
- 해외재화에 비해 본국재화의 수요가 상대적으로 증가 : (환율과 관계없는) 외생적인 NX ↑

③ 일례로, [그림 4]는 정부구매지출이 증가함에 따라 IS^* 곡선이 우측으로 이동하는 과정을 보여준다.

- 애초의 정부구매지출이 G_1인 상태에서, 경제는 IS_1^* 곡선상의 점 $A=(Y_1, e_1)$에 있었다.

- 이제, 정부구매지출이 G_1에서 G_2로 증가한다고 하자.
- 환율이 e_1으로 일정하다면, 총지출선이 AE_1에서 AE_2로 상방 이동하고,
- 지출승수효과를 통해 (잠정) 균형 GDP가 Y_1에서 Y_2로 증가한다.
- 따라서, 새로운 IS*곡선은 점 B=(Y_2, e_1)을 지나는 IS_2^*곡선이 된다.

[그림 4] 정부구매지출의 증가와 IS* 곡선의 이동

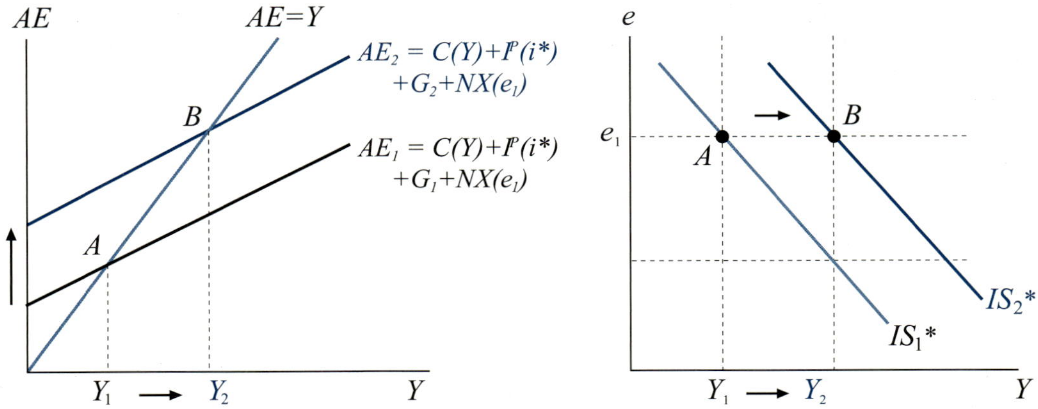

확인문제

Q1 : [참/거짓]

a) IS* 곡선상의 임의의 점에서는 재화와 서비스 시장이 균형인 상태이다.

b) IS* 곡선의 우측(또는 상방)에서는 재화와 서비스 시장이 초과공급이 있는 상태이다.

Q2 : 한계소비성향이 0.5라면, 아래의 각 경우 IS*곡선의 이동폭은?

a) 정부구매지출이 10만큼 증가시 :

b) 조세가 10만큼 감소시 :

c) 본국의 수입이 외생적으로 10만큼 증가시 :

A1 : a) IS* 곡선의 정의상 참이다.

b) 참이다. 아래 그림에서 점 A와 점 C를 비교하자. 환율이 e_A일 때 재화와 서비스 시장에서 총지출과 총생산이 일치하는 잠정균형 GDP는 Y_A이다. 만일 경제가 IS* 곡선상의 점 A에 있다면, 재화와 서비스 시장은 총지출과 총생산이 일치하는 균형 상태이다. 그러나 만일 경제가 점 C에 있다면, 실제 총생산이 Y_B수준에 달하여 환율이 e_A일 때의 균형 총지출 수준인 Y_A를 상회하는 초과

공급 상태이다.

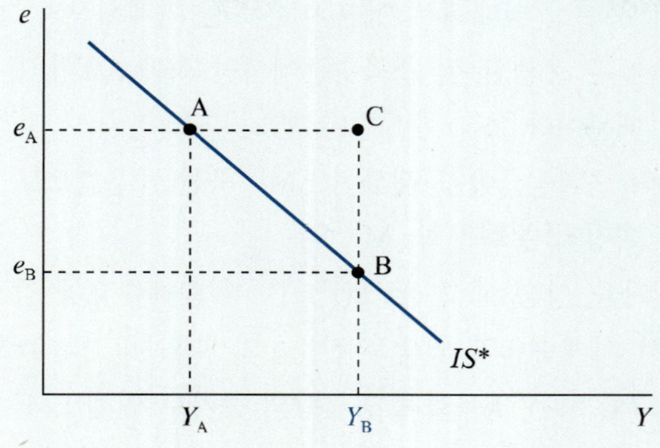

A2 : 주어진 명목환율 수준에서 (잠정) 균형 GDP가 얼마나 증가하는가를 묻는 것이므로, 결국 단순 지출승수 및 조세승수효과의 크기를 묻고 있다.

a) 1/(1−0.5)×(10)

b) 0.5/(1−0.5)×(10)

c) 1/(1−0.5)×(−10)

4.2 재화와 서비스 시장에서와 유사하게, 이제는 화폐시장의 균형 조건을 "환율과 총생산 수준이 어떤 관계를 유지해야 화폐시장의 균형이 달성되는가?"의 시각에서 파악해 보자.

[1] 여기에서도 화폐시장의 균형조건을 환율(e)과 총산출(Y)간의 관계식으로 요약해 보자.

① 앞에서 [그림 2]를 설명할 때 보았듯, 화폐시장의 균형을 가져오는 산출량 수준은 환율과는 관계없이 결정된다.

② 즉, 물가(P), 해외이자율(i^*), 화폐공급량(M^S)이 주어진 상태에서, 명목화폐의 수요량과 공급량을 일치시키는 균형 총생산 및 총소득 수준은 $Y_E = M^S/[k(i^*)\bar{P}]$로 유일하게 결정되었다.

③ 따라서 [그림 5]에서 보듯, 화폐시장의 균형조건은 Y_E의 소득수준에서 수직인 LM^* 곡선으로 요약할 수 있다.

- LM^* 곡선은 화폐시장의 균형을 가져오는 산출량(Y)과 명목환율(e)의 조합을 그래프로 나타낸 것이다.

[2] 만일 명목환율이 주어진 상태에서 화폐의 초과공급을 초래하는 요인이 발생하면, LM^* 곡선은 우측으로 이동한다.

① 환율(e)이 주어진 상태에서 어떤 이유로든 화폐시장의 초과공급이 발생하면, 이전보다 높은 총생산 및 소득수준에서만 화폐수요량의 증가를 통해 균형이 회복되기 때문이다.

② 화폐시장의 초과공급을 초래하여 LM^* 곡선을 우측으로 이동시키는 요인은:

- 본국의 확장적 통화정책 : $M^S \uparrow$
- 해외 이자율 상승 : $i^* \uparrow \Rightarrow k(i^*) \downarrow \Rightarrow$ 화폐수요량 감소
- 본국에서 화폐수요의 외생적 감소 : 외생적인 $k \downarrow \Rightarrow$ 화폐수요량 감소

③ 일례로, [그림 5]는 명목화폐 공급량의 증가로 인해 LM^* 곡선이 우측으로 이동하는 경우를 보여준다.

[그림 5] 수직인 LM* 곡선의 이동

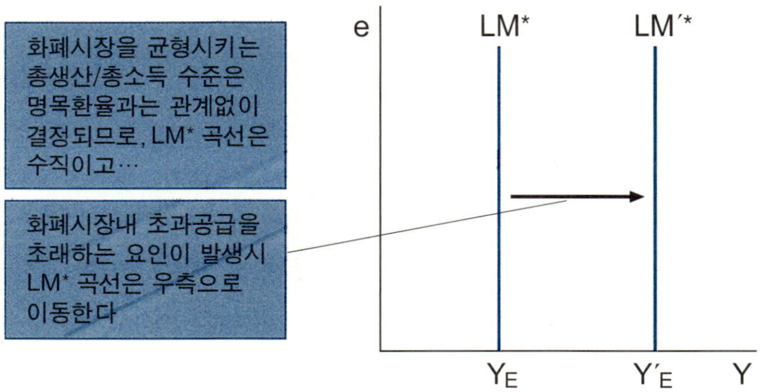

확인문제

Q : 해외 이자율 i* = 0.01, 화폐공급량 $M^S = 200$, 물가 P = 1이고, 명목화폐의 수요함수는 $M^D = PY/\sqrt{i}$ 라고 하자. 현재 총생산(Y)이 15이라면:

[1] 경제는 LM^*곡선의 좌측에 있는가 우측에 있는가?

[2] 현재 화폐시장은 초과수요 상태인가, 초과공급 상태인가?

A : [1] 화폐시장을 균형시키는 총산출 수준을 먼저 구하자.

MS = MD ⇔ $200 = 1 \times Y/\sqrt{0.01}$ ⇔ Y = 20 ⇔ LM*는 Y = 20에서 수직이다.

따라서, 현재 총생산 및 소득 수준이 15라면, 경제는 LM* 곡선의 좌측에 있다.

[2] 15의 소득수준에서 화폐수요량은 150이므로, 현재 화폐시장에서는 50만큼의 명목화폐가 초과 공급되고 있는 상태이다.

4.3 먼델-플레밍 모형에서의 전반균형은, 재화와 서비스 시장의 균형을 나타내는 IS^* 곡선과 화폐시장의 균형을 나타내는 LM^* 곡선의 교점에서 결정된다.35)

[1] 두 곡선의 교점에서 :

① 재화 및 서비스 시장은 균형인 상태이다.

- 두 곡선의 교점은 IS^* 곡선상에 있으므로, 재화 및 서비스 시장을 균형시키는 환율과 생산량의 특정 조합을 나타낸다.

② 또, 두 곡선의 교점에서 화폐시장은 균형인 상태이다.

- 두 곡선의 교점은 LM^* 곡선상에 있으므로, 화폐 시장을 균형시키는 특정 생산량 수준을 나타낸다.

[2] 두 곡선의 교점은 두 시장이 모두 균형일 때의 환율과 산출량을 보여준다.

① 교점에서의 산출량 수준은 재화 및 서비스 시장과 화폐시장간의 피드백까지 고려한 상태에서의 지출 및 생산 수준이다.

② 두 곡선을 이용하여, 정책 변화에 대해 총산출량과 환율이 어떻게 반응하는가를 분석할 수 있다.

---

35) 두 시장의 동시균형에서 결정된 산출량이 잠재 산출량이 아니라면, 폐쇄경제에서와 유사하게 물가의 조정이 시작될 것이다. 이는 IS*와 LM^*곡선의 이동을 초래하게 되나, 이러한 분석은 본서의 범위를 넘어가므로 더 이상의 논의는 하지 않기로 한다.

[그림 6] 먼델-플레밍 모형의 전반균형

IS* 곡선: $Y = C + MPC \times (Y-T) + I(i^*) + G + NX(e)$

LM* 곡선: $M^S = k(i^*)\bar{P}Y$

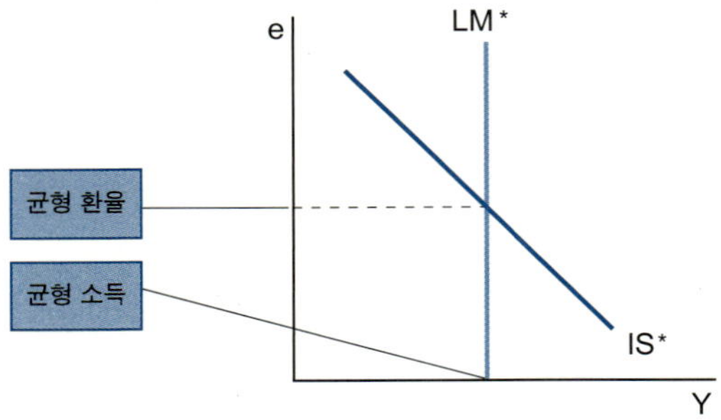

TOPIC 2 | 정부정책과 단기균형의 변화

- 개방경제에 있어서 정부정책의 단기적 효과를 분석하려면, 본국이 어떤 환율제도를 채택하고 있는가를 먼저 고려해야 한다.

- 본국이 변동환율제도를 채택하고 있다면, 명목환율은 외환시장에서의 수요와 공급에 의해 결정되며 경제여건의 변화에 따라 등락한다.
  - 특히 완전한 자본의 이동성 하에서는, 정부정책에 의해 국내 이자율이 해외 이자율과 일시적으로 차이가 날 경우 자본의 즉각적인 유출입이 발생하고,
  - 이에 따라 환율이 변하면서 순수출이 변동하고, 다시 지출승수효과에 의해 총지출/총생산/총소득이 변동하게 된다.

1. 변동환율제도하의 정책효과

1.1 먼델-플레밍 모형에서 확장적 재정정책은 산출량을 증가시키지 못하고 환율만 상승하는 결과를 가져온다.

[1] 정부가 정부구매지출을 늘릴 때의 효과를 직관적으로 설명해 보자.

① 정부구매지출의 증가는 승수효과를 통해 산출과 소득을 늘릴 것인데, 소득의 증가는 화폐수요를 증가시키게 되고, 이는 국내의 화폐시장에서 이자율상승 압력으로 작용할 것이다.

② 그러나 완전한 자본이동성 하에서는 국내외 이자율 차이가 발생하면 해외자본이 대량으로 국내에 유입되고,

③ 유입된 해외자본은 국내 자산 취득을 위해 본국화폐로 환전되므로, 외환시장에서 본국화폐의 수요가 증가한다.

④ 변동환율 제도하에서는 명목환율(= 본국화폐의 가치)이 올라가게 되고, 이에 본국재화의 상대가격이 상승하여 본국의 순수출이 감소한다.

⑤ 순 수출의 감소는 음(-)의 지출승수효과를 발생시켜 확장적 재정정책에 의한 생산 및 소득 증가의 효과를 상쇄하게 된다.

→ 소득과 화폐수요가 원래의 수준으로 하락하여, 국내에서의 이자율 상승 압력이 해소될 때까지 위의 ②-⑤ 단계의 조정이 계속된다.

[2] 이상의 논의를 아래의 [그림 7]을 통해 확인해 보자.

① 재화/서비스 시장과 화폐시장의 초기 균형이 점 A에서 달성되고 있었다고 하자.

- [그림 7]의 왼쪽 패널은 두 시장의 동시균형을, 오른쪽 패널은 화폐시장의 균형을 보여주고 있는데,
- 특히 화폐시장은 해외 이자율인 i*에서 균형을 이루고 있다.

② 정부구매지출의 증가(또는 감세)가 이루어지면, 각 환율수준에서 계획하 지출이 증가하므로 IS^* 곡선이 우측으로 이동하고,

③ 경제는 기존의 환율인 e_A 하에서 일시적으로 점 B로 이동하고, 그 결과 산출과 소득이 Y_B로 증가한다.

④ 한편 소득이 Y_B로 증가함에 따라 화폐수요도 그에 상응하는 M_B^D 수준으로 증

[그림 7] 변동환율제도하 확장적 재정 정책의 효과

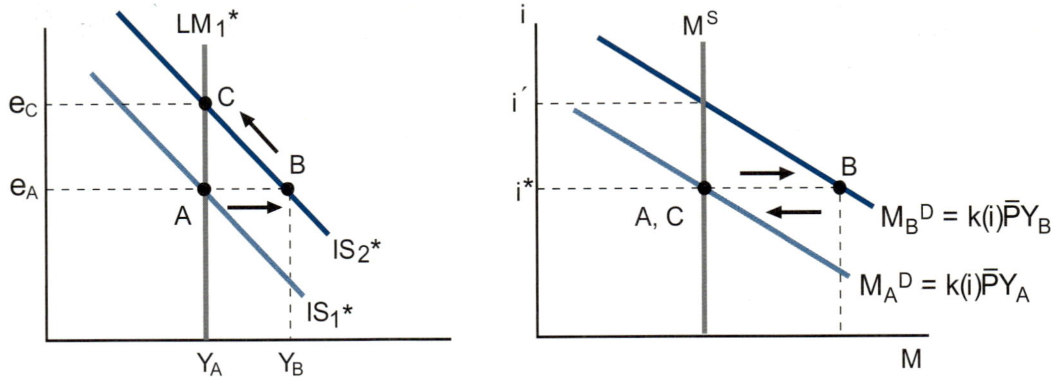

가하므로, 화폐의 초과 수요가 발생하여 이자율은 일시적으로 *i′* 수준으로 상승하려 한다.

⑤ 그러나 국내외 이자율의 차이가 발생하면 해외로부터 자본이 유입되기 시작한다.

- 이에 본국화폐의 가치가 상승하면서 순수출이 감소하고, 지출승수효과를 통해 총생산 및 소득도 감소한다.
- 그러한 조정과정은 경제가 IS_2* 곡선을 따라 좌상방으로 이동하는 것으로 나타난다(e↑, Y↓).
- 소득이 원래 수준으로 감소하면서, 화폐수요도 원래의 수준인 M_A^D 로 돌아오고,
- 최종적으로 경제는 점 C에서 새로운 단기균형에 있게 된다.

[3] 따라서 unit 7에서 본 폐쇄경제에서의 경우와 비교하여, 완전 자본이동성 하의 소규모개방경제에서는 정부구매지출 증가의 구축효과가 발생하는 경로가 다르다.

① 폐쇄경제의 경우에는:

- 정부구매지출의 증가는 소득 증가와 함께 이자율 상승을 초래하고,
- 이에 따라 국내의 투자지출이 구축된다.

② 그러나, 소규모 개방경제의 경우에는:

- 국내 이자율의 상승 압력은 자본 유입과 본국화폐가치의 상승을 초래하고,
- 이에 따라, 순수출이 '구축'된다.

[4] 또, 폐쇄경제에서의 경우와 비교하여 구축효과의 크기도 다르다.

① 소규모 개방경제의 경우에는:

- 국내이자율이 해외이자율 수준에 묶여 있으므로, 화폐시장의 균형이 전적으로 소득의 조정에 의해서만 가능한데,
- 화폐시장을 균형시키는 총소득 수준은 정부구매의 수준과 무관하게 결정되어 있으므로, 화폐시장을 균형시키는 소득 수준이 증가할 여지가 없다.
- 결국 지출승수효과에 의해 일시적으로 증가한 총소득이 순수출 감소에 의한 음(-)의 지출승수효과로 완전히 상쇄된다.

② 반면, 폐쇄경제의 경우에는 일반적으로 지출승수효과에 의해 증가한 총소득의 일부만이 구축효과로 상쇄된다.

- 폐쇄경제에서는 국내 이자율이 해외 이자율 수준에 묶여있지 않다.
- 그러므로 정부구매지출이 증가하여 총소득이 증가하면 국내이자율이 상승할 수 있다.
- 그런데, 이자율이 오른다는 것은 총소득의 증가로 인해 발생한 화폐의 초과 수요가 이자율 상승에 의해 일부 해소된다는 의미이고,
- 따라서 주어진 화폐공급하에서 화폐시장을 균형시키는 소득수준이 증가할 여지가 있다.

1.2 변동환율제도하에서 먼델-플레밍 모형에서 확장적 통화정책은 환율의 하락을 통해 총산출을 증가시킨다.

[1] 중앙은행이 통화공급을 늘릴 때의 효과를 직관적으로 설명해 보자.

① 국내의 총지출을 진작시키기 위해 중앙은행이 화폐공급을 증가시키면, 화폐의 초과 공급에 의해 일시적으로 이자율 하락의 압력이 작용할 것이다.

② 그러나 완전한 자본 이동성 하에서는, 국내외 이자율 차이에 의해 국내자금이 해외로 대량 유출되고,

③ 유출되는 국내자금은 해외투자를 위해 해외화폐로 환전되므로, 외환시장에서 본국화폐의 공급이 증가하여 본국화폐의 가치가 하락한다.

④ 이에 본국재화의 상대가격이 하락하여 본국의 순수출이 증가하고,

⑤ 순 수출의 증가는 승수효과를 통해 총생산 및 소득을 증가시키게 된다.

→ 소득이 충분히 증가하여 화폐수요도 증가함으로써, 이전보다 늘어난 화폐 공급량이 주어진 해외 이자율 수준에서도 모두 자발적으로 보유될 때 까지 위의 ③-⑤ 단계의 조정이 계속된다.

[2] 이상의 논의를 아래의 [그림 8]을 통해 확인해 보자.

① 초기 균형이었던 점 A에서 화폐공급이 증가하면,

② 화폐시장의 새로운 균형은 이전보다 높은 소득수준인 Y_B에서 가능하므로, LM^* 곡선이 우측으로 이동한다.

③ 한편 화폐시장에서는 화폐공급이 증가하여 일시적으로 이자율이 i' 수준으로 하락하려 하는데,

④ 국내외의 이자율 차이에 따라 국내자금이 대량으로 해외로 유출되므로:

- 본국화폐의 가치가 e_B로 하락하면서 순수출이 증가하고,
- 이는 승수효과를 통해 실제 총생산 및 소득을 Y_B로 증가시키고,
- 이에 따라 화폐수요도 M_B^D로 증가하여,
- 최종적으로 경제는 점 B에서 새로운 단기균형에 있게 된다.

[그림 8] 변동환율제도하 확장적 통화정책의 효과

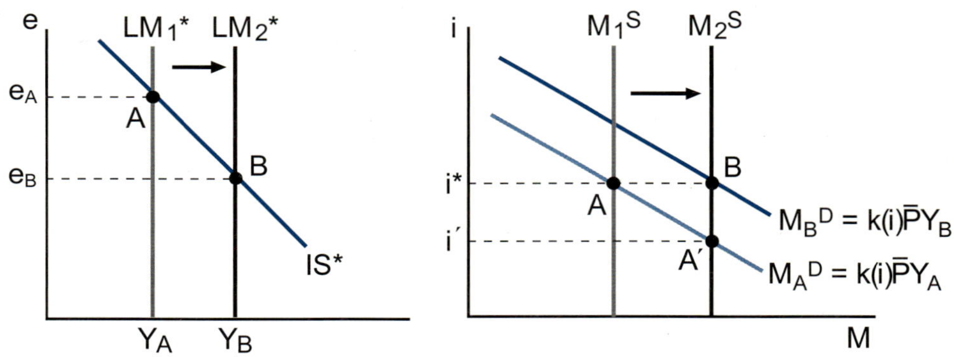

[3] 이상의 결과를 보면, 변동환율제도하 통화정책이 효과를 발휘하는 경로는 폐쇄경제에서와는 매우 다름을 알 수 있다.

① 폐쇄경제의 경우:

- 화폐공급의 증가는 화폐시장에서 균형이자율을 하락시키고,
- 이에 투자 및 내구소비재 지출이 증가함으로써 총지출 및 총생산이 증가한다.

→ 따라서, 이자율 경로가 중요하다.

② 소규모 개방경제의 경우 :

- 화폐공급의 증가는 본국환율의 하락을 가져오고,
- 이에 순수출이 증가함으로써 총지출과 총생산이 증가한다.

→ 따라서, 환율 경로가 중요하다.

2. 고정환율제도하 정책효과

고정환율제도 특유의 문제

■ 본국이 고정환율제도를 채택하고 있다면, 중앙은행은 고정되어 있는 가격(즉, 명목환율)에서 본국 및 외국화폐를 언제든지 팔고 살 준비가 되어 있어야 한다.

① 이는 곧 외환시장에서 결정되는 실제 환율과 공표된 공식 환율이 일치하도록 중앙은행이 외환시장에서 본국 및 해외 화폐의 공급을 계속 조절할 수 있어야 한다는 뜻이고,

② 이를 위해 중앙은행은 미리 설정된 환율수준에서 본국화폐와 해외화폐를 얼마든지 거래할 준비가 되어 있어야 한다.

- 이 목적을 위해서, 중앙은행은 (자신이 발행하는) 본국화폐와 (이전에 매입해 두거나 신규로 해외차입을 통해 준비한) 외환보유고를 충분히 비축하고 있어야 한다.

■ 따라서 본국이 고정환율제도를 채택하고 있는 경우에는, 공표된 환율수준에 실제의 명목환율을 유지하기 위해 통화정책을 운용하게 되므로 독자적인 통화정책은 불가능하다. 예를 들어 보면:

① 예를 들어, [그림 9]에서처럼, 현재 외환시장의 시중환율(e_{market})은 ₩1 = $1/1000인데 중앙은행은 원화 가치를 공식환율(e_{fix})인 ₩1=$1/1500로 유지해야 한다고 하자.

- 외환시장 참여자들의 입장에서는, 시장에서 ₩3000을 주고 $3를 산 후 이를 한국은행에 팔아서 ₩4500을 받는 차익거래(arbitrage)가 가능하고,

• 이들이 한국은행에 달러를 매각한 후 딜러가 받아간 원화는 본원통화와 시중통화량의 증가로 이어진다.

■ 이상의 예를 통해 본다면, 먼델-플레밍 모형의 맥락에서 고정환율제도가 가지는 의미는:

① 경제여건의 변화가 있어도 환율이 공표한 수준에 유지되어야 하므로,

② 중앙은행은 통화량을 수동적으로 조절하여 LM* 곡선을 이동시켜 환율을 유지해야 한다.

→ 따라서, 고정환율제도하의 개방경제는 독자적인 통화정책을 집행할 수 없다.

[그림 9] 고정환율제도하 화폐공급의 변화

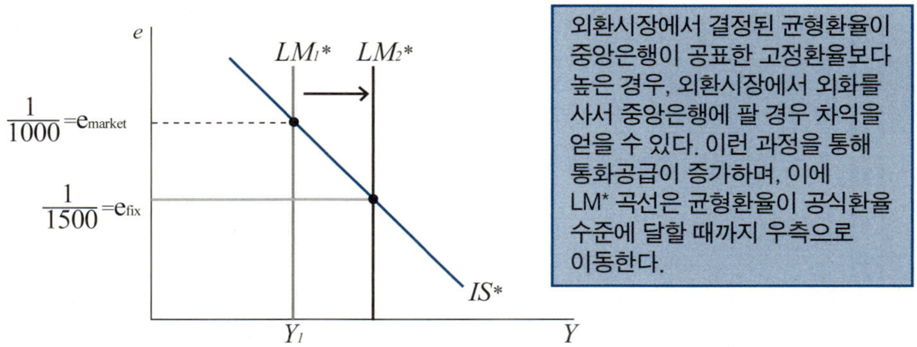

2.1 고정환율제도하에서 정부구매증가나 감세 등의 확장적 재정정책은 지출승수효과를 통해 산출량을 증가시킨다.

[1] 직관적 설명 : 왜 재정정책이 산출량을 변화시킬 수 있을까?

① 정부가 구매지출을 늘리면 지출승수효과를 통해 일시적으로 산출과 소득이 증가할 것인데,

② 소득의 증가는 화폐수요를 증가시켜, 화폐시장에서 이자율상승 압력으로 작용할 것이다.

③ 이에 국내외 이자율 차이에 따라 해외자본이 대량으로 국내에 유입되고,

④ 외환시장에서 본국화폐의 수요가 증가하여 본국화폐의 가치가 올라가려 한다.

• 여기까지는 변동환율제도하에서의 설명과 동일하다.

⑤ 그러나, 고정환률 제도에서는 중앙은행이 외환시장에서 본국화폐의 공급을 늘려 명목환율을 그대로 유지하게 되므로, 결과적으로 순수출은 감소하지 않는다.

• 그러므로, 정부구매지출의 승수효과가 상쇄되지 않고 총산출과 소득이 증가한다.

[2] 이상의 논의를 [그림 10]을 통해 확인해 보자.

① 재화와 서비스 시장과 화폐시장의 초기 균형이 점 A에서 달성되고 있었다고 하자.

• 특히, 점 A에서의 명목환율은 공식환율인 $\bar{e}$에 고정되어 있는 상태이다.

② 이제 정부구매지출이 증가하면, IS^* 곡선이 우측으로 이동하여 경제가 일시적으로 점 A'로 이동하는데,

③ 환율을 $\bar{e}$로 유지하기 위해서 중앙은행을 화폐공급을 늘려 LM^* 곡선도 우측으로 이동시킨다.

• 이에 따라 환율이 다시 하락하면서 순수출의 증가를 통해 총생산과 소득이 Y_B로 늘고,

• 그 과정에서 경제는 IS_2^* 곡선을 따라 우하방의 점 B로 이동한다.

④ 화폐시장도 이전보다 증가한 화폐공급량 M_2^S와 소득수준 Y_B에서 다시 균형을 이룬다.

[그림 10] 고정환율제도하 확장적 재정정책의 효과

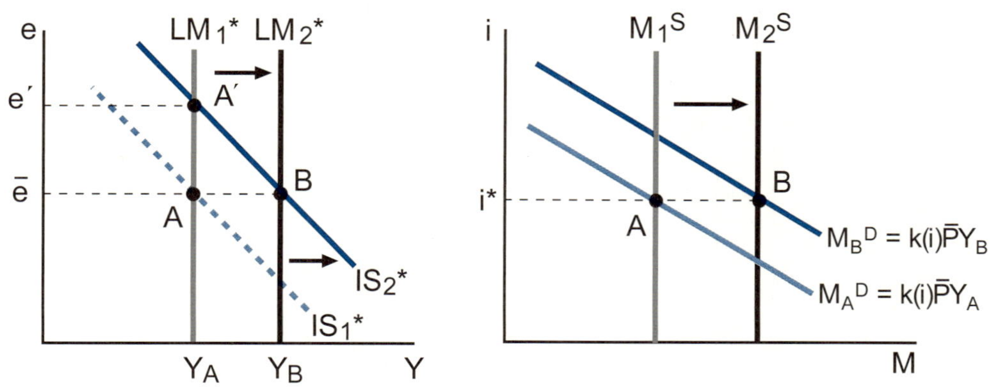

2.2 고정환율제도하에서는 확장적 통화정책은 총산출 증가의 효과가 없다.

[1] 직관적 설명 : 왜 통화정책은 산출을 변화시키지 못할까?

① 실제 환율이 공식 환율수준으로 유지되고 있던 상태에서, 국내의 총지출과 생산을 늘리기 위해 중앙은행이 화폐공급을 증가시켰다고 하자.

② 화폐공급의 증가는 일시적으로 이자율하락의 압력으로 작용하여, 국내외 이자율 차이에 따라 국내자금이 해외로 대량 유출되려 할 것이다.

③ 이에 외환시장에서 본국화폐의 공급이 증가하여 본국화폐의 가치가 하락하고, 순수출과 총생산이 증가하려 한다.

• 여기까지는 변동환율제도하에서의 설명과 동일하다.

④ 그러나 고정 환율제도하의 중앙은행은, 외환시장에서 본국화폐를 매입하고 외화를 매각하여 명목환율을 원래 수준에 유지해야 한다.

⑤ 그 과정에서 화폐공급이 감소하여 균형 총생산과 소득이 다시 원래 수준으로 돌아간다.

[2] 이상의 논의를 [그림 11]을 통해 확인해 보자.

① 초기 균형이었던 점 A에서 화폐공급량이 $M_2{}^S$로 증가하면,

② LM^* 곡선이 우측으로 이동하여 일단 경제는 점 A에서 점 B으로 이동하는데,

③ 환율을 $\bar{e}$로 유지하기 위해 중앙은행이 화폐공급을 다시 줄여 LM^* 곡선을 좌측으로 이동시킴에 따라,

④ 환율이 다시 상승하면서 순수출 감소를 통해 총생산과 소득이 Y_A로 줄고,

⑤ 화폐시장도 이전 수준으로 돌아온 화폐공급량 $M_1{}^S$와 소득수준 Y_A에서 다시 균형을 이룬다.

[그림 11] 고정환율제도하 확장적 통화정책의 효과

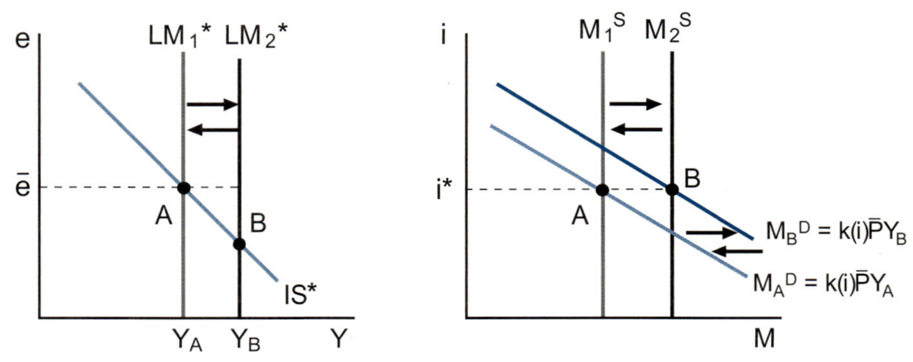

[3] 그렇다면, 고정환율제도하에서는 통화정책의 효과를 거둘 여지가 전혀 없는 것인가?

① 폐쇄경제에서 통화정책이 효과를 발휘하는 경로는, 통화량 증가가 이자율을 낮춤으로써 총지출과 총산출이 늘어나는 일련의 과정이다.

② 독자적인 통화정책이 불가능한 고정환율제도하에서는, 본국화폐의 공식환율을 변화시키는 평가절하(devaluation)나 평가절상(revaluation)을 통해 위와 유사한 효과를 가져올 수 있다.

③ [그림 12]에서처럼, 이전 수준(e_1)보다 낮은 새 공식환율(e_2)이 공표됐다고 하자.

- 환율을 e_2로 유지하기 위해서 중앙은행은 통화량을 늘려야 하고,
- 이에 LM* 곡선이 우측으로 이동하면서, 경제를 점 A에서 점 B로 이동시킨다.
- 즉, 평가절하에 의해 순수출과 총생산이 증가하게 된다.

[그림 12] 고정환율제도하 평가절하의 효과

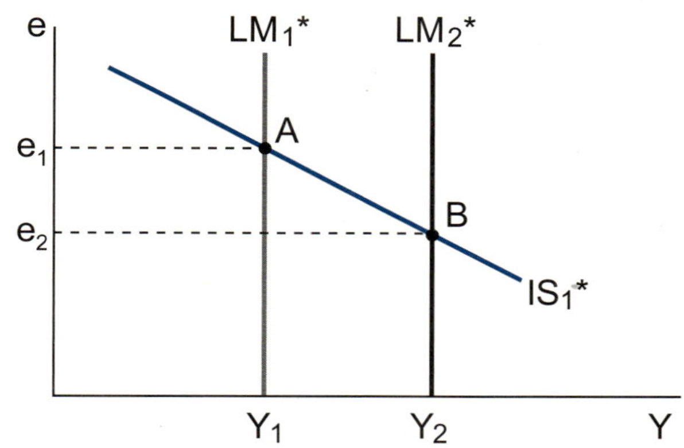

요약

정책효과에 대한 이상의 분석을 환율 제도별로 요약하면 아래의 표와 같다.

	환율제도							
	변동환율제				고정환율제			
	각 변수의 변화방향							
정책	Y	e	NX	M^s	Y	e	NX	M^s
확장적 재정정책	불변	상승	감소	불변	증가	불변	불변	증가
확장적 통화정책	증가	하락	증가	증가	불변	불변	불변	불변

연습문제

[Q1-Q4] 완전 자본이동성하의 소규모 개방경제를 상정하자. 먼델-플레밍 모형을 이용하여, 아래의 각 경우별로 초기 균형과 비교한 새 단기균형에서의 변화를 보기 중에서 찾아라. 단,

Y = 생산 또는 소득, I = 투자,
e = 명목환율(본국화폐 한 단위와 교환되는 해외화폐의 단위수)

보기

a. 명목환율 하락, 소득 증가, 투자 감소
b. 통화량 불변, 명목환율 불변 , 소득 불변
c. 명목환율 하락, 소득 증가, 투자 불변
d. 명목환율 하락, 소득 불변, 투자 불변
e. 명목환율 하락, 소득 불변, 투자 감소

Q1. 고정환율제도하에서 본국화폐 평가 절하

Q2. 변동환율제도하에서 해외 이자율 i* 상승

Q3. 변동환율제도하에서 본국의 정부지출 감소

Q4. 고정환율제도하에서 본국의 화폐공급 증가

Q5. 본문에서 다룬 변동환율제도하의 소규모 개방경제를 가정하자. 현재의 환율수준에서 무역수지는 균형인 상태이나 경기는 침체되어 있다고 하자. 완전고용을 달성하면서 무역수지 균형을 유지하려 한다면, 재정정책과 통화정책을 어떻게 조합하여 사용해야 하는가?

[Q6-Q8] 완전자본이동성 하 소규모 개방경제의 현재 모습이 아래와 같다:

$C = \overline{C} + 0.5(Y-T),\ \overline{C}=20$

$I = \overline{I} - 200 \times i,\ \overline{I}=20,\ i =$ 명목이자율

$G_1 = T_1 = 10,$

$NX = 30-e,$

$$M^D = k(i)PY = \frac{1}{10 \times i}PY$$

$\overline{P} = \overline{P^*} = 1,\ i = i^* = 0.05$

Q6. 이 경제가 변동환율제도를 채택하고 있다고 하자. 아래 [그림 1]은 정부구매지출이 G_1=10에서 G_2=20으로 증가할 때의 변화를 분석하고 있으며, 두 패널의 점 A와 C는 각각 정부구매지출이 증가하기 전과 후의 두 시장 동시균형점을 보여준다. 네모 안 변수의 값을 찾으라.

[그림 1]

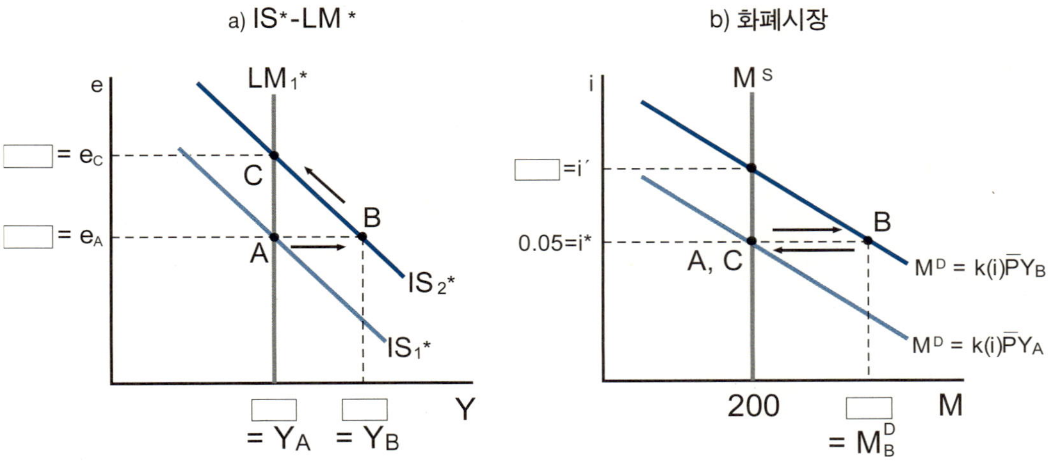

Q7. 변동환율제도의 가정을 유지하면서, 이 경제의 초기상태로 돌아가자. 아래 [그림 2]는 화폐공급이 $M_1^S=200$에서 $M_2^S=240$으로 증가할 때의 변화를 분석하고 있으며, 두 패널의 점 A와 C는 화폐공급증가를 전후한 두 시장의 동시균형점을 보여준다. 네모 안 변수의 값을 찾으라.

[그림 2]

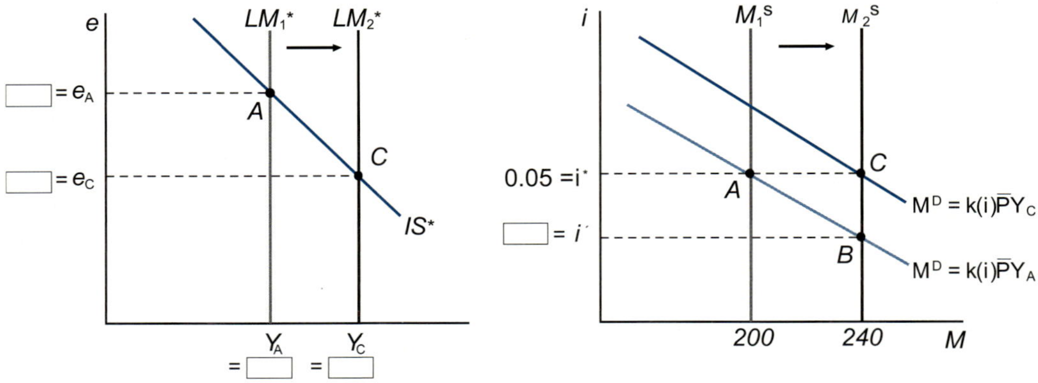

Q8. 다시 이 경제의 초기상태로 돌아가자. 이제는 이 경제가 고정환율제도를 채택하고 있으며, 명목환율을 $\bar{e}$로 유지한다고 가정하자. 아래 [그림 3]은 정부구매지출이 $G_1=10$에서 $G_2=20$으로 증가할 때의 변화를 분석하고 있으며, 두 패널의 점 A와 C는 각각 정부구매지출이 증가하기 전과 후의 두 시장 동시균형점을 보여준다. 네모 안 변수의 값을 찾으라.

[그림 3]

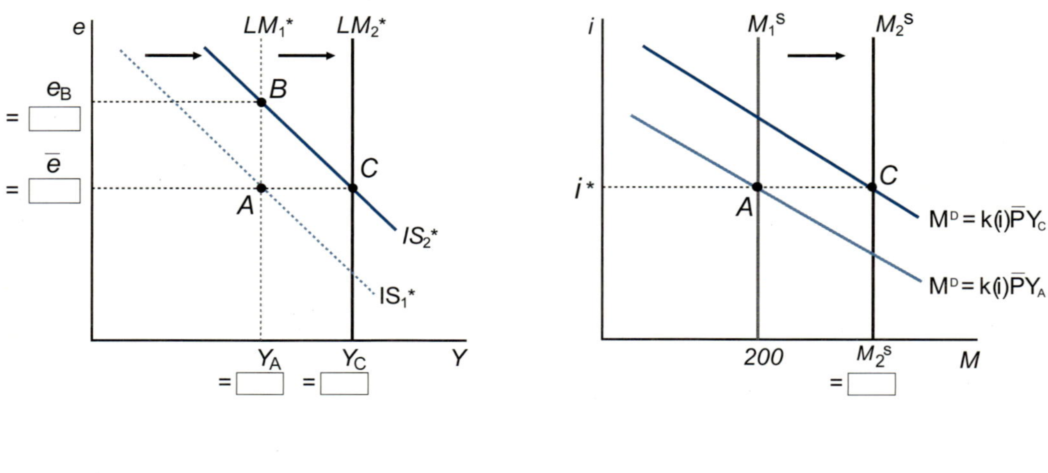

찾아보기

【ㄴ】

【ㄷ】

【ㄹ】

【ㅁ】

【ㅂ】

【ㅅ】

연습문제 해답

Unit 2

Q1. a) $\Delta Y = \Delta G = +500$만

b) 해당사항 없음

c) $\Delta Y = \Delta I = +700$만

d) $\Delta IM = +5000$만, $\Delta C = +5000$만, $\Delta Y = 0$,

e) $\Delta EX = +400$만, $\Delta Y = +400$만

f) $\Delta Y = \Delta C = +30$만

g) ΔI(재고투자) $= -90$만, $\Delta C = +120$만, ΔY(판매이윤) $= 30$만

h) 해당사항 없음

i) $\Delta IM = +190$만, $\Delta G = +190$만, $\Delta Y = 0$.

Q2. B **Q3.** E **Q4.** C

Q5. GDP 디플레이터는 수입재인 소면의 가격이 크게 올라간 것을 반영하지 않는다. 반면, 소비자 물가지수는 소면의 가격상승을 고정된 가중치로 반영하므로 GDP 디플레이터에 비해 더 크게 상승한다.

Q6. D **Q7.** A

Q8. a. 신상품인 스마트폰의 등장으로 이전과 동일한 생활수준은 싼 비용으로 누릴 수 있으나, 공식 소비자 물가지수는 소비재 바구니가 개편되기 전까지는 이 효과를 반영하지 못한다. 또한 신상품은 대개 가격이 빨리 하락하므로, 공식 소비자 물가지수는 실제생활비보다 더욱 높게 나타난다.

b. "측정되지 않은 품질 변화"에 의한 문제이다. 동일한 비용으로 더 나은 강의를 들을 수 있으므로 명목소득의 구매력이 상승하는 한편 실제의 생활비는 하락한다. 그러나 공식 소비자 물가지수는 재화 및 서비스의 질적 개선을 감안하지 못하므로, 생활비를 실제보다 높게 추정한다.

c. 채소류 소비가 급감하여 “대체효과를 무시함에 따른 왜곡”의 문제를 발생시킨다.

Unit 3

Q1. E **Q2.** D **Q3.** C **Q4.** A **Q5.** D

Q6. a. 10명의 신규 해고자가 모두 실업인구로 분류된다면, 이번 달의 실업률은 20%가 된다. 그러나, 이들이 구직을 포기하여 비경제활동인구로 분류된다면, 실업률은 $100\times[10/(80+10)]=11.1\%$ 이다. 10명의 해고자가 이른바 실망실업자인 경우거나 학생/전업주부로 분류되는 경우가 이에 해당한다.

b. 실업률, 고용률

Q7. B **Q8.** 5000만원, 10억

Q9. 통화량 = $M_0=C_0+D_0=2880$.

지불준비율 = rr_0 = $R_0/D_0=180/2160=1/12$

현금보유비율 = z_0 = $C_0/(C_0+D_0)=0.25$

그러므로, 통화승수 = $mm_0=1/(z_0+rr_0(1-z_0))=3.2$

(본원통화의 크기는 $MB_0=C_0+R_0=900$이므로, 통화승수는 mm_0 = M_0/MB_0 = 3.2임을 이용할 수도 있다.)

Q10. 중앙은행이 900어치의 채권을 매입하면, 그만큼의 본원통화가 시중에 공급되므로 통화량은 3.2×900 = 2880만큼 늘어난 5760이 된다.

Q11. a. 지불준비율이 $rr_0=1/12$에서 $rr_1=1/24$로 하락하면, 새 통화승수는 $mm_1=1/(z+rr_0(1-z))$ =32/9가 된다. 한편, 지불준비율이 이전에 비해 절반으로 낮아지면서, 은행들은 기존에 $D_0=2160$의 예금액 대비 1/12만큼 보유하고 있던 $R_0=180$의 지불준비금 중 90 만큼을 일시적으로 초과보유하게 된다. 이는 비은행 민간에 즉각 대출될 것이고, 그 결과 예금-대출의 과정이 새로운 통화승수인 32/9하에서 반복되면서 시중 통화량의 증가분은 $\Delta M=(32/9)\times 90=320$이다.

b.

	rr_0 = 1/12	rr_1 = 1/24
MB	MB_0=720+180=900	MB_1=900(불변)
M	M_0=720+2160=2,880	M_1=2880+320 = 3,200
C	C_0=720	C_1=z_0×3200=800
D	D_0=2160	D_1=(1-z_0)×3,200=2,400
R	R_0=180	R_1=D_1×rr_1=100

Unit 4

Q1. 생산가능인구(WAP)가 일정하고 균제상태의 고용률이 50%이므로, 균제상태의 취업인구(E)는 1000명이다. 한편, 균제상태에서는 취업인구(E)에서 실업인구(U)로의 유입(=1000×10%)과 실업인구(U)에서 취업인구(E)로의 유출(=U×20%)의 크기가 같아야 한다. 따라서, 균제상태의 실업인구는 500명이고, 실업률은 U/(E+U)=1/3이다. 한편, 경제활동 참가율은(E+U)/WAP=1500/2000=0.75이다.

Q2. B **Q3.** A **Q4.** E **Q5.** E

Q6. D **Q7.** B **Q8.** E **Q9.** B

Unit 5

Q1. D **Q2.** A **Q3.** A **Q4.** C **Q5.** A

Q6. 실질, 명목, 15억 **Q7.** D **Q8.** D

Q9. 통화 공급량(M^S)은 2880이다. 실질소득과 실질이자율이 각각 576과 0.05로 주어진 상태에서, 통화량이 일정하면 물가도 일정하므로 명목이자율은 실질이자율과 같은 0.05이다. 화폐시장 균형조건식 $M^S = \frac{1}{40 \times i}PY$에 통화 공급량, 실질소득, 명목이자

율 값을 대입하면 균형물가는 P=10으로 결정된다.

Q10. 통화승수가 3.2이므로 통화 공급량이 두 배가 된다. 새 장기균형에서는 물가도 두 배인 20이 되고 명목이자율은 0.05로 불변이다.

Q11. 통화량 증가율과 물가상승률도 연 10%이다. 따라서 명목이자율은 실질이자율(0.05)과 물가상승률(0.1)의 합인 0.15이다.

Q12. Q9의 상태에서는, 명목 지출액(PY) 대비 명목화폐 보유량(M)의 비율이 $\frac{1}{40\times 0.05}=\frac{1}{2}$ 이다. 반면, Q11의 상태에서는 그 비율이 $\frac{1}{40\times 0.15}=\frac{1}{6}$ 로 하락한다. 인플레이션이 없는 Q9의 상태와 비교하여, Q11의 상태에서는 예상된 인플레이션에 의해 명목이자율이 높다. 따라서, 더 적은 화폐량으로 명목거래를 수행해야 하는 구두창 비용이 발생한다.

Q13. 실질 인플레이션 조세는 세율(=인플레이션율)과 세원(=실질화폐 보유량)의 곱으로 결정된다. Q11의 균형상태에서 인플레이션율은 10%이고, 실질화폐 보유량은 $\frac{M^S}{P}=\frac{1}{40\times i}Y=\frac{1}{6}\times 576=96$이다. 따라서, 실질 인플레이션 조세의 크기는 9.6이다.

Unit 6

Q1. B　**Q2.** D　**Q3.** B　**Q4.** D　**Q5.** A

Q6. a) 정부구매지출 승수 :

- 정부구매가 1단위 증가하면, 총지출의 1단위 증가로 인해 생산과 소득이 즉각 1 단위 증가하고
- 1단위 증가한 소득으로 인해, 소비지출이 MPC 만큼 증가하고, 이는 같은 크기의 생산과 소득의 증가를 초래한다.
- MPC 만큼 증가한 소득으로 인해, 소비지출이 MPC × MPC 만큼 증가하고, 이는 같은 크기의 생산과 소득의 증가를 초래한다.
- 이러한 과정인 반복되면, 총생산의 증가는 1/(1 - MPC)이다.
- 따라서, 정부구매지출의 승수효과는 : $\Delta Y = [1/(1 - MPC)] \times \Delta G$

b) 순 조세 승수 :

- 순 조세가 1단위 증가하면, 가처분 소득의 1단위 감소로 인해 총지출/생산/소득이 모두 MPC 만큼 감소한다.
- MPC만큼 감소한 소득으로 인해, 소비지출이 MPC × MPC 만큼 감소하고, 이는 같은 크기의 생산과 소득의 감소를 초래한다.
- MPC × MPC 만큼 감소한 소득으로 인해, 소비지출이 MPC × MPC × MPC 만큼 감소하고, 이는 같은 크기의 생산과 소득의 감소를 초래한다..
- 이러한 과정인 반복되면, 총생산의 감소는 MPC/(1 - MPC) 이다.
- 따라서, 순 조세의 승수효과는 : $\Delta Y = -[\ MPC/(1 - MPC)\ ] \times \Delta T$

c) 정부구매지출과 순 조세가 같은 크기로 증가(즉, $\Delta G = \Delta T$)하면, 총생산의 변화는 $[1/(1 - MPC)\ ] \times \Delta G - [\ MPC/(1 - MPC)\ ] \times \Delta T = \Delta G$ 이다. 정부구매지출의 증가는 그 자체가 총지출을 늘리므로 직접적인 생산과 소득 증가효과도 가져오나, 조세의 증가는 소비지출의 변동을 통한 연쇄반응만을 가져온다. 따라서 두 승수효과의 차이는 최초의 지출 충격인 ΔG 만큼이다. 바꿔 말하면, 균형재정하 정부구매지출승수는 1이다.

Unit 7

Q1. B **Q2.** B **Q3.** C **Q4.** A **Q5.** B **Q6.** E

Q7. a) 화폐수요가 감소하면 이자율이 하락하여 지출과 생산이 증가한다. 이를 막기 위해서, 중앙은행은 화폐공급을 줄여 이자율을 원래 수준으로 유지히야 한다.

b) 채권수요의 증가는 화폐수요의 감소를 의미한다. 문제 a)에서처럼, 중앙은행은 화폐공급을 줄여야 한다.

c) 현금 선호에 의해 화폐수요가 증가하므로, 이자율은 상승하여 지출과 생산이 감소한다. 이를 막기 위해 중앙은행은 화폐공급을 늘려 이자율을 다시 낮춰야 한다.

Q8. D **Q9.** E **Q10.** A **Q11.** 구축효과 **Q12.** B

Unit 7-A

Q1. a) 현재가치는 100+100+100+1000= 1300

b) 이 주식의 현재가치가 시장가격보다 낮으므로, 주식가격이 하락한다.

c) 배당과 액면가가 주어져 있으므로, 주식가격의 하락은 곧 수익률 상승을 의미한다.

Q2. C　　**Q3.** D

Unit 8

Q1. B

Q2. a. 경제 전반의 명목임금이 상승하므로 단기 총공급 곡선이 좌상방으로 이동한다.

b. 가처분소득이 증가하므로, 소비지출과 총수요가 증가한다.

c. 미래에 예상되는 소득이 감소하므로 가계의 소비지출이 감소한다. 반면 기업은 투자세액공제 제도가 폐지되기 전에 투자지출을 집행하려 하므로 투자지출은 증가한다. 이 경우 총수요 곡선의 이동 방향은 불확실하다.

Q3. C　　**Q4.** D　　**Q5.** E(실질 GDP는 증가하고 물가는 상승한다.)

Q6. D　　**Q7.** C　　**Q8.** B

Q9. a. 이자율에 대한 투자지출의 반응도가 작을 경우 구축효과의 크기가 작으므로 총수요가 더 크게 증가한다.

b. 지출승수효과에 의해 소득이 증가하면 화폐수요도 증가한다. 이 때 화폐수요가 소득에 대해 덜 민감할수록 화폐수요증가와 이자율 상승폭이 작고, 구축효과의 크기도 작아진다.

c. 지출승수효과에 의해 소득이 증가하면 화폐수요도 증가한다. 화폐공급량이 일정한 상태에서, 화폐의 초과수요는 이자율 상승을 통해 해소된다. 이 때 화폐수요가 이자율에 대해 더 민감할수록 균형이자율이 적게 상승하고 구축효과의 크기도 작아진다.

d. 장기계약 비율이 높을수록, 임금과 가격이 경직적이어서 단기 총공급 곡선의 기울기가 완만하다. 따라서 정부지출 증가의 산출 증가효과가 커진다.

Q10. C **Q11.** B

Q12. (Y,T,C,G)의 변화는 자명하므로, 이자율과 투자지출의 변화를 판단해 보자. 우선, 이전 균형에서와 비교하여 새 균형에서는 소득이 올라가므로 실질화폐수요(=k(i)Y)도 더 크다. 그런데, 명목화폐량은 불변인 상태에서 물가가 올라가므로, 실질화폐량은 감소한다. 그러므로 균형이자율은 상승하고, 투자지출은 감소할 것이다.
한편, 국민저축 Y-C-G의 변화는 일견 불분명해 보인다. 그러나 국민저축과 투자간의 항등식을 이용하면, 국민저축도 감소함을 추론할 수 있다. 조세는 불변인 상태에서 한계소비성향이 1보다 작으므로, 민간저축 Y-T-C는 증가한다.

Y	T	C	G	i	I	S_{nat}	S_p	M/P
증가	불변	증가	증가	상승	감소	감소	증가	감소

Q13. 전반적인 변화는 정부구매지출 증가의 경우와 유사하다. (Y,T,C,G)의 변화는 역시 자명하므로, 이자율과 투자지출의 변화를 판단해 보자. 이 경우에도 물가상승에 의해 실질화폐량은 감소하는 반면 소득증가로 인해 실질화폐수요는 증가하므로, 이자율이 상승하고 투자지출은 감소한다. 투자지출과 크기가 항등적으로 같은 국민저축도 감소한다. 민간저축 Y-T-C의 변화는 일견 불분명해 보인다. 그러나 문제에서 가정한 소비함수에 따르면,
$Y-T-C=Y-T-\overline{C}-MPC\times(Y-T)=-\overline{C}+(1-MPC)\times(Y-T)$이다.
감세(T↓)와 소득 증가(Y↑)로 인해 가처분소득이 증가하므로, 한계소비성향이 1보다 작은 한 민간저축은 증가한다.

Y	T	C	G	i	I	S_{nat}	S_p	M/P
증가	감소	증가	불변	상승	감소	감소	증가	감소

Q14. (Y,T,C,G)의 변화는 자명하므로, 역시 이자율과 투자지출의 변화가 관건이다. 정부구매지출이 불변인 상태에서 한계소비성향이 1보다 작으므로, 국민저축 Y-C-G는 분명 증가한다. 국민저축과 투자간의 항등식에 따르면 투자도 증가함을 알 수 있고, 이는 곧 이자율이 하락함을 의미한다.

실질화폐량의 변화를 알기 위해 화폐시장 균형조건 $\frac{M}{P}=k(i)Y$를 보자. 새 균형에서는 소득이 증가하고 이자율이 하락하므로, 화폐시장 균형식의 우변은 분명 증가한다. 따라서, 좌변의 실질화폐량도 증가한다. 이는 곧 명목화폐량의 증가에 비해 물가가 덜 상승함을 의미한다.
조세는 불변인 상태에서 한계소비성향이 1보다 작으므로, 민간저축 Y-T-C는 증가

한다. 또는, 정부저축은 불변인 상태에서 국민저축이 증가하였으므로, 민간저축은 국민저축과 같은 크기만큼 증가한다.

Y	T	C	G	i	I	S_{nat}	S_p	M/P
증가	불변	증가	불변	하락	증가	증가	증가	증가

Unit 9

Q1.

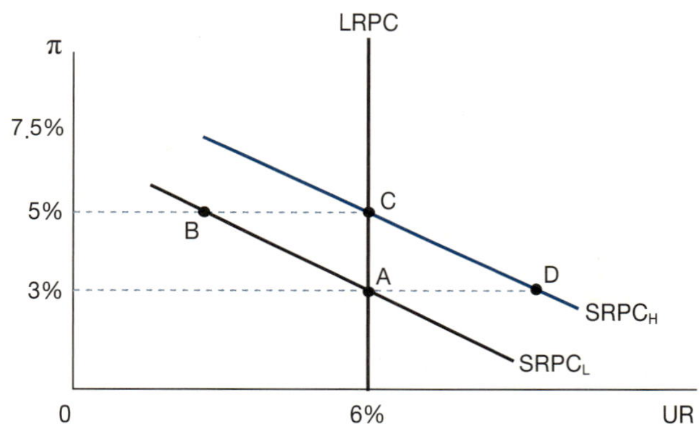

① 그 동안 경제는 예상 인플레이션율과 실제 인플레이션율이 모두 3%인 점 A에 있다가,

② 통화증가율 상승으로 일시적으로 점 B로 이동하고,

③ 점차 예상 인플레이션율도 5%로 상향 조정되면서 경제는 점 C로 수렴한다.

Q2. D　**Q3.** B　**Q4.** D　**Q5.** A　**Q6.** B, 감소, D

Q7. B　**Q8.** D

Q9. a. 인플레이션이 낮아질 경우 명목임금을 빨리 조정할 수 있으므로, 긴축통화정책으로 인한 경기침체기간이 짧아진다. 즉, 단기 총공급 곡선과 단기 필립스 곡선이 신속히 이동하여 장기균형이 빨리 회복된다.

b. 사람들의 예상 인플레이션이 낮아지는데 시간이 오래 걸리므로, 긴축통화정책으로 인한 경기침체기간이 길어진다.

c. 사람들의 예상 인플레이션이 신속히 조정되므로, SRPC도 신속히 이동하여 경제가 자연율 수준에 복귀하도록 해 준다.

Q10. A　　**Q11.** C

Unit 10

Q1. E　　**Q2.** C

Q3. 개방경제의 항등식에 따르면, $S_{nat} = I + NCO$ 이다. S_{nat}가 불변이고 NCO가 증가한다면, 국내투자(I)가 감소한 것이고 이에 국내의 자본축적이 늦어진다.

Q4. B

Q5. 화폐수량식 MV=PY를 이용하면, A국의 물가는 P_A = 1000×10/20,000=0.5이고, B국의 물가는 P_B =2000×8/32000=0.5이다.

Q6. E

Q7. A국의 인플레이션율은 π_A=(10% − 10%) = 0이고, B국의 인플레이션율은 π_B=(10% − 1%) = 9%이다. 따라서,(간접표기법으로 나타낸) A국의 명목환율은 매년 9% 씩 상승한다.

Q8. B

Unit 11

Q1. D　　**Q2.** D　　**Q3.** D　　**Q4.** D　　**Q5.** B

Q6. E　　**Q7.** I, II, III 모두

Q8. 개방경제의 대부자금시장 균형 조건은 $S_{nat} = I + NCO$이다. 여기서 :

$S_{nat} = Y - C - G = 250 + 15r - 0.85(250 - 50) - 40$

$I + NCO = 42 - 25r + 50 - 1000r$

따라서 대부자금 시장의 균형은 이자율이 $r^* = 0.05$일 때이며, 이에 상응하는 순자본

유출의 크기는 NCO* = 50 - 1000r = 0이다.

Q9. 외환시장 균형조건은 NCO = NX 이다. NCO의 크기는 위 문제에서 0으로 결정되어 있으므로, 균형환율은 $e^* = 2$ 이고 이에 상응하는 순수출의 크기는 0이다.

Q10. 위 문제 Q8-Q9에서와 동일한 방법으로 풀면:
실질이자율 =0.1, 순자본유출 = -50, 명목환율 = 3, 순수출 = -50.

Unit 12

Q1. C **Q2.** A **Q3.** D **Q4.** B

Q5. 확장적 재정 및 통화정책을 집행해야 한다.
아래 그림에서 경제가 초기균형 A에 있다고 하자. 우선 산출량을 자연산출량 수준인 Y_N으로 늘리기 위해서는, 중앙은행이 화폐공급을 늘려 LM*곡선을 우측으로 이동시켜야 한다. 새 균형인 A'에서는, 산출량은 자연산출량 수준으로 증가하나 환율이 e'으로 하락하여 무역수지가 흑자가 된다. 이 때 정부구매지출을 늘려 IS*곡선을 우측으로 이동시키면, 경제의 균형은 B로 이동하고 환율은 이전의 수준으로 돌아가므로 무역수지도 다시 균형이 된다.

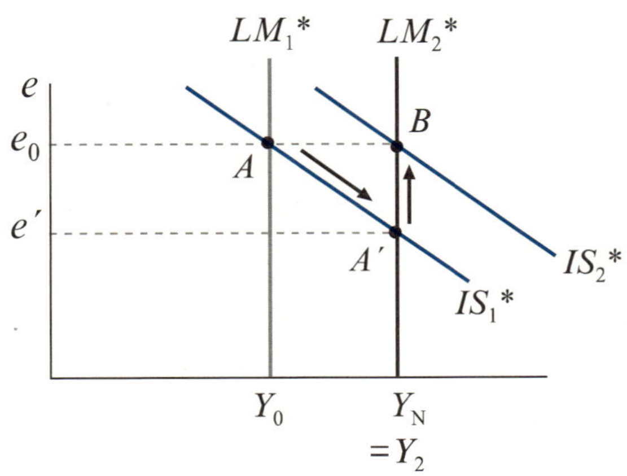

Q6. Y_A : 주어진 해외 이자율 i*=0.05와 국내물가 P=1 하에서, 200의 명목화폐공급량이 모두 수요되는 소득수준이므로, 화폐시장 균형조건에 의해 100으로 결정된다.

e_A : 점 A에 상응하는 재화시장의 균형 소득이 Y_A=100임을 이제 알았으므로, 재화 시장 균형 조건을 만족하는 환율 수준은 e_A=15이다.

Y_B : e_A=15로 주어진 환율 수준와 i*=0.05로 주어진 이자율 수준에서, 지출승수효과에 의해 (잠정) 균형 GDP가 얼마나 증가하는가를 알면 된다. 한계소비성향이 1/2이고 정부구매지출 증가분이 10 이므로, Y_B는 Y_A보다 20만큼 증가한 120이다.

e_C : 좌측 패널의 점 C는 정부구매지출의 크기가 G_2=20 이면서 재화시장의 균형 소득은 이전과 동일한 100인 상태이다. 이 상태에서 재화시장 균형 조건을 만족하는 환율 수준은 e_C=25이다.

M_B^D : 지출승수효과에 의해 소득이 일시적으로 Y_B=120으로 증가한 상태에서, 이자율과 물가가 각각 i*=0.05와 $\overline{P}$=1로 주어졌을 때의 화폐수요량을 찾으면 M_B^D = 240이다.

i' : 물가가 $\overline{P}$=1이고 소득이 Y_B=120인 상태에서 화폐공급량 200이 모두 수요되는 균형이자율을 찾으면, i'=0.06이다.

Q7. Y_A : 주어진 해외 이자율 i*=0.05와 국내물가 P=1 하에서, 200의 명목화폐공급량이 모두 수요되는 소득수준이므로, 화폐시장 균형조건에 의해 100으로 결정된다.

e_A : 점 A에 상응하는 재화시장의 균형 소득이 Y_A=100이므로, 이 산출량 수준에서 재화시장 균형 조건을 만족하는 환율 수준은 e_A=15이다.

Y_C : 늘어난 명목화폐공급량인 M_2^S=240이 주어진 물가 P=1과 이자율 i*=0.05에서 모두 수요될 수 있는 소득수준을 찾으면, $Y_C = M_2^S/[k(i^*)\overline{P}]=240\times[10\times0.05]=120$ 이다.

e_C : 점 C에 상응하는 재화시장의 균형 소득이 Y_C=120이므로, 이 산출량 수준에서 재화시장 균형 조건을 만족하는 환율 수준은 e_C=5이다.

i' : 물가가 $\overline{P}$=1이고 소득이 Y_A=100인 상태에서 화폐공급량 M_2^S=240이 모두 수요되는 균형이자율을 찾으면, i'=1/24≒0.042이다.

Q8. 초기균형점 A는 Q6에서와 동일하다. 따라서, Y_A=100, $\overline{e}$=15이다.

e_B : 좌측 패널의 점 B는 Q6에서의 점 C와 동일하다. 따라서, 정부구매지출의 증가 이후 일시적으로 환율은 e_B=25까지 올라가려 한다.

Y_C : 정부구매지출이 G_1=10에서 G_2=20으로 증가한 후에 중앙행이 화폐공급을 늘려 환율을 $\overline{e}$=15로 유지할 경우, 균형소득은 정부구매지출의 승수효과로 인해 20만큼 증가한다. 따라서 Y_C =120이다.

M_2^S : 고정된 환율 $\overline{e}$ 하 소득이 Y_C=120으로 증가한 상태에서, 이자율과 물가가 각각 i*=0.05와 $\overline{P}$=1로 주어졌을 때의 화폐수요량은 240이다. 따라서, 중앙은행은 화폐공급량을 M_2^S=240으로 수동적으로 늘려야 한다.

거시경제분석입문 개정판

초 판 발행 2010년 2월 20일
개정판 발행 2014년 2월 28일

지 은 이 김장열
발 행 인 김인철
발 행 처 한국외국어대학교 출판부
130-791 서울시 동대문구 이문로 107
전화 02)2173-2495~7
팩스 02)2173-3363
홈페이지 http://press.hufs.ac.kr
전자우편 press@hufs.ac.kr
출판등록 제6-6호(1969. 4. 30)
디자인·편집 디자인퍼브 02)2254-4308
인쇄·제본 네오프린텍(주) 02)718-3111

ISBN 978-89-7464-902-9 93320 정가 20,000원

* 잘못된 책은 교환하여 드립니다.

HU:iNE은 한국외국어대학교출판부의 어학도서, 사회과학도서, 지역학 도서 Sub Brand이다. 한국외대의 영문명인 HUFS, 현명한 국제전문가 양성(International+Intelligent)의 의미를 담고 있으며, 휴인(携引)의 뜻인 '이끌다, 끌고 나가다'라는 의미처럼 출판계를 이끄는 리더로서, 혁신의 이미지를 담고 있다.